서울시 공정경제과 주무관이 알려주는
부동산 거래와 판례

서울시 공정경제과
주무관이 알려주는

부동산 거래와 판례

황규현 지음

매일경제신문사

 **들어가며**

부동산 분쟁 당사자는 다툼이 소송으로 진행되면 본인이 승소할 수 있을지 또는 어떻게 해야 승소할 수 있을지를 가장 궁금해한다. 필자도 다년간 상담과 분쟁조정을 진행하면서 가장 빈번하게 질문받는 내용이다.

본인의 사건에서 소송 시 결과를 예측할 수 있다면 크게 다툴 일도 없을 것이다. 하지만 비슷한 사건에서도 전문가별로 의견이 다를 때가 많고, 유사한 내용에서도 판례의 결과가 다를 때가 있다. 간혹 소송이 필요치 않거나 소송을 해도 실익이 없음에도 불구하고 법률전문가를 잘못 만나 헛발질하는 경우를 왕왕 볼 수 있다. 소송까지 염두에 둔 당사자라면 본인 사건 내용을 정확히 인지하고 과거 비슷한 사례를 직접 공부할 필요가 있다.

부동산 거래에 관한 수많은 판례를 일일이 서술할 수는 없지만, 이 책은 부동산 매매와 임대차에서 가장 빈번하게 발생하는 분쟁에 대한 판례 위주로 정리하고 독자가 관심 분야를 쉽게 찾아볼 수 있도록 600개의 판례를 33개의 카테고리로 분류했다. 분야별로 나뉜 판례를 살피다 보면 그와 관련한 재판부의 고민을 읽을 수도 있고, 재판부가 취하고 있는 자세도 엿볼 수 있다.

이 책을 통해 독자들이 민사 다툼의 결과들이 상식을 크게 벗어나지 않는다는 것을 이해할 수 있기를 바란다. 또한 부동산 매매와 임대차에서 발생하는 분쟁들이 소송으로 확대되지 않고 당사자들이 합리적으로 협의하는 데 도움이 되기를 기대한다. 끝으로 출간에 도움을 준 출판사 관계자와 지인들, 언제나 물심양면 도와주신 부모님께 진심으로 감사드린다.

황규현

 **추천사**

　이 책은 부동산 분쟁조정에 다년간 풍부한 실무경험을 가진 필자가 부동산 매매, 임대차 등 현장에서 흔히 발생하는 분쟁에 적용할 수 있는 판례를 집대성했다. 특히 부동산 관련 판례를 계약의 성립, 해제, 임대료, 권리금 등 30개가 넘는 분야로 세세하게 나눠 누구나 쉽게 찾아볼 수 있도록 구성했을 뿐만 아니라, 일상에서 흔히 접할 수 있는 내용과 관련된 판례들만을 수록한 것이 더욱 돋보인다. 또한 판례마다 복잡한 내용을 한 줄 제목으로 요약함으로써 누구나 쉽게 결과를 인지하면서 판례를 쉽게 이해하도록 했다.

　서울시 부동산 분쟁조정 부서에서 수많은 상담과 분쟁조정을 거치면서 꼭 필요한 판례 600개를 정리한 역량을 확인할 수 있고, 비슷한 다툼에서 서로 다른 결과가 나온 것을 독자가 쉽게 이해하도록 분야별 판례를 내용별로 정리한 세심한 배려가 엿보인다. 필자가 상담 과정에서 민원인의 궁금증을 해결하고 분쟁당사자에게 도움을 주려는 치열한 노력의 결과라는 것을 알 수 있다.

　부동산의 특성상 일단 분쟁이 발생하고 소송으로 이어지면 당사자에게는 돌이킬 수 없는 큰 충격이 될 수도 있다. 부동산 거래에서 해당 관련 판례를 숙지함으로써 부동산 거래의 다양한 상황에서 발생할 수 있는 사고를 예방하고, 사고가 발생하더라도 피해를 최소화할 방법을 모색할 수 있다.

부동산 거래에서 발생한 분쟁의 상대방이 억지를 부린다면 어떻게 처리해야 할지 답답할 때가 많고, 전문가의 조언을 듣더라도 미덥지 못할 때가 많다. 잘 정리된 판례를 통해 부동산 분쟁의 해결책을 쉽게 찾을 수 있고, 일상적인 부동산 분쟁은 이 책 한 권으로 해결될 것이다.

부동산은 대부분 사람에게 가장 중요한 자산으로 자리매김하고 있으므로 일반인들도 참고로 할 필요성이 크고, 부동산 관련 분야에 종사하는 전문가들과 학생들의 경우에는 참고용으로 반드시 구비해야 할 중요한 책으로 여겨진다.

건국대학교 부동산학과 교수 심교언

 차례

프롤로그 • 004

PART 01
부동산 일반

01 계약의 성립 • 012
02 계약문서의 해석 및 적용 • 021
03 동시이행 관계 • 040
04 약관 • 063
05 대리 계약 • 087
06 계약의 해제 • 096
07 계약해제의 효과 • 156
08 계약의 해지 • 170
09 계약의 취소와 무효 • 181
10 위약금 • 198
11 하자담보 책임 • 212
12 중개업과 중개보수 • 224
13 구분소유 • 238

PART 02
임대차 일반

01 임대차성립 • 246
02 임대차기간 및 계약 갱신 • 254
03 토지임차권의 대항력 • 266
04 임대료와 차임연체 • 271

05 임차물 수선과 비용 상환청구 • 294

06 임대차종료와 원상회복 • 313

07 부속물매수청구권 • 328

08 관리비 • 337

09 임대인과 임차인의 관리 의무 • 351

10 지상물매수청구권 • 375

11 임대차종료와 법률관계 • 404

PART 03
주택임대차

01 주택임대차보호법 적용 • 432

02 주택임차인의 대항력 • 438

03 임차주택의 양도와 대항력 • 460

04 주택임차인의 우선변제권 • 476

05 주택 소액임차인의 우선변제권 • 490

PART 04
상가임대차

01 상가건물임대차보호법 적용 • 500

02 임차권양도와 전대차 • 519

03 권리금 • 552

04 업종제한 • 571

PART 01 부동산 일반

01 계약의 성립
02 문서의 해석 및 적용
03 동시이행 관계
04 약관
05 대리 계약
06 계약의 해제
07 계약 해제의 효과
08 계약의 해지
09 계약의 취소와 무효
10 위약금
11 하자담보책임
12 중개업과 중개보수
13 구분소유

01 Chapter
계약의 성립

계약이 성립하려면 중요 사항의 기준과 방법 등에 관한 합의가 있어야__

 계약이 성립하려면 당사자 사이에 의사가 합치해야 하고, 이러한 의사의 합치는 당해 계약의 내용을 이루는 모든 사항에 관해 있어야 하는 것은 아니나 그 본질적 사항이나 중요 사항에 관해서는 구체적으로 의사의 합치가 있거나 적어도 장래 구체적으로 특정할 수 있는 기준과 방법 등에 관한 합의는 있어야 한다.
 한편, 계약 내용의 '중요한 점' 및 계약의 객관적 요소는 아니더라도 특히 당사자가 그것에 중대한 의의를 두고 계약성립의 요건으로 할 의사를 표시한 때는 이에 관해 합치가 있어야 계약이 적법·유효하게 성립한다.

매매계약은 청약과 승낙의 의사표시가 합치됨으로써 성립__

 매매계약은 당사자 일방이 재산권을 상대방에게 이전할 것을 약정하고 상대방이 그 대금을 지급할 것을 약정하는 계약으로 매도인이 재산권을 이전하는 것과 매수인이 그 대가로서 금원을 지급하는 것에 관해 쌍방 당사자의 합의가 이루어짐으로써 성립하는 것이고, 특별한 사정이 없는 한 매매계약의 체결 시 청약의 의사표시와 승낙의 의사표시가 합치됨으로써 매매계약은 성립한다.

청약은 계약의 내용을 결정할 수 있을 정도의 사항을 포함

계약이 성립하기 위한 법률요건인 청약은 그에 응하는 승낙만 있으면 곧 계약이 성립하는 구체적·확정적 의사표시여야 하므로, 청약은 계약의 내용을 결정할 수 있을 정도의 사항을 포함시키는 것이 필요하다.

제소전 화해는 서로 양보해서 확정하기로 합의한 사항에만 효력

재판상 화해 또는 제소전 화해는 확정판결과 동일한 효력이 있으며 당사자 간의 사법상의 화해계약이 그 내용을 이루는 것이면 화해는 창설적 효력을 가져 화해가 이루어지면 종전의 법률관계를 바탕으로 한 권리의무관계는 소멸하나, 재판상 화해 등의 창설적 효력이 미치는 범위는 당사자가 서로 양보해서 확정하기로 합의한 사항에 한하며, 당사자가 다툰 사실이 없었던 사항은 물론 화해의 전제로서 서로 양해하고 있는데 지나지 않은 사항에 관해서는 그러한 효력이 생기지 않는다.

1-1 계약의 성립을 위한 '의사의 합치'의 정도

대법원 2001. 3. 23. 선고 2000다51650 판결

판시사항

[1] 계약의 성립을 위한 당사자 사이의 '의사의 합치'의 정도
[2] 당사자가 의사의 합치가 이루어져야 한다고 표시한 사항에 대하여 합의가 이루어지지 아니한 경우의 계약의 성립 여부(소극)

판결요지

[1] 계약이 성립하기 위하여는 당사자 사이에 의사의 합치가 있을 것이 요구되고 이러한 의사의 합치는 당해 계약의 내용을 이루는 모든 사항에 관하여 있어야 하는 것은 아니나 그 본질적 사항이나 중요 사항에 관하여는 구체적으로 의사의 합치가 있거나 적어도 장래 구체적으로 특정할 수 있는 기준과 방법 등에 관한 합의는 있어야 한다.
[2] 당사자가 의사의 합치가 이루어져야 한다고 표시한 사항에 대하여 합의가 이루어지지 아니한 경우에는 특별한 사정이 없는 한 계약은 성립하지 아니한 것으로 보는 것이 상당하다.

1-2 매매계약의 성립과 요건

대법원 1996. 4. 26. 선고 94다34432 판결

판결요지

매매계약은 당사자 일방이 재산권을 상대방에게 이전할 것을 약정하고 상대방이 그 대금을 지급할 것을 약정하는 계약으로 매도인이 재산권을 이전하는 것과 매수인이 그 대가로서 금원을 지급하는 것에 관하여 쌍방 당사자의 합의가 이루어짐으로써 성립하는 것이고, 특별한 사정이 없는 한 매매계약의 체결 시 청약의 의사표시와 승낙의 의사표시가 합치됨으로써 매매계약은 성립하고, 이 경우 매매 목적물과 대금은 반드시 그 계약 체결 당시에 구체적으로 확정하여야 하는 것은 아니고 이를 사후에라도 구체적으로 확정할 수 있는 방법과 기준이 정하여져 있으면 족하다.

1-3 매매 목적물이 특정되지 않아 매매계약 불성립한 사례

대법원 1997. 1. 24. 선고 96다26176 판결

판시사항

[1] 매매계약의 성립요건으로서 목적물과 대금의 특정 정도
[2] 매매 목적물이 특정되지 않았음을 이유로 매매계약의 성립을 부인한 사례

판결요지

[1] 매매계약에 있어서 그 목적물과 대금은 반드시 계약체결 당시에 구체적으로 특정될 필요는 없고 이를 사후에라도 구체적으로 특정할 수 있는 방법과 기준이 정해져 있으면 족하다.

[2] 매매계약의 목적물을 "진해시 경화동 747의 77, 754의 6, 781의 15 등 3필지 및 그 외에 같은 동 소재 소외 망 장순남 소유 부동산 전부"라고 표시하여 매매계약의 목적물 중 특정된 3필지를 제외한 나머지 부동산이 토지인지 건물인지, 토지라면 그 필지, 지번, 지목, 면적, 건물이라면 그 소재지, 구조, 면적 등 어떠한 부동산인지를 알 수 있는 표시가 전혀 되어 있지 않고 계약 당시 당사자들도 어떠한 부동산이 몇 개나 존재하고 있는지조차 알지 못한 상태에서 이루어져서 계약일로부터 17년 남짓 지난 후에야 그 소재가 파악될 정도인 경우, 그 목적물 중 특정된 3필지를 제외한 나머지 부동산에 대한 매매는 그 목적물의 표시가 너무 추상적이어서 매매계약 이후에 이를 구체적으로 특정할 수 있는 방법과 기준이 정해져 있다고 볼 수 없어 매매계약이 성립되었다고 볼 수 없다.

1-4 계약의 성립을 위한 의사표시의 객관적 합치의 정도

대법원 2006. 11. 24. 선고 2005다39594 판결

판시사항
[1] 계약의 성립을 위한 의사표시의 객관적 합치의 정도
[2] 청약의 의사표시의 방법과 내용

판결요지
[1] 계약이 성립하기 위하여는 당사자의 서로 대립하는 수 개의 의사표시의 객관적 합치가 필요하고 객관적 합치가 있다고 하기 위하여는 당사자의 의사표시에 나타나 있는 사항에 관하여는 모두 일치하고 있어야 하는 한편, 계약 내용의 '중요한 점' 및 계약의 객관적 요소는 아니더라도 특히 당사자가 그것에 중대한 의의를 두고 계약성립의 요건으로 할 의사를 표시한 때에는 이에 관하여 합치가 있어야 계약이 적법·유효하게 성립한다.
[2] 계약이 성립하기 위한 법률요건인 청약은 그에 응하는 승낙만 있으면 곧 계약이 성립하는 구체적, 확정적 의사표시이어야 하므로, 청약은 계약의 내용을 결정할 수 있을 정도의 사항을 포함시키는 것이 필요하다.

1-5 상당한 기간의 경과를 이유로 청약의 효력이 상실되었다고 본 사례

대법원 1995. 4. 7. 선고 94다55668 판결

판시사항
부동산을 매수할 의향이 있으면 편지를 받는 즉시 전화를 할 것을 요청하는 서신을 매매의 청약으로 본다 하더라도, 아무런 승낙의 의사연락 없이 상당한 기간이 경과하여 그 청약의 효력이 상실되었다고 본 사례

판결요지
갑이 을에게 발송한 서신에서 부동산을 매수할 의향이 있으면 편지를 받는 즉시 전화를 할 것을 요청하고 있음에도 을이 아무런 승낙의 의사연락도 없이 1년 8개월여가 지난 후에 이르러 매매대금을 변제공탁하고 만 것이라면, 갑의 위 서신을 매매의 청약으로 본다 하더라도 그 청약은 이미 승낙기간을 경과하여 효력이 상실되었다고 본 사례

1-6 가계약서 작성으로 매매계약 성립하였다고 본 사례

대법원 2006. 11. 24. 선고 2005다39594 판결

판시사항

[2] 부동산 매매에 관한 가계약서 작성 당시 매매목적물과 매매대금 등이 특정되고 중도금 지급방법에 관한 합의가 있었다면 그 가계약서에 잔금 지급시기가 기재되지 않았고 후에 정식계약서가 작성되지 않았다 하더라도 매매계약은 성립하였다고 본 사례

이유

계약이 성립하기 위하여는 당사자 사이에 의사의 합치가 있을 것이 요구되고 이러한 의사의 합치는 당해 계약의 내용을 이루는 모든 사항에 관하여 있어야 하는 것은 아니나 그 본질적 사항이나 중요 사항에 관하여는 구체적으로 의사의 합치가 있거나 적어도 장래 구체적으로 특정할 수 있는 기준과 방법 등에 관한 합의는 있어야 한다. 한편, 매매계약은 당사자 일방이 재산권을 상대방에게 이전할 것을 약정하고 상대방이 그 대금을 지급할 것을 약정하는 계약으로 매도인이 재산권을 이전하는 것과 매수인이 그 대가로서 금원을 지급하는 것에 관하여 쌍방 당사자의 합의가 이루어짐으로써 성립하는 것이다.

원심은 그 채용 증거들을 종합하여 그 판시와 같은 사실을 인정한 다음, 비록 이 사건 가계약서에 잔금 지급시기가 기재되지 않았고 후에 그 정식계약서가 작성되지 않았다 하더라도, 위 가계약서 작성 당시 매매계약의 중요 사항인 매매목적물과 매매대금 등이 특정되고 중도금 지급방법에 관한 합의가 있었으므로 원·피고 사이에 이 사건 부동산에 관한 매매계약은 성립되었다고 판단하였다.

앞서 본 법리와 기록에 의하여 살펴보면, 원심의 이러한 사실인정과 판단은 정당하고, 거기에 상고이유로서 주장하는 바와 같은 채증법칙 위배로 인한 사실오인이나 계약성립에 관한 법리오해, 처분문서의 효력에 관한 법리오해 등의 위법이 없다.

1-7 매매예약의 성립요건

대법원 1993. 5. 27. 선고 93다4908 판결

매매의 예약은 당사자의 일방이 매매를 완결할 의사를 표시한 때에 매매의 효력이 생기는 것이므로 적어도 일방예약이 성립하려면 그 예약에 터잡아 맺어질 본계약의 요소가 되는 매매목적물, 이전방법, 매매가액 및 지급방법 등의 내용이 확정되어 있거나 확정할 수 있어야 한다.

1-8 매매예약의 제척기간

대법원 2000. 10. 13. 선고 99다18725 판결

매매의 일방예약에서 예약자의 상대방이 매매예약완결의 의사표시를 하여 매매의 효력을 생기게 하는 권리, 즉 매매예약의 완결권은 일종의 형성권으로서 당사자 사이에 그 행사기간을 약정한 때에는 그 기간 내에, 그러한 약정이 없는 때에는 그 예약이 성립한 때로부터 10년 내에 이를 행사하여야 하고 그 기간이 지난 때에는 예약완결권은 제척기간의 경과로 인하여 소멸한다.

1-9 계약당사자 지위승계 계약인수의 성립요건 및 효과

대법원 1987. 9. 8. 선고 85다카733,734 판결

판시사항

가. 계약당사자로서 지위의 승계를 목적으로 하는 계약인수의 성립요건
나. 위와 같은 계약인수의 효과

판결요지

가. 계약당사자로서의 지위의 승계를 목적으로 하는 계약인수는 그로부터 발생하는 채권채무의 이전외에 그 계약관계로부터 생기는 해제권 등 포괄적 권리의무의 양도를 포함하는 것으로서 그 계약은 양도

인과 양수인 및 잔유당사자의 동시적인 합의에 의한 삼면계약으로 이루어지는 것이 통상적이라고 할 수 있으나 관계당사자 3인 중 2인의 합의와 나머지 당사자가 이를 동의 내지 승낙하는 방법으로도 가능하다.

나. 위와 같은 계약인수가 적법하게 이루어지면 양도인은 계약관계에서 탈퇴하게 되고 계약인수후에는 특별한 사정이 없는 한 잔유당사자와 양도인 사이에는 계약관계가 존재하지 않게 되며 그에 따른 채권채무관계도 소멸한다.

1-10 부동산 이중매매에서 제2양수인의 공서양속에 반함의 기준

대법원 2013. 10. 11. 선고 2013다52622 판결

판시사항

[2] 부동산 이중매매에서 제2양수인의 행위가 공서양속에 반한다고 하기 위한 요건 및 판단 기준

판결요지

[2] 어떠한 부동산에 관하여 소유자가 양도의 원인이 되는 매매 기타의 계약을 하여 일단 소유권 양도의 의무를 짐에도 다시 제3자에게 매도하는 등으로 같은 부동산에 관하여 소유권 양도의 의무를 이중으로 부담하고 나아가 그 의무의 이행으로, 그러나 제1의 양도채권자에 대한 양도의무에 반하여, 소유권의 이전에 관한 등기를 그 제3자 앞으로 경료함으로써 이를 처분한 경우에, 소유자의 그러한 제2의 소유권양도의무를 발생시키는 원인이 되는 매매 등의 계약이 소유자의 위와 같은 의무위반행위를 유발시키는 계기가 된다는 것만을 이유로 이를 공서양속에 반하여 무효라고 할 것이 아님은 물론이다. 그것이 공서양속에 반한다고 하려면, 다른 특별한 사정이 없는 한 상대방에게도 그러한 무효의 제재, 보다 실질적으로 말하면 나아가 그가 의도한 권리취득 자체의 좌절을 정당화할 만한 책임귀속사유가 있어야 한다. 제2의 양도채권자에게 그와 같은 사유가 있는지를 판단함에 있어서는, 그가 당해 계약의 성립과 내용에 어떠한 방식으

로 관여하였는지(당원의 많은 재판례가 이 문제와 관련하여 제시한 '소유자의 배임행위에 적극 가담하였는지' 여부라는 기준은 대체로 이를 의미한다)를 일차적으로 고려할 것이고, 나아가 계약에 이른 경위, 약정된 대가 등 계약내용의 상당성 또는 특수성, 그와 소유자의 인적 관계 또는 종전의 거래상태, 부동산의 종류 및 용도, 제1양도채권자의 점유 여부 및 그 기간의 장단과 같은 이용현황, 관련 법규정의 취지·내용 등과 같이 법률행위가 공서양속에 반하는지 여부의 판단에서 일반적으로 참작되는 제반 사정을 여기서도 종합적으로 살펴보아야 할 것이다.

1-11 화해계약의 효력이 미치는 범위

대법원 2001. 4. 27. 선고 99다17319 판결

판시사항

[1] 상고심에서 비로소 주장된 새로운 사실이 적법한 상고이유가 될 수 있는지 여부(소극)

[2] 재판상 화해 또는 제소전 화해의 창설적 효력이 미치는 범위

판결요지

[1] 원심에서 주장하지 아니하였다가 상고심에 이르러 비로소 주장하는 새로운 사실은 적법한 상고이유가 될 수 없다.

[2] 재판상 화해 또는 제소전 화해는 확정판결과 동일한 효력이 있으며 당사자 간의 사법상의 화해계약이 그 내용을 이루는 것이면 화해는 창설적 효력을 가져 화해가 이루어지면 종전의 법률관계를 바탕으로 한 권리의무관계는 소멸하나, 재판상 화해 등의 창설적 효력이 미치는 범위는 당사자가 서로 양보를 하여 확정하기로 합의한 사항에 한하며, 당사자가 다툰 사실이 없었던 사항은 물론 화해의 전제로서 서로 양해하고 있는데 지나지 않은 사항에 관하여는 그러한 효력이 생기지 않는다.

02 Chapter

계약문서의 해석 및 적용

처분문서의 해석은 종합적으로 고찰해 합리적으로 해석

계약당사자 간에 어떠한 계약내용을 처분문서인 서면으로 작성한 경우 그 문언의 객관적인 의미가 명확하다면 특별한 사정이 없는 한 그 문언대로의 의사표시의 존재와 내용을 인정해야 한다.

그 문언의 객관적인 의미가 명확하게 드러나지 않는 경우에는 당사자의 내심적 의사의 여하에 관계없이 그 문언의 내용과 그 계약이 이루어지게 된 동기 및 경위, 당사자가 그 계약에 의해 달성하려고 하는 목적과 진정한 의사, 거래의 관행 등을 종합적으로 고찰해 사회정의와 형평의 이념에 맞도록 논리와 경험의 법칙, 그리고 사회일반의 상식과 거래의 통념에 따라 당사자 사이의 계약의 내용을 합리적으로 해석해야 한다.

한편, 당사자 일방이 주장하는 계약의 내용이 상대방에게 중대한 책임을 부과하게 되는 경우에는 그 문언의 내용을 더욱 엄격하게 해석해야 한다.

처분문서는 경험칙과 논리칙에 어긋나지 않는 범위에서 판단__

처분문서의 진정성립이 인정되는 이상 법원은 반증이 없는 한 그 문서 기재 내용에 따른 의사표시의 존재 및 내용을 인정해야 하나, 처분문서라 할지라도 그 기재내용과 다른 특별한 명시적, 묵시적 약정이 있는 사실이 인정될 경우에는 그 기재내용과 다른 사실을 인정할 수도 있고, 또 작성자의 법률행위를 해석함에 있어서도 경험칙과 논리칙에 어긋나지 않는 범위 내에서 자유로운 심증으로 판단할 수 있다.

상대방을 배려해 형평에 어긋나지 않게 권리를 행사해야__

민법상 신의성실의 원칙은 법률관계의 당사자는 상대방의 이익을 배려해 형평에 어긋나거나, 신뢰를 저버리는 내용 또는 방법으로 권리를 행사하거나 의무를 이행해서는 아니된다는 추상적 규범이다.

신의성실의 원칙에 위배된다는 이유로 그 권리의 행사를 부정하기 위해서는 상대방에게 신의를 공여했다거나, 객관적으로 보아 상대방이 신의를 가짐이 정당한 상태에 있어야 하고, 이러한 상대방의 신의에 반해 권리를 행사하는 것이 정의관념에 비추어 용인될 수 없는 정도의 상태에 이르러야 한다.

아파트 분양광고 내용은 청약의 유인__

청약은 이에 대응하는 상대방의 승낙과 결합해 일정한 내용의 계약을 성립시킬 것을 목적으로 하는 확정적인 의사표시인 반면 청약의 유인은 이와 달리 합의를 구성하는 의사표시가 되지 못하므로 피유인자가 그에 대응해 의사표시를 하더라도 계약은 성립하지 않고 다시 유인한 자가 승낙의 의사표시를 함으로써 비로소 계약이 성립하는 것으로서 서로 구분되는 것이다. 그리고 위와 같은 구분 기준에 따르자면, 상가나 아파트의 분양광고의 내용은 청약의 유인으로서의 성질을 갖는 데 불과한 것이 일반적이라 할 수 있다.

토지 소유권의 범위는 지적공부를 기준으로

지적도상의 경계표시가 분할측량의 잘못 등으로 사실상의 경계와 다르게 표시되었다 해도 그 매매당사자가 지적공부에 의해 소유권의 범위가 확정된 토지를 매매할 의사가 아니고 사실상의 경계대로의 토지를 매매할 의사를 가지고 매매한 사실이 인정되는 등 특별한 사정이 없는 한 사실상의 경계에 관계없이 지적공부에 기재된 지번, 지목, 지적 및 경계에 의해 소유권의 범위가 확정된 토지를 매매한 것으로 보아야 할 것이다.

점유란 사회관념에 따라 합목적적으로 판단

물건에 대한 점유란 사회관념상 어떤 사람의 사실적 지배에 있다고 보이는 객관적 관계를 말하는 것으로서, 사실상의 지배가 있다고 하기 위해서는 반드시 물건을 물리적·현실적으로 지배하는 것만을 의미하는 것이 아니고, 물건과 사람과의 시간적·공간적 관계와 본권관계, 타인 지배의 가능성 등을 고려해 사회관념에 따라 합목적적으로 판단해야 한다.

2-1 처분문서에 나타난 당사자 의사의 해석 방법

대법원 1993. 10. 26. 선고 93다3103 판결

판결요지

계약당사자간에 어떠한 계약내용을 처분문서인 서면으로 작성한 경우 그 문언의 객관적인 의미가 명확하다면 특별한 사정이 없는 한 그 문언대로의 의사표시의 존재와 내용을 인정하여야 할 것이지만, 그 문언의 객관적인 의미가 명확하게 드러나지 않는 경우에는 당사자의 내심적 의사의 여하에 관계없이 그 문언의 내용과 그 계약이 이루어지게 된 동기 및 경위, 당사자가 그 계약에 의하여 달성하려고 하는 목적과 진정한 의사, 거래의 관행 등을 종합적으로 고찰하여 사회정의와 형평의 이념에 맞도록 논리와 경험의 법칙, 그리고 사회일반의 상식과 거래의 통념에 따라 당사자 사이의 계약의 내용을 합리적으로 해석하여야 하는 것이고 특히 당사자 일방이 주장하는 계약의 내용이 상대방에게 중대한 책임을 부과하게 되는 경우에는 그 문언의 내용을 더욱 엄격하게 해석하여야 한다.

2-2 처분문서의 기재내용과 다른 약정이 인정될 경우의 법률 해석

대법원 1991. 7. 12. 선고 91다8418 판결

판시사항

가. 처분문서의 기재내용과 다른 약정이 인정될 경우 그 처분문서의 증명력과 처분문서 작성자의 법률행위의 해석

판결요지

가. 처분문서의 진정성립이 인정되는 이상 법원은 반증이 없는 한 그 문서기재 내용에 따른 의사표시의 존재 및 내용을 인정하여야 하나, 처분문서라 할지라도 그 기재내용과 다른 특별한 명시적, 묵시적 약정이 있는 사실이 인정될 경우에는 그 기재내용과 다른 사실을 인정할 수도 있고, 또 작성자의 법률행위를 해석함에 있어서도 경험칙과 논리칙에 어긋나지 않는 범위 내에서 자유로운 심증으로 판단할 수 있다.

신의성실의 원칙의 의미와 그 위배를 이유로 권리행사를 부정하기 위한 요건

대법원 2001. 5. 15. 선고 99다53490 판결

판결요지

[2] 민법상 신의성실의 원칙은 법률관계의 당사자는 상대방의 이익을 배려하여 형평에 어긋나거나, 신뢰를 저버리는 내용 또는 방법으로 권리를 행사하거나 의무를 이행하여서는 아니된다는 추상적 규범으로서, 신의성실의 원칙에 위배된다는 이유로 그 권리의 행사를 부정하기 위하여는 상대방에게 신의를 공여하였다거나, 객관적으로 보아 상대방이 신의를 가짐이 정당한 상태에 있어야 하고, 이러한 상대방의 신의에 반하여 권리를 행사하는 것이 정의관념에 비추어 용인될 수 없는 정도의 상태에 이르러야 하며, 또한 특별한 사정이 없는 한, 법령에 위반되어 무효임을 알고서도 그 법률행위를 한 자가 강행법규 위반을 이유로 무효를 주장한다 하여 신의칙 또는 금반언의 원칙에 반하거나 권리남용에 해당한다고 볼 수는 없다.

 ### 임대인의 아들이 보증금 등을 책임진다고 한 경우를 해석한 사례

대법원 1999. 11. 26. 선고 99다43486 판결

판결요지

[1] 법률행위의 해석은 당사자가 그 표시행위에 부여한 객관적인 의미를 명백하게 확정하는 것으로서 문언에 구애받는 것은 아니지만 어디까지나 당사자의 내심적 의사의 여하에 관계없이 그 문언의 내용에 의하여 당사자가 그 표시행위에 부여한 객관적 의미를 합리적으로 해석하여야 하는 것이고, 당사자가 표시한 문언에 의하여 그 객관적인 의미가 명확하게 드러나지 않는 경우에는 그 문언의 내용과 그 법률행위가 이루어진 동기 및 경위, 당사자가 그 법률행위에 의하여 달성하려는 목적과 진정한 의사, 거래의 관행 등을 종합적으로 고려하여 사회정의와 형평의 이념에 맞도록 논리와 경험의 법칙, 그리고 사회일반의 상식과 거래의 통념에 따라 합리적으로 해석하여야 한다.

[2] 낙찰대금에서 배당을 받지 못한 세입자가 임대인의 아들을 찾아가 임대차보증금을 어떻게 할 것인지 따지자 자신이 책임지고 해결하겠으니 걱정하지 말고 기다리라고 한 경우, 그 말의 객관적 의미는 임대차보증금반환의무를 법적으로 부담할 수는 없지만 사정이 허락하는 한 그 이행을 사실상 하겠다는 취지라고 해석한 사례

이유

1. 원심은, 그 채용 증거들에 의하여, 원고의 남편인 소외 김홍순은 1995. 11. 5. 소외 백남득으로부터 이 사건 부동산을 금 2,500만 원에 임차한 사실, 위 부동산에 관하여 경매절차가 진행되어 1997. 5. 17. 소외 김영대에게 낙찰되었으나 위 김홍순은 낙찰대금에서 전혀 배당을 받지 못한 사실, 원고는 1997. 7. 25.경 동영산업 주식회사 공장으로 임대인 백남득의 아들인 피고를 찾아가 위 보증금을 어떻게 할 것인지 따지자, 피고는 세입자들의 보증금은 위 백남득의 아들이며 위 회사의 상무인 자신이 책임지고 해결하겠으니 걱정하지 말고 기다리라고 한 사실, 피고는 백남득이 낙찰인으로부터 이사비조로 받기로 한 금 1,400만 원 중 금 1,300만 원을 임차인 김홍순과 소외 이길수에게 나누어 지급할 것을 약속하였고, 원고 부부는 1997. 8. 10. 피고가 참석한 가운데 낙찰인으로부터 금 1,300만 원을 수령한 사실, 위 김홍순은 1999. 2. 20. 원고에게 나머지 임대차보증금 1,200만 원 반환채권을 양도하고, 1999. 4. 2. 백남득과 피고에게 위 양도사실을 내용증명우편으로 통지한 사실 등을 인정한 다음, 위 인정 사실에 의하면, 피고는 전세보증금을 반환하기로 약정하였다고 할 것이므로, 그 양수인인 원고에게 양수금 1,200만 원 및 그 지연손해금을 지급할 의무가 있다고 판단하였다.

2. 법률행위의 해석은 당사자가 그 표시행위에 부여한 객관적인 의미를 명백하게 확정하는 것으로서 문언에 구애받는 것은 아니지만 어디까지나 당사자의 내심적 의사의 여하에 관계없이 그 문언의 내용에 의하여 당사자가 그 표시행위에 부여한 객관적 의미를 합리적으로 해석하여야 하는 것이고, 당사자가 표시한 문언에 의하여 그 객관적인 의미가 명확하게 드러나지 않는 경우에는 그 문언의 내용과 그 법률

행위가 이루어진 동기 및 경위, 당사자가 그 법률행위에 의하여 달성하려는 목적과 진정한 의사, 거래의 관행 등을 종합적으로 고려하여 사회정의와 형평의 이념에 맞도록 논리와 경험의 법칙, 그리고 사회일반의 상식과 거래의 통념에 따라 합리적으로 해석하여야 하는 것이다(대법원 1996. 10. 25. 선고 96다16049 판결, 1994. 3. 25. 선고 93다32668 판결 등 참조).

그런데 원심은, 원고가 피고를 찾아가 임대차보증금을 어떻게 할 것인지 따지자 피고가 세입자들의 보증금은 위 백남득의 아들이며 위 회사의 상무인 자신이 책임지고 해결하겠으니 걱정하지 말고 기다리라고 하였다는 사실 등에 터잡아, 피고가 그의 부친인 백남득이 반환하여야 할 임대차보증금을 반환하기로 약정한 것이라고 판단하였으나, 피고가 한 말의 내용, 그와 같은 말을 하게 된 동기 및 경위 등에 비추어 볼 때, 그 말의 객관적 의미는 피고가 그러한 의무를 법적으로 부담할 수는 없지만 사정이 허락하는 한 그 이행을 사실상 하겠다는 취지로 해석함이 상당하고, 그 밖에 피고가 백남득이 낙찰인으로부터 이사비조로 받기로 한 금 1,400만 원 중 금 1,300만 원을 임차인인 김홍순과 소외 이길수에게 나누어 지급할 것을 약속한 사실에 의하여 피고가 임대차보증금 반환채무를 부담하기로 하였다고 볼 수도 없으며, 달리 원심이 인정한 사실들에 의하여 피고가 이 사건 임대차보증금을 반환하기로 약정하였다고 인정하기에 충분하다고 할 수 없다.

그럼에도 원심이 그 인정 사실에 터잡아 피고가 이 사건 임대차보증금을 반환하기로 약정하였다고 판단한 것은 법률행위의 해석을 그르쳐 판결에 영향을 미친 위법을 저질렀다고 할 것이므로, 이를 지적하는 취지의 상고이유는 그 이유 있다.

2-5 이례적인 약정이 인정되기 위한 요건 사례

대법원 1994. 9. 9. 선고 94다4097 판결

판시사항

매매계약 체결시 체납전기료 등 채무를 매수인이 부담하기로 하는 약정의 해석

판결요지

매매계약을 체결함에 있어 계약체결 이전에 발생한 매매목적물에 대한 전기료 등 채무도 매수인의 부담으로 청산하기로 하는 내용의 약정을 한 경우에 이는 매도인이 전기료 등을 지급할 의무가 있음을 전제로 하여 그 채무를 매수인의 부담으로 청산한다는 취지로 해석함이 상당하고, 매도인이 지급할 의무조차 없는 채무를 매수인으로 하여금 제3자에게 변제하도록 약정한다는 것은 일반거래관념상 이례에 속한다 할 것이므로, 그러한 약정을 위와 같이 이례적으로 해석하기 위하여는 그와 같은 약정을 하게 된 동기와 경위, 당사자의 지위와 이해관계(매도인과 매수인 사이의 보상관계, 매도인과 제3자 사이의 대가관계 등), 거래관행 등 제반 사정에 비추어 당사자들의 의사가 매도인이 지급할 의무조차 없는 전기료이지만 이를 매수인에게 부담시키려는 것이었다고 볼 만한 특별한 사정이 있어야 한다.

2-6 점포의 인도시기에 관하여 불확정기한을 이행기로 정하였다고 본 사례

대법원 2000. 11. 28. 선고 2000다7936 판결

판시사항

건축중인 상가건물의 특정점포를 임차하면서 계약서에 그 점포의 인도시기(입점시기)를 기재하지 아니하고 건물의 준공예정일에 관한 설명만 듣고서 임대차계약을 체결한 경우, 그 점포의 인도시기에 관하여 불확정기한을 이행기로 정하는 합의를 한 것으로 볼 것인지 여부(적극) 및 그 불확정기한의 내용

> **판결요지**

일반적으로 건축중인 상가건물의 특정점포를 임차하면서 계약서에 그 점포의 인도시기(입점시기)를 기재하지 아니하고 건물의 준공예정일에 관한 설명만을 듣고서 그 점포에 관한 임대차계약을 체결한 경우, 그 점포의 인도시기에 관하여 당사자의 합리적인 의사는 확정기한을 이행기로 정한 것이라고 보기는 어렵고 불확정기한을 이행기로 정하는 합의가 이루어진 것으로 보아야 할 것이고, 그 불확정기한의 내용은 그 건설공사의 진척상황 및 사회경제적 상황에 비추어 예상할 수 있는 합리적인 공사지연기간이 경과한 때라고 하는, 매우 폭 넓고 탄력적인 것으로 보아야 한다.

2-7 계약문서와 다른 구두 약정의 효력

대법원 1984. 5. 22. 선고 84다카27,28 판결

> **판시사항**

임대차계약서를 작성하면서 월세에 관하여 그 기재와 다른 특약을 따로 구두로 하였다는 진술의 신빙성

> **판결요지**

월세에 관하여 임대차계약서의 기재액수와 다른 특약이 있으면 그 사항을 계약서에 규정함이 당연한 이치일 것임에도 계약서를 작성하면서 그 기재와 다른 특약을 따로 구두로 한다는 것은 이례에 속한다.

2-8 계약서의 부동문자로 된 계약조항에 대한 예문해석 사례

대법원 1989. 8. 8. 선고 89다카5628 판결

> **판시사항**

가. 매매계약의 당사자 중 일방에게만 책임을 지우는 부동문자로 된 계약조항에 대한 예문해석 여부

나. 성업공사가 작성한 부동산 매매계약서 중 부동문자로 된 '매수인이 필요비와 유익비를 청구할 수 없다'는 특약조항의 해석

다. 전항의 특약조항에 불구하고 매수인이 지출한 증축비용이나 유익비를 포기한 것으로 볼 수 없는 사례

> **판결요지**

가. 부동문자로 인쇄된 매매계약서의 계약조항이 매도인은 어떠한 경우에도 책임을 지지 않고 매수인에게만 모든 책임을 지우도록 되어 있다고 하여 그 계약조항의 내용을 일률적으로 예문이라고 단정할 수는 없고 구체적인 사안에 따라 계약당사자의 의사를 고려하여 그 계약 내용의 의미를 파악하고 이것이 예문에 지나지 않는 것인지 여부를 판단하여야 한다.

나. 성업공사에서 은행을 대리하여 부동산을 매도하는 모든 경우에 사용하는 부동산 매매계약서 용지를 사용하여 작성한 계약서 중 매수인이 목적부동산에 대하여 이미 지출한 필요비와 유익비는 매도인의 승낙 또는 계약해제 여부에 관계없이 그 비용의 보상을 청구할 수 없다는 조항은 부동문자로 인쇄되어 일률적으로 또는 기계적으로 적용되도록 예정되어 있는 것이므로 계약체결 시 다른 의사표시나 특별한 사정이 없다면 그 조항의 취지는 통상 존재하고 예상할 수 있는 필요비나 유익비를 청구하지 않는다는 의미라고 해석하여야 한다.

다. 갑이 그 소유인 부동산이 을은행 앞으로 경락된 상태에서 증축허가 신청을 하고 을은행 앞으로 경락을 원인으로 소유권이전등기가 된 후 증축준공허가를 받고서 을은행을 대리한 성업공사와 매매계약을 체결하였는데 동 계약서 중에 매수인이 목적부동산에 지출한 필요비와 유익비의 보상을 청구할 수 없다는 조항이 부동문자로 인쇄되어 있는 경우 동 매매계약서에는 그 매매계약이 후에 해제되는 경우 갑이 적법한 절차에 따라 증축하고 다액의 비용을 들여 수리하였으며 그 가액의 증가가 현존하고 을의 경락가액에는 이 증축부분이나 수리부분이 반영되지도 아니하였을 위 증축비용이나 유익비까지를 포기하는 취지의 합의가 포함되어 있다고 해석할 수는 없다.

2-9 계약문서상 목적물을 잘못 표시한 경우 그 매매계약의 목적물

대법원 1996. 8. 20. 선고 96다19581,19598 판결

판시사항

매매계약의 당사자가 목적물의 지번에 관하여 착오를 일으켜 계약서상 목적물을 잘못 표시한 경우 그 매매계약의 목적물

판결요지

부동산의 매매계약에 있어 쌍방 당사자가 모두 특정의 갑 토지를 계약의 목적물로 삼았으나 그 목적물의 지번 등에 관하여 착오를 일으켜 계약을 체결함에 있어서는 계약서상 그 목적물을 갑 토지와는 별개인 을 토지로 표시하였다 하여도, 갑 토지에 관하여 이를 매매의 목적물로 한다는 쌍방 당사자의 의사합치가 있은 이상 그 매매계약은 갑 토지에 관하여 성립한 것으로 보아야 하고 을 토지에 관하여 매매계약이 체결된 것으로 보아서는 안 될 것이며, 만일 을 토지에 관하여 그 매매계약을 원인으로 하여 매수인 명의로 소유권이전등기가 경료되었다면 이는 원인 없이 경료된 것으로서 무효이다.

2-10 분양광고 내용이 계약문서의 내용으로 효력을 가질 수 있는지

대법원 2007. 6. 1. 선고 2005다5812,5829,5836 판결

판시사항

[1] 아파트 분양광고 내용의 일반적 법적 성질(= 청약의 유인) 및 분양광고의 내용 중 분양자와 수분양자 사이에 이를 분양계약의 내용으로 하기로 하는 묵시적 합의가 있었다고 볼 수 있는 경우

[2] 아파트 분양광고의 내용 중 아파트의 외형·재질 등에 관한 것과 부대시설에 준하는 것으로서 분양자가 이행 가능한 것은 분양계약의 내용이 된다고 한 사례

[3] 부동산 거래에 있어 신의칙상 거래 상대방에 대한 고지의무를 부담하는 경우 및 거래 상대방이 고지의무의 대상이 되는 사실을 알 수 있었음에도 알지 못한 과실이 있다는 이유로 위 고지의무를 면하게 되는지 여부(소극)

[4] 아파트 분양자는 아파트단지 인근에 공동묘지가 조성되어 있는 사실을 수분양자에게 고지할 신의칙상의 의무를 부담한다고 한 사례

판결요지

[1] 청약은 이에 대응하는 상대방의 승낙과 결합하여 일정한 내용의 계약을 성립시킬 것을 목적으로 하는 확정적인 의사표시인 반면 청약의 유인은 이와 달리 합의를 구성하는 의사표시가 되지 못하므로 피유인자가 그에 대응하여 의사표시를 하더라도 계약은 성립하지 않고 다시 유인한 자가 승낙의 의사표시를 함으로써 비로소 계약이 성립하는 것으로서 서로 구분되는 것이다. 그리고 위와 같은 구분 기준에 따르자면, 상가나 아파트의 분양광고의 내용은 청약의 유인으로서의 성질을 갖는 데 불과한 것이 일반적이라 할 수 있다. 그런데 선분양·후시공의 방식으로 분양되는 대규모 아파트단지의 거래 사례에 있어서 분양계약서에는 동·호수·평형·입주예정일·대금지급방법과 시기 정도만이 기재되어 있고 분양계약의 목적물인 아파트 및 그 부대시설의 외형·재질·구조 및 실내장식 등에 관하여 구체적인 내용이 기재되어 있지 아니한 경우가 있는바, 분양계약의 목적물인 아파트에 관한 외형·재질 등이 제대로 특정되지 아니한 상태에서 체결된 분양계약은 그 자체로서 완결된 것이라고 보기 어렵다 할 것이므로, 비록 분양광고의 내용, 모델하우스의 조건 또는 그 무렵 분양회사가 수분양자에게 행한 설명 등이 비록 청약의 유인에 불과하다 할지라도 그러한 광고 내용이나 조건 또는 설명 중 구체적 거래조건, 즉 아파트의 외형·재질 등에 관한 것으로서 사회통념에 비추어 수분양자가 분양자에게 계약 내용으로서 이행을 청구할 수 있다고 보이는 사항에 관한 한 수분양자들은 이를 신뢰하고 분양계약을 체결하는 것이고 분양자들도 이를 알고 있었다고 보아야 할 것이므로, 분양계약시에 달리 이의를 유보하였다는 등의 특단의 사정이 없는 한, 분양자와 수분양자 사이에 이를 분양계약의 내용으로 하기로 하는 묵시적 합의가 있었다고 봄이 상당하다.

[2] 분양계약의 목적물인 아파트의 외형·재질에 관하여 별다른 내용이 없는 분양계약서는 그 자체로서 완결된 것이라고 보기 어려우므로

위 아파트 분양계약은 목적물의 외형·재질 등이 견본주택(모델하우스) 및 각종 인쇄물에 의하여 구체화될 것을 전제로 하는 것이라고 보아, 광고 내용 중 도로확장 등 아파트의 외형·재질과 관계가 없을 뿐만 아니라 사회통념에 비추어 보더라도 수분양자들 입장에서 분양자가 그 광고 내용을 이행한다고 기대할 수 없는 것은 그 광고 내용이 그대로 분양계약의 내용을 이룬다고 볼 수 없지만, 이와 달리 온천 광고, 바닥재(원목마루) 광고, 유실수단지 광고 및 테마공원 광고는 아파트의 외형·재질 등에 관한 것으로서, 콘도회원권 광고는 아파트에 관한 것은 아니지만 부대시설에 준하는 것이고 또한 이행 가능하다는 점에서, 각 분양계약의 내용이 된다고 한 사례

[3] 부동산 거래에 있어 거래 상대방이 일정한 사정에 관한 고지를 받았더라면 그 거래를 하지 않았을 것임이 경험칙상 명백한 경우에는 신의성실의 원칙상 사전에 상대방에게 그와 같은 사정을 고지할 의무가 있으며, 그와 같은 고지의무의 대상이 되는 것은 직접적인 법령의 규정뿐 아니라 널리 계약상, 관습상 또는 조리상의 일반원칙에 의하여도 인정될 수 있고, 일단 고지의무의 대상이 되는 사실이라고 판단되는 경우 이미 알고 있는 자에 대하여는 고지할 의무가 별도로 인정될 여지가 없지만, 상대방에게 스스로 확인할 의무가 인정되거나 거래관행상 상대방이 당연히 알고 있을 것으로 예상되는 예외적인 경우가 아닌 한, 실제 그 대상이 되는 사실을 알지 못하였던 상대방에 대하여는 비록 알 수 있었음에도 알지 못한 과실이 있다 하더라도 그 점을 들어 추후 책임을 일부 제한할 여지가 있음은 별론으로 하고 고지할 의무 자체를 면하게 된다고 할 수는 없다.

[4] 우리 사회의 통념상으로는 공동묘지가 주거환경과 친한 시설이 아니어서 분양계약의 체결 여부 및 가격에 상당한 영향을 미치는 요인일 뿐만 아니라 대규모 공동묘지를 가까이에서 조망할 수 있는 곳에 아파트단지가 들어선다는 것은 통상 예상하기 어렵다는 점 등을 감안할 때 아파트 분양자는 아파트단지 인근에 공동묘지가 조성되어 있는 사실을 수분양자에게 고지할 신의칙상의 의무를 부담한다고 한 사례

2-11 분양광고 내용이 계약문서의 내용으로 되지 않았다고 본 사례

대법원 2001. 5. 29. 선고 99다55601,55618 판결

판결요지

[1] 상가를 분양하면서 그 곳에 첨단 오락타운을 조성·운영하고 전문경영인에 의한 위탁경영을 통하여 분양계약자들에게 일정액 이상의 수익을 보장한다는 광고를 하고, 분양계약 체결 시 이러한 광고내용을 계약상대방에게 설명하였더라도, 체결된 분양계약서에는 이러한 내용이 기재되지 않은 점과, 그 후의 위 상가 임대운영경위 등에 비추어 볼 때, 위와 같은 광고 및 분양계약 체결 시의 설명은 청약의 유인에 불과할 뿐 상가 분양계약의 내용으로 되었다고 볼 수 없고, 따라서 분양 회사는 위 상가를 첨단 오락타운으로 조성·운영하거나 일정한 수익을 보장할 의무를 부담하지 않는다고 한 사례

2-12 과장 분양광고 내용이 계약문서의 내용으로 효력을 가질 수 있는지 여부

서울고법 2007. 1. 10. 선고 2006나45598 판결

판시사항

[1] 대규모 아파트 등을 분양하는 자가 분양광고나 분양안내책자, 모델하우스 설치 등을 통해 아파트의 입지조건이나 주변 자연환경, 교통환경, 시설 등에 관하여 다소 과장되게 광고한 내용이 분양계약서에 포함되지 않은 경우, 분양계약의 내용이 되었다고 볼 수 있는지 여부(한정 소극)

[2] 아파트 분양광고나 분양안내책자, 모델하우스 등을 통하여 제시된 내용이 분양계약서에 명시되지 않은 경우, 분양계약의 내용이 되었다고 보아야 하는지 여부의 판단 기준

[3] 아파트 신축업체가 분양안내책자에 전철역까지 걸리는 시간, 원격진료시스템 등의 시설 등에 관하여 다소 과장되게 광고하였지만, 이러한 분양광고는 청약의 유인에 불과할 뿐 분양계약의 내용이 되었다고 볼 수 없고, 일반 상거래의 관행이나 신의칙에 비추어 충분히

시인될 수 있는 한도 내로 보여 기망행위에 해당한다고 볼 수 없다고 한 사례

> **판결요지**

[1] 대규모 아파트 등을 분양하는 자가 분양광고나 분양안내책자, 모델하우스 설치 등을 통하여 아파트의 입지조건이나 주변 자연환경, 교통환경, 시설 등에 관하여 다소 과장되게 광고를 하였다고 하더라도 그러한 광고내용이 분양계약서에 포함되어 있지 않은 경우에는 그것이 상거래 관행이나 신의칙에 비추어 그 상당성을 인정할 수 있는 한도 내에서는 '청약의 유인'에 불과할 뿐 분양계약의 내용이 되었다고 볼 수 없다.

[2] 아파트 분양광고나 분양안내책자, 모델하우스 등을 통하여 제시된 내용이 분양계약서에 명시되지 않았음에도 불구하고 분양계약의 내용이 되었다고 보아야 하는지 여부는 상거래에서 어느 정도의 과장된 광고나 홍보가 허용된다는 점을 고려한 다음, 그것이 아파트의 구조, 시설, 기능 등 분양계약의 본질적인 내용과 관련된 사항인지 여부, 개별적인 분양계약서에 표시하기 부적당한 내용, 즉 아파트 공용시설의 구조, 크기, 재료, 배치 등에 관한 사항인지 여부, 수분양자들이 당해 분양계약을 체결함에 있어 중요하게 고려할 만한 사항인지 여부, 기타 분양계약 당시의 주택공급현황이나 일반 상거래 관행 등을 종합하여 결정하여야 한다.

[3] 아파트 신축업체가 분양안내책자에 전철역까지 걸리는 시간, 원격진료시스템 등의 시설 등에 관하여 다소 과장되게 광고하였지만, 이러한 분양광고는 청약의 유인에 불과할 뿐 분양계약의 내용이 되었다고 볼 수 없고, 일반 상거래의 관행이나 신의칙에 비추어 충분히 시인될 수 있는 한도 내로 보여 기망행위에 해당한다고 볼 수 없다고 한 사례

2-13 계약문서와 현황이 다를 때의 매매목적물

대법원 1993. 5. 11. 선고 92다48918(본소),48925(반소) 판결

판시사항

가. 매매목적물인 토지의 현황이 지적공부상의 경계와 다르게 표시된 경우 매매대상이 되는 토지 소유권의 범위(=지적공부상의 토지)

나. 실제의 경계가 지적공부상의 경계와 상이한 것을 모르는 상태에서 실제의 경계를 대지의 경계로 알고 매매하였다고 하여 현실의 경계에 따라 매매목적물을 특정하여 매매한 것으로 볼 수 있는지 여부 (소극)

판결요지

가. 지적도상의 경계표시가 분할측량의 잘못 등으로 사실상의 경계와 다르게 표시되었다 하여도 그 매매당사자가 지적공부에 의하여 소유권의 범위가 확정된 토지를 매매할 의사가 아니고 사실상의 경계대로의 토지를 매매할 의사를 가지고 매매한 사실이 인정되는 등 특별한 사정이 없는 한 사실상의 경계에 관계없이 지적공부에 기재된 지번, 지목, 지적 및 경계에 의하여 소유권의 범위가 확정된 토지를 매매한 것으로 보아야 할 것이다.

나. 매매당사자가 토지의 실제 경계가 지적공부상의 경계와 상이한 것을 모르는 상태에서 실제의 경계를 대지의 경계로 알고 매매하였다고 하여 매매당사자들이 지적공부상의 경계를 떠나 현실의 경계에 따라 매매목적물을 특정하여 매매한 것이라고 볼 수 없다.

2-14 토지의 지적도상 경계와 실제 경계가 다를 때

대법원 1996. 7. 9. 선고 95다55597,55603 판결

판시사항

지적도상의 경계와 실제 경계가 다르게 표시된 토지가 전전매매된 경우, 그 토지소유권 범위의 결정 기준

> **판결요지**

어떤 토지가 지적법에 의하여 1필지의 토지로 지적공부에 등록되면 그 토지는 특별한 사정이 없는 한 그 등록으로써 특정되고 그 소유권의 범위는 현실의 경계와 관계없이 공부상의 경계에 의하여 확정되는 것이고, 지적도상의 경계표시가 분할측량의 잘못 등으로 사실상의 경계와 다르게 표시되었다 하더라도 그 토지에 대한 매매도 특별한 사정이 없는 한 현실의 경계와 관계없이 지적공부상의 경계와 지적에 의하여 소유권의 범위가 확정된 토지를 매매 대상으로 하는 것으로 보아야 하고, 다만 지적도를 작성함에 있어서 기술적인 착오로 인하여 지적도상의 경계선이 진실한 경계선과 다르게 작성되었기 때문에 경계와 지적이 실제의 것과 일치하지 않게 되었고, 그 토지들이 전전매도되면서도 당사자들이 사실상의 경계대로 토지를 매매할 의사를 가지고 거래한 경우 등과 같이 특별한 사정이 있는 경우에 한하여 그 토지의 경계는 실제의 경계에 의하여야 한다.

계약서의 목적물과 현장답사의 내용이 다를 경우 매매의 대상

대법원 1985. 11. 12. 선고 84다카2344 판결

> **판시사항**

가. 토지매매 계약서에 표시된 목적물과 현장답사에서 확인한 부분이 상이한 경우, 매매의 대상

나. 토지매매에 있어서 매수인에게 목적물과 지적도와의 일치를 미리 확인해야 할 의무가 있는지 여부

다. 민법 제582조 소정의 매도인의 하자담보책임에 관한 매수인의 권리행사 기간의 성질

라. 토지와 그 지상건물 등을 일괄하여 매도한 경우 그 대금 중 토지대금 상당액의 산출방법

> 판결요지

가. 토지매매계약서에서 등기부상 1필 또는 수필의 토지를 매매목적물로 표시한 경우에는 특단의 사정이 없는 한 매매의 대상은 그 1필 또는 수필의 토지 전체라고 보는 것이 타당하고, 매매당사자가 매매 당시 현장답사를 하여 담장 등으로 사실상 경계표시가 된 토지의 일부분을 매매목적물의 전체로 잘못 알고 매매계약을 체결하였다고 하여도 이러한 사실만으로 현장답사에서 확인한 토지부분만이 매매의 대상이 된다고는 할 수 없다.

나. 토지매매에 있어서 특단의 사정이 없는 한 매수인에게 측량 또는 지적도와의 대조 등 방법으로 매매목적물이 지적도상의 그것과 정확히 일치하는지의 여부를 미리 확인하여야 할 주의의무가 있다고 볼 수 없다.

다. 민법 제582조 소정의 매도인의 하자담보책임에 관한 매수인의 권리행사기간은 재판상 또는 재판외의 권리행사기간이고 재판상 청구를 위한 출소기간은 아니다.

라. 토지와 그 지상건물 및 시설등을 일괄하여 매매대금을 정한 경우에 그것이 토지와 건물 및 시설등의 각 시가액을 합산하여 정한 금액이라면 모르되 그렇지 않으면 그 매매대금액 중 토지대금 상당액을 가려내는 방법은 토지와 건물 및 시설물의 각 시가를 개별적으로 평가하여 그 비율을 알아낸 다음 그 비율에 의하여 매매대금액 중 토지대금상당액을 산출하는 것이 가장 합리적이다.

2-16 1필의 토지 중 일부만을 매매할 경우 소유권의 범위

대법원 1996. 7. 30. 선고 94다30324 판결

> 판시사항

1필의 토지 중 일부만을 매매 목적물로 삼은 경우, 그 소유권 범위의 확정방법

판결요지

지적공부에 1필지로 등록된 토지의 경계는 특별한 사정이 없는 한 이 등록으로써 특정되고 그 소유권의 범위도 현실의 경계와 관계없이 공부상 경계에 의하여 확정되며, 이러한 토지가 매매의 목적이 된 경우 그 목적물의 범위 역시 공부상 경계에 의하여 확정됨이 원칙이지만, 이는 어디까지나 그 토지가 지적공부에 1필지로서 등록되어 있음을 전제로 한 것일 뿐이므로, 1필지의 토지 중 일부만을 매매의 목적물로 삼은 경우에도 항상 그와 같은 법리가 엄격하게 적용된다고 볼 수는 없고, 오히려 이러한 경우에는 구체적인 증거에 터 잡아 그 목적물의 범위를 확정하여야 한다.

2-17 물건에 대한 점유의 의미와 판단 기준

대법원 1999. 3. 23. 선고 98다58924 판결

판결요지

[1] 물건에 대한 점유란 사회관념상 어떤 사람의 사실적 지배에 있다고 보이는 객관적 관계를 말하는 것으로서, 사실상의 지배가 있다고 하기 위하여는 반드시 물건을 물리적·현실적으로 지배하는 것만을 의미하는 것이 아니고, 물건과 사람과의 시간적·공간적 관계와 본권관계, 타인 지배의 가능성 등을 고려하여 사회관념에 따라 합목적적으로 판단하여야 한다.

03 Chapter
동시이행 관계

자기의 채무를 이행하면서 상대방의 채무이행을 청구해야__

동시이행의 항변권은 공평의 관념과 신의칙에 입각해 각 당사자가 부담하는 채무가 서로 대가적 의미를 가지고 관련되어 있을 때 그 이행에서 견련관계를 인정해 당사자 일방은 상대방이 채무를 이행하거나 이행의 제공을 하지 않은 채 당사자 일방의 채무의 이행을 청구할 때는 자기의 채무이행을 거절할 수 있도록 하는 제도다.

동시이행은 자기 채무이행 준비를 완료하고 상대방에게 그 수령을 최고해야__

동시이행 관계에 있는 쌍무계약에는 상대방의 채무불이행을 이유로 계약을 해제하려고 하는 자는 동시이행 관계에 있는 자기 채무의 이행을 제공해야 하고 그 채무를 이행함에 있어 상대방의 행위를 필요로 할 때는 언제든지 현실로 이행할 수 있는 준비를 완료하고 그 뜻을 상대방에게 통지해 그 수령을 최고해야만 상대방으로 하여금 이행지체에 빠지게 할 수 있고 단순히 이행의 준비태세를 갖추고 있는 것만으로는 부족하다.

이행의 불능이란 채무자의 이행의 실현을 기대할 수 없는 경우

채무의 이행이 불능이라는 것은 단순히 절대적·물리적으로 불능인 경우가 아니라 사회생활에 있어서의 경험법칙 또는 거래상의 관념에 비춰 볼 때 채권자가 채무자의 이행의 실현을 기대할 수 없는 경우를 말하고, 그 이행불능의 사실에 대해서는 채권자가 이를 입증해야 한다.

임대차보증금 반환의무는 임차권등기 말소의무보다 선행의무

주택임대차의 임차권등기는 이미 임대차계약이 종료했음에도 임대인이 그 보증금을 반환하지 않는 상태에서 경료되게 되므로, 이미 사실상 이행지체에 빠진 임대인의 임대차보증금의 반환의무와 그에 대응하는 임차인의 권리를 보전하기 위해 새로이 경료하는 임차권등기에 대한 임차인의 말소의무를 동시이행 관계에 있는 것은 아니다.

특히 임차권등기는 임차인으로 하여금 기왕의 대항력이나 우선변제권을 유지하도록 해주는 담보적 기능만을 주목적으로 하는 점 등에 비춰 볼 때, 임대인의 임대차보증금의 반환의무가 임차인의 임차권등기 말소의무보다 먼저 이행되어야 할 의무다.

가압류등기의 말소의무와 매수인의 대금지급의무는 동시이행 관계__

부동산의 매매계약이 체결된 경우에는 매도인의 소유권이전등기의무, 인도의무와 매수인의 잔대금지급의무는 동시이행의 관계에 있는 것이 원칙이고, 이 경우 매도인은 특별한 사정이 없는 한 제한이나 부담이 없는 완전한 소유권이전등기의무를 지는 것이다.

매매목적 부동산에 가압류등기 등이 되어 있는 경우에는 매도인은 이와 같은 등기도 말소해 완전한 소유권이전등기를 해주어야 하는 것이고, 따라서 가압류등기 등이 있는 부동산의 매매계약에 있어서는 매도인의 소유권이전등기 의무와 아울러 가압류등기의 말소의무도 매수인의 대금지급의무와 동시이행 관계에 있다.

매매대금을 완납한 이후 과실수취권은 매수인에게 귀속__

특별한 사정이 없는 한 매매계약이 있은 후에도 인도하지 않은 목적물로부터 생긴 과실은 매도인에게 속하나, 매매목적물의 인도 전이라도 매수인이 매매대금을 완납한 때는 그 이후의 과실수취권은 매수인에게 귀속된다.

3-1 동시이행의 항변권이란

대법원 1999. 4. 23. 선고 98다53899 판결

판시사항

[1] 동시이행의 항변권의 의미

[2] 토지의 일부를 매매한 후 대금 감액의 합의가 되어 매도인이 매수인에게 이미 지급받은 대금의 일부를 반환할 의무를 부담한 상태에서 매수인 명의로 토지 전체에 대한 소유권이전등기를 경료한 경우, 매수인의 매도인에 대한 매매 목적 이외의 토지 부분에 관한 명의신탁해지를 원인으로 한 소유권이전등기절차 이행의무와 매도인의 매수인에 대한 대금 반환의무는 상호 동시이행의 관계에 있다고 볼 수 있다고 한 사례

판결요지

[1] 동시이행의 항변권은 공평의 관념과 신의칙에 입각하여 각 당사자가 부담하는 채무가 서로 대가적 의미를 가지고 관련되어 있을 때 그 이행에 있어서 견련관계를 인정하여 당사자 일방은 상대방이 채무를 이행하거나 이행의 제공을 하지 아니한 채 당사자 일방의 채무의 이행을 청구할 때에는 자기의 채무이행을 거절할 수 있도록 하는 제도이다.

[2] 토지의 일부를 매매한 후 대금 감액의 합의가 되어 매도인이 매수인에게 이미 지급받은 대금의 일부를 반환할 의무를 부담한 상태에서 매수인 명의로 토지 전체에 대한 소유권이전등기를 경료한 경우, 매수인의 매도인에 대한 매매 목적 이외의 토지 부분에 관한 명의신탁해지를 원인으로 한 소유권이전등기절차 이행의무와 매도인의 매수인에 대한 대금 반환의무는 공평의 견지에서 서로 대가적 의미를 지니고 있어 그 이행에 있어서 견련관계를 인정함이 타당하므로 상호 동시이행의 관계에 있다고 볼 수 있다고 한 사례

3-2 동시이행의 항변권의 성립요건

대법원 1989. 2. 14. 선고 88다카10753 판결

판결요지

당사자 쌍방이 각각 별개의 약정으로 상대방에 대하여 채무를 지게 된 경우에는 자기의 채무이행과 상대방의 어떤 채무이행과를 견련시켜 동시이행을 하기로 특약한 사실이 없다면 상대방이 자기에게 이행할 채무가 있다 하더라도 동시이행의 항변권이 생긴다고 볼 수 없다.

3-3 채무불이행의 책임을 묻기 위해서는 자기 채무의 변제제공을 해야

대법원 2004. 12. 9. 선고 2004다49525 판결

판결요지

동시이행 관계에 있는 반대급부의무를 지고 있는 채권자는 채무자의 변제의 제공이 없음을 이유로 채무자에게 채무불이행의 책임을 묻거나 혹은 계약해제를 하기 위하여는 스스로의 채무의 변제제공을 하여야 한다.

3-4 채무의 이행불능의 의미

대법원 2003. 1. 24. 선고 2000다22850 판결

판시사항

[1] 채무의 이행불능의 의미
[2] 소유권이전등기의무의 이행불능을 이유로 매매계약을 해제함에 있어서 잔대금지급의무의 이행제공이 필요한지 여부(소극)

판결요지

[1] 채무의 이행이 불능이라는 것은 단순히 절대적·물리적으로 불능인 경우가 아니라 사회생활에 있어서의 경험법칙 또는 거래상의 관념에 비추어 볼 때 채권자가 채무자의 이행의 실현을 기대할 수 없는 경우를 말한다.

[2] 매도인의 매매계약상의 소유권이전등기의무가 이행불능이 되어 이를 이유로 매매계약을 해제함에 있어서는 상대방의 잔대금지급의무가 매도인의 소유권이전등기의무와 동시이행 관계에 있다고 하더라도 그 이행의 제공을 필요로 하는 것이 아니다.

3-5 이행불능 사실에 대한 증명책임의 소재

대법원 2015. 12. 10. 선고 2013다207538 판결

이유

채무불이행의 요건인 이행불능 여부는 사회생활에 있어서의 경험법칙 또는 거래상의 관념에 비추어 볼 때 채권자가 채무자의 이행의 실현을 기대할 수 없는 경우를 말하고, 그 이행불능의 사실에 대하여는 채권자가 이를 입증하여야 한다.

3-6 임대차보증금 반환과 전세권설정등기 말소의 동시이행 관계

대법원 2011. 3. 24. 선고 2010다95062 판결

판시사항

[1] 임대차계약을 체결하면서 임대차보증금을 전세금으로 하는 전세권설정등기를 경료한 경우, 임대차보증금 반환의무와 전세권설정등기 말소의무가 동시이행 관계에 있는지 여부(원칙적 적극)

[2] 임대인과 임차인이 세무서에 임대차보증금만 신고하고 월 차임은 신고하지 않기로 합의하면서 임차인이 차임을 신고하면 그에 대한 부가가치세 등을 임차인이 부담하기로 약정한 사안에서, 임대인에 대한 세무조사 과정에서 누락신고된 차임이 밝혀졌다는 사유만으로 임대인에게 추가로 부과된 부가가치세 본세를 위 세금부담 약정에 따라 임차인이 부담하여야 한다고 본 원심판결을 파기한 사례

판결요지

[1] 임대인과 임차인이 임대차계약을 체결하면서 임대차보증금을 전세금으로 하는 전세권설정등기를 경료한 경우 임대차보증금은 전세금

의 성질을 겸하게 되므로, 당사자 사이에 다른 약정이 없는 한 임대차보증금 반환의무는 민법 제317조에 따라 전세권설정등기의 말소의무와도 동시이행 관계에 있다.

[2] 임대인과 임차인이 세무서에 임대차보증금만 신고하고 월 차임은 신고하지 않기로 합의하면서 임대차보증금에 차임을 '임차인이 다 신고하면' 그 차임에 대한 부가가치세 등을 임차인이 부담하기로 하는 내용의 세금부담 약정을 한 사안에서, 위 세금부담 약정은 임차인이 스스로 세무서에 차임 약정이 존재한다는 사실을 신고함으로써 그에 대한 부가가치세 등을 임대인이 부담하게 될 경우 이를 임차인이 부담하겠다는 뜻으로 이해됨에도, 임대인에 대한 세무조사 과정에서 누락신고된 차임이 밝혀졌다는 사유만으로 임대인에게 추가로 부과된 부가가치세 본세를 위 세금부담 약정에 따라 임차인이 부담하여야 한다고 본 원심판결을 파기한 사례

3-7 임차인의 폐업신고 의무와 임대인의 임차보증금 반환 의무의 동시이행 관계

서울지법 1999. 6. 9. 선고 98가합103706 판결 : 항소기각·확정

판시사항

[1] 임차인이 목욕탕을 임차하여 영업을 하다가 임대차종료 후 일부 비품과 시설을 남겨 둔 채 임대인에게 점유를 이전하였으나 폐업신고를 하지 않은 경우, 임대인에 대한 명도의무를 이행한 것으로 볼 수 있는지 여부(적극) 및 임차인의 폐업신고 의무와 임대인의 임차보증금 반환 의무는 동시이행의 관계에 있는지 여부(적극)

판결요지

[1] 임차인이 목욕탕을 임차하여 영업을 한 경우에 임대차종료 시 관할 관청에 그에 대한 폐업신고를 하여야 할 의무는 임차인으로서 임대인에 대하여 부담하는 원상회복의무에는 포함된다고 할 것이나, 건물의 명도란 건물에서 점유자의 물품을 반출한 후 점유를 이전하는 것을 의미하므로 임차인이 폐업신고를 하지 않았다고 하여 목욕탕이 명도되지 않았다고 볼 수는 없으며, 임차인이 선풍기 등 일부 물

품만을 남겨둔 채 목욕탕에 대한 점유를 임대인에게 이전하였다면 그 시점에서 목욕탕의 명도는 이루어졌다고 할 것이고, 임차인의 폐업신고 의무는 임대인의 임차보증금 반환의무와 동일한 법률관계로부터 생긴 것이어서 공평의 관념에 비추어 볼 때 동시이행의 관계에 있다 할 것이다.

3-8 임대차보증금과 반환과 임차권등기말소의 동시이행 관계 여부

대법원 2005. 6. 9. 선고 2005다4529 판결

판시사항

임대인의 임대차보증금 반환의무와 임차인의 주택임대차보호법 제3조의3에 의한 임차권등기 말소의무가 동시이행 관계에 있는지 여부(소극)

판결요지

주택임대차보호법 제3조의3 규정에 의한 임차권등기는 이미 임대차계약이 종료하였음에도 임대인이 그 보증금을 반환하지 않는 상태에서 경료되게 되므로, 이미 사실상 이행지체에 빠진 임대인의 임대차보증금의 반환의무와 그에 대응하는 임차인의 권리를 보전하기 위하여 새로이 경료하는 임차권등기에 대한 임차인의 말소의무를 동시이행 관계에 있는 것으로 해석할 것은 아니고, 특히 위 임차권등기는 임차인으로 하여금 기왕의 대항력이나 우선변제권을 유지하도록 해주는 담보적 기능만을 주목적으로 하는 점 등에 비추어 볼 때, 임대인의 임대차보증금의 반환의무가 임차인의 임차권등기 말소의무보다 먼저 이행되어야 할 의무이다.

3-9 임차인의 목적물반환의무와 임대인의 의무불이행 손해배상의 견련관계 유무

대법원 1990. 12. 26. 선고 90다카25383 판결

판시사항

임대차계약 해제에 따른 임차인의 목적물반환의무와 임대인의 목적물을 사용수익하게 할 의무불이행에 대하여 손해배상하기로 한 약정에 따른 의무와 사이의 이행상 견련관계 유무(소극)

판결요지

임대차계약 해제에 따른 임차인의 임대차계약의 이행으로 이루어진 목적물 인도의 원상회복의무와 임대인이 임차인에게 건물을 사용수익하게 할 의무를 불이행한 데 대하여 손해배상을 하기로 한 각서에 기하여 발생된 약정지연손해배상의무는 하나의 임대차계약에서 이루어진 계약이행의 원상회복관계에 있지 않고 그 발생원인을 달리하고 있어 특별한 사정이 없는 한 양자 사이에 이행상의 견련관계는 없으므로 임차인의 동시이행의 항변은 배척되어야 한다.

3-10 근저당설정등기 된 부동산의 동시이행 관계

대법원 1991. 11. 26. 선고 91다23103 판결

판시사항

라. 근저당권설정등기가 되어 있는 부동산의 매매에 있어 매수인의 잔대금지급의무와 동시이행 관계에 있는 매도인의 의무

판결요지

라. 근저당권설정등기가 되어 있는 부동산을 매매하는 경우 매수인이 근저당권의 피담보채무를 인수하여 그 채무금 상당을 매매잔대금에서 공제하기로 하는 특약을 하는 등 특별한 사정이 없는 한 매도인의 근저당권말소 및 소유권이전등기의무와 매수인의 잔대금지급의무는 동시이행의 관계에 있는 것이다.

3-11 가압류된 부동산의 매매와 동시이행

대법원 2000. 11. 28. 선고 2000다8533 판결

판시사항

가압류등기가 있는 부동산의 매매계약에 있어서 매도인의 소유권이전등기 의무와 아울러 가압류등기의 말소의무도 매수인의 대금지급의무와 동시이행 관계에 있는지 여부(적극)

판결요지

부동산의 매매계약이 체결된 경우에는 매도인의 소유권이전등기의무, 인도의무와 매수인의 잔대금지급의무는 동시이행의 관계에 있는 것이 원칙이고, 이 경우 매도인은 특별한 사정이 없는 한 제한이나 부담이 없는 완전한 소유권이전등기의무를 지는 것이므로 매매목적 부동산에 가압류등기 등이 되어 있는 경우에는 매도인은 이와 같은 등기도 말소하여 완전한 소유권이전등기를 해주어야 하는 것이고, 따라서 가압류등기 등이 있는 부동산의 매매계약에 있어서는 매도인의 소유권이전등기 의무와 아울러 가압류등기의 말소의무도 매수인의 대금지급의무와 동시이행 관계에 있다고 할 것이다.

3-12 쌍무계약에서 동시이행 관계에 있는 채무의 이행지체책임 발생요건

대법원 2001. 7. 10. 선고 2001다3764 판결

판결요지

[2] 쌍무계약에서 쌍방의 채무가 동시이행 관계에 있는 경우 일방의 채무의 이행기가 도래하더라도 상대방 채무의 이행제공이 있을 때까지는 그 채무를 이행하지 않아도 이행지체의 책임을 지지 않는 것이며, 이와 같은 효과는 이행지체의 책임이 없다고 주장하는 자가 반드시 동시이행의 항변권을 행사하여야만 발생하는 것은 아니므로, 동시이행 관계에 있는 쌍무계약상 자기 채무의 이행을 제공하는 경우 그 채무를 이행함에 있어 상대방의 행위를 필요로 할 때에는 언제든지 현실로 이행을 할 수 있는 준비를 완료하고 그 뜻을 상대

방에게 통지하여 그 수령을 최고하여야만 상대방으로 하여금 이행지체에 빠지게 할 수 있는 것이다.

계약을 해제하기 위한 자기 채무의 이행제공의 정도

대법원 1987. 1. 20. 선고 85다카2197 판결

판시사항

가. 쌍무계약에 있어서 채무불이행을 이유로 계약을 해제하기 위한 자기채무의 이행제공의 정도

판결요지

가. 동시이행 관계에 있는 쌍무계약에 있어서는 상대방의 채무불이행을 이유로 계약을 해제하려고 하는 자는 동시이행 관계에 있는 자기채무의 이행을 제공하여야 하고 그 채무를 이행함에 있어 상대방의 행위를 필요로 할 때에는 언제든지 현실로 이행할 수 있는 준비를 완료하고 그 뜻을 상대방에게 통지하여 그 수령을 최고하여야만 상대방으로 하여금 이행지체에 빠지게 할 수 있고 단순히 이행의 준비태세를 갖추고 있는 것만으로는 부족하다.

매도인이 매수인을 이행지체에 빠뜨리기 위한 이행제공의 방법과 정도

대법원 2013. 7. 11. 선고 2012다83827 판결

판시사항

부동산 매도인이 매수인을 이행지체에 빠뜨리기 위한 이행제공의 방법과 정도

이유

쌍무계약에 있어서 당사자의 채무에 관하여 이행의 제공을 엄격하게 요구하면 불성실한 상대당사자에게 구실을 주게 될 수도 있으므로 당사자가 하여야 할 제공의 정도는 그의 시기와 구체적인 상황에 따라 신의성실의 원칙에 어긋나지 않게 합리적으로 정하여야 하는 것이며(대법

원 1995. 12. 22. 선고 95다40397 판결 참조). 부동산 매매계약에서 매도인의 소유권이전등기절차 이행채무와 매수인의 매매잔대금 지급채무가 동시이행 관계에 있는 한 쌍방이 이행을 제공하지 않는 상태에서는 이행지체로 되는 일이 없을 것인바, 매도인이 매수인을 이행지체로 되게 하기 위하여는 소유권이전등기에 필요한 서류 등을 현실적으로 제공하거나 그렇지 않더라도 이행장소에 그 서류 등을 준비하여 두고 매수인에게 그 뜻을 통지하고 수령하여 갈 것을 최고하면 되는 것이어서(대법원 1993. 12. 28. 선고 93다777 판결, 대법원 1996. 7. 30. 선고 96다17738 판결 등 참조), 특별한 사정이 없으면 이행장소로 정한 법무사 사무실에 그 서류 등을 계속 보관시키면서 언제든지 잔대금과 상환으로 그 서류들을 수령할 수 있음을 통지하고 신의칙상 요구되는 상당한 시간 간격을 두고 거듭 수령을 최고하면 이행의 제공을 다한 것이 되고 그러한 상태가 계속된 기간 동안은 매수인이 이행지체로 된다 할 것이다.

3-15 수령 지체와 동시이행의 항변권

대법원 1995. 3. 14. 선고 94다26646 판결

판시사항

나. 쌍무계약의 당사자 일방이 한 번 현실의 제공을 하였으나 상대방이 수령을 지체한 경우, 상대방은 동시이행의 항변권을 상실하는지 여부 및 이행의제공이 중지된 이후에 이행지체를 이유로 손해배상을 청구할 수 있는지 여부

판결요지

나. 쌍무계약의 당사자 일방이 먼저 한 번 현실의 제공을 하고, 상대방을 수령지체에 빠지게 하였다고 하더라도 그 이행의 제공이 계속되지 않는 경우는 과거에 이행의 제공이 있었다는 사실만으로 상대방이 가지는 동시이행의 항변권이 소멸하는 것은 아니므로, 일시적으로 당사자 일방의 의무의 이행제공이 있었으나 곧 그 이행의 제공이 중지되어 더 이상 그 제공이 계속되지 아니하는 기간 동안에는

상대방의 의무가 이행지체 상태에 빠졌다고 할 수는 없다고 할 것이고, 따라서 그 이행의 제공이 중지된 이후에 상대방의 의무가 이행지체되었음을 전제로 하는 손해배상청구도 할 수 없는 것이다.

3-16 매수인이 잔금 지급 준비가 되지 않을 때, 매도인의 이행제공 정도

대법원 2012. 11. 29. 선고 2012다65867 판결

판시사항

[1] 매수인의 잔대금 지급 준비가 되어 있지 않은 경우, 매도인이 하여야 할 이행제공의 정도

[2] 매도인 갑과 매수인 을이 체결한 부동산 매매계약에서 을이 잔금 지급을 연체하며 잔금지급기일의 연장을 요청하자 갑이 이를 받아들여 '연장된 기일까지 잔금과 지연이자를 지급하지 않으면 매매계약이 해제된다'는 취지로 통지한 다음, 을이 연장된 기일에도 잔금을 지급하지 못하자 그 다음 날 부동산 소유권을 제3자에 이전해주었는데, 갑은 연장된 기일에 소유권이전등기에 필요한 서류 중 부동산 매도용 인감증명서만을 발급받지 않고 있었던 사안에서, 갑이 소유권이전등기의무에 관한 이행제공을 마쳤다고 보아야 하는데도 이와 달리 본 원심판결에 법리오해의 위법이 있다고 한 사례

판결요지

[1] 쌍무계약에서 일방 당사자의 자기 채무에 관한 이행의 제공을 엄격하게 요구하면 오히려 불성실한 상대 당사자에게 구실을 주는 것이 될 수도 있으므로 일방 당사자가 하여야 할 제공의 정도는 그 시기와 구체적인 상황에 따라 신의성실의 원칙에 어긋나지 않게 합리적으로 정하여야 하고, 따라서 매수인이 잔대금의 지급 준비가 되어 있지 아니하여 소유권이전등기서류를 수령할 준비를 안 한 경우에는 매도인으로서도 그에 상응한 이행의 준비를 하면 족하다.

[2] 매도인 갑과 매수인 을이 체결한 부동산 매매계약에서 을이 잔금 지급을 연체하며 잔금지급기일의 연장을 요청하자 갑이 이를 받아들여 '연장된 기일까지 잔금과 지연이자를 지급하지 않으면 매매계

약이 해제된다'는 취지로 통지한 다음, 을이 연장된 기일에도 잔금을 지급하지 못하자 그 다음 날 부동산 소유권을 제3자에 이전해주었는데, 갑은 연장된 기일에 소유권이전등기에 필요한 제반 서류 중 부동산 매도용 인감증명서만을 발급받지 않고 있었던 사안에서, 연장된 기일까지도 잔금 지급을 준비하지 못한 을의 약정의무 불이행 정도에 비추어 갑이 비록 연장된 기일까지 부동산 매도용 인감증명서를 발급받지 않고 있었다고 하더라도 이는 언제라도 발급받아 교부할 수 있는 것이므로 을에게 소유권이전등기의무에 관한 이행제공을 마쳤다고 보아야 하고, 따라서 부동산 매매계약은 갑이 통지한 조건부 해제의사표시에 따라 을이 연장된 기일까지 잔금지급의무를 이행하지 않음으로써 적법하게 해제되었다고 보아야 하는데도, 이와 다른 전제에서 갑이 소유권이전등기의무에 관한 이행제공을 다하지 못하였으므로 위 조건부 해제의사표시가 부적법하다고 본 원심판결에는 쌍무계약에서 일방 당사자의 자기 채무에 관한 이행제공의 법리를 오해한 위법이 있다고 한 사례

3-17 동시이행 관계에서 매도인이 제공해야 할 서류

대법원 1991. 7. 12. 선고 90다8343 판결

판결요지

쌍무계약인 부동산 매매계약에 있어 매도인이 매수인에게 제공하여야 할 소유권이전등기신청에 필요한 일체의 서류란 등기권리증, 위임장 및 부동산매도용인감증명 등 등기신청행위에 필요한 모든 구비서류를 말한다.

3-17 매도인이 하여야 할 이행제공의 정도

대법원 2001. 12. 11. 선고 2001다36511 판결

판시사항

매수인이 계약의 이행에 비협조적인 경우 매도인이 하여야 할 이행제공의 정도

판결요지

쌍무계약에 있어서 일방 당사자의 자기 채무에 관한 이행의 제공을 엄격하게 요구하면 오히려 불성실한 상대 당사자에게 구실을 주는 것이 될 수도 있으므로 일방 당사자가 하여야 할 제공의 정도는 그 시기와 구체적인 상황에 따라 신의성실의 원칙에 어긋나지 않게 합리적으로 정하여야 하고, 매수인이 계약의 이행에 비협조적인 태도를 취하면서 잔대금의 지급을 미루는 등 소유권이전등기서류를 수령할 준비를 아니한 경우에는 매도인으로서도 그에 상응한 이행의 준비를 하면 족하다 할 것인바, 매도인이 법무사사무소에 소유권이전등기에 필요한 대부분의 서류를 작성하여주었고 미비된 일부 서류들은 잔금지급시에 교부하기로 하였으며 이들 서류는 매도인이 언제라도 발급받아 교부할 수 있다면 매도인으로서는 비록 일부 미비된 서류가 있다 하더라도 소유권이전등기의무에 대한 충분한 이행의 제공을 마쳤다고 보아야 할 것이고, 잔대금 지급기일에 이를 지급하지 않고 계약의 효력을 다투는 등 계약의 이행에 비협조적이고 매도인의 소유권이전등기서류를 수령할 준비를 하지 않고 있던 매수인은 이 점을 이유로 잔대금지급을 거절할 수 없다.

쌍무계약에서 일방당사자가 선이행의무를 부담하는 특약의 약정 방법과 경험칙

대법원 1984. 10. 10. 선고 83다카1337 판결

쌍무계약에 있어서 일방당사자가 선이행의무를 부담하는 특약은 당해 계약이 서면에 의하여 이루어지는 경우에는 특별한 사정이 없는 한 통상 당해계약서에 동시에 그 취지가 명시되고 그 후에 특약이 이루어진 경우라 하여도 이를 서면화함이 거액의 거래에 있어서는 경험칙에 합치된다.

3-20 선이행의무인 중도금 미지급 상태에서 잔금지급기일이 도과한 경우

대법원 2002. 3. 29. 선고 2000다577 판결

판시사항

[1] 매수인이 선이행의무인 중도금 지급의무를 불이행한 상태에서 매도인의 소유권이전등기 소요서류의 제공 없이 잔대금 지급기일이 도과된 경우, 매수인의 중도금 미지급에 대한 지체책임 여부(소극)

[2] 매수인의 중도금 지급의무를 매도인의 소유권이전등기 소요서류 제공의무보다 항상 선이행의 관계에 있는 것으로 하는 약정으로 보기 어렵다고 한 사례

판결요지

[1] 매수인이 선이행의무 있는 중도금을 지급하지 않았다 하더라도 계약이 해제되지 않은 상태에서 잔대금 지급일이 도래하여 그때까지 중도금과 잔대금이 지급되지 아니하고 잔대금과 동시이행 관계에 있는 매도인의 소유권이전등기 소요서류가 제공된 바 없이 그 기일이 도과하였다면, 다른 특별한 사정이 없는 한, 매수인의 중도금 및 잔대금의 지급과 매도인의 소유권이전등기 소요서류의 제공은 동시이행 관계에 있다 할 것이어서 그때부터는 매수인은 중도금을 지급하지 아니한 데 대한 이행지체의 책임을 지지 아니한다.

[2] 매수인의 중도금 지급의무를 매도인의 소유권이전등기 소요서류 제공의무보다 항상 선이행의 관계에 있는 것으로 하는 약정으로 보기 어렵다고 한 사례

3-21 선이행의무 불이행 중 동시불이행이 될 때 동시이행 관계

대법원 1992. 7. 24. 선고 91다38723,38730(반소) 판결

판시사항

가. 매도인이 선이행의무인 소유권이전등기 및 근저당권말소의무를 이행하지 않던 중 매수인도 잔대금지급채무의 이행을 제공하지 아니한 채 잔대금지급기일을 도과한 경우 매도인과 매수인 쌍방의 의무

가 동시이행 관계에 놓이게 되는지 여부(적극)
나. 쌍무계약에 있어서 채무불이행을 이유로 계약을 해제하기 위한 자기 채무의 이행제공의 정도
다. 매도인이 잔금과 함께 지급할 것을 최고한 금원이 매수인이 부담할 근거가 없는 금원으로서 그 액수가 적지 아니하고 최고서의 기재내용에 비추어 본래의 채무액만을 이행제공하여서는 수령을 거절할 것이 분명하다면 매도인의 최고는 과다최고로서 부적법하다고 볼 여지가 있다고 한 사례

판결요지

가. 매도인의 소유권이전등기 및 근저당권말소의무가 매수인의 잔대금지급의무보다 선이행의무라 하더라도 매도인과 매수인 쌍방이 자기 채무의 이행을 제공하지 아니한 채 잔대금지급기일이 도과한 이상 그때부터는 쌍방의 의무는 동시이행의 관계에 놓이게 된다.
나. 동시이행의 관계에 있는 쌍무계약에 있어서 상대방의 채무불이행을 이유로 계약을 해제하려고 하는 자는 동시이행 관계에 있는 자기 채무의 이행을 제공하여야 하고, 그 채무를 이행함에 있어 상대방의 행위를 필요로 할 때에는 언제든지 현실로 이행을 할 수 있는 준비를 완료하고 그 뜻을 상대방에게 통지하여 그 수령을 최고하여야만 상대방으로 하여금 이행지체에 빠지게 할 수 있는 것이며 단순히 이행의 준비태세를 갖추고 있는 것만으로는 안된다.
다. 매도인이 매수인에게 잔금과 더불어 지급할 것을 최고한 금 2천 3백만 원이 매수인이 부담할 근거가 없는 금원으로서 그 액수가 적지 아니할 뿐 아니라 매도인이 보낸 최고서의 기재내용에 비추어 매수인이 본래의 채무액만을 이행제공하여서는 수령을 거절할 것이 분명하다면 매도인의 최고는 과다최고로서 부적법하다고 볼 여지가 있다고 한 사례

3-22 선이행 잔금지급의무 불이행 중, 소유권이전등기의무의 이행기가 도과한 경우

대법원 2001. 7. 27. 선고 2001다27784,27791 판결

판시사항

[1] 쌍무계약인 매매계약에서 매수인이 선이행의무인 잔금지급의무를 이행하지 않고 있는 사이에 매도인의 소유권이전등기의무의 이행기가 도과한 경우, 매도인과 매수인 쌍방의 의무가 동시이행 관계에 있게 되는지 여부(적극)

[2] 소유권이전등기청구권이 가압류되어 있어 가압류를 해제하여야만 소유권이전등기를 경료받을 수 있는 자가 그 목적물을 매도한 경우, 매수인은 위 가압류가 해제되어 완전한 소유권이전등기를 경료받을 때까지 동시이행의 항변권을 행사하여 매매잔대금의 지급을 거절할 수 있는지 여부(적극)

판결요지

[1] 쌍무계약인 매매계약에서 매수인이 선이행의무인 분양잔대금 지급의무를 이행하지 않고 있는 사이에 매도인의 소유권이전등기의무의 이행기가 도과한 경우, 분양잔대금 지급채무를 여전히 선이행하기로 약정하는 등 특별한 사정이 없는 한 매도인과 매수인 쌍방의 의무는 동시이행 관계에 놓이게 된다.

[2] 소유권이전등기청구권이 가압류되어 있어 가압류의 해제를 조건으로 하여서만 소유권이전등기절차의 이행을 명받을 수 있는 자가 그 목적물을 매도한 경우, 위 가압류를 해제하지 아니하고서는 자신 명의로 소유권이전등기를 경료받을 수 없고, 따라서 매수인 명의로 소유권이전등기도 경료하여 줄 수가 없으므로, 그러한 경우에는 소유권이전등기청구권의 가압류를 해제하여 완전한 소유권이전등기를 경료하여주는 것까지 동시이행 관계에 있는 것으로 봄이 상당하고, 위 가압류가 해제되지 않는 이상 매수인은 매매잔대금의 지급을 거절할 수 있다.

3-23 선 잔대금지급의무 불이행 후 명도기일 도래한 때와 동시이행

대법원 1991. 8. 13. 선고 91다13144 판결

판시사항

다. 매수인이 명도 전에 먼저 지급하기로 한 잔대금지급채무를 이행하지 아니한 채 명도기일이 지난 경우 매수인의 잔대금지급채무와 매도인의 부동산 명도의무와의 관계

판결요지

다. 매수인이 매매의 목적이 된 부동산을 명도받기 전에 잔대금을 먼저 지급하기로 약정한 매매의 경우에, 매수인이 잔대금지급채무를 이행하지 아니하였다고 하더라도 매매계약이 해제되지 아니한 상태에서 부동산의 명도기일이 지날 때까지 부동산이 명도되지 아니하였다면, 그때부터는 매수인의 잔대금지급채무와 매도인의 부동산명도의무는 동시이행의 관계에 있게 된다.

3-24 매매잔대금의 지급의무와 소유권이전등기의무의 동시이행

대법원 1992. 4. 14. 선고 91다43107 판결

판시사항

가. 매수인의 중도금지급의무의 불이행을 이유로 매도인이 매매계약을 해제하지 않고 있는 상태에서 잔금지급기일이 지난 경우 매수인의 중도금을 포함한 매매잔대금의 지급의무와 매도인의 소유권이전등기의무와의 관계

판결요지

가. 매수인이 약정대로 중도금을 지급하지 않음으로써, 매도인이 소유권이전등기의무의 이행을 제공하지 않은 것과 관계없이 매수인이 이행지체에 빠졌다고 하더라도, 매도인이 매수인의 중도금지급의무의 불이행을 이유로 매매계약을 해제하지 않고 있는 상태에서 잔금지급기일이 도래하였는데도 매수인이 약정대로 잔금을 지급하지 않았다면, 매수인의 중도금을 포함한 매매잔대금의 지급의무와 매

도인의 소유권이전등기의무는, 특별한 다른 사정이 없는 한 동시이행의 관계에 있는 것이라고 봄이 상당하므로 매도인으로서는 소유권이전등기의무의 이행을 제공하지 아니한 채 매수인의 매매잔대금지급의무의 불이행을 이유로 매매계약을 해제할 수 없다.

잔대금 지급의 동시이행항변에서 이행제공 여부 증명책임

대법원 2013. 4. 11. 선고 2012다65294 판결

판시사항

부동산 매매계약에서 매수인의 소유권이전등기청구에 대하여 매도인이 잔대금 지급의 동시이행항변을 한 경우, 잔대금 지급 또는 이행제공 여부에 관한 증명책임의 소재(=매수인)

이유

부동산 매매계약에 있어서 특별한 사정이 없는 한 매수인의 잔대금지급의무와 매도인의 소유권이전등기 이행의무는 동시이행 관계에 있고(대법원 1979. 5. 29. 선고 79다553 판결 등 참조), 매수인의 소유권이전등기청구에 대하여 매도인이 잔대금 지급의 동시이행항변을 한 경우 매수인이 그 항변을 배제하려면 잔대금을 지급하였거나 이행의 제공을 하였음을 입증하여야 한다.

이행불능으로 인한 손해배상채무와 다른 채무의 동시이행 관계

대법원 2000. 2. 25. 선고 97다30066 판결

판시사항

[3] 동시이행 관계에 있는 쌍방 채무 중 한 채무가 이행불능이 됨으로 인하여 발생한 손해배상채무도 다른 채무와 동시이행 관계에 있는지 여부(적극)

> 판결요지

[3] 동시이행의 관계에 있는 쌍방의 채무 중 어느 한 채무가 이행불능이 됨으로 인하여 발생한 손해배상채무도 여전히 다른 채무와 동시이행의 관계에 있다.

매매대금 지급 불이행 상태에서 목적물의 인도지체 손해배상을 청구 가능 여부

대법원 2004. 4. 23. 선고 2004다8210 판결

> 판시사항

매수인이 매매대금을 완제하지 않은 상태에서 매도인의 매매목적물의 인도지체를 이유로 손해배상을 청구할 수 있는지 여부(소극)

> 판결요지

민법 제587조에 의하면, 매매계약 있은 후에도 인도하지 아니한 목적물로부터 생긴 과실은 매도인에게 속하고, 매수인은 목적물의 인도를 받은 날로부터 대금의 이자를 지급하여야 한다고 규정하고 있는바, 이는 매매당사자 사이의 형평을 꾀하기 위하여 매매목적물이 인도되지 아니하더라도 매수인이 대금을 완제한 때에는 그 시점 이후의 과실은 매수인에게 귀속되지만, 매매목적물이 인도되지 아니하고 또한 매수인이 대금을 완제하지 아니한 때에는 매도인의 이행지체가 있더라도 과실은 매도인에게 귀속되는 것이므로 매수인은 인도의무의 지체로 인한 손해배상금의 지급을 구할 수 없다.

매매계약에서 매매대금 완납 후의 과실수취권의 귀속

대법원 1993. 11. 9. 선고 93다28928 판결

> 판결요지

가. 특별한 사정이 없는 한 매매계약이 있은 후에도 인도하지 아니한 목적물로부터 생긴 과실은 매도인에게 속하나, 매매목적물의 인도 전이라도 매수인이 매매대금을 완납한 때에는 그 이후의 과실수취권은 매수인에게 귀속된다.

소유권이전등기를 마쳤으나 매매대금을 완급하지 않은 경우 과실 수취권자

대법원 1992. 4. 28. 선고 91다32527 판결

판시사항

부동산매매에 있어 목적부동산을 제3자가 점유하고 있어 인도받지 아니한 매수인이 명도소송제기의 방편으로 미리 소유권이전등기를 경료받았으나 아직 매매대금을 완급하지 않은 경우 부동산으로부터 발생하는 과실의 수취권자(=매도인)

판결요지

부동산매매에 있어 목적부동산을 제3자가 점유하고 있어 인도받지 아니한 매수인이 명도소송제기의 방편으로 미리 소유권이전등기를 경료받았다고 하여도 아직 매매대금을 완급하지 않은 이상 부동산으로부터 발생하는 과실은 매수인이 아니라 매도인에게 귀속되어야 한다.

 매매대금채권으로 소유권을 취득한 제3자에게 유치권을 주장할 수 있는지 여부

대법원 2012. 1. 12. 자 2011마2380 결정

판시사항

부동산 매도인이 매매대금을 다 지급받지 않은 상태에서 매수인에게 소유권이전등기를 마쳐주었으나 부동산을 계속 점유하고 있는 경우, 매매대금채권을 피담보채권으로 하여 매수인이나 그에게서 부동산 소유권을 취득한 제3자에게 유치권을 주장할 수 있는지 여부(소극)

결정요지

부동산 매도인이 매매대금을 다 지급받지 아니한 상태에서 매수인에게 소유권이전등기를 마쳐주어 목적물의 소유권을 매수인에게 이전한 경우에는, 매도인의 목적물인도의무에 관하여 동시이행의 항변권 외에 물권적 권리인 유치권까지 인정할 것은 아니다. 왜냐하면 법률행위로 인한 부동산물권변동의 요건으로 등기를 요구함으로써 물권관계의 명확

화 및 거래의 안전·원활을 꾀하는 우리 민법의 기본정신에 비추어 볼 때, 만일 이를 인정한다면 매도인은 등기에 의하여 매수인에게 소유권을 이전하였음에도 매수인 또는 그의 처분에 기하여 소유권을 취득한 제3자에 대하여 소유권에 속하는 대세적인 점유의 권능을 여전히 보유하게 되는 결과가 되어 부당하기 때문이다. 또한 매도인으로서는 자신이 원래 가지는 동시이행의 항변권을 행사하지 아니하고 자신의 소유권이전의무를 선이행함으로써 매수인에게 소유권을 넘겨준 것이므로 그에 필연적으로 부수하는 위험은 스스로 감수하여야 한다. 따라서 매도인이 부동산을 점유하고 있고 소유권을 이전받은 매수인에게서 매매대금 일부를 지급받지 못하고 있다고 하여 매매대금채권을 피담보채권으로 매수인이나 그에게서 부동산 소유권을 취득한 제3자를 상대로 유치권을 주장할 수 없다.

04 Chapter
약관

약관은 신의성실의 원칙에 따라 공정하고 합리적으로 해석__

약관의 해석은, 신의성실의 원칙에 따라 당해 약관의 목적과 취지를 고려해 공정하고 합리적으로 해석하되, 개개 계약 당사자가 기도한 목적이나 의사를 참작함이 없이 평균적 고객의 이해가능성을 기준으로 객관적·획일적으로 해석해야 하며, 위와 같은 해석을 거친 후에도 약관 조항이 객관적으로 다의적으로 해석되고 그 각각의 해석이 합리성이 있는 등 당해 약관의 뜻이 명백하지 않은 경우에는 고객에게 유리하게 해석해야 한다.

'신의성실의 원칙에 반해 공정을 잃은 약관 조항'은 무효__

약관의 규제에 관한 법률에 따라 고객에 대해 부당하게 불리한 조항으로서 '신의성실의 원칙에 반해 공정을 잃은 약관 조항'이라는 이유로 무효라고 보기 위해서는, 약관 조항이 고객에게 다소 불이익하다는 점만으로는 부족하고, 약관 작성자가 거래상 지위를 남용해 계약 상대방의 정당한 이익과 합리적인 기대에 반해 형평에 어긋나는 약관 조항을 작성·사용함으로써 건전한 거래질서를 훼손하는 등 고객에게 부당하게 불이익을 주었다는 점이 인정되어야 한다.

그리고 이와 같이 약관 조항의 무효 사유에 해당하는 '고객에게 부당하게 불리한 조항'인지는 약관 조항에 의해 고객에게 생길 수 있는 불이익의 내용과 불이익 발생의 개연성, 당사자들 사이의 거래과정에 미치는 영향, 관계 법령의 규정 등 모든 사정을 종합해서 판단해야 한다.

거래상 일반적이고 공통적인 것은 설명의무가 없어

약관의 규제에 관한 법률에 따른 명시·설명의무의 대상이 되는 약관의 중요한 사항이라고 하더라도, 고객이나 그 대리인이 그 내용을 충분히 잘 알고 있거나, 거래상 일반적이고 공통된 것이어서 고객이 별도의 설명 없이도 충분히 예상할 수 있었던 경우에는 그러한 사항에 대해서 사업자에게 명시·설명의무가 인정된다고 할 수 없다.

'중요한 내용'이란 구체적인 사건에서 개별적 사정을 고려해서 판단

사업자가 약관을 사용해 고객과 계약을 체결하는 경우, 고객에게 약관의 내용을 계약의 종류에 따라 일반적으로 예상되는 방법으로 명시함으로써 그 약관내용을 알 수 있는 기회를 제공하고, 약관에 정해져 있는 중요한 내용을 고객이 이해할 수 있도록 설명해야 한다.

여기서 설명의무의 대상이 되는 '중요한 내용'이라 함은 사회통념에 비추어 고객이 계약체결의 여부나 대가를 결정하는 데 직접적인 영향을 미칠 수 있는 사항을 말하고, 약관조항 중에서 무엇이 중요한 내용에 해당하는지에 관해서는 일률적으로 말할 수 없으며, 구체적인 사건에서 개별적 사정을 고려해서 판단해야 한다.

4-1 약관의 내용은 객관적·획일적으로 해석하는 것이 원칙

대법원 2011. 8. 25. 선고 2009다79644 판결

약관의 내용은 개개 계약체결자의 의사나 구체적인 사정을 고려함이 없이 평균적 고객의 이해가능성을 기준으로 하여 객관적·획일적으로 해석하여야 하고, 고객보호의 측면에서 약관 내용이 명백하지 못하거나 의심스러운 때에는 고객에게 유리하게, 약관작성자에게 불리하게 제한 해석하여야 한다.

4-2 약관의 해석에 있어 작성자 불이익의 원칙 적용

대법원 2010. 12. 9. 선고 2009다60305 판결

판결요지

[1] 약관의 해석은, 신의성실의 원칙에 따라 당해 약관의 목적과 취지를 고려하여 공정하고 합리적으로 해석하되, 개개 계약 당사자가 기도한 목적이나 의사를 참작함이 없이 평균적 고객의 이해가능성을 기준으로 객관적·획일적으로 해석하여야 하며, 위와 같은 해석을 거친 후에도 약관 조항이 객관적으로 다의적으로 해석되고 그 각각의 해석이 합리성이 있는 등 당해 약관의 뜻이 명백하지 아니한 경우에는 고객에게 유리하게 해석하여야 한다.

4-3 거래상 일반적인 것은 사업자에게 설명의무가 없는 것으로 인정

대법원 2010. 5. 27. 선고 2007다8044 판결

판시사항

[2] 약관의 중요한 내용에 해당하는 사항이라 하더라도 사업자의 명시·설명의무가 면제되는 경우

판결요지

[2] 구 약관의 규제에 관한 법률(2007. 8. 3. 법률 제8632호로 개정되기 전의 것) 제3조에 따른 명시·설명의무의 대상이 되는 약관의 중요한 사항이라고 하더라도, 고객이나 그 대리인이 그 내용을 충분히 잘 알고 있거나, 거래상 일반적이고 공통된 것이어서 고객이 별도의 설명 없이도 충분히 예상할 수 있었던 경우에는 그러한 사항에 대해서 사업자에게 명시·설명의무가 인정된다고 할 수 없다.

이유

2. 구 약관의 규제에 관한 법률(2007. 8. 3. 법률 제8632호로 개정되기 전의 것) 제3조에 따른 명시·설명의무의 대상이 되는 약관의 중요한 사항이라고 하더라도, 고객이나 그 대리인이 그 내용을 충분히 잘 알고 있거나, 거래상 일반적이고 공통된 것이어서 고객이 별도의 설명 없이도 충분히 예상할 수 있었던 경우에는 그러한 사항에 대해서 사업자에게 명시·설명의무가 인정된다고 할 수 없다(대법원 2006. 1. 26. 선고 2005다60017, 60024 판결 등 참조).

피고가 위 412호 상가에 관한 분양계약 체결 당시 "※ 보습학원"이라는 특정의 업종이 기재된 계약서를 받은 점에다가 이 사건 상가 건물과 같은 정도 규모의 상가분양에서 업종제한약정이 흔히 행하여지고 분양계약 당사자들도 상가의 업종제한 여부에 관심을 가지는 경우가 통상적인 점, 계약서 제6조와 같은 내용은 상가 건물의 분양계약에서 업종제한약정에 관하여 사용되는 전형적인 문구인 점 등을 더하여 보면, 피고로서는 계약서 제6조의 내용을 잘 알고 있었거나 그 내용이 거래상 일반적인 것이어서 별도의 설명 없이도 충분히 예상할 수 있었던 사항이라고 할 것이므로, 그에 대하여 소외 1 주식회사가 따로 명시·설명할 의무가 있다고 할 수 없다.

4-4 법원이 약관에 대하여 행하는 구체적 내용통제의 내용과 기준

대법원 2008. 12. 16. 자 2007마1328 결정

판시사항

[1] 법원이 약관에 대하여 행하는 구체적 내용통제의 내용과 기준

[2] 약관의 규제에 관한 법률 제3조에 따라 설명의무의 대상이 되는 '중요한 내용'의 의미와 판단 기준

[3] 사업자의 영업소를 관할하는 지방법원으로 전속적 관할합의를 하는 약관조항이 무효라고 보기 위한 요건 및 판단 기준

결정요지

[1] 법원이 약관의 규제에 관한 법률에 근거하여 사업자가 미리 마련한 약관에 대하여 행하는 구체적 내용통제는 개별 계약관계에서 당사자의 권리·의무를 확정하기 위한 선결문제로서 약관조항의 효력 유무를 심사하는 것이므로, 법원은 약관에 대한 단계적 통제과정, 즉 약관이 사업자와 고객 사이에 체결한 계약에 편입되었는지의 여부를 심사하는 편입통제와 편입된 약관의 객관적 의미를 확정하는 해석통제 및 이러한 약관의 내용이 고객에게 부당하게 불이익을 주는 불공정한 것인지를 살펴보는 불공정성통제의 과정에서, 개별사안에 따른 당사자들의 구체적인 사정을 고려해야 한다.

[2] 사업자가 약관을 사용하여 고객과 계약을 체결하는 경우, 고객에게 약관의 내용을 계약의 종류에 따라 일반적으로 예상되는 방법으로 명시함으로써 그 약관내용을 알 수 있는 기회를 제공하고(약관의 규제에 관한 법률 제3조 제2항), 약관에 정하여져 있는 중요한 내용을 고객이 이해할 수 있도록 설명하여야 하는바(같은 조 제3항), 여기서 설명의무의 대상이 되는 '중요한 내용'이라 함은 사회통념에 비추어 고객이 계약체결의 여부나 대가를 결정하는 데 직접적인 영향을 미칠 수 있는 사항을 말하고, 약관조항 중에서 무엇이 중요한 내용에 해당하는지에 관하여는 일률적으로 말할 수 없으며, 구체적인 사건에서 개별적 사정을 고려하여 판단하여야 한다.

[3] 사업자와 고객 사이에서 사업자의 영업소를 관할하는 지방법원으로 전속적 관할합의를 하는 내용의 약관조항이 고객에 대하여 부당하게 불리하다는 이유로 무효라고 보기 위해서는 그 약관조항이 고객에게 다소 불이익하다는 점만으로는 부족하고, 사업자가 그 거래상의 지위를 남용하여 이러한 약관조항을 작성·사용함으로써 건전한 거래질서를 훼손하는 등 고객에게 부당하게 불이익을 주었다는 점이 인정되어야 한다. 그리고 전속적 관할합의 약관조항이 고객에게 부당한 불이익을 주는 행위인지 여부는, 그 약관조항에 의하여 고객에게 생길 수 있는 불이익의 내용과 불이익 발생의 개연성, 당사자들 사이의 거래과정에 미치는 영향, 관계 법령의 규정 등 제반 사정을 종합하여 판단하여야 한다.

약관 조항이 무효라고 보기 위한 요건과 판단 기준

대법원 2014. 6. 12. 선고 2013다214864 판결

판시사항

[3] 약관 조항이 고객에 대하여 부당하게 불리한 조항으로서 '신의성실의 원칙에 반하여 공정을 잃은 약관 조항'이라는 이유로 무효라고 보기 위한 요건과 판단 기준

판결요지

[3] 구 약관의 규제에 관한 법률(2010. 3. 22. 법률 제10169호로 개정되기 전의 것) 제6조 제1항, 제2항 제1호에 따라 고객에 대하여 부당하게 불리한 조항으로서 '신의성실의 원칙에 반하여 공정을 잃은 약관 조항'이라는 이유로 무효라고 보기 위해서는, 약관 조항이 고객에게 다소 불이익하다는 점만으로는 부족하고, 약관 작성자가 거래상 지위를 남용하여 계약 상대방의 정당한 이익과 합리적인 기대에 반하여 형평에 어긋나는 약관 조항을 작성·사용함으로써 건전한 거래질서를 훼손하는 등 고객에게 부당하게 불이익을 주었다는 점이 인정되어야 한다. 그리고 이와 같이 약관 조항의 무효 사유에 해당하는 '고객에게 부당하게 불리한 조항'인지는 약관 조항에 의하여

고객에게 생길 수 있는 불이익의 내용과 불이익 발생의 개연성, 당사자들 사이의 거래과정에 미치는 영향, 관계 법령의 규정 등 모든 사정을 종합하여 판단하여야 한다.

4-6 아파트 공급계약서상의 관할합의 약관의 조항이 무효라고 본 사례

대법원 1998. 6. 29. 자 98마863 결정

판시사항

아파트 공급계약서상의 관할합의 조항이 약관의규제에관한법률 제14조에 해당하여 무효라고 본 사례

결정요지

대전에 주소를 둔 계약자와 서울에 주영업소를 둔 건설회사 사이에 체결된 아파트 공급계약서상의 "본 계약에 관한 소송은 서울민사지방법원을 관할법원으로 한다"라는 관할합의 조항은 약관의규제에관한법률 제2조 소정의 약관으로서 민사소송법상의 관할법원 규정보다 고객에게 불리한 관할법원을 규정한 것이어서 사업자에게는 유리할지언정 원거리에 사는 경제적 약자인 고객에게는 제소 및 응소에 큰 불편을 초래할 우려가 있으므로 약관의규제에관한법률 제14조 소정의 '고객에 대하여 부당하게 불리한 재판관할의 합의조항'에 해당하여 무효라고 보아야 한다.

4-7 대규모 쇼핑몰 임대분양계약 조항 중 불공정한 약관에 해당하는 사례

대법원 2005. 2. 18. 선고 2003두3734 판결

판시사항

[1] 대규모 쇼핑몰 내 점포의 임대분양계약 약관 중 임대료 인상에 관한 조항이 약관의규제에관한법률 제10조 제1호의 '상당한 이유 없이 급부의 내용을 사업자가 일방적으로 결정하거나 변경할 수 있도록 권한을 부여하는 조항'에 해당한다고 한 사례

[2] 민법 제537조의 채무자위험부담주의에 관한 약관조항을 무효로 하는 것이 사적자치의 원칙에 위반되는지 여부(소극)

[3] 대규모 쇼핑몰 내 점포의 임대분양계약 약관 중 상가건물의 관리운영규칙의 제정 또는 개정, 임차권등기청구권의 배제, 지정 업종의 변경, 제세공과금의 부담 등에 관한 조항이 약관의규제에관한법률에서 정하는 불공정한 약관에 해당한다고 본 원심의 판단을 수긍한 사례

판결요지

[1] 대규모 쇼핑몰 내 점포의 임대분양계약 약관 중 임대료 인상에 관한 조항이 약관의규제에관한법률 제10조 제1호의 '상당한 이유 없이 급부의 내용을 사업자가 일방적으로 결정하거나 변경할 수 있도록 권한을 부여하는 조항'에 해당한다고 한 사례

[2] 약관은 사업자가 다수의 고객과 계약을 체결하기 위하여 일방적으로 작성한 것으로서 고객이 그 구체적인 조항내용을 검토하거나 확인할 충분한 기회를 가지지 못한 채 계약의 내용으로 되는 것이므로, 그 약관의 내용이 사적자치의 영역에 속하는 채무자위험부담주의에 관한 민법 제537조의 규정에 관한 것이라고 하더라도, 사업자가 상당한 이유 없이 자신이 부담하여야 할 위험을 고객에게 이전하는 내용의 약관조항은 고객의 정당한 이익과 합리적인 기대에 반할 뿐 아니라 사적자치의 한계를 벗어나는 것이라고 할 것이고, 따라서 이러한 사적자치의 한계를 벗어나는 약관조항을 무효로 한다고 하여 사적자치의 원칙에 반한다고 할 수는 없다.

[3] 대규모 쇼핑몰 내 점포의 임대분양계약 약관 중 상가건물의 관리운영규칙의 제정 또는 개정, 임차권등기청구권의 배제, 지정 업종의 변경, 제세공과금의 부담 등에 관한 조항이 약관의규제에관한법률에서 정하는 불공정한 약관에 해당한다고 본 원심의 판단을 수긍한 사례

이유

[1] 이 사건 약관 및 위 약관조항의 형식과 내용, 원고가 위 약관조항을 둔 취지, 일반 거래관행 등을 종합해보면, 위 약관조항의 '상가운영위원회와 협의를 거쳐'라는 것은 상가운영위원회와 임대료 인상에 관한 의견을 교환하는 것을 의미하는 것이지 그 인상내용에 관한 구체적인 합의가 이루어져야 할 것까지를 의미한다고 볼 수 없고,

'상가활성화 정도에 따라 … 임대료를 인상할 수 있다'는 것 또한 추상적이고 불명확하여 위 약관조항은 원고가 일방적으로 그의 주관적인 판단에 따라 객관적으로 상당한 차임의 범위를 초과하여 인상할 수도 있는 것으로 해석될 수 있으며, 또한 임대료라는 것은 상가건물 내 개별점포의 사용대가이므로 반드시 전체 상가의 활성화 정도에 따라 모든 점포에 대하여 일률적으로 임대료를 인상하여야 할 필요가 있다고 보기도 어려운데 위 약관조항은 상당한 이유 없이 상가활성화를 빌미로 사업자인 임대인이 고객인 모든 임차인의 임대료를 일률적으로 인상할 수 있는 권한을 부여하는 조항으로 해석될 수 있으므로 위 약관조항은 약관의규제에관한법률(이하 '법'이라고 한다) 제10조 제1호에 해당한다고 보아야 할 것이다.

[2] 약관은 사업자가 다수의 고객과 계약을 체결하기 위하여 일방적으로 작성한 것으로서 고객이 그 구체적인 조항내용을 검토하거나 확인할 충분한 기회를 가지지 못한 채 계약의 내용으로 되는 것이므로, 그 약관의 내용이 사적자치의 영역에 속하는 채무자위험부담주의에 관한 민법 제537조의 규정에 관한 것이라고 하더라도, 사업자가 상당한 이유 없이 자신이 부담하여야 할 위험을 고객에게 이전하는 내용의 약관조항은 고객의 정당한 이익과 합리적인 기대에 반할 뿐 아니라 사적자치의 한계를 벗어나는 것이라고 할 것이고, 따라서 이러한 사적자치의 한계를 벗어나는 약관조항을 무효로 한다고 하여 사적자치의 원칙에 반한다고 할 수는 없다.

위와 같은 법리에 비추어 보면, 원심이 이 사건 약관 제9조 제2항은 상당한 이유 없이 사업자의 손해배상범위를 제한하거나 사업자가 부담하여야 할 위험을 고객에게 이전시키는 조항이라고 판단한 것은 정당한 것으로 수긍이 가고, 거기에 부대상고이유에서 주장하는 바와 같은 사적자치의 원칙에 관한 법리오해의 위법이 있다고 할 수 없다

[3] 가. 이 사건 약관 제5조 제4항은 '당사자 간에 반대약정이 없으면 임차인은 임대인에 대하여 그 임대차등기절차에 협력할 것을 청구할 수 있다'고 규정한 민법 제621조의 임대차등기청구권을 배제하는 조항이라고 할 것인바, 이 사건 약관으로 체결된 임대

분양계약의 경우 임차권의 양도 및 계약기간의 연장이 허용되고, 분양대금에 임대차보증금 및 5년간 매월 일정금액씩 소멸하는 장기임대료가 포함되는 등 일반적인 임대차계약과 다른 사정이 있다고 하더라도, 그러한 사정만으로는 계약당사자들 사이의 개별약정이 아닌 약관에 의하여 민법 제621조에 의한 임차인의 임대차등기청구권을 배제할 만한 상당한 이유가 된다고 할 수 없으므로, 위 약관조항은 민법 제621조에 의한 임차인의 임대차등기청구권을 상당한 이유 없이 배제하는 조항으로서 법 제11조 제1호에 해당한다고 할 것이다.

같은 취지의 원심 판단은 정당한 것으로 수긍이 가고, 거기에 부대상고이유에서 주장하는 바와 같은 위 약관조항이 법 제11조 제1호에 해당하는지 여부에 관한 법리오해의 위법이 있다고 할 수 없다.

나. 원심은, 이 사건 약관 제8조 제3항은 원고가 상가운영상 필요하다고 판단되면 특별한 절차나 제한 없이 상가건물 내의 각 층별로 지정된 업종을 변경할 수 있도록 하면서도 임차인에게는 이러한 업종변경으로 인하여 손해가 발생하더라도 이의제기 등 아무런 조치도 취할 수 없도록 하는 조항인바, 대규모 상가건물의 임대인인 원고에게 상가의 활성화 등을 위하여 당초 지정된 업종을 변경할 수 있도록 할 필요가 있음을 부인할 수는 없으나, 임차인은 이 사건 약관 제8조 제1항 및 제2항에 의하여 지정된 업종에 한하여 영업할 수 있고 다른 업종으로 변경하기 위해서는 원고의 승인을 받도록 되어 있는 반면, 이러한 업종제한의 결과 각 층별로 지정된 업종에 한하여 영업할 수 있게 됨으로써 일정한 영업상 이익을 얻을 것으로 기대하고 있다고 봄이 상당하고, 이러한 영업상의 이익이 원고의 일방적인 업종변경으로 침해되더라도 임차인으로서는 이를 감수하여야 하고 아무런 조치를 취할 수 없도록 하는 것은 임차인의 영업상의 이익을 부당하게 침해하는 것이라고 할 것이므로, 위 약관조항은 법 제6조 제2항 제1호의 '고객에 대하여 부당하게 불리한 조항'에 해당한다는 취지로 판단하였다.

관계 법령 및 기록에 비추어 보면, 원심의 위와 같은 판단은 정당한 것으로 수긍이 가고, 거기에 부대상고이유에서 주장하는 바와 같은 위 약관조항이 법 제6조 제2항 제1호에 해당하는지 여부에 관한 법리오해의 위법이 있다고 할 수 없으며, 원고가 실제 지정된 업종을 변경함에 있어서는 임차인들의 동의를 받았다고 하여 달리 볼 것은 아니다.

임대차계약이 해제될 때 임대보증금의 10% 몰수 약관은 무효라고 본 사례

서울중앙지방법원 2011. 6. 17. 선고 2011가합882 판결

판결요지

이 사건 임대차계약서는 피고가 다수의 임차인과 임대차계약을 체결하기 위하여 미리 마련해둔 계약서인 점, 이 사건 임대차계약서는 임차인, 동, 호수, 면적 등에 관한 항목을 제외하고는 일정한 내용과 형식을 미리 갖추어 부동문자로 활자화되어 있는 점을 인정할 수 있는바, 이 인정 사실에 의하면 이 사건 특약은 약관에 해당한다. 임대차계약에서의 임대보증금은 매매 계약서의 매매대금과 달리 임대차기간이 종료된 후 임대인이 임차인에게 그대로 반환해주어야 할 성질의 것이다. 피고는 임대차계약이 해제되더라도 새로운 임차인과 임대차계약을 체결할 수 있어 손해가 그리 큰 것으로 보이지 않는바, 이 사건 특약은 고객에게 부당하게 불리한 조항이자, 고객에게 과중한 손해배상 의무를 부담시키는 약관조항이라고 판단되므로 무효이다.

사건경과

특약사항

제4조 [위약금 및 배상금 등]

① 원고가 제12조 제1항 각호의 1에 해당하거나 원고의 일방적인 요청으로 해제 또는 해지 시에는 임대보증금 총액의 10%는 위약금으로 피고에게 귀속한다.(이하 '이 사건 특약'이라 한다)

라. 한편, 원고가 2차 계약금을 약정된 지급기일까지 지급하지 않자,

피고는 원고에게 2차 계약금의 지급을 최고하였으나 결국 이를 지급받지 못하였다. 이에 피고는 2009. 9. 23. 원고에게 이 사건 임대차계약을 해제하고, 이미 지급한 1차 계약금이 피고에게 확정적으로 귀속되었음을 통지하였다.

판단

2) 약관규제법 제6조 및 제8조 위반 여부

약관규제법은 제6조에서 "신의성실의 원칙을 위반하여 공정성을 잃은 약관 조항은 무효이다(제1항)", "약관의 내용 중 다음 각 호의 어느 하나에 해당하는 내용을 정하고 있는 조항은 공정성을 잃은 것으로 추정된다(제2항)"고 규정하면서 제2항 제1호에 "고객에게 부당하게 불리한 조항"을 들고 있다. 또한, 같은 법 제8조에서는 "고객에게 부당하게 과중한 지연손해금 등의 손해배상 의무를 부담시키는 약관 조항은 무효로 한다"고 규정하고 있는바, 이 사건 특약이 약관규제법 제6조 및 제8조에 반하여 무효인지에 관하여 본다.

살피건대, 인정사실, 다툼 없는 사실, 갑 제1, 3 내지 7호증의 각 기재에 변론 전체의 취지를 종합하면 다음과 같은 사정이 인정된다.

① 임대차계약에서의 임대보증금은 매매계약에서의 매매대금과 달리 임대차기간이 종료된 후 임대인이 임차인에게 그대로 반환해 주어야 할 성질의 것이다.

② 피고의 주장에 의하더라도 이 사건 임대차계약은 분양전환(매매)을 전제로 하여 임대보증금이 매매대금과 다름없다는 것인데, 그에 따라 위약금으로 정한 액수인 임대보증금의 10%는 상당히 큰 금액이다.

③ 피고는 이 사건 임대차계약이 해제되더라도 새로운 임차인과 임대차계약을 체결할 수 있어 그 손해가 그리 큰 것으로 보이지 않는바, 원고로부터 지급받은 위약금은 피고의 실제 손해액에 비하여 훨씬 클 것으로 보인다.

④ 공정거래위원회는 이 사건 특약과 유사한 내용을 포함한 약관을 불공정한 약관으로 판단하고, 그에 대한 시정권고 또는 시정명령을 내린 바 있다(법원이 공정거래위원회의 결정에 구속되지는 않음은

물론이나, 고객에게 부당하게 약관을 작성하였는지를 판단하기 위하여 고려할 여러 사정 중의 하나로 참작할 수는 있다).

⑤ 또한, 공정거래위원회가 제정한 아파트 표준임대차계약서에는 임차인이 의무를 위반하여 임대인이 계약을 해제 또는 해지할 경우, 위약금으로 "해제 또는 해지시의 임대보증금 및 임대료를 기준으로 하여, 임대보증금을 한국주택은행 1년 만기 정기예금 이율에 따른 연임대료로 산정한 금액과 약정 월 임대료 합계에 해당하는 금액을 합한 임대료 총액의 100분의 10을 배상한다"고 정하고 있는바, 이 사건 임대차계약서는 상당 부분이 위 표준임대차계약서를 따라 작성된 것으로 보임에도 불구하고, 위약금 부분은 특히 그 액수를 증가시켜 정해놓은 것으로 보이는데(공정거래위원회가 정한 아파트 표준임대차계약서는 사업자 등에게 권장하기 위한 것이므로 이와 달리 규정하였다는 이유만으로 무효라든가 위법하다고 할 수는 없으나, 역시 고객에게 부당하게 약관을 작성하였는지를 판단하기 위하여 고려할 여러 사정 중의 하나로 참작할 수는 있다), 위 표준임대차계약서에 따른 위약금은 약 55,820,750원 [=(2,014,100,000원×3.5%×5년 + 3,429,000원×12월×5년)×10%] 정도로서 이 사건 특약에 따른 위약금 201,410,000원에 비하면 상당히 적은 액수이다.

⑥ 피고는 이 사건 임대차계약이 실질적으로 매매계약과 다름없다고 하나, 분양전환시 임차보증금만으로 임차주택을 매수할 수 있는 것이 아니라, 다시 감정평가를 하여 그 금액으로 매수할 수 있으므로, 매매계약과 동일하다고 볼 수 없다.

위 인정사실을 종합하면, 이 사건 특약은 고객에게 부당하게 불리한 조항이자, 고객에게 과중한 손해배상의무를 부담시키는 약관조항이라고 판단된다. 따라서 이 사건 특약은 약관규제법 제6조 및 제8조에 위반하여 무효이다.

3) 한편, 표준임대차계약서에서도 예정하고 있듯이 약관으로서 적정한 금액을 위약금으로 정하는 것은 가능하나, 이 사건 특약 전체를 무효로 보지 아니하고 과중한 손해배상의무를 부담시키는 부분을 감액한 나머지 부분만으로 그 효력을 유지시키는 것은, 고객으로 하여금

어느 정도까지 배상액이 감액될 것인가 하는 불안정한 지위에 서게 할 뿐 아니라 약관을 사용하는 사업자에 대하여는 전부무효의 위험이 제거되는 결과 처음부터 상당한 내용의 약관조항을 만들거나 부당한 약관조항의 내용을 스스로 순화하도록 배려할 의무를 소홀히 하게 함으로써, 사업자의 거래상 지위를 남용하여 작성된 불공정한 내용의 약관이 통용되는 것을 방지하고 그 내용을 규제하여 소비자를 보호하고 건전한 거래질서를 확립할 것을 목적으로 한 약관규제법의 취지를 몰각할 우려가 있어 허용할 수 없다(대법원 2009. 8. 20. 선고 2009다20475, 20482 판결 등 참조).

4-9 고객에 대하여 부당하게 과중한 의무 부담 조항은 무효라고 본 사례

대법원 1996. 9. 10. 선고 96다19758 판결

판시사항

[1] 고객에게 부당하게 과중한 손해배상의무를 부담시키는 약관조항의 효력(무효)

[2] 약관조항이 무효인 경우, 민법 제398조 제2항을 적용할 수 있는지 여부(소극)

[3] 한국토지공사의 분양신청예약금 귀속에 관한 약관조항이 무효라고 본 사례

판결요지

[1] 약관의규제에관한법률 제6조, 제8조의 각 규정에 비추어 보면, 고객에 대하여 부당하게 과중한 손해배상의무를 부담시키는 약관조항은 고객에게 부당하게 불리하여 공정을 잃은 것으로 추정되고 신의성실의 원칙에 반하는 것으로서 무효이다.

[2] 약관조항이 무효인 이상 그것이 유효함을 전제로 민법 제398조 제2항을 적용하여 적당한 한도로 손해배상예정액을 감액하거나, 과중한 손해배상의무를 부담시키는 부분을 감액한 나머지 부분만으로 그 효력을 유지시킬 수는 없다.

[3] 한국토지공사가 공급하는 분양용지의 당첨자가 계약을 체결하지 않는 경우 공급가액의 10%에 상당하는 분양신청예약금을 한국토지공사에 귀속시키는 약관조항은, 제반 사정에 비추어 고객인 당첨자에 대하여 부당하게 과중한 손해배상의무를 부담시키는 것으로서 무효이고, 한국토지공사가 위 약관조항을 그 후 개정된 약관과 같이 당첨자가 '정당한 사유 없이' 계약을 체결하지 아니하는 경우로 수정 해석하였다 하더라도 역시 무효라고 본 사례

이유

가. 약관의규제에관한법률은 제6조 제1항에서 "신의성실의 원칙에 반하여 공정을 잃은 약관조항은 무효이다"고 규정하고, 제2항에서 "약관에 다음 각호의 1에 해당되는 내용을 정하고 있는 경우에는 당해 약관조항은 공정을 잃은 것으로 추정된다"고 규정하면서 그 제1호에 '고객에 대하여 부당하게 불리한 조항'을 들고 있으며, 제8조에서는 "고객에 대하여 부당하게 과중한 지연손해금 등의 손해배상의무를 부담시키는 약관조항은 이를 무효로 한다"고 규정하고 있으므로, 고객에 대하여 부당하게 과중한 손해배상의무를 부담시키는 약관조항은 고객에게 부당하게 불리하여 공정을 잃은 것으로 추정되고 신의성실의 원칙에 반하는 것으로서 무효라고 보아야 할 것이다(당원 1994. 5. 10. 선고 93다30082 판결 참조).

4-10 부당하게 불리한 조항으로 공정을 잃은 것에 해당한다고 한 사례

대법원 1999. 3. 26. 선고 98다33260 판결

판시사항

[1] 토지분양계약이 해제되었을 때 수분양자가 지급한 계약보증금이 분양자에게 귀속될 뿐만 아니라, 수분양자는 계약 해제로 인하여 분양자가 입은 손해에 대해서도 배상의무를 지기로 약정한 경우, 위 계약보증금 몰취 약정의 법적 성질(=위약벌)

[2] 계약의 해제로 인한 고객의 원상회복청구권을 부당하게 포기하도록 하는 약관조항의 효력(무효)

[3] 한국토지공사가 토지를 분양하면서 토지분양계약이 해제되었을 때 귀책사유의 유무를 불문하고 수분양자가 지급한 매매대금의 10%에 상당하는 계약보증금이 분양자인 한국토지공사에게 귀속되도록 정한 경우, 그 계약금 몰취 규정은 약관의규제에관한법률에 위반하여 무효라고 본 사례

판결요지

[1] 토지분양계약이 해제되었을 때에는 수분양자가 지급한 계약보증금이 분양자에게 귀속될 뿐만 아니라, 수분양자는 계약 해제로 인하여 분양자가 입은 손해에 대하여도 배상의무를 면하지 못하는 것으로 약정한 경우, 위 계약보증금의 몰취는 계약 해제로 인한 손해배상과는 별도의 성격을 가지는 것이라 할 것이고, 따라서 위 계약보증금 몰취 규정을 단순히 통상 매매계약에 있어서의 손해배상의 예정으로 보기는 어려우며, 수분양자가 계약 위반시 분양자에게 손해배상책임을 지는 것과는 별도로 이를 분양자에게 귀속시킴으로써 수분양자에게 제재를 가함과 동시에 수분양자의 계약이행을 간접적으로 강제하는 작용을 하는 이른바 위약벌의 성질을 가진 것이라고 봄이 상당하다.

[2] 약관의규제에관한법률 제6조 제1항, 제2항, 제9조 제3호 등에 비추어 계약의 해제로 인한 고객의 원상회복청구권을 부당하게 포기하도록 하는 약관조항은 고객에게 부당하게 불리하여 공정을 잃은 것으로 추정되고 신의성실의 원칙에 반하는 것으로서 무효라고 보아야 한다.

[3] 한국토지공사가 토지를 분양하면서 토지분양계약이 해제되었을 때 귀책사유의 유무를 불문하고 수분양자가 지급한 매매대금의 10%에 상당하는 계약보증금이 분양자인 한국토지공사에게 귀속되도록 정한 경우, 그 계약금 몰취 규정은 고객인 분양자에 대하여 일방적으로 부당하게 불리한 조항으로서 공정을 잃은 것으로 추정되어 신의성실의 원칙에 반하거나 또는 계약 해제시 고객의 원상회복청구권을 부당하게 포기하도록 하는 조항으로서 약관의규제에관한법률에 위반하여 무효라고 본 사례

4-11 연체월차임에 대한 월 5%의 연체료 약정은 무효라고 본 사례

대법원 2009. 8. 20. 선고 2009다20475,20482 판결

판시사항

[1] 약관의 규제에 관한 법률에 의하여 약관조항이 무효인 경우 그것이 유효함을 전제로 민법 제398조 제2항을 적용할 수 있는지 여부(소극)

[2] 고객에게 부당하게 과중한 손해배상의무나 위약벌 등을 부담시키는 약관조항의 효력(무효)

[3] 임차인의 월차임 연체에 대하여 월 5%(연 60%)의 연체료를 부담시킨 계약조항 및 임차인의 월차임 연체 등을 이유로 계약을 해지한 경우 임차인에게 임대차보증금의 10%를 위약금으로 지급하도록 한 계약조항이 약관의 규제에 관한 법률 제6조, 제8조에 의하여 무효라고 볼 수 있다고 한 사례

판결요지

[1] 약관의 규제에 관한 법률에 의하여 약관조항이 무효인 경우 그것이 유효함을 전제로 민법 제398조 제2항을 적용하여 적당한 한도로 손해배상예정액을 감액하거나, 과중한 손해배상의무를 부담시키는 부분을 감액한 나머지 부분만으로 그 효력을 유지시킬 수는 없다.

[2] 약관의 규제에 관한 법률 제6조, 제8조의 각 규정에 비추어 보면, 고객에 대하여 부당하게 과중한 손해배상의무나 위약벌 등을 부담시키는 약관 조항은 고객에게 부당하게 불리하여 공정을 잃은 것으로 추정되고 신의성실의 원칙에 반하는 것으로서 무효라고 보아야 할 것이다.

[3] 임차인의 월차임 연체에 대하여 월 5%(연 60%)의 연체료를 부담시킨 계약조항 및 임차인의 월차임 연체 등을 이유로 계약을 해지한 경우 임차인에게 임대차보증금의 10%를 위약금으로 지급하도록 한 계약조항이, 임차인에게 부당하게 불리한 조항으로서 공정을 잃은 것으로 추정되어 신의성실의 원칙에 반하거나 부당하게 과중한 지연손해금 등의 손해배상의무를 부담시키는 약관조항으로서 약관의 규제에 관한 법률 제6조, 제8조에 의하여 무효라고 볼 수 있다고 한 사례

> 이유

1. 약관의 규제에 관한 법률에 의하여 약관조항이 무효인 경우 그것이 유효함을 전제로 민법 제398조 제2항을 적용하여 적당한 한도로 손해배상예정액을 감액하거나, 과중한 손해배상의무를 부담시키는 부분을 감액한 나머지 부분만으로 그 효력을 유지시킬 수는 없고(대법원 1996. 9. 10. 선고 96다19758 판결 등 참조), 한편 임차인의 월 차임 연체에 대하여 월 5%(연 60%)에 달하는 연체료를 부담시키는 것은 부당하게 과중한 손해배상의무를 부담시키는 것으로서 약관의 규제에 관한 법률 제6조, 제8조 등에 의하여 무효로 볼 여지가 있다(대법원 2000. 7. 6. 선고 2000다18288, 18295 판결 참조).

2. 약관의 규제에 관한 법률은 제6조 제1항에서 "신의성실의 원칙에 반하여 공정을 잃은 약관조항은 무효이다"라고 규정하고, 제2항에서 "약관은 다음 각 호의 1에 해당되는 내용을 정하고 있는 경우에는 당해 약관 조항은 공정을 잃은 것으로 추정된다"라고 규정하면서 그 제1호에 '고객에 대하여 부당하게 불리한 조항'을 들고 있으며, 제8조에서는 "고객에 대하여 부당하게 과중한 지연손해금 등의 손해배상의무를 부담시키는 약관조항은 이를 무효로 한다"라고 규정하고 있으므로, 고객에 대하여 부당하게 과중한 손해배상의무나 위약벌 등을 부담시키는 약관 조항은 고객에게 부당하게 불리하여 공정을 잃은 것으로 추정되고 신의성실의 원칙에 반하는 것으로서 무효라고 보아야 할 것이다(대법원 1996. 9. 10. 선고 96다19758 판결, 대법원 1998. 4. 24. 선고 97다56969 판결 등 참조).

 사업자의 이자 반환의무를 배제하는 약관조항은 무효라고 본 사례

대법원 2008. 12. 24. 선고 2008다75393 판결

> 판시사항

계약해제시 사업자가 반환할 금전에 대한 이자의 지급을 배제하는 약관조항의 효력(무효)

> 이유

약관규제법 제9조는 "계약의 해제, 해지에 관하여 정하고 있는 약관의 내용 중 다음 각 호의 1에 해당되는 내용을 정하고 있는 조항은 이를 무효로 한다"라고 규정하고, 같은 조 제4호는 "계약의 해제, 해지로 인한 사업자의 원상회복의무나 손해배상의무를 부당하게 경감하는 조항"을 들고 있는바, 민법 제548조 제2항은 계약이 해제된 경우 반환할 금전에 그 받은 날로부터 이자를 가산하여야 한다고 규정하고 있으므로 계약해제로 인하여 사업자가 이미 받은 금전을 반환함에 있어 이자의 반환의무를 배제하는 약관조항은 고객에게 부당하게 불리하여 공정을 잃은 것으로 추정되어 이를 정당화할 합리적인 사유가 없는 한 무효라고 보아야 할 것이다.

4-13 이자반환 면책조항 중 위약금에 해당하는 부분은 유효라고 본 사례

대법원 2014. 12. 11. 선고 2014다50746,50753 판결

> 판시사항

[1] 계약 해제로 사업자가 이미 받은 금전을 반환하는 경우에 이자의 반환의무를 배제하는 약관조항의 효력(= 원칙적 무효)

[2] 수분양자가 이미 납부한 대금에 대한 이자를 반환하지 않는다고 정한 분양계약 조항의 효력이 문제 된 사안에서, 위 조항은 구 약관의 규제에 관한 법률 제9조 제4호의 규정에 위배되어 원칙적으로 무효이고, 다만 위약금으로 몰취되는 계약금의 경우 상대방에게 반환한 후 다시 이를 돌려받아 몰취하는 것이 아니라 반환하지 아니한 상태에서 몰취하는 것이 일반적인 거래실정으로 당사자의 인식 역시 마찬가지인 점 등에 비추어, 이자반환 면책조항 중 위약금에 해당하는 부분은 사업자의 원상회복의무를 부당하게 경감하는 결과가 된다고 볼 수 없어 무효가 아니라고 본 원심판단을 수긍한 사례

4-14 환경개선부담금비용의 임차인부담 약관을 유효라고 본 사례

서울지법 1999. 6. 9. 선고 98가합103706 판결 : 항소기각·확정

판시사항

[2] 목욕탕에 대한 임대차계약 시 환경개선부담금과 교통유발부담금을 임차인이 부담하도록 하는 임대차계약 약관의 효력(유효)

판결요지

[2] 환경개선부담금은 환경개선을 위한 투자재원을 합리적으로 조달하기 위하여 대기오염물질 또는 수질오염물질을 배출하는 건물 기타 시설물에 대하여 부과되는 것인데 그 부과의 근거가 되는 환경개선비용부담법 제9조 제1항에서는 "환경부장관은 유통·소비과정에서 환경오염물질의 다량 배출로 인하여 환경오염의 직접적인 원인이 되는 건물 기타 시설물의 소유자 또는 점유자로부터 환경개선부담금을 부과·징수한다"라고 규정하여 시설물의 소유자뿐만이 아니라 점유자도 환경개선부담금의 부과대상자임을 명시하고 있고, 교통유발부담금은 도시교통의 원활한 유통과 교통편의의 증진을 위하여 도로교통을 유발하는 시설물에 대하여 부과되는 것인데, 그 부과의 근거가 되는 도시교통정비촉진법 제21조 제1항에서는 "시장 등은 도시교통정비지역 안에서 교통유발의 원인이 되는 시설물의 소유자 또는 사업의 경영자로부터 교통유발부담금을 부과·징수할 수 있다"라고 규정하여 시설물의 소유자뿐만이 아니라 당해 시설을 점유하면서 사업을 경영하는 자도 교통유발부담금의 부과대상자임을 명시하고 있으므로, 환경개선부담금과 교통유발부담금을 목욕탕을 경영하는 임차인에게 부담하도록 하는 임대차계약 약관이 약관의규제에관한법률 제6조 제2항 제1호 소정의 고객에게 부당하게 불리한 조항에 해당하여 무효라고 볼 수 없다.

4-15 재산세 부담약관이 고객에게 불리하지 않다고 본 사례

대법원 2014. 12. 11. 선고 2014다51015,51022 판결

판시사항

[2] 수분양자가 분양계약에서 정한 분양대금 납부의무 등을 이행하지 아니한 경우에 입주지정기간 만료일 다음 날부터 분양계약 해제일까지 발생한 관리비 및 입주지정기간 최초일 이후 발생하는 재산세를 위약금과 별도로 수분양자에게 부담하도록 한 분양계약 조항의 효력이 문제 된 사안에서, 위 조항이 상당한 이유 없이 사업자가 부담하여야 할 위험을 고객에게 이전시키거나, 고객에 대하여 부당하게 과중한 손해배상의무를 부담시키거나 사업자의 원상회복의무를 부당하게 경감하는 조항이라고 볼 수 없다고 본 원심판단을 수긍한 사례

4-16 일방만을 위한 손해배상 약정이 불공정하다고 볼 수 없다고 한 사례

대법원 2000. 9. 22. 선고 99다53759,53766 판결

판시사항

[1] 약관상 매매계약 해제 시 매도인을 위한 손해배상액의 예정조항은 있는 반면 매수인을 위한 손해배상액의 예정조항은 없는 경우, 그 약관조항이 약관의규제에관한법률에 위배되어 무효인지 여부(소극)

[2] 약관상 매매계약 해제시 매도인을 위한 손해배상액의 예정조항은 있는 반면 매수인을 위한 손해배상액의 예정조항은 없는 경우, 그러한 사정만으로는 그 약관조항이 매수인에 대하여 부당하게 불리하다거나 신의성실의 원칙에 반하여 불공정하다고 볼 수 없다고 한 사례

판결요지

[1] 약관상 매매계약 해제 시 매도인을 위한 손해배상액의 예정조항은 있는 반면 매수인을 위한 손해배상액의 예정조항은 없는 경우, 매도인 일방만을 위한 손해배상액의 예정조항을 두었다고 하여 곧 그 조항이 약관의규제에관한법률에 위배되어 무효라 할 수는 없다.

[2] 약관상 매매계약 해제시 매도인을 위한 손해배상액의 예정조항은 있는 반면 매수인을 위한 손해배상액의 예정조항은 없는 경우, 그러한 사정만으로는 그 약관조항이 매수인에 대하여 부당하게 불리하다거나 신의성실의 원칙에 반하여 불공정하다고 볼 수 없다고 한 사례

4-17 가산이자율이 공정을 잃은 것으로 무효인지 판단하는 방법

대법원 2014. 12. 11. 선고 2014다39909 판결

판시사항

[1] 계약 해제로 사업자가 이미 받은 금전을 반환함에 이자의 반환의무를 배제하는 약관조항이 무효인지 여부(적극) 및 이자를 가산하여 반환하기로 한 경우, 가산이자율이 공정을 잃은 것으로 무효인지 판단하는 방법

[2] '분양계약이 해제되는 경우 분양자는 수분양자가 기납부한 대금에 대하여 각각 그 받은 날로부터 반환일까지 연리 2%에 해당하는 이자를 부가하여 수분양자에게 환불한다'고 정한 약관조항 중 이자율을 연 2%로 규정한 부분이 약관의 규제에 관한 법률 제9조 제5호에 해당하여 무효인지가 문제 된 사안에서, 위 가산이자율 부분이 분양자의 원상회복의무를 부당하게 경감하는 조항이라고 보기 어렵다고 한 사례

판결요지

[1] 약관의 규제에 관한 법률 제9조는 "계약의 해제, 해지에 관하여 정하고 있는 약관의 내용 중 다음 각 호의 1에 해당되는 내용을 정하고 있는 조항은 이를 무효로 한다"고 규정하고, 같은 조 제5호는 '계약의 해제, 해지로 인한 사업자의 원상회복의무나 손해배상의무를 부당하게 경감하는 조항'을 들고 있는바, 민법 제548조 제2항은 계약이 해제된 경우 반환할 금전에 그 받은 날로부터 이자를 가산하여야 한다고 규정하고 있으므로 계약 해제로 사업자가 이미 받은 금전을 반환함에 있어 이자의 반환의무를 배제하는 약관조항은 고객에게 부당하게 불리하여 공정을 잃은 것으로 추정되어 무효이지만, 이자를 가산하여 반환하기로 한 경우에는 가산이자율이 공정을

잃은 것으로서 무효인지를 판단함에 있어 일률적으로 이자율이 법정이율보다 높거나 낮다는 것만을 기준으로 하여서는 아니 되고, 당해 약관을 설정한 의도 및 목적, 당해 업종에서의 통상적인 거래 관행, 관계 법령의 규정, 거래대상 상품 또는 용역의 특성, 사업자의 영업상 필요 및 고객이 입을 불이익의 내용과 정도 등을 종합적으로 고려하여 판단하여야 한다.

[2] '분양계약이 해제되는 경우 분양자는 수분양자가 기납부한 대금에 대하여 각각 그 받은 날로부터 반환일까지 연리 2%에 해당하는 이자를 부가하여 수분양자에게 환불한다'고 정한 약관조항 중 분양자가 반환해야 할 금전에 대한 이자율(이하 '가산이자율'이라 한다)을 연 2%로 규정하고 있는 부분이 약관의 규제에 관한 법률 제9조 제5호에 해당하여 무효인지가 문제 된 사안에서, 수분양자가 중도금 대출을 받았다는 등의 사정은 모든 수분양자에게 공통된 사정이 아니므로, 이러한 개별적, 구체적인 사정을 약관 해석의 근거로 삼아서는 안 되는 점, 공정거래위원회가 공시한 아파트표준공급계약서 표준약관이 개정되기 전에는 계약 해제로 인한 원상회복 시의 가산이자율에 관하여 시공사 등이 자율적으로 정할 수 있도록 공란으로 해 두어 분양자는 표준약관에 따라 위 약관을 작성한 것인 점 등 제반 사정에 비추어 위 약관조항의 가산이자율 부분이 분양자의 원상회복의무를 부당하게 경감하는 조항이라고 보기 어려운데도, 이와 달리 가산이자율 부분이 불공정하여 무효라고 본 원심판결에 법리오해 등의 잘못이 있다고 한 사례

4-18 상가매매계약서는 약관에 해당하지 않는다고 본 사례

대법원 1999. 7. 9. 선고 98다13754,13761 판결

판결요지

[1] 건설회사가 상가 및 그 부지를 특정인에게만 매도하기로 하는 내용의 상가매매계약서는 다수계약을 위해 미리 정형화된 계약 조건이 아니라 할 것이므로 약관의규제에관한법률 제2조 제1항 소정의 '약관'에 해당하지 않는다고 본 사례

4-19 무효인 약관조항은 약정내용을 재차 확인했어도 유효한 것으로 되지 못한다는 사례

대법원 2000. 1. 18. 선고 98다18506 판결

판시사항

[2] 무효인 약관조항에 의거하여 계약이 체결된 후 상대방이 약관작성자에게 종전 약관에 따른 계약내용의 이행 및 약정내용을 재차 확인하는 취지의 각서를 작성·교부한 경우, 무효인 약관조항이 유효하게 되거나 위 각서의 내용을 새로운 개별약정으로 볼 수 있는지 여부(소극)

판결요지

[2] 무효인 약관조항에 의거하여 계약이 체결되었다면 그 후 상대방이 계약의 이행을 지체하는 과정에서 약관작성자로부터 채무의 이행을 독촉받고 종전 약관에 따른 계약내용의 이행 및 약정내용을 재차 확인하는 취지의 각서를 작성하여 교부하였다 하여 무효인 약관의 조항이 유효한 것으로 된다거나, 위 각서의 내용을 새로운 개별약정으로 보아 약관의 유·무효와는 상관없이 위 각서에 따라 채무의 이행 및 원상회복의 범위 등이 정하여진다고 할 수 없다.

05 Chapter
대리 계약

계약당사자는 계약 체결 전후의 제반 사정을 토대로 결정__

계약을 체결하는 행위자가 타인의 이름으로 법률행위를 한 경우에 행위자 또는 명의인 가운데 누구를 계약의 당사자로 볼 것인가에 관해서는, 우선 행위자와 상대방의 의사가 일치한 경우에는 그 일치한 의사대로 행위자 또는 명의인을 계약의 당사자로 확정해야 하고, 행위자와 상대방의 의사가 일치하지 않는 경우에는 그 계약의 성질·내용·목적·체결 경위 등 그 계약 체결 전후의 구체적인 제반 사정을 토대로 상대방이 합리적인 사람이라면 행위자와 명의자 중 누구를 계약 당사자로 이해할 것인가에 의해 당사자를 결정해야 한다.

일방 당사자가 대리인을 통해 계약을 체결하는 경우에 있어서 계약의 상대방이 대리인을 통해 본인과 사이에 계약을 체결하려는 데 의사가 일치했다면 대리인의 대리권 존부 문제와는 무관하게 상대방과 본인이 그 계약의 당사자다.

매매계약 체결권을 가진 대리인은 잔금을 수령할 권한도 있어

임의대리에 있어서 대리권의 범위는 수권행위(대리권수여행위)에 의해 정해지는 것이므로 어느 행위가 대리권의 범위 내의 행위인지의 여부는 개별적인 수권행위의 내용이나 그 해석에 의해 판단할 것이나, 일반적으로 말하면 수권행위의 통상의 내용으로서의 임의대리권은 그 권한에 부수해 필요한 한도에서 상대방의 의사표시를 수령하는 이른바, 수령대리권을 포함하는 것으로 봐야 한다.

부동산의 소유자로부터 매매계약을 체결할 대리권을 수여받은 대리인은 특별한 다른 사정이 없는 한 그 매매계약에서 약정한 바에 따라 중도금이나 잔금을 수령할 수도 있다고 봐야 하고, 매매계약의 체결과 이행에 관해 포괄적으로 대리권을 수여받은 대리인은 특별한 다른 사정이 없는 한 상대방에 대해 약정된 매매대금지급기일을 연기해줄 권한도 가진다고 봐야 할 것이다.

인감증명서만의 교부만으로 대리권을 수여했다고 볼 수 없어

인감증명서는 인장사용에 부수해서 그 확인 방법으로 사용되며 인장사용과 분리해서 그 것만으로서는 어떤 증명 방법으로 사용되는 것이 아니므로 인감증명서만의 교부는 일반적으로 어떤 대리권을 부여하기 위한 행위라고 볼 수 없다.

추인은 묵시적인 방법으로도 가능하며 의사표시는 어느 쪽에 해도 무방

무권리자가 타인의 권리를 자기의 이름으로 또는 자기의 권리로 처분한 경우에, 권리자는 후일 이를 추인함으로써 그 처분행위를 인정할 수 있고, 특별한 사정이 없는 한 이로써 권리자 본인에게 위 처분행위의 효력이 발생함은 사적 자치의 원칙에 비추어 당연하고, 이 경우 추인은 명시적으로뿐만 아니라 묵시적인 방법으로도 가능하며 그 의사표시는 무권대리인이나 그 상대방 어느 쪽에 해도 무방하다.

 대리계약 체결할 때 계약당사자 확정 방법

대법원 2003. 12. 12. 선고 2003다44059 판결

판시사항

[1] 행위자가 타인의 이름으로 계약을 체결한 경우 계약당사자 확정 방법
[2] 대리인을 통하여 계약을 체결하는 경우 계약당사자의 확정

판결요지

[1] 계약을 체결하는 행위자가 타인의 이름으로 법률행위를 한 경우에 행위자 또는 명의인 가운데 누구를 계약의 당사자로 볼 것인가에 관하여는, 우선 행위자와 상대방의 의사가 일치한 경우에는 그 일치한 의사대로 행위자 또는 명의인을 계약의 당사자로 확정해야 하고, 행위자와 상대방의 의사가 일치하지 않는 경우에는 그 계약의 성질·내용·목적·체결 경위 등 그 계약 체결 전후의 구체적인 제반 사정을 토대로 상대방이 합리적인 사람이라면 행위자와 명의자 중 누구를 계약 당사자로 이해할 것인가에 의하여 당사자를 결정하여야 한다.

[2] 일방 당사자가 대리인을 통하여 계약을 체결하는 경우에 있어서 계약의 상대방이 대리인을 통하여 본인과 사이에 계약을 체결하려는데 의사가 일치하였다면 대리인의 대리권 존부 문제와는 무관하게 상대방과 본인이 그 계약의 당사자이다.

5-2 매매계약 체결 대리권을 수여받은 대리인의 권한 범위

대법원 1994. 2. 8. 선고 93다39379 판결

판시사항
가. 일반적으로 임의대리권은 상대방의 의사표시를 수령하는 대리권을 포함하는지 여부

나. 매매계약을 체결할 대리권을 수여받은 대리인은 중도금 등을 수령할 권한도 있는지 여부

판결요지
가. 임의대리에 있어서 대리권의 범위는 수권행위(대리권수여행위)에 의하여 정하여지는 것이므로 어느 행위가 대리권의 범위 내의 행위인지의 여부는 개별적인 수권행위의 내용이나 그 해석에 의하여 판단할 것이나, 일반적으로 말하면 수권행위의 통상의 내용으로서의 임의대리권은 그 권한에 부수하여 필요한 한도에서 상대방의 의사표시를 수령하는 이른바 수령대리권을 포함하는 것으로 보아야 한다.

나. 부동산의 소유자로부터 매매계약을 체결할 대리권을 수여받은 대리인은 특별한 사정이 없는 한 그 매매계약에서 약정한 바에 따라 중도금이나 잔금을 수령할 권한도 있다고 보아야 한다.

5-3 대리인이 대리인 이외의 지위를 동시에 부여받을 수 있는지 여부

대법원 1996. 10. 25. 선고 94다41935,41942 판결

판시사항

[1] 대리권을 부여받은 자가 본인과의 사이에서 대리인 이외의 지위를 동시에 가질 수 있는지 여부(적극)

[2] 상가건물 소유자가 분양업체와 건물 매매계약을 체결하면서 특약사항으로 분양 대리권 위임 약정을 한 사안에서, 분양업체가 매수인의 지위와 동시에 분양 대리인의 지위도 갖는다고 본 사례

[3] 점포 분양행위가 상행위에 해당하는 경우, 분양 대리인이 본인을 위한 것임을 표시하지 않고 체결한 분양계약의 효력이 본인에게 미치는지 여부(적극)

판결요지

[1] 부동산의 분양에 관한 대리권을 부여받은 자라고 하여 반드시 본인의 대리인 이외의 지위를 가질 수 없는 것은 아니고 거래의 실질적 목적과 내용 등에 따라 적합한 다른 지위를 아울러 가질 수도 있다.

[2] 상가건물 소유자가 전문 분양업체와 건물 매매계약을 체결하면서 특약사항으로 분양 대리권 위임 약정을 한 사안에서, 형식적으로는 상가건물 소유자가 분양업체에게 상가건물을 매도하는 것으로 되어 있으나, 그 매매계약의 체결 동기와 경위, 목적과 의도, 내용 등에 비추어 볼 때 실질적으로는 상가건물 소유자가 전문 분양업체에게 건물 내 점포의 분양을 위임하면서 다만 내부관계에 있어 그 점포를 원매자들에게 분양하여 수령할 분양대금 중에서 분양업체가 책임을 지고 건물 소유자에게 지급하여야 할 분양대금액과 그 지급시기, 분양대금 관리방법 등을 정하고 기타의 법률관계를 명백히 하는 등의 필요에서 편의상 분양업체와 그 건물에 관하여 매매계약을 체결하는 형식을 취한 것으로 해석함이 상당하다는 이유로, 그 분양업체는 그 건물에 관하여 매수인의 지위와 동시에 건물 소유자로부터 분양권을 위임받은 대리인으로서의 지위도 아울러 가지고 있다고 본 사례

[3] 상가건물 분양업체에게 그 소유자를 대리할 권한이 있고, 그 점포의 분양행위가 그 규모, 횟수, 분양기간 등에 비추어 볼 때 상법 제46조 제1호 소정의 부동산의 매매로서 본인인 상가건물 소유자의 상행위가 되는 경우, 분양업체가 수분양자와 분양계약을 체결하면서 건물 소유자의 대리인임을 표시하지 않았다 하더라도 상법 제48조에 의하여 유효한 대리행위로서 그 효과는 본인인 건물 소유자에게 귀속된다.

5-4 대리관계 표시 없이 체결한 매매계약의 대리 계약 성립

대법원 1982. 5. 25. 선고 81다1349,81다카1209 판결

판시사항

위임장을 제시하였으나 대리관계의 표시없이 매매계약을 체결한 경우에 타인물의 매매로 되는지 여부(소극)

판결요지

매매위임장을 제시하고 매매계약을 체결하는 자는 특단의 사정이 없는 한 소유자를 대리하여 매매행위하는 것이라고 보아야 하고 매매계약서에 대리관계의 표시없이 그 자신의 이름을 기재하였다고 해서 그것만으로 그 자신이 매도인으로서 타인물을 매매한 것이라고 볼 수는 없다.

5-5 인감증명서의 교부만으로는 대리권을 부여했다고 볼 수 없다는 사례

대법원 1978. 10. 10. 선고 78다75 판결

판시사항

1. 인감증명서의 교부를 표현대리를 인정할 기본대리권의 수여로 볼 수 있는지 여부

판결요지

인감증명서는 인장사용에 부수해서 그 확인방법으로 사용되며 인장사용과 분리해서 그 것만으로서는 어떤 증명방법으로 사용되는 것이 아

니므로 인감증명서만의 교부는 일반적으로 어떤 대리권을 부여하기 위한 행위라고 볼 수 없다.

5-6 포괄적으로 대리권을 수여받은 대리인의 권한 사례

대법원 1992. 4. 14. 선고 91다43107 판결

판시사항

나. 매매계약을 체결할 대리권을 수여받은 대리인이 중도금 등을 수령할 권한이 있는지 여부와 매매계약의 체결과 이행에 관하여 포괄적으로 대리권을 수여받은 대리인이 약정된 매매대금의 지급기일을 연기하여 줄 권한을 가지는지 여부

판결요지

나. 부동산의 소유자로부터 매매계약을 체결할 대리권을 수여받은 대리인은 특별한 다른 사정이 없는 한 그 매매계약에서 약정한 바에 따라 중도금이나 잔금을 수령할 수도 있다고 보아야 하고, 매매계약의 체결과 이행에 관하여 포괄적으로 대리권을 수여받은 대리인은 특별한 다른 사정이 없는 한 상대방에 대하여 약정된 매매대금지급기일을 연기하여 줄 권한도 가진다고 보아야 할 것이다.

5-7 매매계약 체결권을 수여받은 대리인이 해제권도 가지고 있는지 여부

대법원 1987. 4. 28. 선고 85다카971 판결

판시사항

다. 매매계약 체결의 대리권을 가진 자가 곧바로 그 매매계약의 해제권도 가지고 있는지 여부

판결요지

다. 제3자의 행위에 의하여 매매계약에 대한 해제의 효과가 발생하려면 제3자가 부동산을 실질적으로 매수한 본인이거나 혹은 적어도 매수명의자로부터 그를 대리하여 매매계약을 해제할 수 있는 대리권

을 부여받았음을 요한다 할 것인바, 매매계약을 소개하고 매수인을 대리하여 매매계약을 체결하였다 하여 곧바로 그 제3자가 매수인을 대리하여 매매계약의 해제 등 일체의 처분권과 상대방의 의사를 수령할 권한까지 가지고 있다고 볼 수는 없다.

5-8 무권리자의 처분행위에 대한 권리자의 추인의 효과와 그 방법

대법원 2001. 11. 9. 선고 2001다44291 판결

판결요지

[2] 무권리자가 타인의 권리를 자기의 이름으로 또는 자기의 권리로 처분한 경우에, 권리자는 후일 이를 추인함으로써 그 처분행위를 인정할 수 있고, 특별한 사정이 없는 한 이로써 권리자 본인에게 위 처분행위의 효력이 발생함은 사적 자치의 원칙에 비추어 당연하고, 이 경우 추인은 명시적으로뿐만 아니라 묵시적인 방법으로도 가능하며 그 의사표시는 무권대리인이나 그 상대방 어느 쪽에 하여도 무방하다.

5-9 표현대리 규정이 법정대리에도 적용되는지 여부

대법원 1997. 6. 27. 선고 97다3828 판결

판시사항

[1] 민법 제126조의 표현대리 규정이 법정대리에도 적용되는지 여부(적극)

[3] 민법 제126조 소정의 권한을 넘는 표현대리에 있어서 정당한 이유의 유무에 관한 판단기준시기 및 매수행위 당시 친족회의 동의에 관하여 전혀 확인하지 아니하여 후견인을 상대로 거래하는 매수인으로서 주의의무를 다하지 못한 과실이 있다고 본 사례

판결요지

[1] 민법 제126조 소정의 권한을 넘는 표현대리 규정은 거래의 안전을 도모하여 거래상대방의 이익을 보호하려는 데 그 취지가 있으므로 법정대리라고 하여 임의대리와는 달리 그 적용이 없다고 할 수 없

고, 따라서 한정치산자의 후견인이 친족회의 동의를 얻지 않고 피후견인의 부동산을 처분하는 행위를 한 경우에도 상대방이 친족회의 동의가 있다고 믿은 데에 정당한 사유가 있는 때에는 본인인 한정치산자에게 그 효력이 미친다.

[3] 거래상대방이 후견인으로서 상당기간 피후견인의 재산을 관리하여 왔다고 할지라도 후견인을 상대로 중요한 재산적 가치를 가지는 한정치산자의 부동산을 매수하는 자로서는 친족회의 동의가 있었는지 여부를 확인하였어야 할 것인데도 막연히 부동산 중개업자를 통하여 거래상대방이 후견인으로 선임된 후 1년 이상 부동산의 관리를 전담하여 온 사실만을 확인하였을 뿐 친족회의 동의에 관하여는 전혀 확인하지 아니하였다면, 매수인은 후견인을 상대로 거래하는 자로서 마땅히 해야 할 주의를 다하지 못한 과실이 있다고 하지 않을 수 없으며, 또한 권한을 넘은 표현대리에 있어서 정당한 이유의 유무는 대리행위 당시를 기준으로 하여 판정하여야 하고 매매계약 성립 이후의 사정은 고려할 것이 아니므로, 피후견인이 위 매매로 인한 소유권이전등기를 경료하기에 앞서 그 거래에 관한 친족회원의 선임 및 친족회의 소집에 관한 법원의 심판을 받았고 그에 따라 작성된 친족회 의사록을 후견인으로부터 교부받았다고 할지라도 이로써 후견인이 매매 당시 친족회의 동의를 받았다고 믿을 만한 정당한 이유가 된다고 볼 수 없다고 한 사례

06 Chapter

계약의 해제

합의해제는 쌍방당사자 의사의 내용이 객관적으로 일치해야 성립__

계약의 합의해제 또는 해제계약은 해제권의 유무를 불문하고 계약당사자 쌍방이 합의에 의해 기존 계약의 효력을 소멸시켜 당초부터 계약이 체결되지 않았던 것과 같은 상태로 복귀시킬 것을 내용으로 하는 새로운 계약이다.

계약이 합의해제되기 위해서는 계약의 성립과 마찬가지로 계약의 청약과 승낙이라는 서로 대립하는 의사표시가 합치될 것(합의)을 요건으로 하는바, 이와 같은 합의가 성립하기 위해서는 쌍방당사자의 표시행위에 나타난 의사의 내용이 객관적으로 일치해야 한다.

합의해제는 묵시적으로도 가능__

계약의 합의해제는 명시적으로뿐만 아니라 당사자 쌍방의 묵시적인 합의에 의해서도 할 수 있으나, 묵시적인 합의해제를 한 것으로 인정되려면 계약이 체결되어 그 일부가 이행된 상태에서 당사자 쌍방이 장기간에 걸쳐 나머지 의무를 이행하지 않음으로써 이를 방치한 것만으로는 부족하고, 당사자 쌍방에게 계약을 실현할 의사가 없거나 계약을 포기할 의사가 있다고 볼 수 있을 정도에 이르러야 한다. 이 경우에 당사자 쌍방이 계약을 실현할 의사가 없거나 포기할 의사가 있었는지 여부는 계약이 체결된 후의 여러 가지 사정을 종합적으로 고려해서 판단해야 한다.

채무 이행 의사가 없을 때, 상대방은 바로 계약을 해제할 수 있어__

계약관계에 있는 당사자 일방이 미리 그 채무를 이행하지 아니할 의사를 표시한 경우에는 상대방은 이행의 최고를 하지 않고서도 바로 계약을 해제할 수 있는 것이고, 채무를 이행할 의사의 유무는 계약 당시나 계약 후의 여러가지 구체적 사정에 따라 판단해야 할 것이다.

해약금의 기준은 '약정 계약금'__

매도인이 '계약금 일부만 지급된 경우 지급받은 금원의 배액을 상환하고 매매계약을 해제할 수 있다'고 주장한 사안에서, '실제 교부받은 계약금'의 배액만을 상환해서 매매계약을 해제할 수 있다면 이는 당사자가 일정한 금액을 계약금으로 정한 의사에 반하게 될 뿐 아니라, 교부받은 금원이 소액일 경우에는 사실상 계약을 자유로이 해제할 수 있어 계약의 구속력이 약화되는 결과가 되어 부당하기 때문에, 계약금 일부만 지급된 경우 수령자가 매매계약을 해제할 수 있다고 하더라도 해약금의 기준이 되는 금원은 '실제 교부받은 계약금'이 아니라 '약정 계약금'이라고 봄이 타당하므로, 매도인이 계약금의 일부로서 지급받은 금원의 배액을 상환하는 것으로는 매매계약을 해제할 수 없다.

해약권을 배제하기로 하는 약정은 유효

민법 제565조의 해약권은 당사자 간에 다른 약정이 없는 경우에 한해 인정되는 것이고, 만일 당사자가 위 조항의 해약권을 배제하기로 하는 약정을 했다면 더 이상 그 해제권을 행사할 수 없다.

이행에 착수한다는 것은 이행을 하는 데 필요한 전제행위를 하는 것

매매계약의 당사자 일방이 계약금을 상대방에게 교부했을 때는 당사자 간에 다른 약정이 없는 한 매매계약 쌍방 당사자 중 어느 일방이라도 이행에 착수했다면 그 당사자나 상대방이 계약금의 배액상환 또는 포기로서 해제권을 행사할 수 없다 할 것이고, 여기에서 이행에 착수한다는 것은 객관적으로 외부에서 인식할 수 있는 정도로 채무의 이행행위의 일부를 행하거나 또는 이행을 하는 데 필요한 전제행위를 하는 것을 말하는 것으로서 단순히 이행의 준비만으로는 부족하나, 반드시 계약내용에 들어 맞는 이행의 제공의 정도에까지 이르러야 하는 것은 아니라 할 것이다.

이행기일 이전에 이행 착수 가능

민법 제565조가 해제권 행사의 시기를 당사자의 일방이 이행에 착수할 때까지로 제한한 것은 당사자의 일방이 이미 이행에 착수한 때는 그 당사자는 그에 필요한 비용을 지출했을 것이고, 또 그 당사자는 계약이 이행될 것으로 기대하고 있는데 만일 이러한 단계에서 상대방으로부터 계약이 해제된다면 예측하지 못한 손해를 입게 될 우려가 있으므로 이를 방지하고자 함에 있고, 이행기의 약정이 있는 경우라 하더라도 당사자가 채무의 이행기 전에는 착수하지 아니하기로 하는 특약을 하는 등 특별한 사정이 없는 한 이행기 전에 이행에 착수할 수 있다.

매도인은 소유권이전등기에 필요한 서류를 실질적으로 준비해야 해제 가능

쌍무계약인 부동산 매매계약에 있어서는 특별한 사정이 없는 한 매수인의 잔대금지급의무와 매도인의 소유권이전등기서류 교부의무는 동시이행 관계에 있다 할 것이고, 이러한 경우에 매도인이 매수인에게 지체의 책임을 지워 매매계약을 해제하려면 매수인이 이행기일에 잔대금을 지급하지 않은 사실만으로는 부족하고, 매도인이 소유권이전등기신청에 필요한 일체의 서류를 수리할 수 있을 정도로 준비해서 그 뜻을 상대방에게 통지해 수령을 최고함으로써 이를 제공해야 하는 것이 원칙이고, 또 상당한 기간을 정해 상대방의 잔대금채무이행을 최고한 후 매수인이 이에 응하지 않은 사실이 있어야 하는 것이며, 매도인이 제공해야 할 소유권이전등기신청에 필요한 일체의 서류라 함은 등기권리증, 위임장 및 부동산매도용 인감증명서 등 등기신청행위에 필요한 모든 구비서류를 말한다.

계약 위반 시 자동해약 약정에도 불구하고, 통지 없이 계약을 해제할 수 없어__

매매계약서상에 "계약위반시에는 각기 책임에 따라 매도인은 계약금의 배액을 매수인에게 배상하고 매수인은 계약금을 상실함과 동시에 별도의 최고절차를 요하지 아니하고 자연해약을 승인한다"는 기재는 쌍무계약에 있어서 이행의 착수 전 당사자일방은 상대방에 대해 계약금을 포기하거나 그 배액을 배상하고 계약을 해제할 수 있다는 일종의 해제권 유보조항 일뿐 상대방이 위약을 하는 경우 최고나 통지 없이 계약을 해제할 수 있는 특약이라고 볼 수 없다.

실권약관의 약정이 있더라도 동시이행의 관계에서는 이행을 제공해야__

매매계약에 있어서 어느 일방이 위약 시에는 하등의 통지 없이 계약이 해약된다는 약정이 있다고 하더라도 특단의 사정이 없는 한 매수인의 잔대금지급의무와 매도인의 소유권이전등기의무는 동시이행의 관계에 있으므로 이행기에 이행의 제공이 없는 한 이행기일의 도과로 인해 계약이 당연히 해제된다고는 볼 수 없다.

주된 채무를 불이행했을 때 계약해제 가능

채무불이행을 이유로 매매계약을 해제하려면, 당해 채무가 매매계약의 목적 달성에 있어 필요불가결하고 이를 이행하지 아니하면 매매계약의 목적이 달성되지 않아 매도인이 매매계약을 체결하지 않았을 것이라고 여겨질 정도의 주된 채무이어야 하고 그렇지 않은 부수적 채무를 불이행한 데에 지나지 않은 경우에는 매매계약 전부를 해제할 수 없다.

 계약의 합의해제 또는 해제계약의 요건

대법원 2011. 2. 10. 선고 2010다77385 판결

판시사항

[2] 계약의 합의해제 또는 해제계약의 요건

[3] 이른바 '이행거절'로 인한 계약해제의 요건

[4] 갑이 을로부터 토지와 건물의 소유권을 이전받는 대가로 토지에 설정된 근저당권의 피담보채무 등을 인수하기로 약정을 하였으나, 을이 토지에 관하여 병 명의로 소유권이전등기청구권가등기를 경료한 채 위 약정에 따른 소유권이전등기를 지체하자 갑이 위 토지에 대한 가압류를 신청한 사안에서, 위 약정이 합의해제되었다거나 갑의 이행거절로 해제되었다고 볼 수 없다고 한 사례

판결요지

[2] 계약의 합의해제 또는 해제계약은 해제권의 유무를 불문하고 계약 당사자 쌍방이 합의에 의하여 기존 계약의 효력을 소멸시켜 당초부터 계약이 체결되지 않았던 것과 같은 상태로 복귀시킬 것을 내용으로 하는 새로운 계약으로서, 계약이 합의해제되기 위하여는 계약의 성립과 마찬가지로 계약의 청약과 승낙이라는 서로 대립하는 의

사표시가 합치될 것(합의)을 요건으로 하는바, 이와 같은 합의가 성립하기 위하여는 쌍방당사자의 표시행위에 나타난 의사의 내용이 객관적으로 일치하여야 한다. 그리고 계약의 합의해제는 명시적으로뿐만 아니라 당사자 쌍방의 묵시적인 합의에 의하여도 할 수 있으나, 묵시적인 합의해제를 한 것으로 인정되려면 계약이 체결되어 그 일부가 이행된 상태에서 당사자 쌍방이 장기간에 걸쳐 나머지 의무를 이행하지 아니함으로써 이를 방치한 것만으로는 부족하고, 당사자 쌍방에게 계약을 실현할 의사가 없거나 계약을 포기할 의사가 있다고 볼 수 있을 정도에 이르러야 한다. 이 경우에 당사자 쌍방이 계약을 실현할 의사가 없거나 포기할 의사가 있었는지 여부는 계약이 체결된 후의 여러 가지 사정을 종합적으로 고려하여 판단하여야 한다.

[3] 채무불이행에 의한 계약해제에서 미리 이행하지 아니할 의사를 표시한 경우로서 이른바 '이행거절'로 인한 계약해제의 경우에는 상대방의 최고 및 동시이행 관계에 있는 자기 채무의 이행제공을 요하지 아니하여 이행지체 시의 계약해제와 비교할 때 계약해제의 요건이 완화되어 있는바, 명시적으로 이행거절의사를 표명하는 경우 외에 계약 당시나 계약 후의 여러 사정을 종합하여 묵시적 이행거절 의사를 인정하기 위하여는 그 거절의사가 정황상 분명하게 인정되어야 한다.

[4] 갑이 을로부터 토지와 건물의 소유권을 이전받는 대가로 토지에 설정된 근저당권의 피담보채무 등을 인수하기로 약정을 하였으나, 을이 토지에 관하여 병 명의로 소유권이전등기청구권가등기를 경료한 채 위 약정에 따른 소유권이전등기를 지체하자 갑이 토지에 관한 가압류를 신청한 사안에서, 갑과 을 사이에 약정을 해제하기로 하는 합의가 성립하였다거나 갑에게 계약을 실현할 의사가 없거나 계약을 포기할 의사가 있다고 볼 수 없고, 또한 가압류신청 전후의 여러 사정을 감안하면 가압류신청서를 제출한 사실만으로 갑의 이행거절 의사가 명백하고 종국적으로 표시되었다고 단정하기도 어려우므로, 위 약정이 합의해제되었다거나 갑의 이행거절로 해제되었다고 볼 수 없다고 한 사례

6-2 제시한 조건에 관한 합의까지 이루어야 합의해제가 성립

대법원 1996. 2. 27. 선고 95다43044 판결

판결요지

[1] 계약이 합의해제되기 위하여는 일반적으로 계약이 성립하는 경우와 마찬가지로 계약의 청약과 승낙이라는 서로 대립하는 의사표시가 합치될 것을 그 요건으로 하는바, 이와 같은 합의가 성립하기 위하여는 쌍방 당사자의 표시행위에 나타난 의사의 내용이 객관적으로 일치하여야 하므로, 계약당사자의 일방이 계약해제에 따른 원상회복 및 손해배상의 범위에 관한 조건을 제시한 경우 그 조건에 관한 합의까지 이루어져야 합의해제가 성립된다.

 6-3 계약금 지급약정만 한 단계에서 계약해제권이 발생하는지 여부

대법원 2008. 3. 13. 선고 2007다73611 판결

판시사항

[1] 계약금계약의 요건 및 계약금 지급약정만 한 단계에서 민법 제565조 제1항의 계약해제권이 발생하는지 여부(소극)
[2] 주된 계약과 더불어 계약금계약을 한 당사자가 계약금의 잔금 또는 전부를 지급하지 않은 경우의 법률관계

이유

계약이 일단 성립한 후에는 당사자의 일방이 이를 마음대로 해제할 수 없는 것이 원칙이고, 다만 주된 계약과 더불어 계약금계약을 한 경우에는 민법 제565조 제1항의 규정에 따라 임의 해제를 할 수 있기는 하나, 계약금계약은 금전 기타 유가물의 교부를 요건으로 하므로 단지 계약금을 지급하기로 약정만 한 단계에서는 아직 계약금으로서의 효력, 즉 위 민법 규정에 의해 계약해제를 할 수 있는 권리는 발생하지 않는다고 할 것이다. 따라서 당사자가 계약금의 일부만을 먼저 지급하고 잔액은 나중에 지급하기로 약정하거나 계약금 전부를 나중에 지급하기로 약정한 경우, 교부자가 계약금의 잔금이나 전부를 약정대로 지급하지 않으면 상대방은 계약금 지급의무의 이행을 청구하거나 채무불이행을 이유

로 계약금약정을 해제할 수 있고, 나아가 위 약정이 없었더라면 주계약을 체결하지 않았을 것이라는 사정이 인정된다면 주계약도 해제할 수도 있을 것이나, 교부자가 계약금의 잔금 또는 전부를 지급하지 아니하는 한 계약금계약은 성립하지 아니하므로 당사자가 임의로 주계약을 해제할 수는 없다 할 것이다.

6-4 해제통고만으로 계약해제의 효력이 발생하는지 여부

대법원 1992. 7. 28. 선고 91다33612 판결

판시사항

다. 매도인이 계약금의 배액을 상환하고 계약을 해제하려고 할 때 해제통고만으로 계약해제의 효력이 발생하는지 여부(소극)

판결요지

다. 매수인이 계약의 이행에 착수하기 전에는 매도인이 계약금의 배액을 상환하고 계약을 해제할 수 있으나, 이 해제는 통고로써 즉시 효력을 발생하고 나중에 계약금 배액의 상환의무만 지는 것이 아니라 매도인이 수령한 계약금의 배액을 매수인에게 상환하거나 적어도 그 이행제공을 하지 않으면 계약을 해제할 수 없다.

6-6 해약금을 상대방이 수령 거부할 때, 이를 공탁해야 유효한지 여부

대법원 1992. 5. 12. 선고 91다2151 판결

판시사항

나. 계약금의 배액을 상환하고 하는 계약해제시 상대방이 이를 수령하지 아니하는 경우 이를 공탁하여야 유효한지 여부(소극)

판결요지

나. 매매당사자 간에 계약금을 수수하고 계약해제권을 유보한 경우에 매도인이 계약금의 배액을 상환하고 계약을 해제하려면 계약해제 의사표시 이외에 계약금 배액의 이행의 제공이 있으면 족하고 상대방이 이를 수령하지 아니한다 하여 이를 공탁하여야 유효한 것은 아니다.

6-7 일부 지급된 계약금의 배액 상환으로 계약을 해제할 수 있는지 여부

대법원 2015. 4. 23. 선고 2014다231378 판결

판시사항

매도인이 '계약금 일부만 지급된 경우 지급받은 금원의 배액을 상환하고 매매계약을 해제할 수 있다'고 주장한 사안에서, 매도인이 계약금의 일부로서 지급받은 금원의 배액을 상환하는 것으로는 매매계약을 해제할 수 없다고 한 사례

판결요지

매도인이 '계약금 일부만 지급된 경우 지급받은 금원의 배액을 상환하고 매매계약을 해제할 수 있다'고 주장한 사안에서, '실제 교부받은 계약금'의 배액만을 상환하여 매매계약을 해제할 수 있다면 이는 당사자가 일정한 금액을 계약금으로 정한 의사에 반하게 될 뿐 아니라, 교부받은 금원이 소액일 경우에는 사실상 계약을 자유로이 해제할 수 있어 계약의 구속력이 약화되는 결과가 되어 부당하기 때문에, 계약금 일부만 지급된 경우 수령자가 매매계약을 해제할 수 있다고 하더라도 해약금의 기준이 되는 금원은 '실제 교부받은 계약금'이 아니라 '약정 계약금'이라고 봄이 타당하므로, 매도인이 계약금의 일부로서 지급받은 금원의 배액을 상환하는 것으로는 매매계약을 해제할 수 없다고 한 사례

이유

가) 매매계약이 일단 성립한 후에는 당사자의 일방이 이를 마음대로 해제할 수 없는 것이 원칙이다. 다만 주된 계약과 더불어 계약금계약을 한 경우에는 민법 제565조 제1항의 규정에 따라 해제를 할 수 있기는 하나, 당사자가 계약금 일부만을 먼저 지급하고 잔액은 나중에 지급하기로 약정하거나 계약금 전부를 나중에 지급하기로 약정한 경우, 교부자가 계약금의 잔금 또는 전부를 지급하지 아니하는 한 계약금계약은 성립하지 아니하므로 당사자가 임의로 주계약을 해제할 수는 없다(대법원 2008. 3. 13. 선고 2007다73611 판결 참조).

6-8 청약에 대하여 상대방이 조건을 붙이는 경우는 청약이 실효

대법원 2009. 2. 12. 선고 2008다71926 판결

판시사항

[1] 계약의 합의해제 또는 해제계약의 의의 및 성립요건

[2] 매도인이 매매계약의 합의해제를 청약하였으나 매수인이 그 청약에 대하여 조건을 붙이거나 변경을 가하여 승낙한 경우, 종전의 매도인의 청약이 실효되는지 여부(적극)

이유

계약의 합의해제 또는 해제계약이라 함은 해제권의 유무를 불문하고 계약당사자 쌍방이 합의에 의하여 기존의 계약의 효력을 소멸시켜 당초부터 계약이 체결되지 않았던 것과 같은 상태로 복귀시킬 것을 내용으로 하는 새로운 계약으로서, 계약이 합의해제되기 위하여는 일반적으로 계약이 성립하는 경우와 마찬가지로 계약의 청약과 승낙이라는 서로 대립하는 의사표시가 합치될 것(합의)을 그 요건으로 하는바, 이와 같은 합의가 성립하기 위하여는 쌍방당사자의 표시행위에 나타난 의사의 내용이 객관적으로 일치하여야 되는 것이므로(대법원 1992. 6. 23. 선고 92다4130, 92다4147 판결, 대법원 2007. 11. 29. 선고 2006다2490, 2506 판결 등 참조), 매매계약 당사자 중 매도인이 매수인에게 매매계약의 합의해제를 청약하였다고 할지라도, 매수인이 그 청약에 대하여 조건을 붙이거나 변경을 가하여 승낙한 때에는 민법 제534조의 규정에 비추어 그 청약의 거절과 동시에 새로 청약한 것으로 보게 되는 것이고, 그로 인하여 종전의 매도인의 청약은 실효된다 할 것이다(대법원 2002. 4. 12. 선고 2000다17834 판결 참조).

계약금이 해약금 되기 위한 "이행에 착수할 때까지"의 의미

대법원 1994. 5. 13. 선고 93다56954 판결

판시사항

가. 민법 제565조 소정의 "이행에 착수할 때까지"의 의미
나. 매수인이 중도금 지급의 이행에 착수한 것으로 본 사례

판결요지

가. 민법 제565조에 의하여 매도인이 계약금의 배액을 상환하고 계약을 해제하려면 매수인이 이행에 착수할 때까지 계약금의 배액을 상환하고 하여야 할 것인바, 여기에서 이행에 착수한다는 것은 객관적으로 외부에서 인식할 수 있는 정도로 채무의 이행행위의 일부를 하거나 또는 이행을 하기 위하여 필요한 전제행위를 하는 경우를 말하는 것으로서 단순히 이행의 준비를 하는 것만으로는 부족하나, 반드시 계약내용에 들어 맞는 이행의 제공의 정도에까지 이르러야 하는 것은 아니다.

나. 매도인이 매매계약 체결 시 중도금 지급기일에 그 소유의 다른 부동산에 대하여 매수인 앞으로 근저당권을 설정하여 주고 중도금을 지급받기로 약정하였고, 매수인의 대리인이 약정된 중도금 지급기일에 그 지급을 위하여 중도금을 마련하여 가지고 매도인의 처를 만나 중도금 지급에 앞서 위 약정과 같이 근저당권을 설정하여줄 것을 요구하였으나 매도인의 처가 우여곡절 끝에 결국 이에 응하지 아니할 뜻을 밝히면서 중도금 지급만을 요구하자 중도금을 지급하지 아니한 채 돌아온 것이라면, 매수인은 위 매매계약에 따른 중도금 지급의 이행에 착수한 것이라고 봄이 옳다.

매매계약에 따른 매수인으로서의 채무의 이행에 착수하였다고 본 사례

대법원 1993. 7. 27. 선고 93다11968 판결

판결요지

토지의 매수인이 매매계약상의 잔금지급기일에 잔금 2,700,000원을 지참하고 매도인을 찾아가 이를 매도인에게 지급하려고 하였으나 매도인이 그때까지 위 토지에 관하여 경료되어 있는 근저당권설정등기의 말소 및 소유권이전등기에 필요한 서류 등을 준비하지 아니한 것을 알고 매도인에게 잔금 2,700,000원 중 우선 중도금조로 금 1,000,000원만을 지급하고 나머지 금 1,700,000원은 위 근저당권설정등기의 말소 및 소유권이전등기에 필요한 서류가 모두 준비되면 위 각 서류를 교부받음과 동시에 지급하겠다고 제의하였으나 매수인이 이를 거절하자 위 잔금을 지급하지 아니한 채 그대로 돌아간 것이라면 매수인은 이로써 이미 위 매매계약에 따른 매수인으로서의 채무의 이행에 착수하였다 할 것이다.

 중도금 지급 후 계약금 포기하고 매매계약을 해제할 수 있는지 여부

대법원 2000. 2. 11. 선고 99다62074 판결

판시사항

민법 제565조 제1항 소정의 '당사자의 일방'의 의미 및 중도금을 지급하여 이행에 착수한 매수인이 계약금을 포기하고 매매계약을 해제할 수 있는지 여부(소극)

판결요지

민법 제565조 제1항에서 말하는 당사자의 일방이라는 것은 매매 쌍방 중 어느 일방을 지칭하는 것이고, 상대방이라 국한하여 해석할 것이 아니므로, 비록 상대방인 매도인이 매매계약의 이행에는 전혀 착수한 바가 없다 하더라도 매수인이 중도금을 지급하여 이미 이행에 착수한 이상 매수인은 민법 제565조에 의하여 계약금을 포기하고 매매계약을 해제할 수 없다.

6-12 이행기의 약정이 있더라도 이행기 전에 이행에 착수할 수 있는 여부

대법원 1993. 1. 19. 선고 92다31323 판결

판시사항

가. 민법 제565조가 해제권 행사의 시기를 당사자 일방이 이행에 착수할 때까지로 제한한 취지 및 이행기의 약정이 있더라도 이행기 전에 이행에 착수할 수 있는지 여부(한정적극)

판결요지

가. 민법 제565조가 해제권 행사의 시기를 당사자의 일방이 이행에 착수할 때까지로 제한한 것은 당사자의 일방이 이미 이행에 착수한 때에는 그 당사자는 그에 필요한 비용을 지출하였을 것이고, 또 그 당사자는 계약이 이행될 것으로 기대하고 있는데 만일 이러한 단계에서 상대방으로부터 계약이 해제된다면 예측하지 못한 손해를 입게 될 우려가 있으므로 이를 방지하고자 함에 있고, 이행기의 약정이 있는 경우라 하더라도 당사자가 채무의 이행기 전에는 착수하지 아니하기로 하는 특약을 하는 등 특별한 사정이 없는 한 이행기 전에 이행에 착수할 수 있다.

6-13 매수인이 어음을 교부한 경우 계약의 이행에 착수하였다고 본 사례

대법원 2002. 11. 26. 선고 2002다46492 판결

판시사항

[1] 민법 제565조 소정의 '이행에 착수할 때'까지의 의미 및 이행기의 약정이 있더라도 이행기 전에 이행에 착수할 수 있는지 여부(한정적극)

[2] 매수인이 매도인의 동의하에 매매계약의 계약금 및 중도금 지급을 위하여 은행도어음을 교부한 경우 매수인은 계약의 이행에 착수하였다고 본 사례

> 판결요지

[1] 매도인이 민법 제565조에 의하여 계약금의 배액을 상환하고 계약을 해제하려면 매수인이 이행에 착수할 때까지 하여야 할 것인바, 여기에서 이행에 착수한다는 것은 객관적으로 외부에서 인식할 수 있는 정도로 채무의 이행행위의 일부를 하거나 또는 이행을 하기 위하여 필요한 전제행위를 하는 경우를 말하는 것으로서, 단순히 이행의 준비를 하는 것만으로는 부족하나 반드시 계약내용에 들어맞는 이행의 제공의 정도에까지 이르러야 하는 것은 아니라 할 것이고, 그와 같은 경우에 이행기의 약정이 있다 하더라도 당사자가 채무의 이행기 전에는 착수하지 아니하기로 하는 특약을 하는 등 특별한 사정이 없는 한 그 이행기 전에 이행에 착수할 수도 있다.

[2] 매수인이 매도인의 동의하에 매매계약의 계약금 및 중도금 지급을 위하여 은행도어음을 교부한 경우 매수인은 계약의 이행에 착수하였다고 본 사례

6-14 계약금을 해약금으로 하여 해제권을 행사할 수 있는 시기

대법원 1994. 11. 11. 선고 94다17659 판결

> 판시사항

가. 매매계약에서 계약금의 배액을 상환하거나 포기하여 해제권을 행사할 수 있는 시기

나. 당초 매매계약의 내용을 유지하면서 다만 이미 수수된 계약금과 중도금의 합계금원을 새로이 계약금으로, 나머지 미지급 금원을 잔금으로 하고 그 잔금지급 일자를 새로이 정하는 내용의 재계약을 체결한 경우, 그 새로운 계약금의 배액상환 또는 포기로써 해제권을 행사할 수 있는지 여부

> 판결요지

가. 매매계약의 당사자 일방이 계약금을 상대방에게 교부하였을 때에는 당사자 간에 다른 약정이 없는 한 매매계약 쌍방 당사자 중 어느 일방이라도 이행에 착수하였다면 그 당사자나 상대방이 계약금의 배

액상환 또는 포기로서 해제권을 행사할 수 없다 할 것이고, 여기에서 이행에 착수한다는 것은 객관적으로 외부에서 인식할 수 있는 정도로 채무의 이행행위의 일부를 행하거나 또는 이행을 하는데 필요한 전제행위를 하는 것을 말하는 것으로서 단순히 이행의 준비만으로는 부족하나, 반드시 계약내용에 들어 맞는 이행의 제공의 정도에까지 이르러야 하는 것은 아니라 할 것이다.

나. 매매계약 당사자의 일방 또는 쌍방이 이행에 착수한 후에 당초 매매계약의 내용을 그대로 유지하면서 다만 이미 수수된 계약금과 중도금의 합계금원을 새로이 계약금으로, 나머지 미지급 금원을 잔금으로 하고 그 잔금지급 일자를 새로이 정하는 내용의 재계약을 체결하였다 하더라도, 당사자 간에 다른 약정이 없는 한 당사자 일방이나 상대방이 새로이 결정된 계약금의 배액상환 또는 포기로써 해제권을 행사할 수는 없다고 봄이 상당하다.

6-15 해약금으로서의 구속력을 갖는다고 본 사례

대법원 1991. 5. 28. 선고 91다9251 판결

판시사항

매매계약에 있어 계약금이 실제로는 지급되지 아니하였으나 그 다음 날 계약금을 지급하기로 하면서 형식상 매도인이 계약금을 받아 이를 다시 매수인에게 보관한 것으로 한 경우 그 다음 날까지는 계약금이 현실로 지급된 것과 마찬가지로 해약금으로서의 구속력을 갖는다고 본 사례

판결요지

매매계약을 맺을 때 매수인의 사정으로 실제로는 그 다음 날 계약금을 지급하기로 하면서도 형식상 매도인이 계약금을 받아서 이를 다시 매수인에게 보관한 것으로 하여 매수인이 매도인에게 현금보관증을 작성 교부하였다면, 위 계약금은 계약해제권유보를 위한 해약금의 성질을 갖는다 할 것이고 당사자 사이에는 적어도 그 다음 날까지는 계약금이 현실로 지급된 것과 마찬가지의 구속력을 갖게 된 것이라고 할 것이어서

당사자는 약정된 계약금의 배액상환 또는 포기 등에 의하지 아니하는 한 계약을 해제할 수 없기로 약정한 것으로 보는것이 상당하다.

6-16 해약권을 배제하는 약정이 유효한 지 여부

대법원 2009. 4. 23. 선고 2008다50615 판결

판시사항

[2] 계약 당사자가 민법 제565조의 해약권을 배제하는 약정을 한 경우, 그 해제권을 행사할 수 있는지 여부(소극)

판결요지

[2] 민법 제565조의 해약권은 당사자 간에 다른 약정이 없는 경우에 한하여 인정되는 것이고, 만일 당사자가 위 조항의 해약권을 배제하기로 하는 약정을 하였다면 더 이상 그 해제권을 행사할 수 없다.

6-17 해약금에 의한 계약해제를 배제하는 특약을 인정한 사례

대법원 2008. 7. 10. 선고 2005다41153 판결

판시사항

[1] 계약금의 포기나 배액상환에 의한 계약해제를 제한하는 특약이 있는지 등 계약문서에 나타난 당사자의 의사해석이 문제되는 경우, 그 해석 방법

[2] 대규모 아파트건설사업을 추진하기 위하여 체결한 건물 매매계약의 문언들의 내용, 그 약정이 이루어진 동기와 경위, 약정에 의하여 달성하려는 목적, 아파트건설사업의 특수성 등에 비추어, 위 매매계약에는 해약금에 의한 계약해제를 배제하는 특약이 있음을 인정하고, 매매계약 체결 후 불과 1년여를 경과한 시점에서 매수인의 아파트건설사업 추진 및 잔금지급의 지연을 이유로 한 매도인의 계약해제는 위 해약제한의 특약에 반한다고 본 사례

> 이유

민법 제565조의 규정에 의하면 매매의 당사자 일방이 상대방에게 계약금을 교부한 경우 당사자 간에 다른 약정이 없는 한 당사자의 일방이 이행에 착수할 때까지 교부자는 이를 포기하고 수령자는 그 배액을 상환하여 매매계약을 해제할 수 있는바, 당사자 사이에 위와 같은 계약금의 포기나 배액상환에 의한 계약해제를 제한하는 특약이 있는지 등 계약의 해석을 둘러싸고 이견이 있어 계약문서에 나타난 당사자의 의사 해석이 문제되는 경우에는 문언의 내용, 그러한 약정이 이루어진 동기와 경위, 약정에 의하여 달성하려는 목적, 당사자의 진정한 의사 등을 종합적으로 고찰하여 논리와 경험칙에 따라 합리적으로 해석하여야 할 것이다.

6-18 계약금을 배상액의 예정으로 보아 감액할 수 있는지 여부

대법원 1971. 12. 14. 선고 71다2014 판결

> 판시사항

계약금은 해약금으로 해석하여야 하고, 이를 배상액의 예정으로 보아 감액할 수 없다.

6-19 동시이행 관계에서 채무불이행으로 인한 계약해제권의 발생요건

대법원 1984. 7. 24. 선고 82다340,82다카796 판결

> 판시사항

동시이행 관계에 있는 쌍무계약에 있어서 채무불이행으로 인한 계약해제권의 발생요건

> 판결요지

동시이행 관계에 있는 쌍무계약에 있어서 채무불이행으로 인하여 계약해제권이 발생하려면 계약을 해제하려고 하는 당사자는 쌍방채무의 이행기일에 자기 채무의 이행제공을 하여 상대방을 이행지체에 빠지게 함으로써 해제권을 취득한다 할 것이고 다만 당사자의 일방이 자기 채

무의 이행제공을 하여도 상대방이 그 채무를 이행하지 않을 의사를 명백히 한 경우에는 그 일방은 자기 채무의 이행제공 없이도 상대방의 이행지체를 이유로 하여 계약을 해제할 수 있다고 해석함이 상당하다.

매수인의 사유로 매도인이 이행불능할 때, 매수인이 해제할 수 있는지 여부

대법원 2002. 4. 26. 선고 2000다50497 판결

판시사항

[1] 매수인의 귀책사유에 의하여 매도인의 매매목적물에 관한 소유권이전의무가 이행불능이 된 경우, 매수인은 그 이행불능을 이유로 계약을 해제할 수 있는지 여부(소극)

[2] 매도인의 매매목적물에 관한 소유권이전의무가 이행불능이 된 책임은 오로지 매수인에게 있다고 한 사례

[3] 계약해제를 위한 이행최고를 함에 있어 그 최고되는 채무가 성질상 채권자에게도 단순한 수령 이상의 행위를 하여야 이행이 완료되는 것임에도 채권자가 이행의 완료를 위하여 필요한 행위를 할 수 있는 일시·장소 등을 채무자에게 알리는 최고를 하지 아니하고 단지 언제까지 이행하여야 한다는 최고만 한 경우, 그 이행최고의 효력

[4] 계약해제의 전제로서의 이행최고의 적법 여부에 관하여 석명의무를 다하지 아니하여 심리미진의 위법이 있다는 이유로 원심을 파기한 사례

판결요지

[1] 이행불능을 이유로 계약을 해제하기 위해서는 그 이행불능이 채무자의 귀책사유에 의한 경우여야만 한다 할 것이므로(민법 제546조), 매도인의 매매목적물에 관한 소유권이전의무가 이행불능이 되었다고 할지라도, 그 이행불능이 매수인의 귀책사유에 의한 경우에는 매수인은 그 이행불능을 이유로 계약을 해제할 수 없다.

[2] 매도인의 매매목적물에 관한 소유권이전의무가 이행불능이 된 책임은 오로지 매수인에게 있다고 한 사례.

[3] 계약해제를 위한 이행최고를 함에 있어서 그 최고되는 채무가 소유권이전등기를 하는 채무와 같이 그 채무의 성질상 채권자에게도 단순한 수령 이상의 행위를 하여야 이행이 완료되는 경우에는 채권자는 이행의 완료를 위하여 필요한 행위를 할 수 있는 일시·장소 등을 채무자에게 알리는 최고를 하여야 할 필요성은 있다 할 것이나, 위와 같은 채무의 이행은 채권자와 채무자의 협력에 의하여 이루어져야 하는 것이므로, 채권자가 위와 같은 내용을 알리는 최고를 하지 아니하고, 단지 언제까지 이행하여야 한다는 최고만 하였다고 하여 곧바로 그 이행최고를 계약해제를 위한 이행최고로서의 효력이 없다고 볼 수는 없는 것이고, 채권자가 위와 같은 최고를 한 경우에는 채무자로서도 채권자에게 문의를 하는 등의 방법으로 확정적인 이행일시 및 장소의 결정에 협력하여야 한다 할 것이며, 채무자가 이와 같이 하지 아니하고 만연히 최고기간을 도과한 때에는, 그에 이르기까지의 채권자와 채무자의 계약 이행을 위한 성의(誠意), 채권자가 채무자에게 구두로 연락을 취하여 이행 일시와 장소를 채무자에게 문의한 적이 있는지 등 기타 사정을 고려하여, 위의 최고도 유효하다고 보아야 할 경우가 있을 수 있다.

[4] 계약해제의 전제로서의 이행최고의 적법 여부에 관하여 석명의무를 다하지 아니하여 심리미진의 위법이 있다는 이유로 원심을 파기한 사례

매도인이 매수인에게 지체책임을 지워 매매계약을 해제하기 위한 요건

대법원 1992. 7. 14. 선고 92다5713 판결

판시사항

가. 부동산 매매계약에 있어서 매도인이 매수인에게 지체책임을 지워 매매계약을 해제하기 위한 요건

나. 위 "가"항의 경우 매매계약해제를 위하여 필요한 매도인의 이행제공의 정도

판결요지

가. 쌍무계약인 부동산 매매계약에 있어서는 특별한 사정이 없는 한 매수인의 잔대금지급의무와 매도인의 소유권이전등기서류 교부의무는 동시이행 관계에 있다 할 것이고, 이러한 경우에 매도인이 매수인에게 지체의 책임을 지워 매매계약을 해제하려면 매수인이 이행기일에 잔대금을 지급하지 아니한 사실만으로는 부족하고, 매도인이 소유권이전등기신청에 필요한 일체의 서류를 수리할 수 있을 정도로 준비하여 그 뜻을 상대방에게 통지하여 수령을 최고함으로써 이를 제공하여야 하는 것이 원칙이고, 또 상당한 기간을 정하여 상대방의 잔대금채무이행을 최고한 후 매수인이 이에 응하지 아니한 사실이 있어야 하는 것이며, 매도인이 제공하여야 할 소유권이전등기신청에 필요한 일체의 서류라 함은 등기권리증, 위임장 및 부동산매도용 인감증명서 등 등기신청행위에 필요한 모든 구비서류를 말한다.

나. 위 "가"항의 경우 매수인의 잔대금의 준비나 제공 여부와는 관계없이 매도인에게 일률적으로 즉시 소유권이전등기가 가능할 정도로 구비서류를 완성하여 매수인에게 현실의 제공을 할 의무까지는 없다고 할 것이고, 매수인으로서는 매도인이 이와 같은 모든 구비서류를 완비하여 제공하지 아니한 때에는 그 잔대금의 지급을 거절할 수 있고 매도인으로서는 매수인이 이와 같은 이유로 잔대금의 지급을 거절할 때에는 이를 이유로 매수인을 지체에 빠뜨릴수 없다고 할 것이나, 매수인이 매매대금을 준비하지 아니하고 대금지급기일을 넘기는 등 계약을 이행함과 동시에 소유권이전등기를 수령할 준비를 하지 아니한 경우에는 매도인으로서는 부동산매도용 인감증명서를 발급받아 놓고, 인감도장이나 등기권리증 등을 준비하여놓아, 잔대금 수령과 동시에 법무사등에게 위임하여 이전등기신청행위에 필요한 서류를 작성할 수 있도록 준비함으로써 이행의 제공을 하고 잔대금 지급의 최고를 할 수 있다고 보아야 할 것이고, 이와 같은 경우 위의 서류 등은 자신의 집에 소지하고 있음으로써 족하다고 할 것이다.

6-22 해제 통고 후 상당한 기간이 지난 후 해제할 수 있다고 본 사례

대법원 1994. 11. 25. 선고 94다35930 판결

판시사항

가. 중도금 미지급을 이유로 매매계약해제의 통고를 한 경우, 그로부터 상당한 기간이 경과하도록 중도금을 지급받지 못했다면 매매계약을 해제할 수 있는지 여부

나. 과다한 이행최고에 터잡은 계약해제의 효력

판결요지

가. 이행지체를 이유로 계약을 해제함에 있어서 그 전제요건인 이행의 최고는 반드시 미리 일정기간을 명시하여 최고하여야 하는 것은 아니며 최고한 때로부터 상당한 기간이 경과하면 해제권이 발생한다고 할 것이고, 매도인이 매수인에게 중도금을 지급하지 아니하였으니 매매계약을 해제하겠다는 통고를 한 때에는 이로써 중도금 지급의 최고가 있었다고 보아야 하며, 그로부터 상당한 기간이 경과하도록 매수인이 중도금을 지급하지 아니하였다면 매도인은 매매계약을 해제할 수 있다.

나. 채권자의 이행최고가 본래 이행하여야 할 채무액을 초과하는 금액의 이행을 요구하는 내용일 때에는 그 과다한 정도가 현저하고 채권자가 청구한 금액을 제공하지 않으면 그것을 수령하지 않을 것이라는 의사가 분명한 경우에는 그 최고는 부적법하고 이러한 최고에 터잡은 계약해제는 그 효력이 없다.

6-23 매도인이 최고 없이 바로 계약을 해제할 수 있다고 본 사례

대법원 1990. 11. 23. 선고 90다카14611 판결

판시사항

매수인이 상대방의 계약해제권의 행사를 회피할 목적으로 매매계약 체결시 자신의 실지 주소를 매도인에게 알리지 아니하여 매도인이 이행의 최고를 할 수 없게 된 채 이행기가 지나버린 경우 매도인은 최고 없이 바로 계약을 해제할 수 있는지 여부(적극)

> **판결요지**

계약관계에 있는 당사자 일방이 미리 그 채무를 이행하지 아니할 의사를 표시한 경우에는 상대방은 이행의 최고를 하지 아니하고서도 바로 계약을 해제할 수 있는 것이고, 채무를 이행할 의사의 유무는 계약 당시나 계약 후의 여러가지 구체적 사정에 따라 판단하여야 할 것인바, 매수인이 자기의 귀책사유로 인한 채무불이행의 경우 상대방의 계약해제권의 행사를 회피할 목적으로 매매계약체결시 자신의 주소를 허위기재하거나 실지 주소를 매도인에게 알리지 아니하고 소재를 밝히지 아니하여 매도인은 과실 없이 매수인의 소재를 알지 못함으로써 자기의 채무의 이행을 제공하여 상대방의 이행을 최고할 수 없게 된 채 이행기가 지나버린 경우에는 신의성실의 원칙상 특별한 사정이 없는 한 매수인에게 있어서는 이행의 의사가 없다고 봄이 상당하다 할 것이므로 매도인은 이행의 최고 없이 바로 계약을 해제할 수 있다.

매수인이 중도금의 이행제공 없이 계약을 해제할 수 있다는 사례

대법원 1990. 3. 9. 선고 89다카29 판결

> **판시사항**

부동산의 매도인이 중도금수령을 회피한 후 오히려 중도금을 지급하지 아니하였다는 이유로 매매계약해제 통지를 한 경우 매매계약을 이행하지 아니할 의사를 표시한 것으로 보아 매수인은 다시 중도금의 이행의 제공이나 이행의 최고없이 계약을 해제할 수 있는지 여부(적극)

> **판결요지**

매매계약에 있어서 매수인이 매도인에게 중도금을 그 지급기일에 지급하려 하였으나 매도인이나 그 대리인인 처가 그 수령을 회피한 다음 불과 이틀만에 부동산가격이 올랐다는 이유로 매매계약을 해제하여줄 것을 요구하고, 매수인이 이를 거절하자 오히려 매수인으로부터 중도금지급기일에 중도금의 지급이 없었다는 이유로 매도인이 계약해제의 통지를 함으로써 매매계약을 이행하지 아니할 뜻을 분명히 하였다면, 비록 중도금지급이 선이행관계에 있다 하더라도 매수인은 다시 중도금의 이행이나 제공은 물론 매도인에 대한 이행의 최고 없이도 매매계약을 해제할 수 있다 할 것이다.

6-25 동시이행의 관계와 계약 해제

대법원 1980. 7. 8. 선고 80다725 판결

판시사항

부동산 매매에 있어서 명도의무와 잔대금지급의무가 동시이행의 관계에 있는지 여부와 계약해제

판결요지

부동산 매매에 있어서 당사자 사이에 다른 특약이 있는 등 특별한 사정이 없다면 매매 부동산의 인도 및 명도의무도 그 잔대금지급의무와 동시이행의 관계에 있는 것이므로 매도인이 그 명도의무의 이행을 제공하고 또 이를 상대방에게 통지한 후 그 이행을 수령할 것을 최고한 사실의 인정도 없이 피고의 잔대금지급 채무불이행만을 이유로 매도인의 매매계약해제를 인정하였음은 잘못이다.

6-26 상속인들이 계약을 해제하기 위한 요건

대법원 2013. 11. 28. 선고 2013다22812 판결

판시사항

매매계약의 일방 당사자가 사망하여 여러 명의 상속인이 있는 경우, 상속인들이 계약을 해제하기 위한 요건

판결요지

민법 제547조 제1항은 '당사자의 일방 또는 쌍방이 수인인 경우에는 계약의 해지나 해제는 그 전원으로부터 또는 전원에 대하여 하여야 한다'고 규정하고 있다. 따라서 매매계약의 일방 당사자가 사망하였고 그에게 여러 명의 상속인이 있는 경우에 그 상속인들이 위 계약을 해제하려면, 상대방과 사이에 다른 내용의 특약이 있다는 등의 특별한 사정이 없는 한, 상속인들 전원이 해제의 의사표시를 하여야 한다.

채무불이행 시 자동해제된다는 약정의 의미의 사례

대법원 1989. 7. 25. 선고 88다카28891 판결

`판시사항`

부동산 매매계약에 있어서 매수인이 잔대금 지급기일까지 그 대금을 지급하지 못하면 그 계약이 자동해제된다는 약정의 의미

`판결요지`

부동산 매매계약에 있어서 매수인이 잔대금 지급기일까지 그 대금을 지급하지 못하면 그 계약이 자동적으로 해제된다는 취지의 약정이 있더라도 특단의 사정이 없는 한 매수인의 잔대금지급의무와 매도인의 소유권이전등기의무는 동시이행의 관계에 있으므로 매도인이 잔대금 지급기일에 소유권이전등기에 필요한 서류를 준비하여 매수인에게 알리는 등 이행의 제공을 하여 매수인으로 하여금 이행지체에 빠지게 하였을 때에 비로소 자동적으로 매매계약이 해제된다고 보아야 하고 매수인이 그 약정기한을 초과하였더라도 이행지체에 빠진 것이 아니라면 대금 미지급으로 계약이 자동 해제된다고는 볼 수 없다.

 잔대금 미지급시 자동해제된다는 특약의 효력

대법원 1996. 3. 8. 선고 95다55467 판결

`판시사항`

부동산 매매계약에 있어, 잔대금 미지급시 자동해제된다는 특약의 효력

`판결요지`

부동산 매매계약에 있어서 매수인이 잔대금 지급기일까지 그 대금을 지급하지 못하면 그 계약이 자동적으로 해제된다는 취지의 약정이 있더라도 매도인이 이행의 제공을 하여 매수인을 이행지체에 빠뜨리지 않는 한 그 약정기일의 도과 사실만으로는 매매계약이 자동 해제된 것으로 볼 수 없으나, 매수인이 수회에 걸친 채무불이행에 대하여 책임을 느끼고 잔금 지급기일의 연기를 요청하면서 새로운 약정기일까지는 반드시 계약을 이행할 것을 확약하고 불이행시에는 매매계약이 자동적으

로 해제되는 것을 감수하겠다는 내용의 약정을 한 특별한 사정이 있다면, 매수인이 잔금 지급기일까지 잔금을 지급하지 아니함으로써 그 매매계약은 자동적으로 실효된다.

계약위반 시 자동해약된다는 약정의 효력

대법원 1980. 12. 9. 선고 80다1815 판결

판시사항

(1) 매매계약서상에 계약위반시에는 별도의 최고절차없이 자동해약된다는 기재가 있는 경우 최고나 통지없이 계약을 해제할 수 있는지 여부

(2) 매수인이 계약해제를 주장하면서 계약금의 배액을 청구하는 경우에 그에게 잔대금 지급의사가 없다고 단정할 수 없다고 한 사례

판결요지

1. 매매계약서상에 "계약위반 시에는 각기 책임에 따라 매도인은 계약금의 배액을 매수인에게 배상하고 매수인은 계약금을 상실함과 동시에 별도의 최고절차를 요하지 아니하고 자연해약을 승인한다"는 기재는 쌍무계약에 있어서 이행의 착수 전 당사자일방은 상대방에 대하여 계약금을 포기하거나 그 배액을 배상하고 계약을 해제할 수 있다는 일종의 해제권 유보조항일뿐 상대방이 위약을 하는 경우 최고나 통지없이 계약을 해제할 수 있는 특약이라고 볼 수 없다.

2. 매수인이 매도인의 채무불이행을 이유로 매매계약의 해제를 주장하는 경우에 매도인이 그 채무를 이행하여도 매수인이 잔대금지급을 거절하면서 계속 계약해제를 고집할 것으로는 보이지 아니하고 매도인이 잔대금지급기일이후에라도 자기의 채무에 관하여 이행의 제공이 없었다면 매수인이 소송으로 계약해제를 주장하고 계약금의 배액을 청구한다는 것만으로는 그에게 잔대금지급의사가 없다고 단정할 수 없다.

6-30 매매계약에 있어 실권약관의 효력

광주고법 1979. 3. 9. 선고 78나293 제2민사부판결 : 상고

판결요지

매매계약에 있어서 어느 일방이 위약 시에는 하등의 통지 없이 계약이 해약된다는 약정이 있다고 하더라도 특단의 사정이 없는 한 매수인의 잔대금지급의무와 매도인의 소유권이전등기의무는 동시이행의 관계에 있으므로 이행기에 이행의 제공이 없는 한 이행기일의 도과로 인하여 계약이 당연히 해제된다고는 볼 수 없다.

6-31 실권약관의 사례

서울고법 1979. 4. 6. 선고 78나2823 제5민사부판결 : 상고

판시사항

부동산 매매계약서상의 문언만으로는 소위 실권약관의 규정 또는 해제권유보의 특약이 있었다고 볼 수 없는 사례

판결요지

부동산에 관한 매매계약에 있어 그 계약서상 "매도인은 매수인이 매매대금의 일부만을 내입하고 그 잔액을 이유없이 약정기일에 지급하니 아니할 때에는 계약해제와 동시에 계약금은 물론 내입금도 매도인에 귀속된다"는 내용의 문언은 특단의 사정이 없는 한 매수인이 이행지체를 한 경우에 매도인은 위 매매계약을 해제함과 동시에 계약금은 물론 중도금까지 몰취한다는 특약으로 볼 것이다.

6-32 중도금 지급의무불이행 실권약관으로 매매계약 자동 해제

대법원 1992. 8. 18. 선고 92다5928 판결

판시사항

매수인이 중도금을 약정일자에 지급하지 아니할 때에는 매매계약이 취소되는 것으로 하되, 이미 지급한 대금은 반환하지 않기로 약정한 경우 매수인의 중도금 지급의무불이행 자체로써 매매계약이 자동적으로 해제되는지 여부(적극)

판결요지

매매계약 당시 매수인이 매도인에게 중도금을 그 약정일자에 지급하지 아니할 때에는 매매계약이 취소되는 것으로 하되, 이미 지급한 대금은 반환하지 않기로 약정하였는데, 그 후 매수인이 중도금을 그 약정일자에 지급하지 아니하였다면 위 불이행 자체로써 위 매매계약은 그 일자에 자동적으로 해제된 것으로 보아야 한다.

6-33 잔대금 지급불이행 실권약관에서 매도인의 이행제공

대법원 1992. 7. 24. 선고 91다15614 판결

가. 부동산 매매계약에 잔대금지급기일까지 잔대금을 지급하지 아니하면 계약이 자동해제된다고 하는 약정이 있는 경우 계약의 자동해제를 위하여 매도인이 자기 채무의 이행제공을 하여 매수인을 이행지체에 빠지게 하여야 하는지 여부(적극)

나. 매도인이 대금지급기일에 인감증명서, 등기권리증, 인감도장 등을 준비하였다면 위 인감증명서에 기재된 매도인 및 가등기명의자의 주소가 각자의 등기부상 주소와 일치하지 않더라도, 신의칙에 비추어 매도인은 일응 자기 채무의 이행제공을 하였다고 봄이 상당하다고 한 사례

> 판결요지

가. 부동산 매매계약에 잔대금지급기일까지 잔대금을 지급하지 아니할 때에는 위 매매계약은 자동적으로 해제된다고 하는 약정이 있더라도 매도인이 그 대금지급기일에 자기 채무의 이행제공을 하여 매수인으로 하여금 이행지체에 빠지게 하여야 비로소 자동적으로 매매계약이 해제되는 것이고 매수인이 그 약정기한을 도과하였다고 하더라도 이행지체에 빠진 것이 아니라면 대금 미지급으로 계약이 자동해제되는 것은 아니다.

나. 매도인이 대금지급기일에 매도인의 부동산 매도용 인감증명서와 위 부동산에 대한 가등기말소용 인감증명서 및 그 외 각 등기권리증, 인감도장 등을 준비하였다면 비록 매도인이 준비한 위 각 인감증명서에 기재된 매도인 및 가등기명의자의 주소가 각자의 등기부상 주소와 일치하지 않더라도 매수인이 요구하는 매도증서, 매매예약해제증서나 위임장 등은 매도인이 준비해 간 인감도장과 법무사 사무실에 비치된 용지를 이용하여 그 자리에서 쉽게 마련할 수 있는 것들이고, 위와 같은 등기부상 주소와 인감증명서상 주소의 불일치는 매수인이 매도인 및 가등기명의자의 주민등록표등본을 발급받아 표시변경등기를 함께 신청하는 방법으로 쉽게 해결할 수 있으니, 신의칙에 비추어 볼 때 매도인은 자신과 가등기명의자의 각 인감증명서와 등기권리증 및 인감도장을 준비함으로써 비록 완전하다고는 할 수 없지만 일응 자기 채무의 이행제공을 하였다고 봄이 상당하다고 한 사례

6-34 계약약관을 약정해제권의 유보에 관한 것이라고 해석한 사례

대법원 1983. 1. 18. 선고 81다89,90 판결

> 판시사항

가. 계약약관을 약정해제권의 유보에 관한 것이라고 해석한 사례
나. 계약조항상의 부수적 의무 위반을 이유로 약정해제권을 행사한 경우 손해배상청구를 할 수 있는지 여부(소극)

판결요지

가. 계약서 제8조의 "을이 공사를 시공 중이라고 할지라도 공사에 대한 자재는 건축통례상 저질자재를 사용하였거나 무단히 3일 이상 중단하거나 준공할 가망이 없다고 갑이 인정하거나 본 계약 각 조항 중 어느 1조항이라도 위반하였거나 공정표와 차질이 생겼을 경우에는 갑은 공사중단을 명할 수 있으며 이 경우 을은 갑이 취하는 여하한 조치에도 이의 없이 차에 순응할 의무를 진다"라는 규정은 원·피고 사이에 본건 도급계약을 체결함에 있어 합의에 의하여 수급인에게 계약조항상의 부수적 의무위반이 있는 등의 경우에 도급인인 원고에게 해제권을 부여하고 그 자의 단독의 의사표시에 의하여 본건 도급계약을 해제할 수 있도록 하는 약정으로서 이른바 약정해제권 유보에 관한 규정이다.

나. 원·피고 사이의 계약조항상의 부수적 의무위반을 이유로 한 약정해제권의 행사의 경우에는 법정해제의 경우와는 달리 그 해제의 효과로서 손해배상의 청구는 할 수 없다 할 것이다.

6-35 이행최고기간을 경과하면 계약해제의 이행청구의 의미

대법원 1992. 12. 22. 선고 92다28549 판결

판시사항

가. 소정 기간 내에 이행이 없으면 계약은 당연히 해제된 것으로 한다는 뜻의 이행청구의 의미

나. 이행청구에 표시된 이행기가 "일정한 기간 내" 또는 "일정한 일시"로 정하여진 경우 이행청구자가 이행지체를 이유로 한 해제권을 취득하기 위한 이행제공의 방법

판결요지

가. 소정의 기간 내에 이행이 없으면 계약은 당연히 해제된 것으로 한다는 뜻을 포함하고 있는 이행청구는 이행청구와 동시에 그 기간 내에 이행이 없는 것을 정지조건으로 하여 미리 해제의 의사를 표시한 것으로 볼 수 있다.

나. 동시이행 관계에 있는 의무자의 일방이 상대방의 이행지체를 이유로 한 해제권을 적법하게 취득하기 위하여는 이행청구에 표시된 이행기가 "일정한 기간 내"로 정하여진 경우라면 이행을 청구한 자가 원칙으로 그 기간 중 이행제공을 계속하여야 할 것이고, "일정한 일시"등과 같이 기일로 정하여진 경우에는 그 기일에 이행제공이 있어야 한다.

6-36 이행최고기간을 경과하면 계약해제 의사표시의 효력

대법원 1979. 9. 25. 선고 79다1135,1136 판결

판시사항

가. 최고와 상당기간의 명시요부
나. 이행최고기간을 경과하면 계약을 해제하겠다는 의사표시를 한 경우

판결요지

1. 이행지체를 이유로 계약을 해제함에 있어서 그 전제요건인 이행최고는 미리 일정기간을 명시하여 최고하여야 하는 것이 아니고, 최고한 때로부터 상당한 기간이 경과하면 해제권이 발생한다.
2. 일정한 기간을 정하여 채무이행을 최고함과 동시에 그 기간 내에 이행이 없을 때에는 계약을 해제하겠다는 의사를 표시한 경우에는 그 기간의 경과로 그 계약은 해제된 것으로 보아야 한다.

6-37 계약을 해제하기 위한 주된 채무와 부수적 채무의 구별

대법원 1997. 4. 7. 자 97마575 결정

판시사항

[1] 채무불이행을 이유로 매매계약을 해제하기 위한 당해 채무의 요건
[2] 주된 채무와 부수적 채무의 구별 기준
[3] 상가의 일부 층을 먼저 분양하면서 그 수분양자에게 장차 나머지 상가의 분양에 있어 상가 내 기존 업종과 중복되지 않는 업종을 지

정하여 기존 수분양자의 영업권을 보호하겠다고 약정한 경우, 그 약정에 기한 영업권 보호 채무를 분양계약의 주된 채무로 본 사례

결정요지

[1] 채무불이행을 이유로 매매계약을 해제하려면, 당해 채무가 매매계약의 목적 달성에 있어 필요불가결하고 이를 이행하지 아니하면 매매계약의 목적이 달성되지 아니하여 매도인이 매매계약을 체결하지 아니하였을 것이라고 여겨질 정도의 주된 채무이어야 하고 그렇지 아니한 부수적 채무를 불이행한 데에 지나지 아니한 경우에는 매매계약 전부를 해제할 수 없다.

[2] 계약상의 의무 가운데 주된 채무와 부수적 채무를 구별함에 있어서는 급부의 독립된 가치와는 관계없이 계약을 체결할 때 표명되었거나 그 당시 상황으로 보아 분명하게 객관적으로 나타난 당사자의 합리적 의사에 의하여 결정하되, 계약의 내용·목적·불이행의 결과 등의 여러 사정을 고려하여야 한다.

[3] 상가의 일부 층을 먼저 분양하면서 그 수분양자에게 장차 나머지 상가의 분양에 있어 상가 내 기존 업종과 중복되지 않는 업종을 지정하여 기존 수분양자의 영업권을 보호하겠다고 약정한 경우, 그 약정에 기한 영업권 보호 채무를 분양계약의 주된 채무로 본 사례

 부수적 채무의 불이행을 이유로 계약을 해제할 수 있는지 여부

대법원 2001. 11. 13. 선고 2001다20394,20400 판결

판시사항

[1] 부수적 채무의 불이행을 이유로 계약을 해제할 수 있는지 여부(소극)

[2] 전대차계약을 체결한 후 중도금 수수 시에 비로소 전차보증금의 반환을 담보하기 위하여 전대인이 그 소유 부동산에 근저당권을 설정하여 주기로 약정한 경우, 전대인의 근저당권설정등기의무는 부수적 채무에 불과하여 전차인은 그 채무불이행을 이유로 전대차계약을 해지할 수 없다고 한 사례

판결요지

[1] 민법 제544조에 의하여 채무불이행을 이유로 계약을 해제하려면, 당해 채무가 계약의 목적 달성에 있어 필요불가결하고 이를 이행하지 아니하면 계약의 목적이 달성되지 아니하여 채권자가 그 계약을 체결하지 아니하였을 것이라고 여겨질 정도의 주된 채무이어야 하고 그렇지 아니한 부수적 채무를 불이행한 데에 지나지 아니한 경우에는 계약을 해제할 수 없다.

[2] 전대차계약을 체결한 후 중도금 수수시에 비로소 전차보증금의 반환을 담보하기 위하여 전대인이 그 소유 부동산에 근저당권을 설정하여주기로 약정한 경우, 근저당권설정약정이 이미 전대차계약이 체결된 후에 이루어진 점에서 전대인의 근저당권설정약정이 없었더라면 전차인이 전대인과 사이에 전대차계약을 체결하지 않았으리라고 보기 어려울 뿐 아니라, 전대인의 근저당권설정등기의무가 전대차계약의 목적달성에 필요불가결하다거나 그 의무의 이행이 없으면 전대차계약이 목적을 달성할 수 없다고 볼 만한 사정을 찾아볼 수 없으므로 전대인의 근저당권설정등기의무가 전대차계약에서의 주된 의무라고 보기 어렵고, 따라서 전차인은 전대인이 약정대로 근저당권을 설정하여주지 않았음을 이유로 전대차계약을 해지할 수 없다고 한 사례

6-39 부수적 채무의 불이행만을 이유로 계약을 해제할 수 없다는 사례

부산고법 2002. 9. 11. 선고 2002나656 판결 : 상고기각

판시사항

[1] 부수적 채무의 불이행만을 이유로 매매계약을 해제할 수 있는지 여부(소극)

[2] '스낵'과 '식당'으로 구분하여 분양된 식당가에서 스낵의 수분양자들이 조리시간 및 식사시간이 다소 걸리는 음식을 판매하는 것을 방치한 분양자의 행위가 분양계약상의 의무 위반이 아니라고 본 사례

판결요지

[1] 채무불이행을 이유로 매매계약을 해제하려면, 당해 채무가 매매계약의 목적 달성에 있어 필요불가결하고 이를 이행하지 아니하면 매매계약의 목적이 달성되지 아니하여 매도인이 매매계약을 체결하지 아니하였을 것이라고 여겨질 정도의 주된 채무이어야 하고, 그렇지 아니한 부수적 채무를 불이행한 데에 지나지 아니한 경우에는 매매계약을 해제할 수는 없다.

[2] '스낵'과 '식당'으로 구분하여 분양된 식당가에서 스낵의 수분양자들이 조리시간 및 식사시간이 다소 걸리는 음식을 판매하는 것을 방치한 분양자의 행위가 분양계약상의 의무 위반이 아니라고 본 사례

 부수적 채무로 매매계약을 해제할 수 없다고 한 사례

대법원 1994. 12. 22. 선고 93다2766 판결

판시사항

부동산 매매계약의 일부 특약사항을 부수적 채무라고 보아 그 불이행을 이유로 매매계약을 해제할 수 없다고 한 사례

판결요지

부동산 매매계약의 일부 특약조항 소정의 이행의무는 매도인이 언제든지 위약금 청구 등 간접강제 등의 방법으로 그 이행을 강요하여 불이행으로 인한 권리침해상태를 회복할 수 있는 법적 수단이 있는 점 등 제반 사정을 종합하여보면, 그 특약사항이 매매계약의 목적달성에 있어 필요불가결하고, 이를 이행하지 아니하면 매매계약의 목적이 달성되지 아니하여 매도인이 매매계약을 체결하지 아니하였을 것이라고 여겨질 정도의 주된 채무라고 보기 어렵고, 단지 매매계약의 부수적 채무라고 봄이 상당하여 이의 불이행을 이유로는 매매계약을 해제할 수 없다고 한 사례

6-41 시가 변동만으로는 계약해제 가능한 사정변경이 아니라고 본 사례

대법원 1991. 2. 26. 선고 90다19664 판결

판시사항

매매계약 체결 후 9년이 지났고 시가가 올랐다는 사정만으로 계약을 해제할 만한 사정변경이 있는지 여부(소극) 및 매수인의 소유권이전등기절차이행 청구가 신의칙에 위배되는지 여부(소극)

판결요지

매매계약체결 후 9년이 지났고 시가가 올랐다는 사정만으로 계약을 해제할 만한 사정변경이 있다고 볼 수 없고, 매수인의 소유권 이전등기 절차이행 청구가 신의칙에 위배된다고도 할 수 없다.

6-42 사정변경으로 인한 계약해제가 인정되는 경우

대법원 2007. 3. 29. 선고 2004다31302 판결

판시사항

[1] 사정변경으로 인한 계약해제가 인정되는 경우
[2] 지방자치단체로부터 매수한 토지가 공공공지에 편입되어 매수인이 의도한 건축이 불가능하게 되었더라도 이는 매매계약을 해제할 만한 사정변경에 해당하지 않고, 매매계약을 그대로 유지하는 것이 신의칙에 반한다고 볼 수도 없다고 한 사례

판결요지

[1] 이른바 사정변경으로 인한 계약해제는, 계약성립 당시 당사자가 예견할 수 없었던 현저한 사정의 변경이 발생하였고 그러한 사정의 변경이 해제권을 취득하는 당사자에게 책임 없는 사유로 생긴 것으로서, 계약내용대로의 구속력을 인정한다면 신의칙에 현저히 반하는 결과가 생기는 경우에 계약준수 원칙의 예외로서 인정되는 것이고, 여기에서 말하는 사정이라 함은 계약의 기초가 되었던 객관적인 사정으로서, 일방당사자의 주관적 또는 개인적인 사정을 의미하는 것은 아니다. 또한, 계약의 성립에 기초가 되지 아니한 사정이 그 후

변경되어 일방당사자가 계약 당시 의도한 계약목적을 달성할 수 없게 됨으로써 손해를 입게 되었다 하더라도 특별한 사정이 없는 한 그 계약내용의 효력을 그대로 유지하는 것이 신의칙에 반한다고 볼 수도 없다.

[2] 지방자치단체로부터 매수한 토지가 공공공지에 편입되어 매수인이 의도한 음식점 등의 건축이 불가능하게 되었더라도 이는 매매계약을 해제할 만한 사정변경에 해당하지 않고, 매수인이 의도한 주관적인 매수목적을 달성할 수 없게 되어 손해를 입었다 하더라도 매매계약을 그대로 유지하는 것이 신의칙에 반한다고 볼 수도 없다고 한 사례

불이행을 명백히 표시한 경우 이행기일과 무관하게 해제할 수 있다고 한 사례

대법원 1993. 6. 25. 선고 93다11821 판결

판결요지

부동산 매도인이 중도금의 수령을 거절하였을 뿐만 아니라 계약을 이행하지 아니할 의사를 명백히 표시한 경우 매수인은 신의성실의 원칙상 소유권이전등기의무 이행기일까지 기다릴 필요 없이 이를 이유로 매매계약을 해제할 수 있다고 한 사례

채무 이행하지 아니할 의사를 표명한 경우 해제 사례

대법원 1997. 11. 28. 선고 97다30257 판결

판시사항

[2] 매수인이 매매계약상의 특약 사항의 이행 촉구에도 불구하고 특약의 존재를 부정하면서 이를 이행하지 않은 경우, 매도인은 자기 채무의 이행제공 없이 매매계약을 해제할 수 있다고 한 사례

> 판결요지

[2] 매도인과 매수인 사이에 토지 매매계약을 체결하면서 매매대금의 지급 방법 및 매매 토지에 관한 기존의 임대차관계 승계 등에 관해 특약을 했음에도 매수인이 매도인의 계속된 특약 사항의 이행 촉구에도 불구하고 그 특약의 존재를 부정하면서 이를 이행하지 아니하였다면 매수인은 위 특약 사항을 이행하지 아니할 의사를 분명하게 표시하였다고 할 것이므로 매도인은 자기의 채무의 이행제공이 없더라도 매매계약을 해제할 수 있다고 한 사례

6-45 채무 이행하지 아니할 의사를 표명한 경우의 판단 기준

대법원 2007. 9. 20. 선고 2005다63337 판결

> 판시사항

[1] 채무자가 채무를 이행하지 아니할 의사를 명백히 표시하였는지 여부의 판단 기준

> 판결요지

[1] 채무자가 채무를 이행하지 아니할 의사를 명백히 표시한 경우에 채권자는 신의성실의 원칙상 이행기 전이라도 이행의 최고 없이 채무자의 이행거절을 이유로 계약을 해제하거나 채무자를 상대로 손해배상을 청구할 수 있고, 채무자가 채무를 이행하지 아니할 의사를 명백히 표시하였는지 여부는 채무 이행에 관한 당사자의 행동과 계약 전후의 구체적인 사정 등을 종합적으로 살펴서 판단하여야 한다.

6-46 채무를 이행하지 아니할 의사를 명백히 한 것으로 볼 수 없는 사례

대법원 1990. 11. 13. 선고 90다카23882 판결

> 판시사항

가. 매수인이 수차 매매잔대금 지급의 연기를 요청하였다는 것만으로 채무를 이행하지 아니할 의사를 명백히 한 것으로 볼 수 있는지 여부(소극)

나. 매도인이 매수인의 매매대금의 이행지체를 이유로 매매계약을 해제하기 위하여 하여야 할 이행의 제공

판결요지

가. 매수인이 매도인과 사이의 매매계약에 의한 잔대금지급기일에 잔대금을 지급하지 못하여 그 지급의 연기를 수차 요청하였다는 것만으로는 그 채무를 이행하지 아니할 의사를 명백히 한 것으로는 볼 수 없다.

나. 매매계약 당사자 쌍방의 채무가 기한의 정함이 없는 채무로서 동시이행의 관계에 놓이게 된 것이라면 매도인이 매수인의 매매대금의 이행지체를 이유로 매매계약을 해제하기 위해서는 소유권이전등기신청에 필요한 일체의 서류를 준비하고 그 뜻을 매수인에게 통지하여 수령을 최고함으로써 이행을 제공하여야 한다.

6-47 계약의 묵시적 합의해제를 인정하기 위한 요건 및 인정한 사례

대법원 1998. 1. 20. 선고 97다43499 판결

판시사항

[1] 계약의 묵시적 합의해제를 인정하기 요건
[2] 화해계약의 묵시적 합의해제를 인정한 사례

판결요지

[1] 계약이 합의해제되기 위하여는 일반적으로 계약이 성립하는 경우와 마찬가지로 계약의 청약과 승낙이라는 서로 대립하는 의사표시가 합치될 것을 그 요건으로 하는 것이지만, 계약의 합의해제는 명시적인 경우뿐만 아니라 묵시적으로도 이루어질 수 있는 것이므로 계약 후 당사자 쌍방의 계약 실현 의사의 결여 또는 포기가 쌍방 당사자의 표시행위에 나타난 의사의 내용에 의하여 객관적으로 일치하는 경우에는, 그 계약은 계약을 실현하지 아니할 당사자 쌍방의 의사가 일치됨으로써 묵시적으로 해제되었다고 해석함이 상당하다.

[2] 갑과 을은 4필지의 토지를 둘러싼 그동안의 분쟁관계를 종식시키기 위하여 그중 2필지의 토지는 을이 갑에게 증여하고 다른 2필지의 토지는 을의 소유로 확정하기로 하는 화해계약을 체결하고, 갑은 을로부터 그 화해계약의 이행에 필요한 등기권리증과 인감증명서 등을 교부받았음에도 불구하고 그 서류들에 기하여 소유권이전등기를 경료하지 아니한 채 그 화해계약이 성립하기 이전의 종전 주장을 그대로 내세워 화해계약과 양립할 수 없는 소를 제기하였고, 을은 이를 이유로 갑과의 종전 합의를 모두 철회한다는 통고를 하였으며, 그 후 항소심 재판부가 종전의 화해 약정대로 사건을 해결할 것을 권유하였으나 쌍방 모두 이에 불응하였다면, 그 화해계약은 당사자 쌍방의 묵시적인 합의에 의하여 해제되었다고 보아야 한다고 한 사례

6-48 계약의 묵시적 해제된 원심을 파기한 사례

대법원 1998. 8. 21. 선고 98다17602 판결

판시사항
[1] 계약의 묵시적 합의해제를 인정하기 위한 요건
[2] 계약이 묵시적으로 해제된 것으로 본 원심판결을 파기한 사례

판결요지
[1] 계약의 합의해제는 당사자가 이미 체결한 계약을 체결하지 않았던 것과 같은 효과를 발생시킬 것을 내용으로 하는 또 다른 계약으로서, 당사자 사이의 합의로 성립한 계약을 합의해제하기 위하여서는 계약이 성립하는 경우와 마찬가지로 기존 계약의 효력을 소멸시키기로 하는 내용의 해제계약의 청약과 승낙이라는 서로 대립하는 의사표시가 합치될 것을 그 요건으로 하는 것이고, 이러한 합의가 성립하기 위하여는 쌍방 당사자의 표시행위에 나타난 의사의 내용이 서로 객관적으로 일치하여야 하며, 계약의 합의해제는 묵시적으로 이루어질 수도 있으나, 계약이 묵시적으로 합의해제되었다고 하려면 계약의 성립 후에 당사자 쌍방의 계약실현의사의 결여 또는 포기로 인하여 당사자 쌍방의 계약을 실현하지 아니할 의사가 일치되어야만 한다.

[2] 갑이 을에게 서로 인접하여 함께 운영하던 학교 중 하나를 분리하여 교지, 교사 등을 증여하면서 그 학교의 교육상 필요한 변전소 등 시설물을 부지 한쪽으로 이전설치한 후 해당 부지에 대한 소유권을 분할이전등기해주기로 약정하였으나, 그 합의의 해석을 둘러싸고 당사자 사이에 의견이 대립되던 중 변전소 등의 이전 장소를 구체적으로 협의하기까지 하였으나 변전소의 안전거리의 확정과 시설물의 이전 장소의 지정 등의 점에서 의견이 대립되어 실행에 이르지 못하였고, 그 이후에는 당사자 쌍방이 위 합의 내용을 넘어 서로 계쟁 부지에 대한 권리를 주장하여 오다가 결국 소송을 제기하게 되었고, 그 소송 과정에서도 갑은 위 합의가 여전히 유효함을 주장한 사안에서, 갑·을 사이에서 위 합의의 효력을 소멸시키기로 의사가 합치되었다고 볼 수 없다는 이유로, 위 합의가 묵시적으로 해제되었다고 본 원심판결을 파기한 사례

6-49 임대차계약의 묵시적 합의해제의 성립 범위에 관한 사례

대법원 1995. 4. 28. 선고 95다7260 판결

판결요지

임대차계약 체결 4일 후부터 임차인이 계약해제 및 계약금 반환을 요구하였고, 임대인은 '세 나간 후에 보자'라고 하였을 뿐 별다른 의사표시나 중도금및 잔금의 이행최고도 없이 계약을 방치하다가 잔금기일 도과 후 제3자에게 임대한 경우, 임대인이 임차인에게 한 '세 나간 후에 보자'는 말의 의미는 임대인이 임대차계약의 존속을 바라지 아니하는 임차인의 요구를 받아들이되 제3자와 새로운 임대차계약을 체결하게 되고 그로 인하여 자신에게 손해가 생길 경우 계약금에서 그 손해를 공제한 나머지를 반환하겠다는 의사를 표시한 것이라고 해석함이 상당하므로, 그 임대차계약은 그 계약성립 후 임대인, 임차인 쌍방 간에 계약금에서 새로운 임대차계약 체결로 인한 손해를 공제한 나머지를 반환한다는 한도 내에서 그 계약을 실현하지 아니하기로 하는 묵시적인 합의해제가 성립되었다고 보아야 한다고 한 사례

양당사자가 의무를 이행하지 않고 장기간 방치한 경우의 묵시적 합의해제

6-50

대법원 1996. 6. 25. 선고 95다12682,12699 판결

판시사항

[1] 계약 당사자 쌍방이 서로의 의무를 이행하지 않고 장기간 방치한 경우, 계약의 묵시적 합의해제를 인정하기 위한 요건

[2] 매수인이 소유권이전등기를 경료받기 전에 부동산을 인도받거나 이미 사용하고 있는 경우, 매수인의 그 부동산 점유·사용이 부당이득이 되는지 여부(소극)

판결요지

[1] 계약의 합의해제는 명시적으로뿐만 아니라 당사자 쌍방의 묵시적인 합의에 의하여도 할 수 있으나, 묵시적인 합의해제를 한 것으로 인정하려면 매매계약이 체결되어 그 대금의 일부가 지급된 상태에서 당사자 쌍방이 장기간에 걸쳐 잔대금을 지급하지 아니하거나 소유권이전등기절차를 이행하지 아니함으로써 이를 방치한 것만으로는 부족하고, 당사자 쌍방에게 계약을 실현할 의사가 없거나 계약을 포기할 의사가 있다고 볼 수 있을 정도에 이르렀다고 할 수 있어야 하고, 당사자 쌍방이 계약을 실현할 의사가 있었는지 여부는 계약이 체결된 후의 여러 가지 사정을 종합적으로 고려하여 판단하여야 한다.

[2] 부동산의 매수인이 아직 소유권이전등기를 경료받지 않았다고 하더라도 매매계약의 이행으로 그 부동산을 인도받은 때에는 매매계약의 효력으로서 이를 점유·사용할 권리가 생기는 것이고, 매수인이 그 부동산을 이미 사용하고 있는 상태에서 부동산의 매매계약을 체결한 경우에도 특별한 약정이 없는 한 매수인은 그 매매계약을 이행하는 과정에서 이를 점유·사용할 권리를 가진다.

6-51 장기간 계약을 방치한 경우 묵시적으로 합의 해제되었다고 해석

대법원 1987. 1. 20. 선고 85다카2197 판결

판시사항

나. 계약 후 당사자 쌍방이 모두 이행의 제공이나 최고에 이름이 없이 장기간 계약을 방치한 경우, 계약의 효력

판결요지

나. 계약 후 당사자 쌍방의 계약실현의사의 결여 또는 포기로 인하여 쌍방 모두 이행의 제공이나 최고에 이름이 없이 장기간 이를 방치하였다면 그 계약은 당사자 쌍방이 계약을 실현하지 아니할 의사의 일치로 묵시적으로 합의해제되었다고 해석함이 상당하다.

6-52 실효의 법리가 적용되지 않는다고 한 사례

대법원 1992. 2. 28. 선고 91다28221 판결

판시사항

가. 계약의 묵시적 합의해제를 인정할 수 있는 요건

나. 실효의 법리

다. 매매계약 체결 후 잔금 지급만을 지체한 상태에서 장기간이 경과되었을 뿐, 매수인으로서의 권리를 행사하지 아니할 것으로 믿거나 행사하지 아니할 것으로 추인케 하는 어떠한 사유를 찾아볼 수 없어 실효의 법리가 적용되지 않는다고 한 사례

판결요지

가. 계약의 합의해제는 당사자 쌍방의 묵시적인 합의에 의하여서도 성립되나 이를 인정하는 데는 계약의 실현을 장기간 방치한 것만으로는 부족하고 당사자 쌍방에게 계약을 실현할 의사가 없거나 계약을 포기하는 동기에서 비롯되어 장기간 방치된 것이라고 볼 수 있는 사정이 있어야만 묵시적 합의해제를 인정할 수 있다.

나. 실효의 법리란 본래 권리 행사의 기회가 있음에도 불구하고 권리자가 장기간에 걸쳐 그의 권리를 행사하지 아니하였기 때문에 의무자

인 상대방은 그가 권리를 행사하지 아니할 것으로 믿게 되고 그렇게 믿는 데 있어 정당한 사유가 있거나, 권리를 행사하지 아니할 것으로 추인되는 경우에 새삼스럽게 그 권리를 행사하는 것이 신의칙에 반하는 결과가 되어 그 권리 행사를 허용하지 아니하는 것을 말한다.

다. 매매계약 체결 후 이미 중도금까지 지급한 후 잔금 지급만을 지체하였고, 상대방으로서도 그 이행기일이 지나도 소유권이전등기에 필요한 서류를 제공하지 아니하여 쌍방이 각 그 이행을 지체한 상태에서 장기간이 경과되었을 뿐, 매수인으로서의 권리를 행사하지 아니할 것으로 믿거나 행사하지 아니할 것으로 추인케 하는 어떠한 사유를 찾아볼 수 없어 위 매매계약에 관하여 실효의 법리가 적용되지 않는다고 한 사례

임차보증금 반환 약정 없이 임대차계약을 합의해제함과 경험칙

대법원 1992. 6. 23. 선고 92다4130,92다4147 판결

판시사항

가. 계약의 합의해제 또는 해제계약의 의의 및 요건
나. 임차보증금의 반환에 관한 아무런 약정도 없이 임대차계약을 합의해제함과 경험칙

판결요지

가. 계약의 합의해제 또는 해제계약이라 함은 해제권의 유무를 불문하고 계약당사자 쌍방이 합의에 의하여 기존의 계약의 효력을 소멸시켜 당초부터 계약이 체결되지 않았던 것과 같은 상태로 복귀시킬 것을 내용으로 하는 새로운 계약으로서, 계약이 합의해제되기 위하여는 일반적으로 계약이 성립하는 경우와 마찬가지로 계약의 청약과 승낙이라는 서로 대립하는 의사표시가 합치될 것(합의)을 그 요건으로 하는바, 이와 같은 합의가 성립하기 위하여는 쌍방당사자의 표시행위에 나타난 의사의 내용이 객관적으로 일치하여야 되는 것이다.

나. 계약을 합의해제할 때에 원상회복에 관하여 반드시 약정을 하여야 하는 것은 아니지만, 임대차계약을 합의해제하는 경우에 이미 지급된 임차보증금의 반환에 관하여는 아무런 약정도 하지 아니한 채 임대차계약을 해제하기만 하는 것은 우리의 경험칙에 비추어 이례에 속하는 일이다.

6-54 원상회복 약정 없는 합의해제는 경험칙상 이례에 속한다고 본 사례

대법원 1994. 9. 13. 선고 94다17093 판결

판시사항

가. 계약의 합의해제 또는 해제계약의 의의 및 성립요건
나. 원상회복 약정 없이 매매계약을 합의해제함이 경험칙상 이례에 속하는지 여부

판결요지

가. 계약의 합의해제 또는 해제계약이라 함은 해제권의 유무를 불구하고 계약당사자 쌍방이 합의에 의하여 기존의 계약의 효력을 소멸시켜 당초부터 계약이 체결되지 않았던 것과 같은 상태로 복귀시킬 것을 내용으로 하는 새로운 계약으로서, 계약이 합의해제되기 위하여는 일반적으로 계약이 성립하는 경우와 마찬가지로 계약의 청약과 승낙이라는 서로 대립하는 의사표시가 합치될 것을 그 요건으로 하는바, 이와 같은 합의가 성립하기 위하여는 쌍방 당사자의 표시행위에 나타난 의사의 내용이 객관적으로 일치하여야 되는 것이다.

나. 계약을 합의해제할 때에 원상회복에 관하여 반드시 약정을 하여야 하는 것은 아니지만, 매매계약을 합의해제하는 경우에 이미 지급된 계약금, 중도금의 반환 및 손해배상금에 관하여는 아무런 약정도 하지 아니한 채 매매계약을 해제하기만 하는 것은 경험칙에 비추어 이례에 속하는 일이다.

6-55 과장 광고 등을 이유로 분양계약 해제할 수 없다고 한 사례

청주지법 2010. 5. 26. 선고 2009가합1075,1280,2375 판결

판시사항

[1] 상가 분양계약 체결 과정에서 해외유명브랜드 매장 입점에 관한 과장 광고, 임대수익보장 확약, 임대보증금으로 중도금을 대체해주기로 한 약정 및 신축 상가건물의 설계변경 등을 이유로 한 분양계약의 해제 또는 취소를 인정할 수 없다고 한 사례

[2] 분양받은 상가에 존재하는 기둥의 위치와 면적에 비추어 볼 때 기둥이 시야를 차단할 뿐 아니라 고객과 영업주의 동선에 중대한 제한을 초래하는 경우, 분양자가 이에 관하여 설명 또는 고지하지 아니하여 수분양자들이 당초에 분양계약을 통하여 계획했던 본래의 목적을 달성할 수 없게 되었다면 이를 이유로 위 상가에 관한 분양계약을 해제할 수 있다고 본 사례

판결요지

[1] 상가 분양계약 체결 과정에서 해외유명브랜드 매장 입점에 관한 과장 광고, 임대수익보장 확약 및 임대보증금으로 중도금을 대체해주기로 한 점 등을 인정할 수 있으나, 이러한 사정은 청약의 유인에 불과할 뿐 분양계약의 내용이 된다고 할 수 없고, 위 신축 상가건물의 설계변경 등으로 인한 상가 수의 증가 등이 분양계약의 체결 여부에 영향을 미칠 만큼 분양계약의 중요한 부분에 해당한다고 할 수 없으므로, 위와 같은 사정들을 이유로 한 분양계약 해제를 인정할 수 없고, 한편 위와 같은 사정들이 거래의 중요한 사항에 관하여 구체적 사실을 신의성실의 의무에 비추어 비난받을 정도의 방법으로 허위로 고지함으로써 사회적으로 용인될 수 있는 상술의 정도를 넘는 기망행위에 해당한다거나 그로 인하여 수분양자들이 계약의 중요한 부분에 대하여 착오를 일으켰다고 볼 수도 없으므로 기망 또는 착오를 이유로 위 분양계약을 취소할 수 없다고 본 사례

[2] 분양받은 상가에 존재하는 기둥의 위치와 면적에 비추어 볼 때 기둥이 시야를 차단할 뿐 아니라 고객과 영업주의 동선에 중대한 제

한을 초래하는 경우, 그와 같은 기둥이 존재한다는 사실은 분양계약 체결에 중대한 영향을 줄 수 있는 사정으로서 분양자는 계약체결 과정에 있는 수분양자들에게 적절한 시기에 정확하고 충분한 정보를 제공하고 이에 관하여 설명할 의무가 있는데, 분양자가 이에 관하여 설명 또는 고지하지 아니하여 수분양자들이 당초에 분양계약을 통하여 계획했던 본래의 목적을 달성할 수 없게 되었다면 이를 이유로 위 상가에 관한 분양계약을 해제할 수 있다고 본 사례

이유

계약당사자는 급부의무의 실현을 위하여 상대방을 배려하고 급부 결과를 보호해야 할 신의칙상 부수의무를 부담하는데, 상대방이 정당한 거래관념상 설명 또는 통지를 받을 것을 기대할 수 있는 경우에는 신의칙상의 부수의무의 일환으로서 계약의 목적물에 관하여 상대방의 의사결정을 위하여 중요하다고 생각되는 모든 정보를 제공할 의무가 있다(대법원 2008. 8. 21. 선고 2008다9358, 9365 판결 등 참조). 계약 본래의 목적은 이미 달성되었고 부수적 채무만이 불이행된 경우에는 원칙적으로 계약 전체의 해제를 허용할 수 없으나 그 불이행으로 인하여 채권자가 계약을 달성할 수 없는 경우 또는 특별한 약정이 있는 경우에는 계약 전체를 해제할 수 있다고 해석함이 상당하다(대법원 1968. 11. 5. 선고 68다1808 판결, 대법원 1992. 6. 23. 선고 92다7795 판결 등 참조). 또한 완공된 집합건물의 하자로 인하여 계약의 목적을 달성할 수 없는 경우 수분양자는 이를 이유로 분양계약을 해제할 수 있다(대법원 2003. 11. 14. 선고 2002다2485 판결).

상가를 분양받는 경우에는 항상 투자위험이 따르게 마련이므로, 투자자는 자신의 책임과 판단 아래 주변상가의 현황, 수익률, 부동산 경기 동향, 분양회사의 자력 등의 제반 사정을 사려 깊게 참작하여 분양받은 상가의 임대 여부가 어느 정도에 이를 것인지를 예측하여 스스로 투자 여부를 결정하여야 할 것이다(대법원 2001. 5. 29. 선고 99다55601, 55618 판결, 대법원 2009. 8. 20. 선고 2008다94769 판결 참조).

6-56 다소의 과장광고는 신의칙을 위반한 기망이라고 볼 수 없다고 한 사례

부산지법 동부지원 2008. 9. 4. 선고 2007가합5488 판결

판시사항

상가를 분양하면서 신문 등의 광고와 분양대행사의 직원을 통해 '분양되는 상가건물에 매일 유명 연예인 1명이 상주하면서 팬 사인회를 할 것'이라는 등의 내용을 설명한 사안에서, 이는 청약의 유인에 불과하여 분양계약의 내용이라 보기 어렵고, 다소의 과장광고 등에 해당할 뿐 신의칙을 위반한 기망이라고도 볼 수 없다고 한 사례

판결요지

분양회사가 상가를 분양하면서 신문 등을 통해 '분양되는 상가건물에 매일 유명 연예인 1명이 상주하면서 팬 사인회를 할 것이고, 스타들과 함께하는 다양한 이벤트 행사도 준비될 것'이라는 취지의 광고를 하고, 수분양자도 위 상가를 분양받기 전에 분양대행사의 직원으로부터 위와 같은 취지의 설명을 들었고, 또 장차 수분양자가 상가를 분양받으면 분양회사 측에서 임대를 알선하겠다고 하였지만 분양계약서에 그 상담내용이 기재되어 있지 않은 점 등 제반 사정에 비추어 볼 때, 위 상담 내용은 계약 체결을 위한 교섭단계에서 상가의 분양을 용이하게 하기 위한 의도에서 이루어진 청약의 유인에 불과하여 분양계약의 내용으로 편입되었다고 보기 어렵고, 위 상담내용이 상가분양을 촉진하기 위한 다소의 과장광고 등에 해당할 뿐 신의성실의 의무에 비추어 비난받을 정도는 아니므로 신의칙을 위반한 기망행위라고 볼 수 없다고 한 사례

이례에 속한 특약은 납득할 만한 사정이 전제되어야 한다는 사례

대법원 1991. 11. 26. 선고 91다16389 판결

판시사항

단위면적당 가격을 기초로 전체 매매대금을 정한 매매계약을 체결하면서 잠정적으로 정한 면적이 후에 증가되어 확정되면 계약 전체를 당사자 일방이 해제할 수 있도록 한다는 특약이 이례에 속하는지 여부(적극)와 그 인정을 위한 심리 등 방법

판결요지

단위면적당 가격을 기초로 전체 매매대금을 정하는 매매계약에서 매매목적물의 면적이 확정되지 아니하여 잠정적으로 정한 면적만을 목적물로 한 경우에 후에 면적이 확정되면 그에 따라 대금을 정산하기로 함은 모르되 면적이 증가되어 확정되면 계약 전체를 당사자 일방이 해제할 수 있도록 한다는 특약은 이례에 속하는 것이므로 그와 같은 특약 사실을 인정하기 위하여서는 그 특약을 하게 된 납득할 만한 사정에 대한 심리와 설시가 전제되어야 할 것이다.

이유

종전부터 있어왔던 등기부상 공유지분 기재의 착오로 매매대상 부동산의 면적이 공유자 사이에 미확정상태였으므로 우선 공유지분 기재를 정당한 것으로 보고 그 부분에 해당하는 46평 및 53평만 매매의 대상으로 하되 후에 재판을 통하여 원고들의 소유면적이 원고들 주장대로 70평 및 80평으로 증가될 경우에는 원고들이 계약을 해제할 수 있도록 한다는 약정을 하였다.

그러나 원고들 주장대로라면 피고로서는 위 조찬일 등이 제소한 소송에서 패소하면 그 공유지분의 권리범위가 46평과 53평으로 되어 매매계약을 그대로 유지할 수 있게 되고 그 소송에서 승소하게 되면 그 공유지분의 권리범위가 늘어나게 되어 이 사건 소송에서 보는 것처럼 원고들이 그 토지(지분)소유권의 반환을 요구하게 되면 이에 응하고 여러 해 전에 지급한 대금을 그대로 돌려받을 수밖에 없게 되는데 그렇다면 피고가 그 소송에 응소하여 승소하려고 한다는 것은 우리의 상식으로는 이해할 수 없는 것이다. 그 소송에서 피고는 이름만 내고 실제의 소송수행이나 비용의 부담은 일체 원고들이 하였다는 사정이 밝혀지기 전에는 원고들의 주장은 그 주장 자체에 모순을 내포하고 있다고 할 수도 있을 것이다.

6-58 신의칙위반과 임대차계약의 해제

대구고법 1986. 7. 1. 선고 85나1059 제6민사부판결 : 확정

판결요지

보증금잔액중 일부를 지급받았음에도 불구하고 이를 부인하고 이를 이유로 임차인으로 하여금 위 아파트에 거주할 수 없도록 함으로써 임대차계약관계에 있어서 기본적으로 요구되는 신의칙과 임대인으로서의 계약상의 의무를 중대하고 심각하게 위반하였다면 그 계약관계는 당초부터 크게 파괴되고, 이를 돌이켜 존속시키는 것이 불가능하게 되었다고 할 것이고, 이러한 경우에는 임차인은 더 이상 그 신의칙의 회복이나 그 계약상의 의무이행을 최고할 필요도 없이 위 임대차계약을 해제할 수 있다.

6-59 매도인이 매수인에게 지체책임을 지워 계약을 해제하기 위한 요건

대법원 1987. 9. 8. 선고 86다카1379 판결

판시사항

가. 부동산 매매계약에 있어서 매도인이 매수인에게 지체책임을 지워 매매계약을 해제하기 위한 요건

나. 부동산 매도인이 매수인에게 제공하여야 할 소유권이전등기신청에 필요한 일절의 서류

판결요지

가. 쌍무계약은 부동산 매매계약에 있어서는 특별한 사정이 없는 한 매수인의 잔대금 지급의무와 매도인의 소유권이전등기서류 교부의무는 동시이행 관계에 있다 할 것이고 이러한 경우에 매도인이 매수인에게 지체책임을 지워 매매계약을 해제하려면 매수인이 이행기일에 잔대금을 지급하지 아니한 사실만으로는 부족하고 매도인이 소유권이전등기신청에 필요한 일절의 서류를 수리할 수 있을 정도로 준비하여 그 뜻을 상대방에게 통지하여 수령을 최고함으로써 이를 제공하고 또 상당한 기간을 정하여 상대방의 잔대금채무이행을 최고한 후 매수인이 이에 응하지 아니한 사실이 있어야 한다.

나. 부동산 매도인이 그 매수인에게 제공하여야 할 소유권이전등기신청에 필요한 일절의 서류라 함은 등기권리증, 위임장 및 부동산매도용 인감증명서 등 등기신청행위에 필요한 모든 구비서류를 말한다.

6-60 대금감액은 가능하며 계약 해제할 수 없다는 사례

대구고법 1981. 6. 25. 선고 81나158 제2민사부판결 : 확정

판시사항

1. 대금감액 사유가 될 매매목적물의 하자
2. 쌍무계약에 있어 서로 이행기를 도과한 경우의 법률관계

판결요지

1. 매수가옥에서 공로에 이르는 일부 대지위에 타인 건물이 침범하여 건축되어 있고 매수가옥의 일부가 인접한 타인소유 대지를 침범하여 건축되어 있다 하여도 전체적으로 보아 소유 내지 이용관계에 별다른 지장이 없으면 대금감액사유에 지나지 아니할 뿐 계약해제 사유로는 되지 아니하고,
2. 쌍무계약에 있어 쌍방이 소정의 이행기를 도과하면 그 계약은 이행기의 약정이 없는 것이 되므로 매도인이 자기의 이행제공을 하지 아니한 채 상대방에게 이행최고를 하다가 계약해제 의사표시를 한 것으로는 해제의 효력이 생기지 아니하고, 다만 매도인이 그 의사표시를 한 후 매매목적 부동산을 타에 처분하여 이전등기를 필하였다면 위 계약은 이행불능이 되었다 할 것이므로 이를 이유로 한 매수인의 계약해제는 효력이 있다.

공유물 매매계약에서 지분에 관한 매매계약 부분을 해제할 수 없다고 한 사례

대법원 1995. 3. 28. 선고 94다59745 판결

판시사항

가. 공유자 전원이 공유물에 대한 각자의 지분을 형식상 하나의 매매계약에 의하여 동일한 매수인에게 매도한 경우의 법률관계

나. '가'항에 관하여 실질상으로도 하나의 매매계약이라고 보아 매도인 중 공유자 1인이 자신의 지분에 관한 매매계약 부분을 해제할 수 없다고 한 사례

판결요지

가. 하나의 부동산을 수인이 공유하는 경우 각 공유자는 각 그 소유의 지분을 자유로이 처분할 수 있으므로, 공유자 전원이 공유물에 대한 각 그 소유지분 전부를 형식상 하나의 매매계약에 의하여 동일한 매수인에게 매도하는 경우라도 당사자들의 의사표시에 의하여 각 지분에 관한 소유권이전의무, 대금지급의무를 불가분으로 하는 특별한 사정이 없는 한 실질상 각 공유지분별로 별개의 매매계약이 성립되었다고 할 것이고, 일부 공유자가 매수인의 매매대금지급의무불이행을 원인으로 한 그 공유지분에 대한 매매계약을 해제하는 것은 가능하다고 할 것이다.

나. '가'항에 관하여 당사자들의 의사표시에 의하여 각 지분에 관한 소유권이전의무, 대금지급의무를 불가분으로 하는 실질상으로도 하나의 매매계약이라고 보아 매도인 중 공유자 1인이 그의 지분비율에 상응하는 매매대금 중 일부를 매수인으로부터 지급받지 못하였다 할지라도 이를 이유로 자신의 지분에 관한 매매계약 부분만을 해제할 수는 없다고 한 사례

6-62 토지거래 허가를 받기 전 매수인의 대금 미지급 시, 매도인이 해제 가능 여부

대법원 1991. 12. 24. 선고 90다12243 전원합의체 판결

판시사항

가. 국토이용관리법상의 규제구역 내의 토지에 대하여 허가받을 것을 전제로 체결한 거래계약의 효력(유동적 무효)과 이 경우 허가 후에 새로이 거래계약을 체결할 필요가 있는지 여부(소극)

나. 같은 법 제31조의2 소정의 벌칙적용대상인 "허가없이 '토지 등의 거래계약'을 체결하는 행위"의 의미

다. 같은 법 제21조의3 제1항 소정의 "허가"의 법적 성질

라. 규제구역 내의 토지에 대하여 거래계약이 체결된 경우 쌍방 당사자는 공동으로 관할관청의 허가를 신청할 의무가 있는지 여부(적극) 및 허가신청절차에 협력하지 않는 상대방에 대하여 그 협력의무의 이행을 소송으로써 구할 이익이 있는지 여부(적극)

마. 규제구역 내의 토지에 대하여 매매계약을 체결하고 공동허가신청절차에 협력하지 아니하는 상대방에게 토지거래허가신청절차의 이행 및 허가가 있을 것을 조건으로 소유권이전등기절차의 이행을 명한 원심판결 중 허가를 조건으로 소유권이전등기절차의 이행을 명한 부분을 위 "가"항의 법리에 따라 파기한 사례

바. 위 "마"항의 매매계약을 체결한 경우에 있어 그 허가를 받기까지 매수인의 대금지급이 없었음을 이유로 매도인이 계약을 해제할 수 있는지 여부(소극)

판결요지

가. 국토이용관리법상의 규제구역 내의 '토지등의 거래계약' 허가에 관한 관계규정의 내용과 그 입법취지에 비추어 볼 때 토지의 소유권 등 권리를 이전 또는 설정하는 내용의 거래계약은 관할 관청의 허가를 받아야만 그 효력이 발생하고 허가를 받기 전에는 물권적 효력은 물론 채권적 효력도 발생하지 아니하여 무효라고 보아야 할 것인바, 다만 허가를 받기 전의 거래계약이 처음부터 허가를 배제

하거나 잠탈하는 내용의 계약일 경우에는 확정적으로 무효로서 유효화될 여지가 없으나 이와 달리 허가받을 것을 전제로 한 거래계약(허가를 배제하거나 잠탈하는 내용의 계약이 아닌 계약은 여기에 해당하는 것으로 본다)일 경우에는 허가를 받을 때까지는 법률상 미완성의 법률행위로서 소유권 등 권리의 이전 또는 설정에 관한 거래의 효력이 전혀 발생하지 않음은 위의 확정적 무효의 경우와 다를 바 없지만, 일단 허가를 받으면 그 계약은 소급하여 유효한 계약이 되고 이와 달리 불허가가 된 때에는 무효로 확정되므로 허가를 받기까지는 유동적 무효의 상태에 있다고 보는 것이 타당하므로 허가받을 것을 전제로 한 거래계약은 허가받기 전의 상태에서는 거래계약의 채권적 효력도 전혀 발생하지 않으므로 권리의 이전 또는 설정에 관한 어떠한 내용의 이행청구도 할 수 없으나 일단 허가를 받으면 그 계약은 소급해서 유효화되므로 허가 후에 새로이 거래계약을 체결할 필요는 없다.

나. 같은 법 제31조의2 소정의 벌칙적용대상인 "허가 없이 '토지등의 거래계약'을 체결하는 행위"라 함은 처음부터 허가를 배제하거나 잠탈하는 내용의 계약을 체결하는 행위를 가리키고 허가받을 것을 전제로 한 거래계약을 체결하는 것은 이에 해당하지 않는다.

다. 같은 법 제21조의3 제1항 소정의 허가가 규제지역 내의 모든 국민에게 전반적으로 토지거래의 자유를 금지하고 일정한 요건을 갖춘 경우에만 금지를 해제하여 계약체결의 자유를 회복시켜 주는 성질의 것이라고 보는 것은 위 법의 입법취지를 넘어선 지나친 해석이라고 할 것이고, 규제지역 내에서도 토지거래의 자유가 인정되나 다만 위 허가를 허가 전의 유동적 무효 상태에 있는 법률행위의 효력을 완성시켜 주는 인가적 성질을 띤 것이라고 보는 것이 타당하다.

라. 규제지역 내의 토지에 대하여 거래계약이 체결된 경우에 계약을 체결한 당사자 사이에 있어서는 그 계약이 효력 있는 것으로 완성될 수 있도록 서로 협력할 의무가 있음이 당연하므로, 계약의 쌍방 당사자는 공동으로 관할 관청의 허가를 신청할 의무가 있고, 이러한 의무에 위배하여 허가신청절차에 협력하지 않는 당사자에 대하여 상대방은 협력의무의 이행을 소송으로써 구할 이익이 있다.

마. 규제지역 내에 있는 토지에 대하여 체결된 매매계약이 처음부터 허가를 배제하거나 잠탈하는 내용의 계약이 아니라 허가를 전제로 한 계약이라고 보여지므로 원심이 원고의 청구 중 피고에 대하여 토지거래허가신청절차의 이행을 구하는 부분을 인용한 것은 정당하지만, 허가가 있을 것을 조건으로 하여 소유권이전등기절차의 이행을 구하는 부분에 있어서는 위 "가"항의 법리와 같이 허가받기 전의 상태에서는 아무런 효력이 없어 권리의 이전 또는 설정에 관한 어떠한 이행청구도 할 수 없는 것이므로 원심이 이 부분 청구까지도 인용한 것은 같은 법상의 토지거래허가와 거래계약의 효력에 관한 법리를 오해하여 판결에 영향을 미친 위법을 저지른 것이라 하여 이를 파기한 사례

바. 위 "마"항의 매매계약을 체결한 경우에 있어 관할 관청으로부터 토지거래허가를 받기까지는 매매계약이 그 계약내용대로의 효력이 있을 수 없는 것이어서 매수인으로서도 그 계약내용에 따른 대금지급의무가 있다고 할 수 없으며, 설사 계약상 매수인의 대금지급의무가 매도인의 소유권이전등기의무에 선행하여 이행하기로 약정되어 있었다고 하더라도, 매수인에게 그 대금지급의무가 없음은 마찬가지여서 매도인으로서는 그 대금지급이 없었음을 이유로 계약을 해제할 수 없다.

(다수의견에 대한 보충의견)

국토이용관리법상의 규제구역내 토지 등의 거래계약허가에 관한 관계규정의 본래의 취지는 허가를 얻기 전에는 거래계약 그 자체를 체결하여서는 안되고, 이에 위반하여 거래계약을 체결하더라도 그 효력이 없다는 취지인 것이며, 다만 그렇다고 하더라도 관할 관청의 허가를 얻어서 거래계약을 체결하기 위한 준비행위로서의 합의는 법이 당연히 예정하고 있다고 할 것인바, 규제구역 내에 있는 '토지 등의 거래계약'을 체결하고자 하는 당사자는 거래계약의 예정금액 등 장차 체결할 거래계약의 기본이 되는 사항은 미리 합의를 할 것이고, 이 거래계약을 실현시키기 위하여 준비행위로서 먼저 허가신청의 내용이나 방법에 관한 합의를 하는 것이 당연한 순서일 것이며, 당사자가 공동으로 관할 관청의 허가를 신청할 의무는 이와 같

은 준비행위로서의 합의에 근거하여 발생한다고 보는 것이 상당하다. 그런데 이와 같은 준비행위로서의 합의를 함에 있어 거래계약의 내용을 미리 정하여 거래계약의 허가가 있을 경우 새삼스럽게 거래계약을 별도로 체결할 것 없이 그와 같은 내용의 거래계약의 약정이 있는 것으로 하는 합의가 동시에 이루어지는 것이 오히려 통상적일 것이고, 그와 같은 경우에는 거래계약의 허가가 있었을 때에 미리 합의한 내용에 따른 거래계약이 성립되고 이때에 그 효력을 발생하는 것으로 해석하는 것이 상당하며 위와 같은 두개의 합의(약정)를 하였음에도 당사자의 일방이 허가신청절차에 협력하지 아니한다면 상대방은 소송으로써 그 이행을 구할 이익이 있다고 보아야 할 것이다. 그리고 당사자의 의사는 위와 같은 공동으로 허가신청을 할 합의와 허가가 있으면 미리 합의된 바에 따라 거래계약의 체결이 있는 것으로 하는 합의가 함께 있었던 것으로 해석하는 것이 상당할 것이고, 이때에 그 계약서에 허가신청에 관한 명시적인 언급이 없다 하더라도 묵시적인 합의가 있었다고 보아야 할 것이다.

6-63 해제 후 원상회복 이행불능일 때 법원이 취할 조치

대법원 1998. 5. 12. 선고 96다47913 판결

판시사항

매매계약 해제로 인한 원물반환의무가 이행불능이 되어 이행불능 당시 가액의 반환채권이 인정되나 그에 관한 당사자의 주장·입증이 미흡한 경우 법원이 취할 조치

판결요지

부동산에 관한 매매계약의 해세로 인한 원상회복의무가 이행불능이 되어 이행불능 당시 가액의 반환채권이 인정되는 경우, 법원으로서는 이행불능 당시의 당해 부동산의 가액에 관한 원고의 주장·입증이 미흡하더라도 적극적으로 석명권을 행사하여 주장을 정리함과 함께 입증을 촉구하여야 하고, 경우에 따라서는 직권으로라도 그 가액을 심리·판단하여야 한다.

> 이유

원상회복의 대상인 제2토지에 관하여 위 송정농업협동조합 앞으로 근저당권설정등기가 경료되고, 위 김용호 앞으로 소유권이전등기가 경료되었다면, 특별한 사정이 없는 한, 피고들의 위 제2토지에 관한 원물반환의무는 이행불능으로 되었고 이로써 원고는 위 제2토지의 위 이행불능 당시의 가액의 반환채권을 가지게 되었다고 할 것이므로, 위와 같은 가액반환채권이 발생한 이상, 원심법원으로서는 위 이행불능 당시의 위 제2토지의 가액에 관한 원고의 주장(원고가 '대상'이라는 용어를 쓰고 있기는 하지만 그 전체적인 취지는 이행불능 당시의 가액의 반환을 구하고 있는 것으로 보인다)과 입증이 미흡하더라도 적극적으로 석명권을 행사하여 주장을 정리함과 함께 입증을 촉구하여야 하고 경우에 따라서는 직권으로라도 그 가액을 심리·판단하여야 할 것이다.

 계약해제로 인한 손해배상의 범위(=이행 이익)

대법원 1983. 5. 24. 선고 82다카1667 판결

> 판결요지

가. 계약당사자의 일방이 계약해제와 아울러 하는 손해배상의 청구도 채무불이행으로 인한 손해배상과 다를 것이 없으므로 전보배상으로서 그 계약의 이행으로 인하여 채권자가 얻을 이익 즉 이행이익을 손해로서 청구하여야 하고 그 계약이 해제되지 아니하였을 경우 채권자가 그 채무의 이행으로 소요하게 된 비용 즉 신뢰이익의 배상은 청구할 수 없는 것이다.

 계약교섭의 부당한 중도파기로 인한 손해배상책임의 범위

대법원 2003. 4. 11. 선고 2001다53059 판결

> 판시사항

[3] 계약교섭의 부당한 중도파기가 불법행위를 구성하는지 여부(적극)
[4] 계약교섭의 부당한 중도파기로 인한 손해배상책임의 범위(=신뢰손해) 및 신뢰손해의 의미

[5] 계약교섭의 부당한 중도파기로 인하여 인격적 법익이 침해된 경우 그 정신적 고통에 대한 별도의 손해배상을 구할 수 있는지 여부(적극)

판결요지

[3] 어느 일방이 교섭단계에서 계약이 확실하게 체결되리라는 정당한 기대 내지 신뢰를 부여하여 상대방이 그 신뢰에 따라 행동하였음에도 상당한 이유 없이 계약의 체결을 거부하여 손해를 입혔다면 이는 신의성실의 원칙에 비추어 볼 때 계약자유원칙의 한계를 넘는 위법한 행위로서 불법행위를 구성한다.

[4] 계약교섭의 부당한 중도파기가 불법행위를 구성하는 경우 그러한 불법행위로 인한 손해는 일방이 신의에 반하여 상당한 이유 없이 계약교섭을 파기함으로써 계약체결을 신뢰한 상대방이 입게 된 상당인과관계 있는 손해로서 계약이 유효하게 체결된다고 믿었던 것에 의하여 입었던 손해 즉 신뢰손해에 한정된다고 할 것이고, 이러한 신뢰손해란 예컨대, 그 계약의 성립을 기대하고 지출한 계약준비 비용과 같이 그러한 신뢰가 없었더라면 통상 지출하지 아니하였을 비용상당의 손해라고 할 것이며, 아직 계약체결에 관한 확고한 신뢰가 부여되기 이전 상태에서 계약교섭의 당사자가 계약체결이 좌절되더라도 어쩔 수 없다고 생각하고 지출한 비용, 예컨대 경쟁입찰에 참가하기 위하여 지출한 제안서, 견적서 작성비용 등은 여기에 포함되지 아니한다.

[5] 침해행위와 피해법익의 유형에 따라서는 계약교섭의 파기로 인한 불법행위가 인격적 법익을 침해함으로써 상대방에게 정신적 고통을 초래하였다고 인정되는 경우라면 그러한 정신적 고통에 대한 손해에 대하여는 별도로 배상을 구할 수 있다.

소유권이전등기의무가 이행불능인 경우 매도인의 손해배상범위

대구고법 1988. 1. 14. 선고 87나832 제3민사부판결 : 상고

판결요지

매수인이 매도인과의 사이에 매매계약에 기하여 일단 이전받은 토지소유권을 진실한 소유자로부터 추탈당하였다면 이로써 특별한 사정이 없는 한 매도인이 그 권리를 매수인에게 이전하는 것이 사회통념상 이행불능 상태에 이르렀다 할 것이므로 매도인은 이로 인한 매수인의 손해를 배상할 의무가 있고, 이러한 경우의 손해배상의 범위는 매도인이 그 토지를 취득하여 원고에게 이전하는 것이 불가능하게 된 때의 시가를 표준으로 하여 당초의 매매계약이 완전히 이행된 것과 동일한 경제적 이익 소위 이행이익의 배상이라 할 것이다.

 계약해제와 손해배상을 청구할 때, 신뢰이익의 배상 청구 여부

대법원 2002. 6. 11. 선고 2002다2539 판결

판시사항

[2] 채무불이행을 이유로 계약해제와 아울러 손해배상을 청구하는 경우, 신뢰이익의 배상을 구할 수 있는지 여부(적극) 및 그 신뢰이익의 배상의 범위

판결요지

[2] 채무불이행을 이유로 계약해제와 아울러 손해배상을 청구하는 경우에 그 계약이행으로 인하여 채권자가 얻을 이익 즉 이행이익의 배상을 구하는 것이 원칙이지만, 그에 갈음하여 그 계약이 이행되리라고 믿고 채권자가 지출한 비용 즉 신뢰이익의 배상을 구할 수도 있다고 할 것이고, 그 신뢰이익 중 계약의 체결과 이행을 위하여 통상적으로 지출되는 비용은 통상의 손해로서 상대방이 알았거나 알 수 있었는지의 여부와는 관계없이 그 배상을 구할 수 있고, 이를 초과하여 지출되는 비용은 특별한 사정으로 인한 손해로서 상대방이 이를 알았거나 알 수 있었던 경우에 한하여 그 배상을 구할 수 있다고

할 것이고, 다만 그 신뢰이익은 과잉배상금지의 원칙에 비추어 이행이익의 범위를 초과할 수 없다.

 합의 해제된 경우, 채무불이행에 따른 손해배상을 청구할 수 있는지 여부

대법원 2013. 11. 28. 선고 2013다8755 판결

판시사항

계약이 합의에 의하여 해제 또는 해지된 경우, 채무불이행에 따른 손해배상을 청구할 수 있는지 여부(원칙적 소극) 및 이때 손해배상 특약이 있다거나 손해배상청구를 유보하였다는 점에 대한 증명책임자(=이를 주장하는 당사자)

이유

1. 계약이 합의에 의하여 해제 또는 해지된 경우에는 상대방에게 손해배상을 하기로 특약하거나 손해배상 청구를 유보하는 의사표시를 하는 등 다른 사정이 없는 한 채무불이행으로 인한 손해배상을 청구할 수 없다(대법원 1989. 4. 25. 선고 86다카1147, 86다카1148 판결 참조). 그리고 그와 같은 손해배상의 특약이 있었다거나 손해배상 청구를 유보하였다는 점은 이를 주장하는 당사자가 증명할 책임이 있다.

 쌍방에서 해제의 의사표시를 한 경우 계약해제로 인한 손해배상의 범위

청주지법 1993. 6. 4. 선고 92가합2100(본소), 2117(반소) 제3민사부판결 : 항소

판시사항

계약조건에 대한 견해의 차이로 쌍방에서 해제의 의사표시를 한 경우 계약해제로 인한 손해배상의 범위

판결요지

계약조건에 대한 견해의 차이로 쌍방에서 해제의 의사표시를 한 경우에 상호 의사의 합치로 합의해제되었다고 볼 것이어서 이는 어느 일방

의 채무불이행을 전제로 하는 법정해제와 달리 별도의 손해배상의 약정이 없는 이상 원상회복의 범위를 넘는 손해배상을 구할 수 없다.

임대차계약 해제할 때, 임대인에게 상권활성화 비용 청구할 수 있는지 여부

서울고법 1998. 7. 15. 선고 97나36226 판결 : 확정

판시사항

임차인이 임대차계약 체결 시 점포의 인테리어와 상권 활성화를 위한 홍보 비용 등의 명목으로 임대인이 지정한 대행업체에 지출한 개발비와 소개비 상당의 손해의 법적 성질(= 신뢰이익에 대한 손해) 및 임대차계약의 해제를 이유로 임대인에게 그 배상을 청구할 수 있는지 여부(소극)

판결요지

계약해제로 인한 손해배상청구는 계약이 유효히 성립되었음에도 불구하고 채무자가 채무를 이행하지 아니함으로써 발생한 손해를 목적으로 하는 것이므로 채무불이행을 이유로 계약을 해제하고 손해배상을 청구함에 있어서는 채무자의 채무의 이행으로 인하여 채권자가 받을 이익 즉 이행이익을 산출하여 손해로서 청구하여야 하고, 그 계약이 유효하다고 믿음으로써 받은 손해의 배상 즉 신뢰이익의 배상은 청구할 수 없는바, 임대분양계약이 해제된 경우에 있어서 임차인이 지출한 개발비와 소개비는 임차인이 그 계약이 유효하다고 믿음으로써 헛되이 지출하게 된 비용 즉 신뢰이익에 대한 손해로서 이는 임대인이 그 계약을 이행하였더라도 지출하였을 것이고, 임대인의 채무불이행으로 인하여 발생한 손해라 할 수 없으므로 임대인에게 그 배상을 구할 수는 없다.

07 Chapter
계약해제의 효과

계약해제의 의사표시가 있으면 새로운 법률관계가 발생__

계약의 해제권은 일종의 형성권으로서 당사자의 일방에 의한 계약해제의 의사표시가 있으면 그 효과로서 새로운 법률관계가 발생하고 각 당사자는 그에 구속되는 것이므로, 일방 당사자의 계약위반을 이유로 한 상대방의 계약해제 의사표시에 의해 계약이 해제되었음에도 상대방이 계약이 존속함을 전제로 계약상 의무의 이행을 구하는 경우 계약을 위반한 당사자도 당해 계약이 상대방의 해제로 소멸되었음을 들어 그 이행을 거절할 수 있는 것이고, 다른 특별한 사정이 없는 한 그러한 주장이 신의칙이나 금반언의 원칙에 위배된다고 할 수도 없다.

계약이 해제되면 이행된 급부는 원상회복으로 반환__

계약이 해제되면 그 효력이 소급적으로 소멸함에 따라 이미 그 계약상 의무에 기해 이행된 급부는 원상회복을 위해 부당이득으로 반환되어야 하는 것이고, 이러한 원상회복의무는 해제의 상대방은 물론이고 해제한 자도 당연히 부담하게 되는 것이므로, 당사자 사이의 약정이 적법하게 해제된 것이라면 그 해제가 누구의 귀책사유로 인한 것인지의 여부에 관계없이, 원래 당사자는 그 약정에 기해 이미 지급받은 약정금을 상대방에게 반환할 의무를 지게 되는 것이다.

매매계약이 해제된 경우 매도인은 연 5푼의 이자를 부가해서 지급__

법정해제의 경우 당사자 일방이 그 수령한 금전을 반환함에 있어 그 받은 때로부터 법정이자를 부가함을 요하는 것은 민법 제548조 제2항이 규정하는 바로서, 이는 원상회복의 범위에 속하는 것이며 일종의 부당이득 반환의 성질을 가지는 것이고 반환의무의 이행지체로 인한 것이 아니므로, 부동산 매매계약이 해제된 경우 매도인의 매매대금 반환의무와 매수인의 소유권이전등기 말소등기절차 이행의무가 동시이행의 관계에 있는지 여부와는 관계없이 매도인이 반환해야 할 매매대금에 대해서는 그 받은 날로부터 민법이 정한 법정이율인 연 5푼의 비율에 의한 법정이자를 부가해서 지급해야 한다.

선의의 제3자에 대해서는 계약해제를 주장할 수 없어__

민법 제548조 제1항 단서에서 규정하고 있는 제3자란 일반적으로 계약이 해제되는 경우 그 해제된 계약으로부터 생긴 법률효과를 기초로 해서 해제 전에 새로운 이해관계를 가졌을 뿐 아니라 등기·인도 등으로 완전한 권리를 취득한 자를 말한다.

  계약당사자의 일방이 계약을 해제했을 때는 계약은 소급해서 소멸해 해약당사자는 각 원상회복의 의무를 지게 되나 이 경우 계약해제로 인한 원상회복등기 등이 이루어지기 이전에 계약의 해제를 주장하는 자와 양립되지 아니하는 법률관계를 가지게 되었고 계약해제사실을 몰랐던 제3자에 대해서는 계약해제를 주장할 수 없다.

7-1 계약해제의 의사표시한 후 효과

대법원 2008. 10. 23. 선고 2007다54979 판결

계약의 해제권은 일종의 형성권으로서 당사자의 일방에 의한 계약해제의 의사표시가 있으면 그 효과로서 새로운 법률관계가 발생하고 각 당사자는 그에 구속되는 것이므로, 일방 당사자의 계약위반을 이유로 한 상대방의 계약해제 의사표시에 의하여 계약이 해제되었음에도 상대방이 계약이 존속함을 전제로 계약상 의무의 이행을 구하는 경우 계약을 위반한 당사자도 당해 계약이 상대방의 해제로 소멸되었음을 들어 그 이행을 거절할 수 있는 것이고, 다른 특별한 사정이 없는 한 그러한 주장이 신의칙이나 금반언의 원칙에 위배된다고 할 수도 없으며(대법원 2001. 6. 29. 선고 2001다21441, 21458 판결 등 참조), 또한 쌍무계약에 있어서 상대방이 자신의 채무를 이행할 의사가 없음을 명백히 표시한 경우에는 신의성실의 원칙상 이행기 전이라도 자신의 채무의 이행제공이나 최고 없이도 계약을 해제할 수 있는 것이다.

7-2 계약해제로 인한 원상회복청구권의 소멸시효의 기산점(=계약 해제시)

대법원 2009. 12. 24. 선고 2009다63267 판결

이유

계약의 해제로 인한 원상회복청구권의 소멸시효는 해제 시, 즉 원상회복청구권이 발생한 때부터 진행한다.

7-3 계약 해제로 인한 원상회복의무의 내용

대법원 1995. 3. 24. 선고 94다10061 판결

판결요지

가. 계약이 해제되면 그 효력이 소급적으로 소멸함에 따라 이미 그 계약상 의무에 기하여 이행된 급부는 원상회복을 위하여 부당이득으로 반환되어야 하는 것이고, 이러한 원상회복의무는 해제의 상대방은 물론이고 해제한 자도 당연히 부담하게 되는 것이므로, 당사자 사이의 약정이 적법하게 해제된 것이라면 그 해제가 누구의 귀책사유로 인한 것인지의 여부에 관계없이, 원래 당사자는 그 약정에 기하여 이미 지급받은 약정금을 상대방에게 반환할 의무를 지게 되는 것이다.

7-4 계약해제로 인한 원상회복의무의 범위

대법원 1998. 12. 23. 선고 98다43175 판결

판결요지

[2] 계약해제의 효과로서의 원상회복의무를 규정한 민법 제548조 제1항 본문은 부당이득에 관한 특별 규정의 성격을 가진 것이라 할 것이어서, 그 이익 반환의 범위는 이익의 현존 여부나 선의, 악의에 불문하고 특단의 사유가 없는 한 받은 이익의 전부라고 할 것이다.

7-5 계약해제의 경우 원상회복의무와 손해배상의무의 동시이행 관계

대법원 1996. 7. 26. 선고 95다25138,25145 판결

판시사항

계약해제로 인하여 발생하는 원상회복의무와 손해배상의무가 함께 동시이행 관계에 있는지 여부(적극)

판결요지

계약이 해제되면 계약당사자는 상대방에 대하여 원상회복의무와 손해배상의무를 부담하는데, 이 때 계약당사자가 부담하는 원상회복의무뿐만 아니라 손해배상의무도 함께 동시이행의 관계에 있다.

7-6 계약해제의 소멸채권을 양수한 자는 원상회복한 의무가 있는지 여부

대법원 2003. 1. 24. 선고 2000다22850 판결

판시사항

[3] 민법 제548조 제1항 단서 소정의 제3자의 의미 및 계약해제로 인하여 소멸되는 채권을 양수한 자는 채무자로부터 이행받은 급부를 원상회복할 의무가 있는지 여부(한정 적극)

판결요지

[3] 민법 제548조 제1항 단서에서 규정하고 있는 제3자란 일반적으로 계약이 해제되는 경우 그 해제된 계약으로부터 생긴 법률효과를 기초로 하여 해제 전에 새로운 이해관계를 가졌을 뿐 아니라 등기·인도 등으로 완전한 권리를 취득한 자를 말하고, 계약상의 채권을 양수한 자는 여기서 말하는 제3자에 해당하지 않는다고 할 것인바, 계약이 해제된 경우 계약해제 이전에 해제로 인하여 소멸되는 채권을 양수한 자는 계약해제의 효과에 반하여 자신의 권리를 주장할 수 없음은 물론이고, 나아가 특단의 사정이 없는 한 채무자로부터 이행받은 급부를 원상회복하여야 할 의무가 있다.

7-7 계약해제에서 매도인 손해배상의무와 매수인 대지인도의무의 동시이행 관계

대법원 1993. 4. 9. 선고 92다25946 판결

판시사항

가. 부동산을 매수하고 소유권이전등기까지 넘겨받았지만 매도인과 매수인 앞으로 경료된 소유권이전등기의 말소를 명한 판결이 확정된 경우, 매도인의 손해배상액 산정의 기준시점(=판결확정시)

나. 매도인이 민법 제571조에 의하여 한 계약해제의 효과

다. 담보책임에 동시이행 관계를 인정하는 민법 제583조의 규정취지

라. 민법 제571조에 의한 계약해제의 효과로서 발생하는 매도인의 손해배상의무와 매수인의 대지인도의무 사이에 동시이행 관계가 있는지 여부(적극)

판결요지

가. 부동산을 매수하고 소유권이전등기까지 넘겨받았지만 진정한 소유자가 제기한 등기말소청구소송에서 매도인과 매수인 앞으로 된 소유권이전등기의 말소를 명한 판결이 확정됨으로써 매도인의 소유권이전의무가 이행불능된 경우, 그 손해배상액 산정의 기준시점은 위 판결이 확정된 때이다.

나. 민법 제571조의 취지는 선의의 매도인에게 무과실의 손해배상책임을 부담하도록 하면서 그의 보호를 위하여 특별히 해제권을 부여한다는 것인바, 그 해제의 효과에 대하여 특별한 규정은 없지만 일반적인 해제와 달리 해석할 이유가 없다 할 것이므로 매도인은 매수인에게 손해배상의무를 부담하는 반면에 매수인은 매도인에게 목적물을 반환하고 목적물을 사용하였으면 그 사용이익을 반환할 의무를 부담한다 할 것이다(매도인이 목적물에 관하여 사용권한을 취득하지 아니하고 따라서 매수인이 반환한 사용이익을 궁극적으로 정당한 권리자에게 반환하여야 할 입장이라 하더라도 아무런 영향이 없다).

다. 민법 제583조의 취지는 매도인은 같은 조에서 명시한 규정들에 터잡아 이미 지급받은 대금의 전부나 일부의 반환의무, 손해배상의무,

하자 없는 물건의 지급의무가 있는 반면 매수인은 매도인에게서 수령한 목적물이 있다면 원상회복의무로서 이를 반환할 의무가 있는데, 이러한 쌍방 당사자의 의무는 하나의 쌍무계약에서 발생한 것은 아닐지라도 동일한 생활관계에서 발생한 것으로 서로 밀접한 관계에 있어 그 이행에 견련관계를 인정함이 공평의 원칙에 부합하기 때문에, 일반 해제의 경우와 마찬가지로 이들 경우에도 민법 제536조를 준용한다는 것이다.

라. 민법 제571조에 의한 계약해제의 경우에도 매도인의 손해배상의무와 매수인의 대지인도의무는 발생원인이 다르다 하더라도 이행의 견련관계는 양 의무에도 그대로 존재하므로 양 의무 사이에는 동시이행 관계가 있다고 인정함이 공평의 원칙에 합치한다.

7-8 계약해제에 따른 원물반환이 불가능하게 된 경우, 반환하여야 할 가액의 범위

대법원 2013. 12. 12. 선고 2013다14675 판결

판시사항

매도인으로부터 매매 목적물의 소유권을 이전받은 매수인이 매도인의 계약해제 이전에 제3자에게 목적물을 처분하여 계약해제에 따른 원물반환이 불가능하게 된 경우, 매수인이 원상회복의무로서 반환하여야 할 가액의 범위

판결요지

계약이 해제된 경우에 각 당사자는 민법 제548조에 따라 상대방에 대하여 원상회복의 의무를 지며, 원상회복의무로서 반환할 금전에는 그 받은 날부터 이자를 가산하여 지급하여야 한다. 이와 같이 계약해제의 효과로서 원상회복의무를 규정한 민법 제548조는 부당이득에 관한 특별 규정의 성격을 가진 것이므로, 그 이익 반환의 범위는 이익의 현존 여부나 선의, 악의에 불문하고 특단의 사유가 없는 한 받은 이익의 전부이다. 따라서 매도인으로부터 매매 목적물의 소유권을 이전받은 매수

인이 매도인의 계약해제 이전에 제3자에게 목적물을 처분하여 계약해제에 따른 원물반환이 불가능하게 된 경우에 매수인은 원상회복의무로서 가액을 반환하여야 하며, 이때에 반환할 금액은 특별한 사정이 없는 한 그 처분 당시의 목적물의 대가 또는 그 시가 상당액과 처분으로 얻은 이익에 대하여 그 이득일부터의 법정이자를 가산한 금액이다.

7-9 계약해제로 인한 원상회복의무가 이행지체에 빠진 경우

대법원 2013. 4. 26. 선고 2011다50509 판결

판시사항

[1] 계약해제로 인한 원상회복의무가 이행지체에 빠진 이후의 지연손해금률에 관하여 당사자 사이에 별도의 약정이 있는 경우, 그 지연손해금률이 법정이율보다 낮더라도 약정에 따른 지연손해금률이 적용되는지 여부(적극)

판결요지

[1] 당사자 일방이 계약을 해제한 때에는 각 당사자는 상대방에 대하여 원상회복의무가 있고, 이 경우 반환할 금전에는 받은 날로부터 이자를 가산하여 지급하여야 한다. 여기서 가산되는 이자는 원상회복의 범위에 속하는 것으로서 일종의 부당이득반환의 성질을 가지는 것이고 반환의무의 이행지체로 인한 지연손해금이 아니다. 따라서 당사자 사이에 그 이자에 관하여 특별한 약정이 있으면 그 약정이율이 우선 적용되고 약정이율이 없으면 민사 또는 상사 법정이율이 적용된다. 반면 원상회복의무가 이행지체에 빠진 이후의 기간에 대해서는 부당이득반환의무로서의 이자가 아니라 반환채무에 대한 지연손해금이 발생하게 되므로 거기에는 지연손해금률이 적용되어야 한다. 그 지연손해금률에 관하여도 당사자 사이에 별도의 약정이 있으면 그에 따라야 할 것이고, 설사 그것이 법정이율보다 낮다 하더라도 마찬가지이다.

7-10 해제에 따른 원상회복으로서 사용이익을 반환할 의무가 없다고 본 사례

대법원 2011. 6. 30. 선고 2009다30724 판결

판시사항

[3] 매매계약 해제에 따른 원상회복의무의 일환으로서 매수인의 사용이익 반환의무가 인정되기 위한 요건

[4] 임대인 갑이 임차인 을에게 병 부동산을 매도하기로 하였는데, 을이 중도금 지급을 하지 않아 매매계약이 해제된 사안에서, 을이 병 부동산을 점용한 것은 위 매매계약에 앞서 체결된 임대차계약에 기한 것일 뿐 매매계약의 이행으로서 인도받았다고는 볼 수 없으므로, 을이 임대차계약에 기하여 부당이득반환의무를 지는 것은 별론으로 하고 매매계약의 해제에 따른 원상회복으로서 임료상당의 사용이익을 반환할 의무를 진다고는 볼 수 없다고 한 사례

7-11 임대차 합의해제 후 동시이행 관계 여부의 사례

대구고법 1985. 3. 6. 선고 84나511(본소),84나512(반소) 제5민사부판결 : 상고

판시사항

임대차계약이 이미 합의해제되어 임대인의 전세금반환채무와 임차인의 건물명도의무가 본래의 동시이행 관계에 있지 아니하다고 판단한 사례

판결요지

원·피고가 임대차계약을 체결하고 원고가 피고에게 전세금의 일부를 지급하였으나 아직 입주를 하지 아니한 상태에서 임대차계약을 합의해제하면서 피고가 원고로 하여금 다른 곳에 이사할 집을 마련할 때까지 건물에 임시거주할 것을 허용한 사실관계하에서는 계약해제로 인한 피고의 전세금반환채무와 약정된 기간경과 후의 원고의 건물명도의무는 처음부터 그 이행기가 다를 뿐만 아니라 각 그 채무의 발생원인이 달라서 동시이행 관계에 있다고 볼 수 없다.

7-12 계약 해제 후 목적물을 이용한 경우 사용이익의 반환의무의 존부

대법원 2000. 2. 25. 선고 97다30066 판결

판시사항

[2] 계약 해제로 인한 원상회복의무를 부담하는 당사자 일방이 목적물을 이용한 경우, 그 사용 이익의 반환의무의 존부(적극) 및 그 이용으로 인한 감가비 상당의 반환의무의 존부(한정 소극)

판결요지

[2] 계약 해제로 인하여 계약 당사자가 원상회복의무를 부담함에 있어서 당사자 일방이 목적물을 이용한 경우에는 그 사용에 의한 이익을 상대방에게 반환하여야 하는 것이므로, 양도인은 양수인이 양도목적물을 인도받은 후 사용하였다 하더라도 양도계약의 해제로 인하여 양수인에게 그 사용에 의한 이익의 반환을 구함은 별론으로 하고, 양도 목적물 등이 양수인에 의하여 사용됨으로 인하여 감가 내지 소모가 되는 요인이 발생하였다 하여도 그것을 훼손으로 볼 수 없는 한 그 감가비 상당은 원상회복의무로서 반환할 성질의 것은 아니다.

7-13 계약해제로 인해 가산하여 지급하는 소정의 이자의 법적 성질

대법원 2000. 6. 9. 선고 2000다9123 판결

판시사항

계약해제로 인해 당사자 일방이 수령한 금전을 반환함에 있어 그 받은 날로부터 가산하여 지급하여야 할 민법 제548조 제2항 소정의 이자의 법적 성질(=부당이득반환) 및 부동산 매매계약 해제 시 매매대금 반환의무와 소유권이전등기말소의무가 동시이행 관계에 있는지 여부에 관계없이 매도인은 매매대금을 받은 날로부터 위 법정이자를 부가하여 지급하여야 하는지 여부(적극)

> **판결요지**

법정해제권 행사의 경우 당사자 일방이 그 수령한 금전을 반환함에 있어 그 받은 때로부터 법정이자를 부가함을 요하는 것은 민법 제548조 제2항이 규정하는 바로서, 이는 원상회복의 범위에 속하는 것이며 일종의 부당이득반환의 성질을 가지는 것이고 반환의무의 이행지체로 인한 것이 아니므로, 부동산 매매계약이 해제된 경우 매도인의 매매대금 반환의무와 매수인의 소유권이전등기말소등기 절차이행의무가 동시이행의 관계에 있는지 여부와는 관계없이 매도인이 반환하여야 할 매매대금에 대하여는 그 받은 날로부터 민법 소정의 법정이율인 연 5푼의 비율에 의한 법정이자를 부가하여 지급하여야 하고, 이와 같은 법리는 약정된 해제권을 행사하는 경우라 하여 달라지는 것은 아니다.

원상회복에 관련 가산하는 이자에 소촉법 이율을 적용할 수 있는지 여부

<small>법원 2000. 6. 23. 선고 2000다16275,16282 판결</small>

> **판시사항**

계약해제로 인한 원상회복으로서 반환하는 금전에 가산하는 민법 제548조 제2항 소정의 이자의 법적 성질(=부당이득반환) 및 위 이자에 소송촉진등에관한특례법 제3조 제1항 소정의 이율을 적용할 수 있는지 여부(소극)

> **판결요지**

민법 제548조 제2항은 계약해제로 인한 원상회복의무의 이행으로서 반환하는 금전에는 그 받은 날로부터 이자를 가산하여야 한다고 하고 있는바, 위 이자의 반환은 원상회복의무의 범위에 속하는 것으로 일종의 부당이득반환의 성질을 가지는 것이지 반환의무의 이행지체로 인한 손해배상은 아니라고 할 것이고, 소송촉진등에관한특례법 제3조 제1항은 금전채무의 전부 또는 일부의 이행을 명하는 판결을 선고할 경우에 있어서 금전채무불이행으로 인한 손해배상액 산정의 기준이 되는 법정이율에 관한 특별규정이므로, 위 이자에는 소송촉진등에관한특례법 제3조 제1항에 의한 이율을 적용할 수 없다.

7-15 계약 해제의 이행불능과 원상회복의무

서울고법 1970. 9. 18. 선고 69나729 제7민사부판결 : 확정

판결요지

매매계약에 있어서 동시이행 관계에 있는 쌍방의 채무에 관하여 서로 이행의 제공을 한 바 없어 쌍방의 채무가 기한의 정함이 없는 채무로 된 상태에 있던 중 그 사이 그 매매 목적부동산의 가등기 권리자가 그 소유권이전의 본등기를 경료하므로써 매도인의 매수인에 대한 소유권 이전등기의무가 이행 불능의 상태에 빠졌다면 위 이행불능의 상태는 매매당사자 쌍방의 귀책사유로 발생된 것이라고 봄이 상당하며 이와 같은 경우 매도인은 매수인에게 약정된 손해배상의 의무는 없다 할 것이나 원상회복을 하여줄 의무는 있으므로 매수인으로부터 받은 계약금 중도금 등을 반환할 의무가 있다.

7-16 민법 제548조 제1항 단서에서 말하는 제3자란

대법원 2002. 10. 11. 선고 2002다33502 판결

민법 제548조 제1항 단서에서 말하는 제3자란 일반적으로 그 해제된 계약으로부터 생긴 법률효과를 기초로 하여 해제 전에 새로운 이해관계를 가졌을 뿐 아니라 등기, 인도 등으로 완전한 권리를 취득한 자를 말한다.

7-17 제3자가 악의라는 사실의 입증 책임

대법원 2005. 6. 9. 선고 2005다6341 판결

계약의 합의해제에 있어서도 민법 제548조의 계약해제의 경우와 같이 이로써 제3자의 권리를 해할 수 없다. 계약해제시 계약은 소급하여 소멸하게 되어 해제당사자는 각 원상회복의 의무를 부담하게 되나 이 경우 계약해제로 인한 원상회복등기 등이 이루어지기 이전에 해약당사자

와 양립되지 아니하는 법률관계를 가지게 되었고 계약해제 사실을 몰랐던 제3자에 대하여는 계약해제를 주장할 수 없고, 이 경우 제3자가 악의라는 사실의 주장·입증책임은 계약해제를 주장하는 자에게 있다.

해제 후 이해관계를 가진 제3자의 보호 여부

대법원 1985. 4. 9. 선고 84다카130,84다카131 판결

판시사항

가. 매매계약이 체결되었으면 소유서류위조 등의 방법으로 매수인 앞으로 경료된 소유권이전등기도 실체적 권리관계에 부합되는 것인지 여부

나. 계약해제의 효과를 주장할 수 없는 제3자의 범위

판결요지

가. 공부상 공시된 등기가 실체적 권리관계에 부합한다 함은 그 등기절차에 문서의 위조 등 어떤 하자가 있다 하더라도 진실한 권리관계와 합치되는 것을 말하는 것으로 약정매매대금 전액이 지급되었다거나 또는 매매대금 완불 이전이라고 하더라도 그 소유권이전등기를 하기로 하는 약정이 있었다고 할 수 없다면 소유서류 위조등의 방법으로 한 매수인명의의 소유권이전등기는 매도인의 의사에 반하는 것임이 분명하여 실체적 권리관계에 부합한다고 할 이유나 근거가 없다.

나. 계약당사자의 일방이 계약을 해제하였을 때에는 계약은 소급하여 소멸하여 해약당사자는 각 원상회복의 의무를 지게 되나 이 경우 계약해제로 인한 원상회복등기 등이 이루어지기 이전에 계약의 해제를 주장하는 자와 양립되지 아니하는 법률관계를 가지게 되었고 계약해제사실을 몰랐던 제3자에 대하여는 계약해제를 주장할 수 없다.

7-19 등기없이 매수토지에 건물을 신축하고 계약이 해제된 경우

대법원 1991. 5. 28. 선고 90다카16761 판결

판시사항

토지 매도인이 그 매매계약을 해제한 경우에 있어 그 토지 위에 신축된 건물의 매수인이 위 계약해제로 권리를 침해당하지 않을 제3자에 해당하는지 여부(소극)

판결요지

계약당사자의 일방이 계약을 해제하여도 제3자의 권리를 침해할 수 없지만, 여기에서 그 제3자는 계약의 목적물에 관하여 권리를 취득하고 또 이를 가지고 계약당사자에게 대항할 수 있는 자를 말하므로, 토지를 매도하였다가 대금지급을 받지 못하여 그 매매계약을 해제한 경우에 있어 그 토지 위에 신축된 건물의 매수인은 위 계약해제로 권리를 침해당하지 않을 제3자에 해당하지 아니한다.

7-20 계약을 위반한 당사자도 계약해제의 효과를 주장할 수 있는지 여부

대법원 2001. 6. 29. 선고 2001다21441,21458 판결

판시사항

일방당사자의 계약위반을 이유로 계약이 해제된 경우, 계약을 위반한 당사자도 계약해제의 효과를 주장할 수 있는지 여부(적극)

판결요지

계약의 해제권은 일종의 형성권으로서 당사자의 일방에 의한 계약해제의 의사표시가 있으면 그 효과로서 새로운 법률관계가 발생하고 각 당사자는 그에 구속되는 것이므로, 일방 당사자의 계약위반을 이유로 한 상대방의 계약해제 의사표시에 의하여 계약이 해제되었음에도 상대방이 계약이 존속함을 전제로 계약상 의무의 이행을 구하는 경우 계약을 위반한 당사자도 당해 계약이 상대방의 해제로 소멸되었음을 들어 그 이행을 거절할 수 있다.

08 Chapter
계약의 해지

계약의 합의해지는 쌍방당사자 의사의 내용이 일치해야__

계약의 합의해지는 당사자가 이미 체결한 계약의 효력을 장래에 향해 소멸시킬 것을 내용으로 하는 새로운 계약으로서, 이를 인정하기 위해서는 계약이 성립하는 경우와 마찬가지로 기존 계약의 효력을 장래에 향하여 소멸시키기로 하는 내용의 청약과 승낙이라는 서로 대립하는 의사표시가 합치될 것을 그 요건으로 하는 것이고, 이러한 합의가 성립하기 위해서는 쌍방 당사자의 표시행위에 나타난 의사의 내용이 서로 객관적으로 일치해야 한다. 또한 계약당사자의 일방이 계약해지에 관한 조건을 제시한 경우 그 조건에 관한 합의까지 이루어져야 합의해지가 성립된다.

계약의 합의해지는 묵시적으로도 가능__

계약의 합의해지는 명시적인 경우뿐만 아니라 묵시적으로도 이루어질 수 있는 것이므로 계약 후 당사자 쌍방의 계약 실현 의사의 결여 또는 포기가 쌍방 당사자의 표시행위에 나타난 의사의 내용에 의해 객관적으로 일치하는 경우에는, 그 계약은 계약을 실현하지 않을 당사자 쌍방의 의사가 일치됨으로써 묵시적으로 해지되었다고 해석함이 상당하다.

공동임대인 전원이 해지 의사를 표시해야 임대차계약 해지 효력 발생__

민법 제547조 제1항은 "당사자의 일방 또는 쌍방이 수인인 경우에는 계약의 해지나 해제는 그 전원으로부터 또는 전원에 대해서 해야 한다"라고 규정하고 있으므로, 여러 사람이 공동임대인으로서 임차인과 하나의 임대차계약을 체결한 경우에는 민법 제547조 제1항의 적용을 배제하는 특약이 있다는 등의 특별한 사정이 없는 한 공동임대인 전원의 해지의 의사표시에 따라 임대차계약 전부를 해지해야 한다. 이러한 법리는 임대차계약의 체결 당시부터 공동임대인이었던 경우뿐만 아니라 임대차목적물 중 일부가 양도되어 그에 관한 임대인의 지위가 승계됨으로써 공동임대인으로 되는 경우에도 마찬가지로 적용된다.

임대인이 바뀔 때 임차인은 임대차관계를 해지할 수 있어__

임대차계약에 있어 임대인의 지위의 양도는 임대인의 의무의 이전을 수반하는 것이지만 임대인의 의무는 임대인이 누구인가에 의해 이행방법이 특별히 달라지는 것은 아니고, 목적물의 소유자의 지위에서 거의 완전히 이행할 수 있으며, 임차인의 입장에서 보아도 신 소유자에게 그 의무의 승계를 인정하는 것이 오히려 임차인에게 훨씬 유리할 수도 있으므로 임대인과 신 소유자와의 계약만으로써 그 지위의 양도를 할 수 있다 할 것이나, 이 경우에 임차인이 원하지 않으면 임대차의 승계를 임차인에게 강요할 수는 없는 것이어서 스스로 임대차를 종료시킬 수 있어야 한다는 공평의 원칙 및 신의성실의 원칙에 따라 임차인이 곧 이의를 제기함으로써 승계되는 임대차관계의 구속을 면할 수 있고, 임대인과의 임대차관계도 해지할 수 있다고 보아야 한다.

8-1 계약의 합의해지를 인정하기 위한 요건

대법원 2004. 6. 10. 선고 2004다2151,2168 판결

이유

계약의 합의해지는 당사자가 이미 체결한 계약의 효력을 장래에 향하여 소멸시킬 것을 내용으로 하는 새로운 계약으로서, 이를 인정하기 위하여는 계약이 성립하는 경우와 마찬가지로 기존 계약의 효력을 장래에 향하여 소멸시키기로 하는 내용의 청약과 승낙이라는 서로 대립하는 의사표시가 합치될 것을 그 요건으로 하는 것이고, 이러한 합의가 성립하기 위하여는 쌍방 당사자의 표시행위에 나타난 의사의 내용이 서로 객관적으로 일치하여야 한다.

8-2 계약해지에 관한 조건을 제시한 경우의 합의해지 성립 요건

대법원 2009. 7. 23. 선고 2008다1477 판결

판시사항

계약당사자의 일방이 계약해지에 관한 조건을 제시한 경우 그 조건에 관한 합의까지 이루어져야 합의해지가 성립하는지 여부(적극)

이유

계약이 합의해지되기 위하여는 일반적으로 계약이 성립하는 경우와 마찬가지로 계약의 청약과 승낙이라는 서로 대립하는 의사표시가 합치될 것을 요건으로 하는바, 이와 같은 합의가 성립하기 위하여는 쌍방 당사자의 표시행위에 나타난 의사의 내용이 객관적으로 일치하여야 하므로 계약당사자의 일방이 계약해지에 관한 조건을 제시한 경우 그 조건에 관한 합의까지 이루어져야 합의해지가 성립된다.

8-3 공동임대인 전원이 해지의 의사표시를 해야 하는지 여부

대법원 2015. 10. 29. 선고 2012다5537 판결

판시사항

여러 사람이 공동임대인으로서 임차인과 하나의 임대차계약을 체결한 경우, 공동임대인 전원의 해지의 의사표시에 따라 임대차계약 전부를 해지하여야 하는지 여부(원칙적 적극) 및 이러한 법리는 임대차목적물 중 일부가 양도되어 임대인의 지위가 승계됨으로써 공동임대인으로 되는 경우에도 마찬가지로 적용되는지 여부(적극)

판결요지

민법 제547조 제1항은 "당사자의 일방 또는 쌍방이 수인인 경우에는 계약의 해지나 해제는 그 전원으로부터 또는 전원에 대하여 하여야 한다"라고 규정하고 있으므로, 여러 사람이 공동임대인으로서 임차인과 하나의 임대차계약을 체결한 경우에는 민법 제547조 제1항의 적용을 배제하는 특약이 있다는 등의 특별한 사정이 없는 한 공동임대인 전원의 해지의 의사표시에 따라 임대차계약 전부를 해지하여야 한다. 이러

한 법리는 임대차계약의 체결 당시부터 공동임대인이었던 경우뿐만 아니라 임대차목적물 중 일부가 양도되어 그에 관한 임대인의 지위가 승계됨으로써 공동임대인으로 되는 경우에도 마찬가지로 적용된다.

계약의 묵시적 합의해지를 인정하기 위한 요건

대법원 2003. 1. 24. 선고 2000다5336,5343 판결

판시사항

[1] 임차인이 특정한 날짜까지 임차부분에 입점하지 아니하면 임대차계약이 자동적으로 해지된다는 특약이 있는 경우 그 불이행 자체로써 계약이 자동적으로 해지되는지 여부(적극)

[3] 계약의 묵시적 합의해지를 인정하기 위한 요건

[7] 계약의 합의해지에 대하여 민법 제548조 제2항이 적용되는지 여부(소극)

판결요지

[1] 임대차계약을 체결하면서, '임대차계약은 임차인이 임차보증금을 완급한 때부터 효력이 생기고, 그 때부터 한 달 이내에 임차인이 임차부분에 입점하지 아니하면 자동적으로 해지된다'고 약정하였는데, 그 후 임차인이 위 기한 내에 입점하지 않았다면 해지의 의사표시를 요하지 않고 그 불이행 자체로써 위 임대차계약은 그 일자에 자동적으로 해지된 것으로 보아야 한다.

[3] 계약이 합의해지되기 위하여는 일반적으로 계약이 성립하는 경우와 마찬가지로 계약의 청약과 승낙이라는 서로 대립하는 의사표시가 합치될 것을 그 요건으로 하는 것이지만, 계약의 합의해지는 명시적인 경우뿐만 아니라 묵시적으로도 이루어질 수 있는 것이므로 계약 후 당사자 쌍방의 계약 실현 의사의 결여 또는 포기가 쌍방 당사자의 표시행위에 나타난 의사의 내용에 의하여 객관적으로 일치하는 경우에는, 그 계약은 계약을 실현하지 아니할 당사자 쌍방의 의사가 일치됨으로써 묵시적으로 해지되었다고 해석함이 상당하다.

[7] 합의해지 또는 해지계약이라 함은 해지권의 유무에 불구하고 계약 당사자 쌍방이 합의에 의하여 계속적 계약의 효력을 해지시점 이후부터 장래를 향하여 소멸하게 하는 것을 내용으로 하는 새로운 계약으로서, 그 효력은 그 합의의 내용에 의하여 결정되고 여기에는 해제, 해지에 관한 민법 제548조 제2항의 규정은 적용되지 아니하므로, 당사자 사이에 약정이 없는 이상 합의해지로 인하여 반환할 금전에 그 받은 날로부터의 이자를 가하여야 할 의무가 있는 것은 아니다.

8-5 특약사항 불이행하였음을 이유로 임대차계약을 해지한 사례

부산고법 2006. 8. 25. 선고 2005나17792 판결

판시사항

일반음식점영업을 위한 점포임대차계약에서 정한 특약사항을 임대인이 불이행하였음을 이유로 임차인의 임대차계약 해지를 인정한 사례

판결요지

일반음식점영업을 위한 점포임대차계약에서 임대인이 전 임차인의 폐업신고 이행 등 영업신고에 관한 문제를 해결하여줄 것을 특약사항으로 정한 경우, 임대인이 임차인에게 점포를 인도하여 임차인으로 하여금 영업준비를 하게 하였다 하더라도 전 임차인이 폐업신고를 하지 않아 임차인이 영업신고를 하지 못한다면 임차인은 임대인의 위 특약사항 불이행을 이유로 임대차계약을 해지할 수 있다고 본 사례

8-6 임대인이 지위 양도할 경우, 임차인이 임대차관계를 해지할 수 있는지 여부

대법원 1998. 9. 2. 자 98마100 결정

판시사항

임차물에 대한 임대인과 신 소유자 사이의 임대인 지위양도의 계약만으로 임대인의 지위의 양도를 할 수 있는지 여부(적극) 및 이 경우 임차

인이 임대차의 승계를 원하지 않는 경우, 이의를 제기하여 임대인과의 임대차관계를 해지할 수 있는지 여부(적극)

결정요지

임대차계약에 있어 임대인의 지위의 양도는 임대인의 의무의 이전을 수반하는 것이지만 임대인의 의무는 임대인이 누구인가에 의하여 이행방법이 특별히 달라지는 것은 아니고, 목적물의 소유자의 지위에서 거의 완전히 이행할 수 있으며, 임차인의 입장에서 보아도 신 소유자에게 그 의무의 승계를 인정하는 것이 오히려 임차인에게 훨씬 유리할 수도 있으므로 임대인과 신 소유자와의 계약만으로써 그 지위의 양도를 할 수 있다 할 것이나, 이 경우에 임차인이 원하지 아니하면 임대차의 승계를 임차인에게 강요할 수는 없는 것이어서 스스로 임대차를 종료 시킬 수 있어야 한다는 공평의 원칙 및 신의성실의 원칙에 따라 임차인이 곧 이의를 제기함으로써 승계되는 임대차관계의 구속을 면할 수 있고, 임대인과의 임대차관계도 해지할 수 있다고 보아야 한다.

임차인의 용법준수의무위반 배신행위로 계약해지를 인정한 사례

대법원 1994. 12. 2. 선고 93다31672 판결

판시사항

나. 임차인의 용법준수의무위반을 임대차관계의 계속을 현저히 곤란하게 하는 배신행위로 보아 계약해지를 인정한 사례

판결요지

나. '가'항의 대차계약을 체결함에 있어 부대계약으로 을이 그 토지 위에 설치할 시설물내역을 정하는 한편 그 외의 공원시설은 갑·을의 합의로 결정하기로 약정하였다면, 그 약정의 취지는 그 토지가 갑의 묘역으로서 선조의 분묘가 다수 설치된 곳이라는 점을 감안하여 공원시설물의 종류 및 그 설치장소 등을 결정함에 있어 갑의 의사를 반영하고자 함에 있는 것으로 인정되므로, 갑의 명백한 반대에도 불구하고 산림을 훼손하여 대지를 조성한 다음 그곳에 연면적이 2,500㎡에 달하는 청소년회관건물을 신축하는 공사에 착공한 을의

행위는 그 대차관계의 계속을 현저하게 곤란하게 하는 배신행위에 해당한다 할 것이어서 이와 같은 경우에는 갑은 그 대차계약을 해지할 수 있다고 보아야 한다고 한 사례

8-8 차임연체로 해지하는 경우, 전차인에게 통지를 해야하는지 여부

대법원 2012. 10. 11. 선고 2012다55860 판결

판시사항

임차인의 차임연체액이 2기의 차임액에 달한다는 이유로 임대인이 임대차계약을 해지하는 경우, 그 사유를 전차인에게 통지하여야만 해지로써 전차인에게 대항할 수 있는지 여부(소극) 및 이 경우 임대차계약이 종료하는 시점(=해지의 의사표시가 임차인에게 도달한 즉시)

판결요지

민법 제638조 제1항, 제2항 및 제635조 제2항에 의하면 임대차계약이 해지 통고로 인하여 종료된 경우에 그 임대물이 적법하게 전대되었을 때에는 임대인은 전차인에 대하여 그 사유를 통지하지 아니하면 해지로써 전차인에게 대항하지 못하고, 전차인이 통지를 받은 때에는 토지, 건물 기타 공작물에 대하여는 임대인이 해지를 통고한 경우에는 6월, 임차인이 해지를 통고한 경우에는 1월, 동산에 대하여는 5일이 경과하면 해지의 효력이 생긴다고 할 것이지만 민법 제640조에 터 잡아 임차인의 차임연체액이 2기의 차임액에 달함에 따라 임대인이 임대차계약을 해지하는 경우에는 전차인에 대하여 그 사유를 통지하지 않더라도 해지로써 전차인에게 대항할 수 있고, 해지의 의사표시가 임차인에게 도달하는 즉시 임대차관계는 해지로 종료된다.

8-9 계속적 계약의 해지가 인정되는 경우와 증명 책임

대법원 2015. 4. 23. 선고 2011다19102,19119 판결

판시사항

[1] 계속적 계약의 해지가 인정되는 경우 및 그에 관한 증명책임의 소재(=계약관계의 소멸을 주장하는 자)

이유

계속적 계약은 당사자 상호간의 신뢰관계를 기초로 하는 것으로서, 당해 계약의 존속 중에 당사자 일방의 계약상 의무 위반이나 기타 부당한 행위 등으로 인하여 계약의 기초가 되는 신뢰관계가 파괴되어 계약관계를 그대로 유지하기 어려운 정도에 이르렀다면 상대방은 그 계약관계를 해지함으로써 장래에 향하여 그 효력을 소멸시킬 수 있지만(대법원 1995. 3. 24. 선고 94다17826 판결, 대법원 2002. 11. 26. 선고 2002두5948 판결 등 참조), 그와 같이 계약관계를 유지하기 어려운 정도에 이른 사정에 관하여는 계약관계의 소멸을 주장하는 사람이 증명할 책임이 있다.

임대차계약에서 임대인의 담보책임을 물어 계약을 해지할 수 있는지 여부

대법원 1994. 11. 22. 선고 93다61321 판결

판시사항

임대차계약에 따라 임차목적물을 명도받아 점유를 계속해온 경우, 임대인의 담보책임을 물어 계약해제를 할 수 없는지 여부

판결요지

임차인이 임대차계약에 따라 임대인으로부터 임차목적물을 명도받아 점유를 계속하여온 경우에는, 임차목적물에 있는 법률적 제한으로 말미암아 임차의 목적을 달할 수 없게 되어 임대인의 담보책임을 묻는다 하더라도 계약의 효력을 장래에 향하여 소멸하게 하는 해지를 할 수는 있으나, 그 효력을 소급적으로 소멸시키는 해제를 할 수는 없다.

8-11 약정 위반을 이유로 임대차계약을 해지한 것이 부적합하다고 본 사례

대법원 1992. 10. 27. 선고 92다4550 판결

판시사항

백화점 내의 임대점포에 관하여 임대인이 임차인의 휴점금지 및 입주시기에 관한 약정 위반을 이유로 임대차계약을 해지한 것이 정의와 형평에 어긋나는 것으로서 부적법하다고 본 사례

판결요지

백화점 내의 임대점포에 관하여 임대인이 임차인의 휴점금지 및 입주시기에 관한 약정 위반을 이유로 임대차계약을 해지한 것이 정의와 형평에 어긋나는 것으로서 부적법하다고 본 사례

이유

점포임대차계약상 임차인인 신청인은 임대인인 피신청인의 승락 없이 단 1일이라도 휴점을 해서는 아니되고 부득이한 사정으로 휴업을 할 경우에는 3일전에 서면으로 피신청인의 승인을 받아야 하며, 또 신청인은 피신청인이 지정한 기일까지 반드시 위 점포에 입주하여 영업을 개시하여야 하고 신청인이 이를 위반하였을 경우 피신청인은 최고 없이 위 임대차계약을 해지할 수 있도록 상호 약정한 사실이 있다.

하지만, 이 사건 점포와 같은 백화점 내에 귀금속매장을 설치하기 위하여 필요한 설비공사를 하려면 시간이 얼마나 걸리는지 등을 밝혀 보아, 신청인이 귀금속을 취급하는 영업을 개시하기 위한 준비를 하는 데에 보통 어느 정도의 기간이 소요되는지를 심리한 다음, 과연 신청인이 영업을 개시하여야 할 시기로 피신청인이 지정한 날이 위와 같은 영업개시의 준비기간을 충분히 감안한 것이었는지, 위와 같은 영업개시의 준비기간이 지난 뒤에도 신청인이 영업을 개시하지 아니한 것인지의 여부 등을 가려보았어야 할 것이다.

소유권 취득자의 요구로 임차목적물을 인도한 경우, 임대차계약의 종료 여부

대법원 1996. 3. 8. 선고 95다15087 판결

판시사항

임대차기간 중 임차목적물의 소유권을 취득한 제3자의 요구로 임차인이 그 임차목적물을 인도한 경우, 임대차계약의 종료 여부(적극)

판결요지

임대차는 당사자 일방이 상대방에게 목적물을 사용·수익하게 할 것을 약정하고 상대방이 이에 대하여 차임을 지급할 것을 약정함으로써 성립하는 것으로서 임대인이 그 목적물에 대한 소유권 기타 이를 임대할 권한이 있을 것을 성립요건으로 하고 있지 아니하므로, 임대차계약이 성립된 후 그 존속기간 중에 임대인이 임대차목적물에 대한 소유권을 상실한 사실 그 자체만으로 바로 임대차에 직접적인 영향을 미친다고 볼 수는 없지만, 임대인이 임대차목적물의 소유권을 제3자에게 양도하고 그 소유권을 취득한 제3자가 임차인에게 그 임대차목적물의 인도를 요구하여 이를 인도하였다면 임대인이 임차인에게 임대차목적물을 사용·수익케 할 의무는 이행불능이 되었다고 할 것이고, 이러한 이행불능이 일시적이라고 볼 만한 특별한 사정이 없다면 임대차는 당사자의 해지 의사표시를 기다릴 필요 없이 당연히 종료되었다고 볼 것이지, 임대인의 채무가 손해배상 채무로 변환된 상태로 채권·채무관계가 존속한다고 볼 수 없다.

09 Chapter
계약의 취소와 무효

부동산 시가에 관한 착오는 중요부분에 관한 착오라고 할 수 없어__

부동산 매매에서 시가에 관한 착오는 부동산을 매매하려는 의사를 결정함에 있어 동기의 착오에 불과할 뿐 법률행위의 중요부분에 관한 착오라고 할 수 없다.

'중대한 과실'이란 보통 요구되는 주의를 현저히 결여한 것을 의미__

민법 제109조 제1항 단서에서 규정하고 있는 '중대한 과실'이라 함은 표의자의 직업, 행위의 종류, 목적 등에 비추어 보통 요구되는 주의를 현저히 결여한 것을 말하고, 공인된 중개사나 신뢰성 있는 중개기관을 통하지 않고 개인적으로 토지 거래를 하는 경우, 매매계약 목적물의 특정에 대해서는 스스로의 책임으로 토지대장, 임야도 등의 공적인 자료 기타 공신력 있는 객관적인 자료에 의해 그 토지가 과연 그가 매수하기 원하는 토지인지를 확인해야 할 최소한의 주의의무가 있다.

동기의 착오로 취소하기 위해서는 그 동기를 계약의 내용으로 삼아야 __

부동산을 매수하기로 하는 매매계약을 체결했으나 이 사건 부동산은 서울기지부근에 위치하는 관계로 보안상의 이유 등으로 인해 매매계약체결 당시부터 그 지상에 고층아파트의 건축을 할 수 없는 경우는 동기의 착오에 불과하고 당해 동기가 표지되지 않았으므로 취소할 수 없다.

우사를 짓기 위해 토지를 매수했으나, 시장, 군수의 허가 없이는 건축물 기타 공작물의 신축, 개축 또는 증축 등이 금지되고, 도로부지 또한 앞으로 도로가 개설될 예정지여서 위 토지 전부에 대해 우사를 짓고 비육우를 사육할 수 없어서 그 계약의 목적을 달성할 수 없을 경우는 동기의 착오에 불과하고 당해 동기가 표시되지 않았으므로 취소할 수 없다.

분양상가 수익은 투자자들의 책임과 판단하에 결정될 성질 __

상품의 선전 광고에 있어서 거래의 중요한 사항에 관해 구체적 사실을 신의성실의 의무에 비추어 비난받을 정도의 방법으로 허위로 고지한 경우에는 기망행위에 해당한다고 할 것이나, 그 선전 광고에 다소의 과장 허위가 수반되는 것은 그것이 일반 상거래의 관행과 신의칙에 비추어 시인될 수 있는 한 기망성이 결여된다고 할 것이고, 또한 용도가 특정된 특수시설을 분양받을 경우 그 운영을 어떻게 하고, 그 수익은 얼마나 될 것인지와 같은 사항은 투자자들의 책임과 판단하에 결정될 성질의 것이다.

예를 들어, 상가를 분양하면서 그 곳에 첨단 오락타운을 조성하고 전문 경영인에 의한 위탁경영을 통해 일정 수익을 보장한다는 취지의 광고를 했다고 해서 이로써 상대방을 기망해 분양계약을 체결하게 했다거나 상대방이 계약의 중요부분에 관해 착오를 일으켜 분양계약을 체결하게 된 것이라 볼 수 없다.

임차물이 임대인의 소유일 것을 약정했고, 임대인이 소유권자가 아니면 계약 취소 가능__

임대차계약은 당사자의 한 쪽이 상대방에게 목적물을 사용 수익하게 할 것을 약정하면 되는 것이고, 그 목적물에 대해 소유권 기타 그것을 처분할 권한이 임대인에게 있어야 되는 것은 아니다. 그런데 임대인이 임대하는 물건이 자기의 것이 아님에도 불구하고 자기의 소유인 양 가칭하고, 또한 그 임대차계약에서 그 목적물이 반드시 임대인의 소유일 것을 특히 계약의 내용으로 삼았다면 임차인은 이것을 이유로 해서 법률행위의 내용의 중요부분에 착오가 있다 해서 취소할 수 있다.

이중매매 무효 법리는 이중임대차계약 체결에도 적용__

이중매매를 사회질서에 반하는 법률행위로서 무효라고 하기 위해서는, 제2매수인이 이중매매 사실을 아는 것만으로는 부족하고, 나아가 매도인의 배임행위(또는 배신행위)를 유인, 교사하거나 이에 협력하는 등 적극적으로 가담하는 것이 필요하며, 그와 같은 사유가 있는지를 판단할 때에는 이중매매계약에 이른 경위, 약정된 대가 등 계약 내용의 상당성 또는 특수성 및 양도인과 제2매수인의 관계 등을 종합적으로 살펴보아야 한다. 그리고 이러한 법리는 이중으로 임대차계약을 체결한 경우에도 그대로 적용될 수 있다.

9-1 부동산 매매에서 시가에 관한 착오가 중요부분에 관한 착오인지 여부

대법원 1992. 10. 23. 선고 92다29337 판결

판시사항

나. 부동산 매매에 있어서 시가에 관한 착오가 법률행위의 중요부분에 관한 착오인지 여부(소극)

판결요지

나. 부동산 매매에 있어서 시가에 관한 착오는 부동산을 매매하려는 의사를 결정함에 있어 동기의 착오에 불과할 뿐 법률행위의 중요부분에 관한 착오라고 할 수 없다.

9-2 매매목적물에 관한 지분의 근소한 부족과 계약의 중요부분에 대한 착오

대법원 1984. 4. 10. 선고 83다카1328(본소),1329(반소) 판결

판결요지

나. 계약의 내용이 피고의 지분등기와 본건 건물 및 그 부지를 현상태대로 매매한 것인 경우 위 부지(4평)에 관하여 0.211평(계산상 0.201평)에 해당하는 피고의 지분이 부족하다 하더라도 그러한 근소한 차이만으로써는 매매계약의 중요부분에 착오가 있었다거나 기망행위가 있었다고는 보기 어렵다.

9-3 "중대한 과실"의 의미 및 사례

대법원 2009. 9. 24. 선고 2009다40356,40363 판결

판시사항

[1] 민법 제109조 제1항 단서에 정한 '중대한 과실'의 의미 및 공인된 중개사나 신뢰성 있는 중개기관을 통하지 않고 개인적으로 토지 거래를 하는 경우 매수인이 부담하는 주의의무의 내용

[2] 매매계약 목적물인 임야의 동일성에 관한 착오가 임야도, 임야대장 등을 확인하지 않은 매수인 및 그 대리인의 중대한 과실에 기인한 것이라고 본 사례

이유

민법 제109조 제1항 단서에서 규정하고 있는 '중대한 과실'이라 함은 표의자의 직업, 행위의 종류, 목적 등에 비추어 보통 요구되는 주의를 현저히 결여한 것을 말하고, 공인된 중개사나 신뢰성 있는 중개기관을 통하지 않고 개인적으로 토지 거래를 하는 경우, 매매계약 목적물의 특정에 대하여는 스스로의 책임으로 토지대장, 임야도 등의 공적인 자료 기타 공신력 있는 객관적인 자료에 의하여 그 토지가 과연 그가 매수하기 원하는 토지인지를 확인하여야 할 최소한의 주의의무가 있다.

9-4 건축인허가 여부 미확인은 "중대한 과실"에 해당한다고 한 사례

대법원 1993. 6. 29. 선고 92다38881 판결

판시사항

가. 민법 제109조 제1항 단서 소정의 "중대한 과실"의 의미

나. 공장을 경영하는 자가 공장이 협소하여 새로운 공장을 설립할 목적으로 토지를 매수함에 있어 토지상에 공장을 건축할 수 있는지 여부를 관할관청에 알아보지 아니한 과실이 "가"항의 "중대한 과실"에 해당한다고 한 사례

> **판결요지**

가. 민법 제109조 제1항 단서에서 규정하고 있는 "중대한 과실"이라 함은 표의자의 직업, 행위의 종류, 목적 등에 비추어 보통 요구되는 주의를 현저하게 결여한 것을 말한다.

나. 공장을 경영하는 자가 공장이 협소하여 새로운 공장을 설립할 목적으로 토지를 매수함에 있어 토지상에 공장을 건축할 수 있는지 여부를 관할관청에 알아보지 아니한 과실이 "가"항의 "중대한 과실"에 해당한다고 한 사례

9-5 동기의 착오를 이유로 한 의사표시의 취소요건

대법원 1990. 5. 22. 자 90다카7026 결정

> **결정요지**

의사표시의 동기에 착오가 있었음을 이유로 표의자가 이를 취소하기 위하여는 그 동기가 상대방에 표시되고 의사표시 내용의 중요부분의 착오로 인정된 경우이어야 한다.

> **이유**

부동산을 매수하기로 하는 매매계약을 체결하였으나 이 사건 부동산은 서울기지부근에 위치하는 관계로 보안상의 이유 등으로 인하여 매매계약체결 당시부터 그 지상에 고층아파트의 건축을 할 수 없는 경우는 동기의 착오에 불과하고 당해 동기가 표지되지 않았으므로 취소할 수 없다.

9-6 동기의 착오를 이유로 계약을 취소할 수 있는 경우

대법원 1984. 10. 23. 선고 83다카1187 판결

> **판결요지**

동기에 착오를 일으켜서 계약을 체결한 경우에는 당사자 사이에 특히 그 동기를 계약의 내용으로 삼은 때에 한하여 이를 이유로 당해계약을 취소할 수 있다.

이유

우사를 짓기 위해 토지를 매수했으나, 시장, 군수의 허가 없이는 건축물 기타 공작물의 신축, 개축 또는 증축등이 금지되고, 도로부지 또한 앞으로 도로가 개설될 예정지여서 위 토지 전부에 대하여 우사를 짓고 비육우를 사육할 수 없어서 그 계약의 목적을 달성할 수 없을 경우는 동기의 착오에 불과하고 당해 동기가 표시되지 않았으므로 취소할 수 없다.

9-7 계약의 목적을 달성할 수 없는 동기를 표시되지 않아 취소할 수 없다고 본 사례

대법원 1997. 4. 11. 선고 96다31109 판결

판시사항

[1] 동기의 착오를 이유로 계약을 취소할 수 있는 경우

[2] 공장의 신축부지로 사용하기 위하여 매입한 토지가 농지의 전용을 제한하는 법령에 의한 복잡한 절차를 거쳐야만 공장의 부지로 사용할 수 있다는 사실을 알면서도 매매계약을 체결한 매수인의 동기의 착오를 이유로 한 의사표시의 취소 주장을 배척한 사례

판결요지

[1] 매수인이 토지에 대한 전용허가를 받기 위하여는 구 중소기업창업지원법에 의한 사업계획의 승인을 받는 등의 복잡한 절차를 거쳐야 한다는 사실을 모르고 곧바로 벽돌공장을 지을 수 있는 것으로 잘못 알고 있었다고 하여도, 그러한 착오는 동기의 착오에 지나지 않으므로 당사자 사이에 그 동기를 의사표시의 내용으로 삼았을 때 한하여 의사표시의 내용의 착오가 되어 취소할 수 있다.

[2] 매수인이 공장의 신축부지로 사용하기 위하여 토지를 매입하였는데, 그 토지가 개간농지로서 농지의 전용을 제한하는 법령에 의한 복잡한 절차를 거쳐야만 공장의 부지로 사용할 수 있다는 사실을 매수인이 알고 있었고, 또 그 토지가 곧바로 공장의 부지로 전용될 수 있다는 것을 당사자들이 의사표시의 내용으로 삼지 않은 경우, 부지의 전용이 매매계약의 동기가 되었다고 할 수 없다고 하여 매수인의 동기의 착오를 이유로 한 의사표시의 취소 주장을 배척한 사례

9-8 중요부분의 착오가 상대방에 의해 유발된 경우, 취소할 수 있다고 본 사례

대법원 1990. 7. 10. 선고 90다카7460 판결

판시사항

가. 시로부터 공원휴게소 설치시행허가를 받음에 있어 담당공무원이 법규오해로 인하여 잘못 회시한 공문에 따라 동기의 착오를 일으켜 법률상 기부채납의무가 없는 휴게소부지의 16배나 되는 토지 전부와 휴게소건물을 시에 증여한 경우 휴게소부지와 그 지상시설물에 관한 부분을 제외한 나머지 토지에 관해서만 법률행위의 중요부분에 관한 착오라고 본 사례

판결요지

가. 시로부터 공원휴게소 설치시행허가를 받음에 있어 담당공무원이 법규오해로 인하여 잘못 회시한 공문에 따라 동기의 착오를 일으켜 법률상 기부채납의무가 없는 휴게소부지의 16배나 되는 토지 전부와 휴게소건물을 시에 증여한 경우 휴게소부지와 그 지상시설물에 관한 부분을 제외한 나머지 토지에 관해서만 법률행위의 중요부분에 관한 착오라고 본 사례

이유

동기의 착오가 상대방에 의해 유발된 경우 동기가 표지되지 않았더라도 중요부분의 착오에 해당하면 취소할 수 있다.

상가의 분양 시 다소의 과장광고는 기망행위에 해당하지 않는다고 본 사례

대법원 2001. 5. 29. 선고 99다55601,55618 판결

판시사항

[2] 상가를 분양하면서 그 운영방법 및 수익보장에 대하여 다소의 과장·허위 광고가 수반되었다 하더라도 기망행위에 해당하지 않는다고 본 사례

> 판결요지

[2] 상품의 선전 광고에 있어서 거래의 중요한 사항에 관하여 구체적 사실을 신의성실의 의무에 비추어 비난받을 정도의 방법으로 허위로 고지한 경우에는 기망행위에 해당한다고 할 것이나, 그 선전 광고에 다소의 과장 허위가 수반되는 것은 그것이 일반 상거래의 관행과 신의칙에 비추어 시인될 수 있는 한 기망성이 결여된다고 할 것이고, 또한 용도가 특정된 특수시설을 분양받을 경우 그 운영을 어떻게 하고, 그 수익은 얼마나 될 것인지와 같은 사항은 투자자들의 책임과 판단하에 결정될 성질의 것이므로, 상가를 분양하면서 그곳에 첨단 오락타운을 조성하고 전문경영인에 의한 위탁경영을 통하여 일정 수익을 보장한다는 취지의 광고를 하였다고 하여 이로써 상대방을 기망하여 분양계약을 체결하게 하였다거나 상대방이 계약의 중요부분에 관하여 착오를 일으켜 분양계약을 체결하게 된 것이라 볼 수 없다고 한 사례

타인 소유의 부동산을 임대한 경우 임차인이 취소할 수 있는지 여부

대법원 1975. 1. 28. 선고 74다2069 판결

> 판시사항

타인 소유의 부동산을 임대한 경우와 임차인의 착오에 의한 계약의 취소와의 관계

> 판결요지

타인소유의 부동산을 임대한 것이 임대차계약을 해지할 사유는 될 수 없고 목적물이 반드시 임대인의 소유일 것을 특히 계약의 내용으로 삼은 경우라야 착오를 이유로 임차인이 임대차계약을 취소할 수 있다.

> 이유

임대차계약은 당사자의 한쪽이 상대방에게 목적물을 사용 수익하게 할 것을 약정하면 되는 것이요, 나아가 그 목적물에 대하여 소유권 기타 그것을 처분할 권한이 임대인에게 있어야 되는 것은 아니기 때문에 원

심이 한 위와 같은 판단은 정당하고, 여기에는 논지가 공격하는 바와 같이 임대차계약해지에 관한 효력의 발생요건이나 그 유지요건 기타 해지에 관한 판단에 법의 오해와 채증방법의 위배, 심리미진의 위법사유가 있다고 말할 수 없다. 임대인이 임대하는 물건이 자기의 것이 아님에도 불구하고 자기의 소유인 양 가칭하고, 또한 그 임대차계약에서 그 목적물이 반드시 임대인의 소유일 것을 특히 계약의 내용으로 삼았다면 임차인은 이것을 이유로 하여 법률행위의 내용의 중요부분에 착오가 있다 하여 취소할 수 있을 뿐이다.

중개업자가 잘못 소개했을 때, 매수인에게 중대한 과실이 없다고 한 사례

대법원 1997. 11. 28. 선고 97다32772,32789 판결

판시사항

부동산 중개업자가 다른 점포를 매매 목적물로 잘못 소개하여 매수인이 매매 목적물에 관하여 착오를 일으킨 경우, 매수인에게 중대한 과실이 없다고 한 사례

판결요지

거래 당사자 사이의 권리의 득실변경에 관한 행위의 알선을 업으로 삼고 있어 고도의 직업적인 주의의무를 부담하고 있는 부동산 중개업자의 지위나 중개행위를 함에 있어 고의 또는 과실로 거래 당사자에게 재산상의 손해를 받게 할 때에는 그 손해를 배상하도록 한 부동산 중개업법 제19조의 규정에 비추어 보면, 부동산 중개업자에게 중개를 의뢰하여 매매 등의 계약을 체결하는 일반인으로서는 부동산 중개업자가 전문적인 지식과 경험을 가진 것으로 신뢰하고 그의 개입에 의한 거래 조건의 지시, 설명에 과오가 없을 것이라고 믿고 거래하는 것이라는 점, 매수인이 중개업자의 말을 믿어 착오에 빠지게 되었지만 중개업자가 착오에 빠지게 된 과정에 명확하게 당해 점포를 지적하지 아니하였던 매도인의 잘못도 개입되어 있는 점, 중개인을 통하여 하는 부동산 매매 거래에 있어 언제나 매수인 측에서 매매 목적물을 현장에서 확인하여야 할 의무까지 있다고 할 수 없을 뿐만 아니라 매매 당사자에게 중개

업자가 매매 목적물을 혼동한 상태에 있는지의 여부까지 미리 확인하거나 주의를 촉구할 의무까지는 없다고 할 것인 점 등 매매 중개와 계약 체결의 경위 및 부동산 매매 중개업의 제반 성질에 비추어 볼 때, 매수인이 다른 점포를 매매계약의 목적물이라고 오인한 과실이 중대한 과실이라고 단정하기는 어렵고, 매수인과 매도인 쌍방을 위하여 중개행위를 한 중개업자 스스로 매매계약의 목적물을 다른 점포로 오인한 채 매수인에게 알려 준 과실을 바로 매수인 자신의 중대한 과실이라고 평가할 수도 없다고 판단한 원심판결을 수긍한 사례

9-12 매수 동기에 대한 착오가 중요부분의 착오에 해당한다고 한 사례

청주지법 1995. 10. 13. 선고 95가합1696 판결 : 확정

판시사항

[1] 매수인의 매수 동기에 대한 착오가 계약의 중요부분의 착오에 해당한다고 한 사례

[2] 매도인이 매매계약을 적법하게 해제한 후라도 매수인이 해제의 효과로서 발생하는 불이익을 면하기 위하여 착오를 이유로 매매계약을 취소할 수 있는지 여부(적극)

판결요지

[1] 매도인이 택지 분양공고 당시 그 택지개발지구 내에 종합터미널의 준공으로 상당한 규모의 상권이 형성될 예정이며 그 토지의 지정용도가 위락시설 등의 건축이 가능한 복합용지라고 선전하여 매수인이 이를 믿고 그 택지개발지구 내 토지를 매수하였으나, 종합터미널 건설공사가 완공 예정일까지 시작되지도 않았고 복합용지라는 용어는 법률상 아무런 근거도 없는 것으로서 나중에 가서는 위락시설을 건축할 수 없는 준주거지역용지로 정정된 사안에서, 그 매매계약 당시 매수인이 그와 같은 사실을 알았더라면 토지를 매수하지 않았을 것이고, 이러한 매수인의 착오는 매도인의 분양공고 및 용지공급안내 등에 의하여 비롯된 것인데다가 매도인 또한 매수인이 이 사건 토지를 구입한 동기를 잘 알고 있었다고 보아야 하므로, 매수인의 착오는 그 매매계약 내용의 중요부분의 착오에 해당한다고 한 사례

[2] 매도인이 매수인의 중도금 및 잔금지급채무 불이행을 이유로 매매계약을 적법하게 해제한 후라도, 매수인으로서는 매도인이 한 계약해제의 효과로서 발생하는 이 사건 매매계약의 계약금을 반환받을 수 없는 불이익을 면하기 위하여 착오를 이유로 한 취소권을 행사하여 그 매매계약을 무효화시킬 수 있다.

9-13 매도인이 해제한 후, 매수인이 착오를 이유로 취소할 수 있는지 여부

대법원 1996. 12. 6. 선고 95다24982,24999 판결

판시사항

매도인이 매매계약을 적법하게 해제한 후에도 매수인이 착오를 이유로 매매계약을 취소할 수 있는지 여부(적극)

판결요지

매도인이 매수인의 중도금 지급채무 불이행을 이유로 매매계약을 적법하게 해제한 후라도 매수인으로서는 상대방이 한 계약해제의 효과로서 발생하는 손해배상책임을 지거나 매매계약에 따른 계약금의 반환을 받을 수 없는 불이익을 면하기 위하여 착오를 이유로 한 취소권을 행사하여 매매계약 전체를 무효로 돌리게 할 수 있다.

9-14 지번에 관한 착오로 계약서상 목적물을 잘못 표시한 경우 매매계약의 목적물

대법원 1993. 10. 26. 선고 93다2629,2636(병합) 판결

판시사항

매매계약의 당사자가 목적물의 지번에 관하여 착오를 일으켜 계약서상 목적물을 잘못 표시한 경우 매매계약의 목적물

판결요지

부동산의 매매계약에 있어 쌍방당사자가 모두 특정의 갑 토지를 계약의 목적물로 삼았으나 그 목적물의 지번 등에 관하여 착오를 일으켜 계

약을 체결함에 있어서는 계약서상 그 목적물을 갑 토지와는 별개인 을 토지로 표시하였다 하여도 갑 토지에 관하여 이를 매매의 목적물로 한다는 쌍방 당사자의 의사합치가 있은 이상 위 매매계약은 갑 토지에 관하여 성립한 것으로 보아야 할 것이고 을 토지에 관하여 매매계약이 체결된 것으로 보아서는 안 될 것이며, 만일 을 토지에 관하여 위 매매계약을 원인으로 하여 매수인 명의로 소유권이전등기가 경료되었다면 이는 원인이 없이 경료된 것으로서 무효이다.

이중매매의 제2양수인의 행위가 공서양속에 반하는지 여부의 판단 기준

대법원 2009. 9. 10. 선고 2009다23283 판결

판시사항

부동산 이중매매의 제2양수인의 행위가 공서양속에 반하는지 여부의 판단 기준

판결요지

어떠한 부동산에 관하여 소유자가 양도의 원인이 되는 매매 기타의 계약을 하여 일단 소유권 양도의 의무를 짐에도 다시 제3자에게 매도하는 등으로 같은 부동산에 관하여 소유권 양도의 의무를 이중으로 부담하고 나아가 그 의무의 이행으로, 그러나 제1의 양도채권자에 대한 양도의무에 반하여, 소유권의 이전에 관한 등기를 그 제3자 앞으로 경료함으로써 이를 처분한 경우에, 소유자의 그러한 제2의 소유권양도의무를 발생시키는 원인이 되는 매매 등의 계약이 소유자의 위와 같은 의무위반행위를 유발시키는 계기가 된다는 것만을 이유로 이를 공서양속에 반하여 무효라고 할 것이 아님은 물론이다. 그것이 공서양속에 반한다고 하려면, 다른 특별한 사정이 없는 한 상대방에게도 그러한 무효의 제재, 보다 실질적으로 말하면 나아가 그가 의도한 권리취득 자체의 좌절을 정당화할 만한 책임귀속사유가 있어야 한다. 제2의 양도채권자에게 그와 같은 사유가 있는지를 판단함에 있어서는, 그가 당해 계약의 성립과 내용에 어떠한 방식으로 관여하였는지(당원의 많은 재판례가 이

문제와 관련하여 제시한 "소유자의 배임행위에 적극 가담하였는지" 여부라는 기준은 대체로 이를 의미한다)를 일차적으로 고려할 것이고, 나아가 계약에 이른 경위, 약정된 대가 등 계약내용의 상당성 또는 특수성, 그와 소유자의 인적 관계 또는 종전의 거래상태, 부동산의 종류 및 용도, 제1양도채권자의 점유 여부 및 그 기간의 장단과 같은 이용현황, 관련 법규정의 취지·내용 등과 같이 법률행위가 공서양속에 반하는지 여부의 판단에서 일반적으로 참작되는 제반 사정을 여기서도 종합적으로 살펴보아야 할 것이다. 그리고 법률행위로 인한 부동산물권변동에 등기를 요구하는 민법 제186조의 입법취지 등에 비추어 보면, 제2의 양도채권자가 소유자가 같은 부동산에 대하여 이미 다른 사람에 대하여 소유권양도의무를 지고 있음을 그 채권 발생의 원인이 되는 계약 당시에 알고 있었다는 것만으로 당연히 위와 같은 책임귀속이 정당화될 수는 없다.

이중매매를 사회질서에 반하는 법률행위로서 무효라고 하기 위한 요건

대법원 2013. 6. 27. 선고 2011다5813 판결

판시사항

[2] 이중매매를 사회질서에 반하는 법률행위로서 무효라고 하기 위한 요건 및 같은 법리가 이중으로 임대차계약을 체결한 경우에도 적용되는지 여부(적극)

이유

이중매매를 사회질서에 반하는 법률행위로서 무효라고 하기 위하여는, 제2매수인이 이중매매 사실을 아는 것만으로는 부족하고, 나아가 매도인의 배임행위(또는 배신행위)를 유인, 교사하거나 이에 협력하는 등 적극적으로 가담하는 것이 필요하며, 그와 같은 사유가 있는지를 판단할 때에는 이중매매계약에 이른 경위, 약정된 대가 등 계약 내용의 상당성 또는 특수성 및 양도인과 제2매수인의 관계 등을 종합적으로 살펴보아야 한다(대법원 1989. 11. 28. 선고 89다카14295, 14301 판결, 대법원 2009. 9. 10. 선고 2009다23283 판결 등 참조). 그리고 이러한 법리는 이중으로 임대차계약을 체결한 경우에도 그대로 적용될 수 있다.

9-17 쌍무계약이 무효될 때 동시이행 관계

대법원 1993. 5. 14. 선고 92다45025 판결

판시사항

가. 쌍무계약이 무효로 되어 각 당사자가 서로 취득한 것을 반환하여야 하는 경우 동시이행에 관한 민법 제536조가 준용되는지 여부(적극)

판결요지

가. 동시이행의 항변권을 규정한 민법 제536조가 민법 제549조에 의하여 계약해제의 경우 각 당사자의 원상회복의무에 준용되고 있는 점을 생각할 때 쌍무계약이 무효로 되어 각 당사자가 서로 취득한 것을 반환하여야 하는 경우에도 동시이행 관계가 있다고 보아 민법 제536조를 준용함이 옳다고 해석되는바, 이는 공평의 관념상 계약이 무효인 때의 원상회복의무이행과 계약해제 때의 그것을 구별하여야 할 이유가 없으며 계약무효의 경우라 하여 어느 일방의 당사자에게만 먼저 반환의무이행이 강제된다면 공평과 신의칙에 위배되기 때문이다.

9-18 쌍무계약이 무효일 때, 양 당사자 취득물 반환의무의 동시이행 관계

대법원 1996. 6. 14. 선고 95다54693 판결

판시사항

[2] 쌍무계약이 무효로 된 경우, 양 당사자의 취득물 반환의무가 동시이행 관계에 있는지 여부(적극)

[3] [2]항의 경우, 일방이 동시이행의 항변권을 상실하였음에도 동시이행 관계에 있지 아니한 다른 채권을 주장하면서 목적물 반환을 거부하는 것이 불법행위인지 여부(적극)

판결요지

[2] 쌍무계약이 무효로 되어 각 당사자가 서로 취득한 것을 반환하여야 할 경우, 어느 일방의 당사자에게만 먼저 그 반환의무의 이행이 강제된다면 공평과 신의칙에 위배되는 결과가 되므로 각 당사자의 반

환의무는 동시이행의 관계에 있다고 봄이 상당하다.

[3] [2]항의 경우, 목적물 반환에 대한 동시이행의 항변권을 상실하였음에도 불구하고 동시이행의 관계에 있지 아니한 채권이나 또한 상대방에 대하여 가지고 있지 아니한 채권을 주장하면서 그 목적물의 반환을 계속 거부하면서 점유하고 있다면, 이러한 점유는 적어도 과실에 의한 점유로서 불법행위를 구성한다.

9-19 계약의 취소에 따른 원상회복의무가 동시이행 관계에 있는지 여부

대법원 2010. 10. 14. 선고 2010다47438 판결

판시사항

[1] 매매계약의 취소에 따른 원상회복의무가 동시이행 관계에 있는지 여부(적극) 및 쌍무계약에 있어서 동시이행 관계에 있는 채무의 이행지체책임 발생요건

[2] 갑이 을과 사이의 A 토지에 관한 매매계약을 기망을 이유로 취소함으로써 그 원상회복으로서 갑이 을에게 A 토지에 관하여 소유권이전등기의 말소등기절차를 이행할 의무가 있고, 또한 을은 갑에게 수령한 매매대금을 반환할 의무가 있는바, 갑과 을 사이의 이러한 각 의무는 동시이행의 관계에 있는 것이므로, 을은 갑으로부터 소유권이전등기의 말소등기절차를 이행받음과 동시에 위 매매대금을 반환할 의무가 있는 것이어서 갑이 을을 이행지체에 빠뜨리기 위해서는 소유권이전등기의 말소등기에 필요한 서류 등을 현실적으로 제공할 필요까지는 없으나, 최소한 위 서류 등을 준비하여 두고 그 뜻을 을에게 통지하여 매매대금의 반환과 아울러 이를 수령하여 갈 것을 최고함을 요한다고 한 사례

이유

매매계약이 취소된 경우에 당사자 쌍방의 원상회복의무는 동시이행의 관계에 있고(대법원 1993. 9. 10. 선고 93다16222 판결 등 참조), 쌍무계약에서 쌍방의 채무가 동시이행 관계에 있는 경우 일방의 채무의 이행기가 도래하더라도 상대방 채무의 이행제공이 있을 때까지는 그 채무

를 이행하지 않아도 이행지체의 책임을 지지 않는 것이며, 이와 같은 효과는 이행지체의 책임이 없다고 주장하는 자가 반드시 동시이행의 항변권을 행사하여야만 발생하는 것은 아니다[대법원 1998. 3. 13. 선고 97다54604, 54611(반소) 판결 등 참조]. 따라서 동시이행 관계에 있는 쌍무계약상 자기 채무의 이행을 제공하는 경우 그 채무를 이행함에 있어 상대방의 행위를 필요로 할 때에는 언제든지 현실로 이행을 할 수 있는 준비를 완료하고 그 뜻을 상대방에게 통지하여 그 수령을 최고하여야만 상대방으로 하여금 이행지체에 빠지게 할 수 있다.

Chapter 10 위약금

위약금 약정이 없다면 실제 손해만을 배상

유상계약을 체결함에 있어서 당사자의 일방이 위약한 경우 그 계약금을 위약금으로 하기로 하는 특약이 있는 경우에만 손해배상액의 예정으로서의 성질을 갖는 것이어서, 계약금을 위약금으로 하기로 하는 특약이 없는 이상 계약이 당사자 일방의 귀책사유로 인해 해제되었다 하더라도 상대방은 계약불이행으로 입은 실제 손해만을 배상받을 수 있을 뿐 계약금이 위약금으로서 상대방에게 당연히 귀속되는 것은 아니다.

위약금 약정은 손해배상액 예정의 성질

매매계약을 체결함에 있어 당사자 사이에 계약금을 수수하면서 매도인이 위 계약을 위반할 때에는 매수인에게 계약금의 배액을 지급하고 매수인이 이를 위반할 때는 계약금의 반환청구권을 상실하기로 약정했다면 이는 위 매매계약에 따른 채무불이행에 대한 위약금의 약정을 한 것으로 보아야 할 것이고 이러한 약정은 특단의 사정이 없는 한 손해배상액 예정의 성질을 지닌다.

위약금이 과다한 경우에는 법원이 감액 가능

손해배상의 예정액이 부당히 과다한 경우에는 법원은 적당히 감액할 수 있다고 규정하고 있는바, 여기서 '부당히 과다한 경우'라고 함은 채권자와 채무자의 각 지위, 계약의 목적 및 내용, 손해배상액을 예정한 동기, 채무액에 대한 예정액의 비율, 예상 손해액의 크기, 그 당시의 거래관행 등 모든 사정을 참작해 일반 사회관념에 비추어 그 예정액의 지급이 경제적 약자의 지위에 있는 채무자에게 부당한 압박을 가해 공정성을 잃는 결과를 초래한다고 인정되는 경우를 뜻하는 것으로 봐야 한다.

현관보관증을 교부한 것은 계약금을 지급한 것으로 보아야

매매계약에 있어서 매수인이 계약금을 지급하되 매도인이 계약을 위반했을 때는 그 배액을 배상받고, 매수인이 계약을 위반했을 때는 계약금을 포기해 반환을 청구하지 않기로 약정했으나, 매수인이 당시 계약금을 미처 준비하지 못했던 관계로 일단 계약금을 지급했다가 되돌려 받아 보관하고 있는 것으로 처리하기로 해서 계약금 상당액의 현금보관증을 작성해 매도인에게 교부한 경우, 매도인과 매수인 사이에는 계약금 상당액의 위약금 약정이 있었다고 볼 것이므로, 매수인이 계약을 위반했다면 실제로 계약금을 지급하지 않았다 하더라도 약정한 위약금을 지급할 의무가 있다.

위약벌은 감액할 수 없으나, 무효가 될 수도 있어

위약벌의 약정은 채무의 이행을 확보하기 위해 정해지는 것으로서 손해배상의 예정과는 내용이 다르므로 손해배상의 예정에 관한 민법 제398조 제2항을 유추적용해서 감액할 수 없으나, 의무의 강제로 얻어지는 채권자의 이익에 비해 약정된 벌이 과도하게 무거울 때에는 일부 또는 전부가 공서양속에 반해 무효로 된다.

10-1 계약금이 위약금의 성질을 갖기 위한 요건

대법원 1987. 2. 24. 선고 86누438 판결

판결요지

매매계약에 있어서 계약금은 당사자 일방이 이행에 착수할 때까지 매수인은 이를 포기하고 매도인은 그 배액을 상환하여 계약을 해제할 수 있는 해약금의 성질을 가지고 있고 다만 당사자의 일방이 위약한 경우 그 계약금을 위약금으로 하기로 하는 특약이 있는 경우에만 손해배상액의 예정으로서의 성질을 갖는 것이다.

10-2 계약금을 손해배상액의 예정으로 보기 위한 위약금 특약

대법원 1989. 12. 12. 선고 89다카10811 판결

판시사항

가. 매매계약을 체결함에 있어 당사자 사이에 계약금을 수수하면서 매도인이 계약을 위반할 때에는 그 배액을 지급하고 매수인이 이를 위반할 때에는 그 반환청구권을 상실하기로 약정한 경우 위 계약금의 성질

> **판결요지**

가. 매매계약을 체결함에 있어 당사자 사이에 계약금을 수수하면서 매도인이 위 계약을 위반할 때에는 매수인에게 계약금의 배액을 지급하고 매수인이 이를 위반할 때에는 계약금의 반환청구권을 상실하기로 약정하였다면 이는 위 매매계약에 따른 채무불이행에 대한 위약금의 약정을 한 것으로 보아야 할 것이고 이러한 약정은 특단의 사정이 없는 한 손해배상액 예정의 성질을 지닌다.

10-3 특약이 없는 경우, 계약금을 손해배상액의 예정으로 볼 수 있는지 여부

대법원 1996. 6. 14. 선고 95다11429 판결

> **판시사항**

계약금을 위약금으로 하는 특약이 없는 경우, 계약금을 손해배상액의 예정으로 볼 수 있는지 여부(소극)

> **판결요지**

유상계약을 체결함에 있어서 계약금 등 금원이 수수되었다고 하더라도 이를 위약금으로 하기로 하는 특약이 있는 경우에 한하여 민법 제398조 제4항에 의하여 손해배상액의 예정으로서의 성질을 가진 것으로 볼 수 있을 뿐이고, 그와 같은 특약이 없는 경우에는 그 계약금 등을 손해배상액의 예정으로 볼 수 없다.

10-4 특약이 없는 경우, 계약금을 위약금으로 귀속할 수 있는지 여부

대법원 1996. 6. 14. 선고 95다54693 판결

> **판시사항**

[1] 계약금은 특약이 없는 경우에도 위약금의 성질을 갖는지 여부(소극)

> **판결요지**
>
> [1] 유상계약을 체결함에 있어서 계약금이 수수된 경우 계약금은 해약금의 성질을 가지고 있어서, 이를 위약금으로 하기로 하는 특약이 없는 이상 계약이 당사자 일방의 귀책사유로 인하여 해제되었다 하더라도 상대방은 계약불이행으로 입은 실제 손해만을 배상받을 수 있을 뿐 계약금이 위약금으로서 상대방에게 당연히 귀속되는 것은 아니다.

10-5 매수인이 한 위약금 약정의 효력이 발생하기 위한 요건

대법원 2009. 1. 30. 선고 2007다10337 판결

> **판시사항**
>
> 부동산 매매계약에서 매수인이 한 위약금 약정의 효력이 발생하기 위한 요건

> **이유**
>
> 쌍무계약에서 쌍방의 채무가 동시이행 관계에 있는 경우 일방의 채무의 이행기가 도래하더라도 상대방 채무의 이행제공이 있을 때까지는 그 채무를 이행하지 않아도 이행지체의 책임을 지지 않으므로(대법원 1997. 8. 22. 선고 96다40851, 40868 판결, 대법원 2002. 10. 25. 선고 2002다43370 판결 등 참조), 부동산 매매계약에 있어서 매수인이 매도인에게 중도금 또는 잔금을 정해진 기한까지 이행하지 않으면 이미 지급한 중도금 또는 잔금의 전부 내지 일부를 포기한 것으로 본다는 내용의 위약금 약정을 한 경우라도 매수인이 중도금 또는 잔금의 지급을 매도인의 반대의무보다 선이행하기로 약정하는 등의 특별한 사정이 없는 이상 매수인이 중도금 또는 잔금지급의무를 다하지 않는 것 외에 매도인으로서도 소유권이전등기에 필요한 서류 등을 매수인에게 이행제공하여 매수인으로 하여금 이행지체 상태에 이르게 하여야 비로소 그 위약금 약정의 효력이 발생한다고 보아야 할 것이다.

10-6 손해배상 예정액이 부당히 과다한지 여부의 판단 기준

대법원 1998. 12. 23. 선고 98다43175 판결

판시사항

[1] 손해배상 예정액이 부당히 과다한지 여부의 판단 기준 및 그 판단의 기준 시점

판결요지

[1] 민법 제398조 제2항은 손해배상의 예정액이 부당히 과다한 경우에는 법원은 적당히 감액할 수 있다고 규정하고 있는바, 여기서 '부당히 과다한 경우'라고 함은 채권자와 채무자의 각 지위, 계약의 목적 및 내용, 손해배상액을 예정한 동기, 채무액에 대한 예정액의 비율, 예상 손해액의 크기, 그 당시의 거래관행 등 모든 사정을 참작하여 일반 사회관념에 비추어 그 예정액의 지급이 경제적 약자의 지위에 있는 채무자에게 부당한 압박을 가하여 공정성을 잃는 결과를 초래한다고 인정되는 경우를 뜻하는 것으로 보아야 하고, 한편 위 규정의 적용에 따라 손해배상의 예정액이 부당하게 과다한지의 여부 내지 그에 대한 적당한 감액의 범위를 판단하는 데 있어서는, 법원이 구체적으로 그 판단을 하는 때, 즉 사실심의 변론종결 당시를 기준으로 하여 그 사이에 발생한 위와 같은 모든 사정을 종합적으로 고려하여야 한다.

10-7 과다한 손해배상 예정액 부분의 반환을 인정한 사례

대법원 1996. 10. 25. 선고 95다33726 판결

판시사항

해약금과 손해배상 예정액의 성질을 겸한 계약금에 대하여 매수인이 해약금에 기한 해제권 행사를 이유로 그 일부의 반환을 구하였으나 그 주장취지에 손해배상 예정액으로서 과다한 부분의 부당이득반환을 구하는 취지도 포함된 것으로 볼 수 있는 경우, 과다한 손해배상 예정액 부분의 반환을 인정한 사례

판결요지

"대금불입 불이행시 계약은 자동 무효가 되고 이미 불입된 금액은 일체 반환하지 않는다"고 되어 있는 매매계약에 기하여 계약금이 지급되었으나, 매수인이 중도금을 지급기일에 지급하지 아니한 채 이미 지급한 계약금 중 과다한 손해배상의 예정으로 감액되어야 할 부분을 제외한 나머지 금액을 포기하고 해약금으로서의 성질에 기하여 계약을 해제한다는 의사표시를 하면서 감액되어야 할 금액에 해당하는 금원의 반환을 구한 경우, 그 계약금은 해약금으로서의 성질과 손해배상 예정으로서의 성질을 겸하고 있고, 매수인의 주장 취지에는 매수인의 채무불이행을 이유로 매도인이 몰취한 계약금은 손해배상 예정액으로서는 부당히 과다하므로 감액되어야 하고 그 감액 부분은 부당이득으로서 반환하여야 한다는 취지도 포함되어 있다고 해석함이 상당하며 계약금이 손해배상 예정액으로서 과다하다면 감액 부분은 반환되어야 한다는 이유로, 계약금이 해약금으로서의 성질과 손해배상 예정으로서의 성질을 겸하고 있더라도 해약금에 기한 해제권 주장시에는 계약불이행에 따른 손해배상이 논의될 여지가 없어 손해배상 예정액의 감액이 불가능하다고 본 원심판결을 파기한 사례

10-8 과실상계에서의 '과실'의 의미

대법원 2000. 6. 13. 선고 98다35389 판결

판시사항

[1] 과실상계에서의 '과실'의 의미 및 과실상계 사유에 대한 사실인정과 비율확정이 사실심의 전권사항인지 여부(적극)

판결요지

[1] 민법상 과실상계 제도는 채권자가 신의칙상 요구되는 주의를 다하지 아니한 경우 공평의 원칙에 따라 손해배상액을 산정함에 있어서 채권자의 그와 같은 부주의를 참작하게 하려는 것이므로 사회통념상 혹은 신의성실의 원칙상 단순한 부주의라도 그로 말미암아 손해가 발생하거나 확대된 원인을 이루었다면 채권자에게 과실이 있는

것으로 보아 과실상계를 할 수 있고, 채무불이행으로 인한 손해배상책임의 범위를 정함에 있어서의 과실상계 사유의 유무와 정도는 개별 사례에서 문제된 계약의 체결 및 이행 경위와 당사자 쌍방의 잘못을 비교하여 종합적으로 판단하여야 하며, 이때에 과실상계 사유에 관한 사실인정이나 그 비율을 정하는 것은 그것이 형평의 원칙에 비추어 현저히 불합리한 것이 아닌 한 사실심의 전권사항이라고 할 수 있다.

10-9 과실상계의 의의 및 그 과실의 정도

대법원 2001. 3. 23. 선고 99다33397 판결

판결요지

[1] 불법행위에 있어서 과실상계는 공평 내지 신의칙의 견지에서 손해배상액을 정함에 있어 피해자의 과실을 참작하는 것으로서, 그 적용에 있어서는 가해자와 피해자의 고의 과실의 정도, 위법행위의 발생 및 손해의 확대에 관하여 어느 정도의 원인이 되어 있는가 등의 제반 사정을 고려하여 배상액의 범위를 정하는 것이며, 불법행위에 있어서의 가해자의 과실이 의무위반의 강력한 과실임에 반하여 과실상계에 있어서 과실이란 사회통념상, 신의성실의 원칙상, 공동생활상 요구되는 약한 부주의까지를 가리키는 것이라 할 것이다.

위약금 약정이 과다한 경우 법원이 이를 감액해야 하는지 여부

대법원 1995. 3. 24. 선고 94다10061 판결

판결요지

나. '가'항의 경우에 당사자 사이에 위약금 약정이 있다고 보게 되면 이러한 위약금 약정은 특별한 사정이 없는 한 손해배상액의 예정으로 추정되는 것이므로 당사자 일방이 상대방에게 지급한 약정금은 당사자의 채무불이행을 이유로 위 약정을 해제한 상대방에게 당연히 귀속된다고 볼 수 있는 것이지만, 이러한 경우에도 곧바로 당사자의

약정금반환청구권을 전면적으로 부정하여서는 아니되고 계약 당사자의 각 지위, 계약의 목적 및 내용, 손해배상액을 예정한 동기, 실제의 손해액과 그 예정액의 대비, 그 당시의 거래관행 및 경제상태 등 제반 사정을 참작하여, 그것이 일반 사회인이 납득할 수 있는 범위를 넘는 경우라면 적어도 그 초과 한도 내에서는 예정액을 부당하게 과다한 것이라고 보아 그 반환의무를 인정하여야 마땅하다.

10-11 손해배상 예정을 약정할 경우의 배상 책임 한도

대법원 1970. 10. 23. 선고 70다1756 판결

판시사항

가. 매매계약 당시 위약으로 인한 손해배상을 예정한 계약당사자는 그 계약을 위약함으로 인하여 다른 손해가 발생하였다 하더라도 그 예정한 한도에서만 배상할 책임이 있다.

나. 특정대지를 매매할 당시 그 현상을 잘 알면서 매수한 자는 착각으로 인하여 계약서에 잘못 표시된 평수보다 실지면적이 적다는 이유로 그 매매를 일방적으로 해제할 수 없다.

판결요지

가. 매매계약당시 위약으로 인한 손해배상을 예정한 계약당사자는 그 계약을 위약함으로 인하여 다른 손해가 발생하였다 하여도 이를 청구할 수 없다.

나. 특정된 대지를 매매할 당시 그 현상을 잘 알면서 매수한 자는 착각으로 인하여 계약서에 잘못 표시된 평수보다 실지면적이 적다는 이유로 그 매매를 일방적으로 해제할 수 없다.

"어떤 이의도 제기하지 않는다"라는 특약은 위약금 약정이 아니라고 본 사례

대법원 2007. 10. 25. 선고 2007다40765 판결

판시사항

[2] 가계약에서 "매수인은 가계약일로부터 10일 이내에 본계약을 체결하기로 하고 만약 불이행시는 본계약을 무효로 하고, 매수인은 어떤 이의도 민·형사상의 문제를 제기할 수 없다"고 약정한 경우, 이 약정내용만으로는 매수인의 계약 불이행시 이미 지급한 가계약금의 반환청구를 포기하기로 하는 위약금 약정이 있었던 것으로 볼 수 없다고 한 사례

[3] 매도인의 귀책사유로 매매계약이 해제된 경우에 대해서만 위약금 약정을 둔 경우, 매수인의 귀책사유로 매매계약이 해제되는 경우에도 매수인에게 위약금 지급의무가 인정되는지 여부(소극)

이유

매수인의 귀책사유로 인하여 매매계약이 해제되는 경우에는 위약금 약정을 두지 않고, 매도인의 귀책사유로 인하여 매매계약이 해제된 경우에 대해서만 위약금 약정을 두었다 하더라도 그 위약금 약정이 무효로 되는지 여부는 별론으로 하고, 매도인에 대한 위약금 규정이 있다고 하여 공평의 원칙상 매수인의 귀책사유로 매매계약이 해제되는 경우에도 매도인의 귀책사유로 인한 해제의 경우와 마찬가지로 매수인에게 위약금 지급의무가 인정되는 것은 아니므로(대법원 2000. 1. 18. 선고 99다49095 판결 등 참조), 위 계약조건 제2조에 매도인인 피고 상록개발의 채무불이행으로 인한 위약금에 관한 규정을 두었다 하여 당연히 위 계약조건 제1조를 매수인인 원고의 채무불이행으로 인한 위약금에 관하여 규정한 것이라고 해석할 수는 없다. 그리고 원심이 들고 있는 나머지 사정만으로는 위약금 약정이 있었다고 인정하기에는 부족하고, 달리 기록상 그러한 약정이 있었음을 인정할 만한 자료도 찾아볼 수 없다.

현금보관증 교부 후 위약시 위약금을 지급할 의무가 있는지 여부

대법원 1999. 10. 26. 선고 99다48160 판결

판시사항

매매계약에 있어서 계약금 상당액의 위약금 약정을 하였으나 매수인이 계약금을 지급하지 못하여 계약금 상당액의 현금보관증을 작성하여 매도인에게 교부한 상태에서 매수인이 계약을 위반한 경우, 매수인은 매도인에게 약정한 위약금을 지급할 의무가 있는지 여부(적극)

판결요지

매매계약에 있어서 매수인이 계약금을 지급하되 매도인이 계약을 위반하였을 때에는 그 배액을 배상받고, 매수인이 계약을 위반하였을 때에는 계약금을 포기하여 반환을 청구하지 않기로 약정하였으나, 매수인이 당시 계약금을 미처 준비하지 못하였던 관계로 일단 계약금을 지급하였다가 되돌려 받아 보관하고 있는 것으로 처리하기로 하여 계약금 상당액의 현금보관증을 작성하여 매도인에게 교부한 경우, 매도인과 매수인 사이에는 계약금 상당액의 위약금 약정이 있었다고 볼 것이므로, 매수인이 계약을 위반하였다면 실제로 계약금을 지급하지 않았다 하더라도 약정한 위약금을 지급할 의무가 있다.

 손해배상책임이 통상적인 이익의 범위로 한정한다고 본 사례

대법원 1992. 4. 28. 선고 91다29972 판결

판시사항

가. 캐나다 회사가 면제품을 캐나다에서 판매하기 위하여 이를 수입한 점과 매매계약의 체결 과정 등에 비추어 특별한 사정이 없는 한 매도인은 자기의 채무불이행이 있으면 위 회사가 면제품 판매로 얻을 수 있었을 이익을 얻지못하게 된다는 사정도 알았거나 알 수 있었다고 본 사례

나. 위 "가"항의 경우 매도인이 판매이익 상당의 손해배상책임을 지기 위하여 매수인이 매매목적물을 판매하면 확실히 이익을 얻을 수 있

을 것이라고 믿거나 또는 매수인이 얻었을 이익의 액수까지 알았어야 하는지 여부(소극) 및 매도인이 얻을 수 있는 이익이 통상적인 방법으로 얻을 수 없는 과다한 것인 경우
다. 손해배상책임이 인정되나 손해액의 입증이 불충분한 경우 법원의 조치
라. 장래 얻을 수 있었을 이익에 관한 증명도
마. 계약의 일방 당사자가 상대방의 이행을 믿고 지출한 사실을 상대방이 알았거나 알 수 있었고, 그 지출비용이 통상적인 범위 내에 속하는 경우 그에 대하여 이행이익의 한도 내에서 배상을 청구할 수 있는지 여부(적극) 및 이러한 손해를 일실이익 상당의 손해와 같이 청구하는 경우 일실이익의 범위
바. 동시이행항변권의 행사가 권리남용에 해당하는 경우

판결요지

가. 캐나다 회사가 면제품을 캐나다에서 판매하기 위하여 이를 수입한 점과, 그 밖에 당사자 사이의 매매계약의 체결 과정, 계약의 내용 및 목적물 등에 비추어 보면 매도인도 위 회사가 그와 같은 목적으로 면제품을 수입한다는 사정을 알고 있었다고 보기에 어렵지 아니하므로 특별한 사정이 없는 한 매도인은 자기의 채무불이행이 있으면 위 회사가 면제품 판매로 인하여 얻을 수 있었을 이익을 얻지 못하게 된다는 사정도 알았거나 알 수 있었다고 본 사례
나. 위 "가"항의 경우 매도인이 판매이익 상당의 손해배상책임을 지기 위하여 매수인이 매매목적물을 판매하면 확실히 이익을 얻을 수 있을 것이라고 믿거나 또는 매수인이 얻었을 이익의 액수까지 알았어야 하는 것은 아니며. 다만 매수인이 얻을 수 있었을 이익이 통상적인 방법으로 얻을 수 없는 과다한 것인 경우에는 매도인의 손해배상책임이 통상적인 이익의 범위로 한정될 뿐이다.
다. 채무불이행으로 인한 손해배상책임이 인정된다면 손해액에 관한 입증이 불충분하다 하더라도 법원은 그 이유만으로 손해배상청구를 배척할 것이 아니라 그 손해액에 관하여 적극적으로 석명권을 행사하고 입증을 촉구하여 이를 밝혀야 할 것이다.

라. 장래의 얻을 수 있었을 이익에 관한 입증에 있어서는 그 증명도를 과거사실에 대한 입증에 있어서의 증명도보다 경감하여 채권자가 현실적으로 얻을 수 있을 구체적이고 확실한 이익의 증명이 아니라 합리성과 객관성을 잃지 않는 범위 내에서의 상당한 개연성이 있는 이익의 증명으로 족하다고 보아야 할 것이다.

마. 계약의 일방 당사자가 상대방의 이행을 믿고 지출한 비용도 그러한 지출사실을 상대방이 알았거나 알 수 있었고 또 그것이 통상적인 지출비용의 범위 내에 속한다면 그에 대하여도 이행이익의 한도 내에서는 배상을 청구할 수 있으며 다만 이러한 비용 상당의 손해를 일실이익 상당의 손해와 같이 청구하는 경우에는 중복배상을 방지하기 위하여 일실이익은 제반 비용을 공제한 순이익에 한정된다고 보아야 한다.

바. 일반적으로 동시이행의 관계가 인정되는 경우에는 그러한 항변권을 행사하는 자의 상대방이 그 동시이행의 의무를 이행하기 위하여 과다한 비용이 소요되거나 또는 그 의무의 이행이 실제적으로 어려운 반면 그 의무의 이행으로 인하여 항변권자가 얻는 이득은 별달리 크지 아니하여 동시이행의 항변권의 행사가 주로 자기 채무의 이행만을 회피하기 위한 수단이라고 보여지는 경우에는 그 항변권의 행사는 권리남용으로서 배척되어야 한다.

10-15 위약벌을 감액할 수 있는지 여부

대법원 2015. 12. 10. 선고 2014다14511 판결

판시사항

손해배상의 예정에 관한 민법 제398조 제2항을 유추적용하여 위약벌을 감액할 수 있는지 여부(소극) 및 의무의 강제로 얻어지는 채권자의 이익에 비하여 과도하게 무거운 위약벌 약정의 효력(=일부 또는 전부 무효) / 위약벌 약정을 제한적으로 해석하는 방법

판결요지

위약벌의 약정은 채무의 이행을 확보하기 위하여 정해지는 것으로서 손해배상의 예정과는 내용이 다르므로 손해배상의 예정에 관한 민법

제398조 제2항을 유추적용하여 감액할 수 없으나, 의무의 강제로 얻어지는 채권자의 이익에 비하여 약정된 벌이 과도하게 무거울 때에는 일부 또는 전부가 공서양속에 반하여 무효로 된다. 다만 위약벌 약정과 같은 사적 자치의 영역을 일반조항인 공서양속을 통하여 제한적으로 해석할 때에는 계약의 체결 경위와 내용을 종합적으로 검토하는 등 매우 신중을 기하여야 한다.

 위약벌의 약정이 공서약속에 반하지 않는다고 한 사례

대법원 1993. 3. 23. 선고 92다46905 판결

판시사항
나. 백화점 수수료위탁판매매장계약에서 임차인이 매출신고를 누락하는 경우 판매수수료의 100배에 해당하고 매출신고누락분의 10배에 해당하는 벌칙금을 임대인에게 배상하기로 한 위약벌의 약정이 공서양속에 반하지 않는다고 한 사례

판결요지
나. 백화점 수수료위탁판매매장계약에서 임차인이 매출신고를 누락하는 경우 판매수수료의 100배에 해당하고 매출신고누락분의 10배에 해당하는 벌칙금을 임대인에게 배상하기로 한 위약벌의 약정이 공서양속에 반하지 않는다고 한 사례

11 Chapter
하자담보 책임

구 분		매수인의 태도	매도인 책임 내용(매수인의 권리)			제척기간
			대금감액 청구권	계약해제권	손해배상 청구권	
권리의 하자에 대한 담보책임	전부타인의 권리(§570)	선의	X	O	O	제한 없음
		악의	X	O	X	
	일부 타인의권리 (§572~ §573)	선의	O	잔존 부분만이면 매수하지 않았을 경우 있음	O	그 사실을 안 날로부터 1년
		악의	O	X	X	매매계약일로 부터 1년
	수량부족· 일부멸실 (§574)	선의	O	잔존 부분만이면 매수하지 않았을 경우 있음	O	그 사실을 안 날로부터 1년
		악의	X	X	X	
	용익권리에 의한 제한 (§575)	선의	X	목적 달성 불가 시 있음	계약해제 불가 시 있음	그 사실을 안 날로부터 1년
		악의	X	X	X	
	저당권 등 행사에 의한 제한	선의	X	소유권 취득 불가 또는 소유권 상실할 때 있음	일정한 경우 에만 있음	제한 없음
		악의	X	上同	上同	

목적물의 하자에 대한 담보책임	특정물의 하자 (§580)	선의·무과실	X	매수인의 매매 목적 달성 불가 시 있음	O	그 하자의 발견일로부터 6개월
		악의	X	X	X	
	종류물의 하자 (§581)	선의·무과실	X	매수인의 매매 목적 달성 불가 시 있음 ※계약해제와 손해배상 청구하지 않고 하자 없는 물건 청구 가능	O	그 하자의 발견일로부터 6개월
		악의	X	X	X	

매도인의 하자담보 책임은 다른 유상계약에도 준용

매매목적물을 숨은 하자로 인해 선의매수인이 배상을 청구하는 경우 매도인은 고의·과실이 없다 하더라도 그 손해를 배상해야 한다. 그리고 매도인의 하자담보 책임에 관한 규정은 그 계약의 성질이 이를 허용하지 아니하는 것이 아니 한 다른 유상계약에도 준용된다.

채무 이행불능의 손해배상은 이행불능 당시의 시가를 기준

채무가 이행불능으로 되거나, 타인의 권리매매에 있어 매도인이 그 권리를 매수인에게 이전할 수 없게 된 경우의 손해배상은 원칙적으로 이행불능 당시의 목적물의 시가, 즉 이행이익의 상당액으로 봐야 하며 매도인의 불법행위책임을 물어 손해배상청구를 할 경우의 손해의 범위와 같이 볼 수 없다.

수량에 주안을 두고 대금 계산할 때 "수량을 지정한 매매" 적용__

민법 제574조에서 규정하는 수량을 지정하는 매매라 함은, 당사자가 매매의 목적인 특정물이 일정한 수량을 가지고 있다는 데 주안을 두고 대금도 그 수량을 기준으로 해서 정한 경우를 말하는 것이다.

토지의 매매에 있어서 목적물을 등기부상의 평수에 따라 특정한 경우라도 대상 토지를 전체로서 평가했고, 평수에 의해 매매대금을 산출한 것은 당사자들 사이에 대상 토지를 특정하고 그 대금을 결정하기 위한 방편이었다고 보일 때는 이를 가리켜 수량을 지정한 매매라고는 할 수 없다. 한편, 아파트분양계약에서 목적물이 일정한 면적(수량)을 가지고 있다는 데 주안을 두고 대금도 면적을 기준으로 해서 정해지는 아파트분양계약은 이른바 수량을 지정한 매매라 할 것이다.

신축건물 매도인이 광범위하게 하자 책임__

신축건물이나 신축한 지 얼마 되지 않아 그와 다름없는 건물을 매도하는 매도인이 매수인에 대해 매도건물에 하자가 있을 때에는 책임지고 그에 대한 보수를 해 주기로 약정한 경우 특별한 사정이 없는 한 매도인은 하자 없는 완전한 건물을 매매한 것을 보증했다고 할 것이므로 매도인은 계약 당시 또는 매수인이 인도받은 후에 용이하게 발견할 수 있는 하자뿐만 아니라 건물의 본체부분의 구조상의 하자 특히 품질이 떨어지는 재료를 사용하는 등 날림공사로 인한 하자 등 바로 발견할 수 없는 하자는 물론 당초의 하자로부터 확산된 하자에 대해서도 책임을 져야 한다.

11-1 매도인의 하자담보 책임

대판 1957.10.30. 4290민상552

판결요지

매매목적물을 숨은 하자로 인하여 선의매수인이 배상을 청구하는 경우 매도인은 고의·과실이 없다 하더라도 그 손해를 배상하여야 한다.

11-2 하자담보 책임에 관한 규정은 다른 유상계약에도 준용

대법원 1987.7.7. 선고 86다카2943 판결

판결요지

매도인의 하자담보 책임에 관한 규정은 그 계약의 성질이 이를 허용하지 아니하는 것이 아니 한 다른 유상계약에도 준용된다.

11-3 선의의 매수인이 "사실을 안 날"의 의미

대법원 1991. 12. 10. 선고 91다27396 판결

판시사항

민법 제573조 소정의 권리행사기간의 기산점인 선의의 매수인이 "사실을 안 날"의 의미

판결요지

민법 제573조 소정의 권리행사기간의 기산점인 선의의 매수인이 "사실을 안 날"이라 함은 단순히 권리의 일부가 타인에게 속한 사실을 안 날이 아니라 그 때문에 매도인이 이를 취득하여 매수인에게 이전할 수 없게 되었음이 확실하게 된 사실을 안 날을 말하는 것이다.

11-4 타인의 권리에 속하는 목적물의 양도계약의 효력

대법원 1993. 8. 24. 선고 93다24445 판결

판결요지

민법 제569조, 제570조에 비추어 보면, 양도계약의 목적물이 타인의 권리에 속하는 경우에 있어서도 그 양도계약은 계약당사자 간에 있어서는 유효하고, 그 양도계약에 따라 양도인은 그 목적물을 취득하여 양수인에게 이전하여줄 의무가 있다.

11-5 타인권리 매매인지 여부

대법원 1996. 4. 12. 선고 95다55245 판결

판시사항

[1] 부동산 매수인이 소유권이전등기 없이 이를 제3자에게 전매한 경우, '타인의 권리 매매'에 해당하는지 여부(소극)

판결요지

[1] 부동산을 매수한 자가 그 소유권이전등기를 하지 아니한 채 이를 다시 제3자에게 매도한 경우에는 그것을 민법 제569조에서 말하는 '타인의 권리 매매'라고 할 수 없다.

11-6 타인의 권리매매에 있어서 이행불능으로 인한 손해배상액

대법원 1980. 3. 11. 선고 80다78 판결

판결요지

채무가 이행불능으로 되거나, 타인의 권리매매에 있어 매도인이 그 권리를 매수인에게 이전할 수 없게 된 경우의 손해배상은 이행불능 당시의 목적물의 싯가를 기준으로 그 손해를 산정 한다.

11-7 수개의 권리중 일부가 타인에게 속한 경우 매도인의 담보책임

대법원 1989. 11. 14. 선고 88다카13547 판결

판시사항

일괄하여 매매의 목적이 된 수개의 권리중 일부가 타인에게 속한 경우 매도인의 담보책임에 관한 민법 제572조의 적용여부(적극)

판결요지

매매의 목적이 된 권리의 일부가 타인에게 속한 경우의 매도인의 담보책임에 관한 민법 제572조의 규정은 단일한 권리의 일부가 타인에 속하는 경우에만 한정하여 적용되는 것이 아니라 수개의 권리를 일괄하여 매매의 목적으로 정한 경우에도 그 가운데 이전할 수 없게 된 권리부분이 차지하는 비율에 따른 대금산출이 불가능한 경우 등 특별한 사정이 없는 한 역시 적용된다.

11-8 일부 타인권리매매와 손해배상의 범위

대법원 1993. 1. 19. 선고 92다37727 판결

판시사항

매매의 목적이 된 권리의 일부가 타인에게 속하게 되어 매도인이 그 권리를 취득하여 매수인에게 이전할 수 없게 된 경우 매도인이 매수인에 대하여 배상하여야 할 손해액(=이행이익 상당액)

판결요지

매매의 목적이 된 권리의 일부가 타인에게 속함으로 인하여 매도인이 그 권리를 취득하여 매수인에게 이전할 수 없게 된 때에는 선의의 매수인은 매도인에게 담보책임을 물어 이로 인한 손해배상을 청구할 수 있는바, 이 경우에 매도인이 매수인에 대하여 배상하여야 할 손해액은 원칙적으로 매도인이 매매의 목적이 된 권리의 일부를 취득하여 매수인에게 이전할 수 없게 된 때의 이행불능이 된 권리의 시가, 즉 이행이익 상당액이라고 할 것이어서, 불법등기에 대한 불법행위책임을 물어 손해배상청구를 할 경우의 손해의 범위와 같이 볼 수 없다.

11-9 타인권리 매매에서 매도인의 귀책사유로 이행불능이 된 경우

대법원 1993. 11. 23. 선고 93다37328 판결

판시사항

타인의 권리매매에 있어서 매도인의 귀책사유로 이행불능이 된 경우 매도인의 손해배상책임

판결요지

타인의 권리를 매매의 목적으로 한 경우에 있어서 그 권리를 취득하여 매수인에게 이전하여야 할 매도인의 의무가 매도인의 귀책사유로 인하여 이행불능이 되었다면 매수인이 매도인의 담보책임에 관한 민법 제570조 단서의 규정에 의해 손해배상을 청구할 수 없다 하더라도 채무불이행 일반의 규정(민법 제546조, 제390조)에 좇아서 계약을 해제하고 손해배상을 청구할 수 있다.

11-10 수량을 지정한 매매의 뜻과 요건

대법원 1991. 4. 9. 선고 90다15433 판결

판시사항

민법 제574조에서 규정하는 "수량을 지정한 매매"의 의미와 토지의 매매에 있어 수량을 지정한 매매라고 할 수 없는 경우

판결요지

민법 제574조에서 규정하는 "수량을 지정한 매매"라 함은 당사자가 매매의 목적인 특정물이 일정한 수량을 가지고 있다는 데 주안을 두고 대금도 그 수량을 기준으로 하여 정한 경우를 말하는 것이므로, 토지의 매매에 있어 목적물을 등기부상의 평수에 따라 특정한 경우라도 당사자가 그 지정된 구획을 전체로서 평가하였고 평수에 의한 계산이 하나의 표준에 지나지 아니하여 그것이 당사자들 사이에 대상토지를 특정하고 그 대금을 결정하기 위한 방편이었다고 보일 때에는 이를 가리켜 수량을 지정한 매매라 할 수 없다.

11-11 수량을 지정한 매매라고 보기 어려운 경우

대법원 1992. 9. 14. 선고 92다9463 판결

판시사항

가. 민법 제574조 소정의 수량을 지정하는 매매의 의미와 토지의 매매에 있어 수량을 지정한 매매라고 보기 어려운 경우

판결요지

가. 민법 제574조에서 규정하는 수량을 지정하는 매매라 함은, 당사자가 매매의 목적인 특정물이 일정한 수량을 가지고 있다는 데 주안을 두고 대금도 그 수량을 기준으로 하여 정한 경우를 말하는 것이므로, 토지의 매매에 있어서 목적물을 등기부상의 평수에 따라 특정한 경우라도 대상 토지를 전체로서 평가하였고, 평수에 의하여 매매대금을 산출한 것은 당사자들 사이에 대상 토지를 특정하고 그 대금을 결정하기 위한 방편이었다고 보일 때에는 이를 가리켜 수량을 지정한 매매라고는 할 수 없다.

11-12 수량지정매매에서 대금감액청구권 행사와 부당이득반환청구

대법원 2002. 4. 9. 선고 99다47396 판결

판시사항

부동산 매매계약에 있어서 실제면적이 계약면적에 미달하고 그 매매가 수량지정매매에 해당하는 경우, 대금감액청구권 행사와 별도로 부당이득반환청구 또는 계약체결상의 과실책임의 이행청구가 인정되는지 여부(소극)

판결요지

부동산 매매계약에 있어서 실제면적이 계약면적에 미달하는 경우에는 그 매매가 수량지정매매에 해당할 때에 한하여 민법 제574조, 제572조에 의한 대금감액청구권을 행사함은 별론으로 하고, 그 매매계약이 그 미달 부분만큼 일부 무효임을 들어 이와 별도로 일반 부당이득반환청구를 하거나 그 부분의 원시적 불능을 이유로 민법 제535조가 규정하는 계약체결상의 과실에 따른 책임의 이행을 구할 수 없다.

11-13 아파트분양계약이 수량지정매매에 해당하기 위한 요건

대법원 2002. 11. 8. 선고 99다58136 판결

판시사항

[2] 수량지정매매에 있어서 매수인의 대금감액청구권의 제척기간 기산점인 선의의 매수인이 '사실을 안 날'의 의미

[3] 아파트분양계약이 수량지정매매에 해당하기 위한 요건

판결요지

[2] 수량지정매매에 있어서의 매도인의 담보책임에 기한 매수인의 대금감액청구권은 매수인이 선의인 경우에는 사실을 안 날로부터, 악의인 경우에는 계약한 날로부터 1년 이내에 행사하여야 하며, 여기서 매수인이 사실을 안 날이라 함은 단순히 권리의 일부가 타인에게 속한 사실을 안 날이 아니라 그 때문에 매도인이 이를 취득하여 매수인에게 이전할 수 없게 되었음이 확실하게 된 사실을 안 날을 말한다.

[3] 목적물이 일정한 면적(수량)을 가지고 있다는 데 주안을 두고 대금도 면적을 기준으로 하여 정하여지는 아파트분양계약은 이른바 수량을 지정한 매매라 할 것이다.

11-14 건축이 불가능하다는 법률적 장애가 하자에 해당하는지 여부

대법원 2000. 1. 18. 선고 98다18506 판결

판시사항

[1] 건축을 목적으로 매매된 토지에 대하여 건축허가를 받을 수 없어 건축이 불가능하다는 법률적 장애가 매매목적물의 하자에 해당하는지 여부(적극) 및 그 하자의 존부에 관한 판단 기준시(=매매계약 성립시)

판결요지

[1] 매매의 목적물이 거래통념상 기대되는 객관적 성질·성능을 결여하거나, 당사자가 예정 또는 보증한 성질을 결여한 경우에 매도인은 매수인에 대하여 그 하자로 인한 담보책임을 부담한다 할 것이고,

한편 건축을 목적으로 매매된 토지에 대하여 건축허가를 받을 수 없어 건축이 불가능한 경우, 위와 같은 법률적 제한 내지 장애 역시 매매목적물의 하자에 해당한다 할 것이나, 다만 위와 같은 하자의 존부는 매매계약 성립 시를 기준으로 판단하여야 할 것이다

11-15 신축건물의 매도인이 하자보수를 약정한 경우 책임 하자의 범위

대법원 1993. 11. 23. 선고 92다38980 판결

판결요지

나. 신축건물이나 신축한 지 얼마 되지 않아 그와 다름없는 건물을 매도하는 매도인이 매수인에 대하여 매도건물에 하자가 있을 때에는 책임지고 그에 대한 보수를 해 주기로 약정한 경우 특별한 사정이 없는 한 매도인은 하자 없는 완전한 건물을 매매한 것을 보증하였다고 할 것이므로 매도인은 계약 당시 또는 매수인이 인도받은 후에 용이하게 발견할 수 있는 하자뿐만 아니라 건물의 본체부분의 구조상의 하자 특히 품질이 떨어지는 재료를 사용하는 등 날림공사로 인한 하자 등 바로 발견할 수 없는 하자는 물론 당초의 하자로부터 확산된 하자에 대하여도 책임을 져야 한다.

11-16 가압류에 기한 강제집행으로 부동산 소유권을 상실한 경우의 담보책임

대법원 2011. 5. 13. 선고 2011다1941 판결

판시사항

가압류 목적이 된 부동산을 매수한 이후 가압류에 기한 강제집행으로 부동산 소유권을 상실한 경우에도 매도인의 담보책임에 관한 민법 제576조가 준용되는지 여부(적극)

판결요지

가압류 목적이 된 부동산을 매수한 사람이 그 후 가압류에 기한 강제집행으로 부동산 소유권을 상실하게 되었다면 이는 매매의 목적 부동산

에 설정된 저당권 또는 전세권의 행사로 인하여 매수인이 취득한 소유권을 상실한 경우와 유사하므로, 이와 같은 경우 매도인의 담보책임에 관한 민법 제576조의 규정이 준용된다고 보아 매수인은 같은 조 제1항에 따라 매매계약을 해제할 수 있고, 같은 조 제3항에 따라 손해배상을 청구할 수 있다고 보아야 한다.

11-17 집합건물이 양도된 경우 하자담보추급권의 귀속관계

대법원 2003. 2. 11. 선고 2001다47733 판결

판시사항

집합건물이 양도된 경우 집합건물의소유및관리에관한법률 제9조 소정의 하자담보추급권의 귀속관계(=현재의 집합건물의 구분소유자)

판결요지

집합건물의소유및관리에관한법률 제9조에 의한 하자담보추급권은 집합건물의 수분양자가 집합건물을 양도한 경우 양도 당시 양도인이 이를 행사하기 위하여 유보하였다는 등의 특별한 사정이 없는 한 현재의 집합건물의 구분소유자에게 귀속한다.

11-18 매매 목적물의 하자와 계약해제의 사례

서울고법 1971. 11. 25. 선고 71나749 제9민사부판결 : 확정

판결요지

매매 목적물은 대지에 책정된 도로계획선은 목적물의 하자라고 할 것이고 주차장의 목적으로 위 대지를 매수한 원고로서는 이로 인하여 위 매매계약의 목적을 달할 수 없다고 봄이 상당하므로 이를 알지 못한 원고는 위 대지에 관한 매매계약을 해지할 수 있다.

이유

무릇 매매의 목적물에 하자가 있는 경우에 매수인이 이를 알지 못한 때에는 이로 인하여 계약의 목적을 달할 수 없는 경우에 한하여 매수인

은 계약을 해제할 수 있다 할 것인 바, 본건에 있어서 위 매매의 목적물인 위 대지에 책정된 위 도로계획선은 목적물의 하자라 할 것이고 주차장의 목적으로 위 대지를 매수한 원고로서는 이로 인하여 위 매매계약의 목적을 달할 수 없다고 봄이 상당하다 할 것이므로 이를 알지못한 원고는 위 매매계약을 해제할 수 있다 할 것이니 위 매매계약은 원고의 위 해제통고로서 적법히 해제되었다 할 것인즉 피고는 원고에게 위 매매계약의 해제로 인한 원상회복의 의무와 그외 원고가 입은 손해가 있다면 이를 배상할 의무가 있다 할 것이나 원고는 피고가 원상회복의무를 이행하더라도 그외의 손해를 입었다는 주장 및 입증이 없으므로 결국 피고는 원고에게 원상회복으로 원고로부터 위 매매계약의 계약금조로 수령한 금 700,000원 및 이에 대한 금원의 수령일인 1970.1.1.부터 그 완제일에 이르기까지 연 5푼의 율에 의한 금원을 지급할 의무가 있다 할 것이다.

12 Chapter
중개업과 중개보수

중개란 중개대상물의 권리변경 행위를 알선하는 것__

중개라 함은 중개대상물에 대하여 거래당사자 간의 매매·교환·임대차 기타 권리의 득실·변경에 관한 행위를 알선하는 것이고, 중개대상물은 토지, 건물 기타 토지의 정착물, 입목에 관한 법률에 의한 입목, 광업재단저당법에 의한 광업재단, 공장저당법에 의한 공장재단을 말한다.

중개행위는 사회통념상 거래의 알선, 중개라고 인정되는지 여부로 결정__

공인중개사법은 중개업자가 중개행위를 할 때 고의 또는 과실로 인해 거래 당사자에게 재산상의 손해를 발생하게 한 때는 그 손해를 배상할 책임이 있다고 규정하고 있다. 여기서의 중개행위에 해당하는지 여부는 거래 당사자의 보호에 목적을 둔 위 규정의 취지에 비춰 볼 때 중개업자가 진정으로 거래 당사자를 위해 거래를 알선, 중개하려는 의사를 갖고 있었느냐고 하는 중개업자의 주관적 의사에 의해 결정할 것이 아니라 중개업자의 행위를 객관적으로 보아 사회통념상 거래의 알선, 중개를 위한 행위라고 인정되는지 여부에 의해 결정할 것이다.

부동산 중개업자는 업무상의 일반적 주의의무를 부담__

부동산 중개업자는 당해 중개대상물의 권리관계 등을 확인해 중개의뢰인에게 설명할 의무가 있고, 한편 직접적인 위탁관계가 없다고 하더라도 부동산 중개업자의 개입을 신뢰해 거래를 하기에 이른 거래 상대방에 대해서도 부동산 중개업자는 신의성실의 원칙상 목적부동산의 하자, 권리자의 진위, 대리관계의 적법성 등에 대해 각별한 주의를 기울여야 할 업무상의 일반적인 주의의무를 부담한다고 할 것이다.

부동산 중개수수료 약정은 그 한도를 초과하는 범위 내에서 무효__

공인중개사법은 부동산 중개업을 건전하게 지도·육성하고 부동산중개업무를 적절히 규율함으로써 부동산 중개업자의 공신력을 높이고 공정한 부동산 거래질서를 확립해 국민의 재산권 보호에 기여함을 입법목적으로 하고 있다.

고액의 수수료를 수령한 부동산 중개업자에게 행정적 제재나 형사적 처벌을 가하는 것만으로는 부족하고 구 부동산 중개업법 등 관련 법령에 정한 한도를 초과한 중개수수료 약정에 의한 경제적 이익이 귀속되는 것을 방지해야 할 필요가 있다.

그러므로 부동산 중개수수료에 관한 위와 같은 규정들은 중개수수료 약정 중 소정의 한도를 초과하는 부분에 대한 사법상의 효력을 제한하는 이른바 강행법규에 해당하고, 공인중개사법 등 관련 법령에서 정한 한도를 초과하는 부동산 중개수수료 약정은 그 한도를 초과하는 범위 내에서 무효다.

무자격자의 중개보수 수수약정에서 '중개를 업으로 한' 것이 아니라면 유효

공인중개사 자격이 없는 자가 우연한 기회에 단 1회 타인 간의 거래행위를 중개한 경우 등과 같이 '중개를 업으로 한' 것이 아니라면 그에 따른 중개수수료 지급약정이 강행법규에 위배되어 무효라고 할 것은 아니고, 다만 중개수수료 약정이 부당하게 과다해 민법상 신의성실 원칙이나 형평 원칙에 반한다고 볼만한 사정이 있는 경우에는 상당하다고 인정되는 범위 내로 감액된 보수액만을 청구할 수 있다.

12-1 "중개행위"의 의미

대법원 1995. 9. 29. 선고 94다47261 판결

판시사항

가. 부동산 중개업법 제19조 제1항 소정의 "중개행위"의 의미

나. 부동산 중개업법 제35조의2에 의한 공제제도의 취지 및 그 공제약관에 중개업자의 고의에 의한 사고까지 공제금을 지급하도록 규정한 것이 상법 제659조에 위반되어 무효인지 여부

판결요지

가. 부동산 중개업법 제19조 제1항은 중개업자가 중개행위를 함에 있어서 고의 또는 과실로 인하여 거래 당사자에게 재산상의 손해를 발생하게 한 때에는 그 손해를 배상할 책임이 있다고 규정하고 있는바, 여기서의 중개행위에 해당하는지 여부는 거래 당사자의 보호에 목적을 둔 위 규정의 취지에 비추어 볼 때 중개업자가 진정으로 거래 당사자를 위하여 거래를 알선, 중개하려는 의사를 갖고 있었느냐 하는 중개업자의 주관적 의사에 의하여 결정할 것이 아니라 중개업자의 행위를 객관적으로 보아 사회통념상 거래의 알선, 중개를 위한 행위라고 인정되는지 여부에 의하여 결정할 것이고, 한편 중개행위란 중개업자가 거래의 쌍방 당사자로부터 중개 의뢰를 받은 경우뿐만 아니라 거래의 일방 당사자의 의뢰에 의하여 중개 대상물의 매매·교환·임대차 기타 권리의 득실·변경에 관한 행위를 알선, 중개하는 경우도 포함하는 것이다.

나. 구 부동산 중개업법(1993. 12. 27. 법률 제4628호로 개정되기 전의 것) 제19조 제2항(현행 제3항), 부동산 중개업법 제35조의2에 근거하여 전국부동산 중개업협회가 운영하는 공제제도는 중개업자가 그의 불법행위 또는 채무불이행으로 인하여 거래 당사자에게 부담하게 되는 손해배상 책임을 보증하는 보증보험적 성격을 가진 제도라고 보아야 할 것이므로, 그 공제약관에 공제 가입자인 중개업자의 고의로 인한 사고의 경우까지 공제금을 지급하도록 규정되었다고 하여 이것이 공제제도의 본질에 어긋난다거나 고의, 중과실로 인한 보험사고의 경우 보험자의 면책을 규정한 상법 제659조의 취지에 어긋난다고 볼 수 없다.

12-2 부동산 중개업자의 주의의무의 내용

대법원 2008. 3. 13. 선고 2007다73611 판결

판시사항
[3] 부동산 중개업자가 중개의뢰인 및 거래 상대방에 대하여 부담하는 주의의무의 내용
[4] 부동산 소유자의 인척으로부터 중개를 의뢰받고 적법한 대리권 유무를 조사·확인하지 않은 채 중개행위를 한 부동산 중개업자의 부동산 매수인에 대한 손해배상책임을 인정한 사례

이유

부동산 중개업자는 당해 중개대상물의 권리관계 등을 확인하여 중개의뢰인에게 설명할 의무가 있고, 한편 직접적인 위탁관계가 없다고 하더라도 부동산 중개업자의 개입을 신뢰하여 거래를 하기에 이른 거래 상대방에 대하여도 부동산 중개업자는 신의성실의 원칙상 목적부동산의 하자, 권리자의 진위, 대리관계의 적법성 등에 대하여 각별한 주의를 기울여야 할 업무상의 일반적인 주의의무를 부담한다고 할 것이다.

기록에 의하면, 피고 2는 피고 1로부터 이 사건 아파트의 중개를 의뢰받은 사실, 이 사건 매매계약 체결 당시 피고 2는 피고 1이 원심공동피고 1의 위임장이나 인감도장을 소지하지 아니하고 있어 원심공동피고 1의 의사를 확인하고자 하였다가 피고 1이 원심공동피고 1이 러시아에 체류 중이고 잠잘 시간이라는 이유로 난색을 표하는 바람에 본인의 의사를 확인하지 못한 채 매도인 본인의 인장을 날인하지 못한 채 매매계약서를 작성하면서 계약서 비고란에 "장모님 피고 1님이 매도인을 일방 대리함"이라고 기재한 사실, 피고 1은 당일 원심공동피고 1이 이 사건 아파트를 처분할 의사가 없다는 것을 뒤늦게 확인하고 그 다음 날 계약금이 입금되기 전에 피고 2 등을 통하여 원고에게 이 사건 매매계약 파기의 의사표시를 한 사실, 그 후 이 사건 매매계약 체결 당시 매도인측을 대리한 피고 1이 대리권이 없음이 판명된 사실이 인정되는바, 위 인정 사실에 의하면, 피고 2는 거래상대방인 원고에 대하여 신의성실의 원칙상 피고 1이 원심공동피고 1의 적법한 대리인인지 여부를 위

임장, 인감증명서 등의 방법으로 조사·확인할 의무가 있다고 할 것임에도, 이를 게을리 한 과실이 있다고 할 것이므로, 피고 2는 그로 인하여 원고가 입은 손해를 배상할 책임이 있다.

12-3 한도를 초과하는 부동산중개수수료 약정의 무효 여부

대법원 2002. 9. 4. 선고 2000다54406,54413 판결

판시사항

[3] 부동산 중개업법 및 같은법시행규칙 소정의 상한을 초과하는 부동산중개수수료 약정이 강행법규위반으로 무효인지 여부(적극)

판결요지

[3] 부동산 중개업법 제20조에 의하면, 중개업자는 중개업무에 관하여 중개의뢰인으로부터 소정의 수수료를 받을 수 있고(제1항), 위 수수료의 한도 등에 관하여 필요한 사항은 건설교통부령이 정하는 범위 내에서 특별시·광역시 또는 도의 조례로 정하도록 규정하고 있으며(제3항), 구 부동산 중개업법시행규칙(2000. 7. 29. 건설교통부령 제250호로 개정되어 2000. 10. 1.부터 시행되기 전의 것) 제23조의2 제1항에 의하면, 부동산 중개업법 제20조 제3항의 규정에 의한 수수료는 중개의뢰인 쌍방으로부터 각각 받되 그 한도는 매매·교환의 경우에는 거래가액에 따라 0.15%(위 개정 후에는 0.2%)에서 0.9% 이내로 하도록 규정되어 있고, 한편 부동산 중개업법 제15조 제2호는 중개업자가 같은 법 제20조 제3항의 규정에 의한 수수료를 초과하여 금품을 받거나 그 외에 사례·증여 기타 어떠한 명목으로라도 금품을 받는 행위를 할 수 없도록 금지하고, 위와 같은 금지행위를 한 경우 등록관청이 중개업등록을 취소할 수 있으며(같은 법 제22조 제2항 제3호), 위와 같은 금지규정을 위반한 자는 1년 이하의 징역 또는 1천만 원 이하의 벌금에 처하도록 규정하고 있는바(같은 법 제38조 제2항 제5호), 부동산 중개업법이 '부동산 중개업자의 공신력을 높이고 공정한 부동산 거래질서를 확립하여 국민의 재산권 보호에 기여함'을 목적으로 하고 있는 점(같은 법 제1조), 위 규정

들이 위와 같은 금지행위의 결과에 의하여 경제적 이익이 귀속되는 것을 방지하려는 데에도 그 입법 취지가 있다고 보이는 점, 그와 같은 위반행위에 대한 일반사회의 평가를 감안할 때 위와 같은 금지행위 위반은 반사회적이거나 반도덕적으로 보아야 할 것인 점, 위반행위에 대한 처벌만으로는 부동산 중개업법의 실효를 거둘 수 없다고 보이는 점 등을 종합하여 보면, 위와 같은 규정들은 부동산중개의 수수료 약정 중 소정의 한도액을 초과하는 부분에 대한 사법상의 효력을 제한함으로써 국민생활의 편의를 증진하고자 함에 그 목적이 있는 것이므로 이른바, 강행법규에 속하는 것으로서 그 한도액을 초과하는 부분은 무효라고 보아야 한다.

12-4 공인중개사법 상한요율을 초과하는 중개보수 약정의 무효 여부

대법원 2007. 12. 20. 선고 2005다32159 전원합의체 판결

판시사항

구 부동산 중개업법 및 같은 법 시행규칙 등 관련 법령에서 정한 한도를 초과하는 부동산 중개수수료 약정이 강행법규 위반으로 무효인지 여부(적극)

판결요지

구 부동산 중개업법(2005. 7. 29. 법률 제7638호 '공인중개사의 업무 및 부동산 거래신고에 관한 법률'로 전문 개정되기 전의 것)은 부동산 중개업을 건전하게 지도·육성하고 부동산 중개업무를 적절히 규율함으로써 부동산 중개업자의 공신력을 높이고 공정한 부동산 거래질서를 확립하여 국민의 재산권 보호에 기여함을 입법목적으로 하고 있으므로(제1조), 중개수수료의 한도를 정하는 한편 이를 초과하는 수수료를 받지 못하도록 한 같은 법 및 같은 법 시행규칙 등 관련 법령 또는 그 한도를 초과하여 받기로 한 중개수수료 약정의 효력은 이와 같은 입법목적에 맞추어 해석되어야 한다. 그뿐 아니라, 중개업자가 구 부동산 중개업법 등 관련 법령에 정한 한도를 초과하여 수수료를 받는 행위는 물론 위와 같은 금지규정 위반 행위에 의하여 얻은 중개수수료 상당의 이득을 그대

로 보유하게 하는 것은 투기적·탈법적 거래를 조장하여 부동산 거래질서의 공정성을 해할 우려가 있고, 또한 구 부동산 중개업법 등 관련 법령의 주된 규율대상인 부동산의 거래가격이 높고 부동산 중개업소의 활용도 또한 높은 실정에 비추어 부동산 중개수수료는 국민 개개인의 재산적 이해관계 및 국민생활의 편의에 미치는 영향이 매우 커 이에 대한 규제가 강하게 요청된다. 그렇다면, 앞서 본 입법목적을 달성하기 위해서는 고액의 수수료를 수령한 부동산 중개업자에게 행정적 제재나 형사적 처벌을 가하는 것만으로는 부족하고 구 부동산 중개업법 등 관련 법령에 정한 한도를 초과한 중개수수료 약정에 의한 경제적 이익이 귀속되는 것을 방지하여야 할 필요가 있으므로, 부동산 중개수수료에 관한 위와 같은 규정들은 중개수수료 약정 중 소정의 한도를 초과하는 부분에 대한 사법상의 효력을 제한하는 이른바 강행법규에 해당하고, 따라서 구 부동산 중개업법 등 관련 법령에서 정한 한도를 초과하는 부동산 중개수수료 약정은 그 한도를 초과하는 범위 내에서 무효이다.

12-5 공인중개사 자격이 없는 자의 중개와 중개보수

대법원 2012. 6. 14. 선고 2010다86525 판결

판시사항

공인중개사 자격이 없는 자가 거래행위를 중개하였으나 업으로 한 것이 아닌 경우, 그에 따른 중개수수료 지급약정이 무효인지 여부(소극) 및 중개수수료 약정이 부당하게 과다한 때에 청구할 수 있는 보수액의 범위

판결요지

공인중개사 자격이 없는 자가 우연한 기회에 단 1회 타인 간의 거래행위를 중개한 경우 등과 같이 '중개를 업으로 한' 것이 아니라면 그에 따른 중개수수료 지급약정이 강행법규에 위배되어 무효라고 할 것은 아니고, 다만 중개수수료 약정이 부당하게 과다하여 민법상 신의성실 원칙이나 형평 원칙에 반한다고 볼만한 사정이 있는 경우에는 상당하다고 인정되는 범위 내로 감액된 보수액만을 청구할 수 있다.

12-6 수수료를 포괄적으로 지급하여, 한도 초과했다고 단정할 수 없다고 한 사례

대법원 2006. 9. 22. 선고 2005도6054 판결

판결요지

[2] 공인중개사가 토지와 건물의 임차권 및 권리금, 시설비의 교환계약을 중개하고 그 사례 명목으로 포괄적으로 지급받은 금원 중 어느 금액까지가 구 부동산 중개업법(2005. 7. 29. 법률 제7638호 공인중개사의 업무 및 부동산 거래신고에 관한 법률로 전문 개정되기 전의 것)의 규율대상인 중개수수료에 해당하는지를 특정할 수 없어 같은 법이 정한 한도를 초과하여 중개수수료를 지급받았다고 단정할 수 없다고 한 사례

이유

원심판결 및 원심이 유지한 제1심판결에 의하면, 피고인 1은 공소외 1 소유의 토지와 공소외 2의 멀티아카페의 임차권 및 권리금, 시설비의 교환계약을 중개하고 그 사례 명목으로 1,700만 원을 수령하였다는 것이므로 그 사례금 속에는 위 멀티아카페의 임차권 뿐 아니라 권리금 및 시설비의 교환 수수료가 포함되어 있음이 분명한바, 그와 같이 포괄적으로 지급받은 금원 중 어느 금액까지가 구법의 규율대상인 중개수수료에 해당하는지를 특정할 수 없으므로, 피고인이 구법에서 정한 한도를 초과하여 중개수수료를 지급받았다고 단정할 수 없고, 검사가 제출한 증거를 모두 살펴보아도 이를 인정할 만한 증거를 발견할 수 없다.

12-7 '분양대행' 관련 수수료는 공인중개사법의 제한을 받지 않는다고 본 사례

대법원 1999. 7. 23. 선고 98도1914 판결

판결요지

[2] 중개와 구별되는 이른바 '분양대행'과 관련하여 교부받은 금원에 해당한다고 보아 부동산 중개업법 제15조 제2호에 의하여 초과 수수가 금지되는 금원이 아니라고 한 사례

> 이유

원심판결 이유에 의하면, 원심은, 피고인이 1995. 9. 18.경 공소외 황광수로부터 그가 대구 북구 태전동에 신축 중인 상가의 분양을 의뢰받으면서, ① 분양대금이 21억 5천만 원을 초과하여 분양되었을 경우에는 그 초과한 금액을 피고인이 가지기로 하고, ② 분양에 따른 비용은 전액 피고인이 부담하며, ③ 확정가격으로 분양하였을 경우에는 분양계약 체결시에 피고인에게 입금액의 2%를 수임료로 지급하고 나머지는 분양완료시 정산하며, ④ 피고인이 책임지고 분양을 완료하되 미분양 상가는 피고인이 인수하고, ⑤ 총분양금액 21억 4천만 원을 초과하는 부분에 대한 양도소득세를 피고인이 부담하기로 약정한 사실, 그 후 피고인은 이 약정에 따라 자신의 경비를 들여 광고를 하는 등으로 이 사건 상가 점포 중 38개를 분양하고 황광수로부터 도합 343,966,340원을 교부받은 사실을 인정한 다음, 피고인의 위와 같은 행위는 피고인이 이 사건 상가를 분양하면서 어느 정도의 위험부담과 함께 이득을 취할 수 있는 영업행위로서 이른바 '분양대행'에 해당하고, 이러한 분양대행은 중개와는 구별되는 것이어서 피고인이 분양대행과 관련하여 교부받은 금원이 부동산 중개업법 제15조 제2호에 의하여 초과 수수가 금지되는 금원이 아니라는 이유로 제1심판결을 파기하고 무죄를 선고하였는바, 위와 같은 원심의 인정 및 판단은 정당하고, 거기에 중개행위의 개념에 관한 법리오해나 사실오인 등의 위법이 있다고 할 수 없다.

12-8 중개업자가 의무 위반으로 손해배상책임을 부담한다고 본 사례

대법원 2012. 1. 26. 선고 2011다63857 판결

> 판시사항

[1] 다가구주택 일부에 관한 임대차계약을 중개하는 중개업자가 임차의뢰인에게 부담하는 의무의 내용 및 중개업자가 고의나 과실로 이러한 의무를 위반하여 임차의뢰인에게 재산상 손해를 발생하게 한 경우, 공인중개사의 업무 및 부동산 거래신고에 관한 법률 제30조에 의한 손해배상책임을 부담하는지 여부(적극)

[2] 중개업자 갑이 다가구주택 일부에 관하여 임대의뢰인 을과 임차의뢰인 병의 임대차계약을 중개하면서 병에게 다른 임차인의 임대차보증금 등에 관한 사항을 확인하여 설명 등을 하지 않았는데, 그 후 개시된 경매절차에서 병이 다른 소액임차인 등보다 후순위에 있어서 임대차보증금을 배당받거나 반환받지 못한 사안에서, 갑 및 갑과 공제계약을 체결한 한국공인중개사협회의 손해배상책임을 인정한 사례

판결요지

[1] 중개업자는 다가구주택 일부에 관한 임대차계약을 중개하면서 임차의뢰인이 임대차계약이 종료된 후에 임대차보증금을 제대로 반환받을 수 있는지 판단하는 데 필요한 다가구주택의 권리관계 등에 관한 자료를 제공하여야 하므로, 임차의뢰인에게 부동산 등기부상에 표시된 중개대상물의 권리관계 등을 확인·설명하는 데 그쳐서는 아니 되고, 임대의뢰인에게 다가구주택 내에 이미 거주해서 살고 있는 다른 임차인의 임대차계약내역 중 개인정보에 관한 부분을 제외하고 임대차보증금, 임대차의 시기와 종기 등에 관한 부분의 자료를 요구하여 이를 확인한 다음 임차의뢰인에게 설명하고 자료를 제시하여야 하며, 공인중개사의 업무 및 부동산 거래신고에 관한 법률 시행규칙 제16조에서 정한 서식에 따른 중개대상물 확인·설명서의 중개목적물에 대한 '실제 권리관계 또는 공시되지 아니한 물건의 권리 사항'란에 그 내용을 기재하여 교부하여야 할 의무가 있고, 만일 임대의뢰인이 다른 세입자의 임대차보증금, 임대차의 시기와 종기 등에 관한 자료요구에 불응한 경우에는 그 내용을 중개대상물 확인·설명서에 기재하여야 할 의무가 있다. 그러므로 중개업자가 고의나 과실로 이러한 의무를 위반하여 임차의뢰인에게 재산상의 손해를 발생하게 한 때에는 공인중개사의 업무 및 부동산 거래신고에 관한 법률 제30조에 의하여 이를 배상할 책임이 있다.

[2] 공인중개사의 업무 및 부동산 거래신고에 관한 법률(이하 '공인중개사법'이라 한다)에서 정한 중개업자 갑이 다가구주택 일부에 관하여 임대의뢰인 을과 임차의뢰인 병의 임대차계약을 중개하면서 병에게 부동산 등기부에 기재된 근저당권의 채권최고액을 고지하고 임대

차계약서의 특약사항에 이를 기재하였으나, 다가구주택에 거주하던 다른 임차인의 임대차보증금 액수, 임대차계약의 시기와 종기 등에 관한 사항을 확인하여 설명하지 않았고 근거자료를 제시하지도 않았으며, 중개대상물 확인·설명서의 '실제 권리관계 또는 공시되지 아니한 물건의 권리 사항'란에도 이를 기재하지 않았는데, 그 후 위 다가구주택에 관하여 개시된 경매절차에서 다가구주택의 다른 소액임차인 등은 배당을 받았으나 병은 이들보다 후순위에 있어 임대차보증금 반환채권을 배당받지 못하였고 을에게서도 임대차보증금을 반환받지 못한 사안에서, 공인중개사법 제30조에 의하여 갑 및 갑과 공제계약을 체결한 한국공인중개사협회의 손해배상책임을 인정한 사례

12-9 매수인과 공인중개사의 과실비율이 각각 50%라고 판단한 사례

서울중앙지방법원 2012. 4. 13. 선고 2010가합60252 판결

판결요지

공인중개사가 사용승인 면적의 2배를 넘는 면적으로 건축된 다세대주택 매매를 중개하면서 무단증축된 부분이 있다는 정도의 설명만을 한 사안에서, 공인중개사는 매수인이 무단증축된 부동산을 매수함으로써 받을 수 있는 불이익에 대한 설명의무를 위반하였으므로 손해배상책임을 부담하고, 매수인과 공인중개사의 과실비율은 각각 50%라고 판단한 사례

이유

2. 손해배상책임의 발생

가. 부동산 중개업자는 민법 제681조에 의하여 중개의뢰의 본지에 따라 선량한 관리자의 주의로써 의뢰받은 중개업무를 처리하여야 할 의무가 있고, 공인중개사의 업무 및 부동산 거래신고에 관한 법률(이하 '공인중개사법'이라 한다) 제25조 제1항 제2호에 의하여 중개가 완성되기 전에 법령의 규정에 의한 거래 또는 이용 제한사항을 확인하여 중개의뢰인에게 성실·정확하게 설명하여야 하며, 공인중개사

법 제30조 제1항에 의하여 중개행위를 함에 있어서 고의 또는 과실로 인하여 거래당사자에게 재산상의 손해를 발생하게 한 때에는 그 손해를 배상할 책임이 있다.

나. 이 사건에 관하여 보건대, 4**호는 사용승인받은 면적의 2배를 넘는 면적으로 건축되었고, 5**호도 사용승인받은 면적의 1.7배에 달하는 면적으로 건축되었음은 앞서 본 바와 같고, 피고 박○○ 본인신문결과에 의하면 원고들에게 이 사건 각 주택을 소개한 피고 박○○은 당시 부동산 중개업무에 2년 이상 종사한 경력을 가지고 있었던 사실을 인정할 수 있으므로, 위 인정사실에 비추어 보면 피고 박○○으로서는 이 사건 각 주택의 무단증축 부분이(구체적으로 몇 ㎡인지는 몰랐다고 하더라도) 상당히 넓다는 사실을 알 수 있었을 것으로 보이고, 그와 같은 상당히 넓은 면적이 무단증축되어 있는 부동산을 중개하는 사람으로서는 매수인에게 그러한 사실을 상세히 설명하고 무단증축된 부동산을 매수함으로써 받을 수 있는 불이익(즉, 철거명령, 이행강제금 부과 가능성 등)에 관하여 정확히 알려 줄 업무상 주의의무가 있다고 할 것인바, 을 제1, 2호증의 각 2의 각 기재, 피고 박○○ 본인신문결과 및 변론 전체의 취지를 종합하면, 피고 박○○은 원고들에게 '이 사건 각 주택에 무단증축된 부분이 있다. 이행강제금을 일정 기간 내면 한시적으로 양성화된 사례가 있다'는 정도의 설명만을 한 사실을 인정할 수 있다.

다. 비록 원고들이 이 사건 각 주택에 무단증축된 부분이 있다는 사실을 알면서도 이 사건 각 주택을 매수하였다고 하더라도 이러한 사정은 아래에서 보는 바와 같이 과실상계에서 고려될 수 있을 뿐이고 이로 인하여 중개인의 위 설명의무가 면제되는 것은 아니라고 할 것인바, 피고 박○○에게는 중개행위를 함에 있어서 필요한 설명의무를 다하지 못한 과실이 있다고 봄이 상당하고, 중개보조원인 피고 박○○의 중개행위는 공인중개사법 제15조 제2항에 의하여 고용인인 피고 이○○의 행위로 간주되므로, 피고 이○○, 박○○은 각자 위 피고들의 과실로 인해 원고들이 입은 손해를 배상할 책임이 있고, 피고협회는 공제계약에 따라 공제금액의 한도 내에서 피고 이○○, 박○○과 각자 원고들의 위 손해를 배상할 책임이 있다.

3. 손해배상책임의 범위

가. 손해

피고 이ㅇㅇ, 박ㅇㅇ의 불법행위로 인하여 원고들이 입은 손해는 위 피고들로부터 이사건 각 주택에 관하여 정확하고 충분한 설명을 듣지 못하고 이를 매수함으로써 지출하게 된 돈이라고 할 것인바(매매계약서에는 4**호의 매매대금이 431,500,000원, 5**호의 매매대금이 233,000,000원으로 기재되어 있으나 실제로 원고들이 매도인에게 지급한 매매대금은 아래 표 기재와 같다), 아래 표 기재 각 증거에 변론 전체의 취지를 종합하면, 원고들이 합계 567,625,140원을 지출하였음을 알 수 있으나, 원고들은 위 피고들에 대하여 손해배상금으로 342,725,140원의 지급을 구하므로, 원고들이 구하는 342,725,140원을 기준으로 손해액을 산정한다.

나. 과실상계

원고들로서도 매매계약 체결 당시 이 사건 각 주택이 무단증축되었다는 설명을 들었으면 그 무단증축 정도, 이로 인하여 이 사건 각 주택 및 그 소유자에게 취해질 수 있는 각종 제재 등에 관하여 나름대로 확인하여야 할 주의의무가 있었음에도 이를 게을리한 과실이 인정되는바, 그 과실의 비율은 50%로 봄이 상당하므로, 이를 손해배상의 범위를 정함에 있어서 참작하기로 한다.

12-10 공인중개사의 과실을 50% 인정한 사례

서울중앙지법 2006. 8. 25. 선고 2006가합24549 판결

판결요지

의뢰인이 한의원 개원장소의 중개를 의뢰한 이상 중개업자는 중개목적물에 한의원을 개원할 수 있는지 여부도 조사 확인하여 의뢰인에게 고지할 의무가 있으나, 주소지는 종로구 인사동의 문화지구에 속하여 한의원 개원이 금지되고 있다는 조례를 알지 못하는 과실이 있으므로 중개업자는 선량한 관리자의 주의 의무를 모두 이행하였다고 보기 어렵다는 취지로 공인중개사의 과실을 50% 인정함

13 Chapter
구분소유

건물의 일부분이 독립성이 있어야 구분소유권의 객체로 인정__

건물의 일부분이 구조상으로나 이용상으로 다른 부분과 구분되는 독립성이 있으면 구분소유권의 객체로 될 수 있으므로, 건물의 증축 부분이 기존 건물 부분과 벽으로 구분되어 있고 기존 건물 부분과 무관한 용도로 사용되고 있다면 구조상으로나 이용상으로 독립되어 있어 구분소유권의 객체가 될 수 있다.

구분건물로 할 것인지 여부는 소유자의 의사로 결정__

1동의 건물 중 구분된 각 부분이 구조상, 이용상 독립성을 가지고 있는 경우에 그 각 부분을 1개의 구분건물로 하는 것도 가능하고, 그 1동 전체를 1개의 건물로 하는 것도 가능하기 때문에, 이를 구분건물로 할 것인지 여부는 특별한 사정이 없는 한 소유자의 의사에 의해 결정된다고 할 것이다. 그러므로 구분건물이 되기 위해서는 객관적, 물리적인 측면에서 구분건물이 구조상, 이용상의 독립성을 갖추어야 하고, 그 건물을 구분소유권의 객체로 하려는 의사표시 즉 구분행위가 있어야 하는 것이다.

소유자가 기존 건물에 증축을 한 경우에도 증축 부분이 구조상, 이용상의 독립성을 갖추었다는 사유만으로 당연히 구분소유권이 성립된다고 할 수는 없고, 소유자의 구분행위가 있어야 비로소 구분소유권이 성립된다.

집합건물의 전유, 공용부분 구분은 집합건물로 등록된 시점을 기준

집합건물의 어느 부분이 전유부분인지 공용부분인지의 여부는 구분소유가 성립한 시점, 즉 원칙적으로 건물 전체가 완성되어 당해 건물에 관한 건축물대장에 집합건물로 등록된 시점을 기준으로 판단해야 하고, 그 후의 건물 개조나 이용상황의 변화 등은 전유부분인지 공용부분인지 여부에 영향을 미칠 수 없으며, 집합건물의 어느 부분이 구분소유자의 전원 또는 일부의 공용에 제공되는지의 여부는 소유자들 간에 특단의 합의가 없는 한 그 건물의 구조에 따른 객관적인 용도에 의해 결정되어야 한다.

별도 분양된 상가지하주차장은 구분소유의 대상이 될 수 있어

아파트나 연립주택과 같이 여러층으로 구성된 주거용 집합건물의 지하층은 건축 당시 주거용 주택과는 별도의 용도나 목적으로 건축한 것이라는 등 특별한 사정이 없는 한 각층 주택의 관리를 위한 기계 및 보일러실 또는 전입주자들의 공동사용을 위한 차고 창고 등으로 사용하기 위해 건축된 것으로 보아야 할 것이므로 위 주거용 주택에 대한 매매계약서 작성 시 지하실이 그 목적물에 표시되지 않았다는 이유만으로 이를 매매 목적물과 별개의 물건으로 볼 것이 아니다.

한편, 집합건물인 상가건물의 지하주차장이 그 건물을 신축함에 있어서 건축법규에 따른 부속주차장으로 설치되기는 했으나, 분양계약상의 특약에 의해 그 건물을 분양받은 구분소유자들의 동의 아래 공용부분에서 제외되어 따로 분양되었고, 그 구조상으로나 이용상으로도 상가건물의 지상 및 지하실의 점포, 기관실 등과는 독립된 것으로서, 이와 분리해 구분소유의 대상이 될 수 있다.

13-1 건물의 일부분이 구분소유권의 객체가 되기 위한 요건

대법원 1996. 8. 20. 선고 94다44705,44712 판결

판결요지

[1] 건물의 일부분이 구조상으로나 이용상으로 다른 부분과 구분되는 독립성이 있으면 구분소유권의 객체로 될 수 있다 할 것인바, 건물의 증축 부분이 기존 건물 부분과 벽으로 구분되어 있고 기존 건물 부분과 무관한 용도로 사용되고 있다면 구조상으로나 이용상으로 독립되어 있어 구분소유권의 객체가 될 수 있다.

주거용 집합건물의 지하층은 각층의 주택과는 별개의 물건인지의 여부

대법원 1981. 1. 13. 선고 80다2445 판결

판결요지

아파트나 연립주택과 같이 여러층으로 구성된 주거용 집합건물의 지하층은 건축 당시 주거용 주택과는 별도의 용도나 목적으로 건축한 것이라는 등 특별한 사정이 없는 한 각층 주택의 관리를 위한 기계 및 보일러실 또는 전입주자들의 공동사용을 위한 차고 창고 등으로 사용키 위하여 건축된 것으로 보아야 할 것이므로 위 주거용 주택에 대한 매매계약서 작성시 지하실이 그 목적물에 표시되지 아니하였다는 이유만으로 이를 매매 목적물과 별개의 물건으로 볼 것이 아니다.

 ## 1동 건물의 증축 부분이 구분건물로 되기 위한 요건

대법원 1999. 7. 27. 선고 98다35020 판결

판시사항

[1] 1동 건물의 증축 부분이 구분건물로 되기 위한 요건(=구조상·이용상의 독립성과 소유자의 구분행위) 및 소유자가 기존 건물에 마쳐진 등기를 증축한 건물의 현황과 맞추어 1동의 건물로서 건물표시변경등기를 한 경우, 이를 구분건물로 하려는 의사로 볼 수 있는지 여부(소극)

판결요지

[1] 1동의 건물 중 구분된 각 부분이 구조상, 이용상 독립성을 가지고 있는 경우에 그 각 부분을 1개의 구분건물로 하는 것도 가능하고, 그 1동 전체를 1개의 건물로 하는 것도 가능하기 때문에, 이를 구분건물로 할 것인지 여부는 특별한 사정이 없는 한 소유자의 의사에 의하여 결정된다고 할 것이므로, 구분건물이 되기 위하여는 객관적, 물리적인 측면에서 구분건물이 구조상, 이용상의 독립성을 갖추어야 하고, 그 건물을 구분소유권의 객체로 하려는 의사표시 즉 구분행위가 있어야 하는 것으로서, 소유자가 기존 건물에 증축을 한 경우에도 증축 부분이 구조상, 이용상의 독립성을 갖추었다는 사유만

으로 당연히 구분소유권이 성립된다고 할 수는 없고, 소유자의 구분행위가 있어야 비로소 구분소유권이 성립된다고 할 것이며, 이 경우에 소유자가 기존 건물에 마쳐진 등기를 이와 같이 증축한 건물의 현황과 맞추어 1동의 건물로서 증축으로 인한 건물표시변경등기를 경료한 때에는 이를 구분건물로 하지 않고 그 전체를 1동의 건물로 하려는 의사였다고 봄이 상당하다.

13-4 상가건물의 지하주차장이 독립된 구분소유의 대상이 될 수 있다고 한 사례

대법원 1995. 12. 26. 선고 94다44675 판결

판시사항

[1] 집합건물인 상가건물의 지하주차장이 독립된 구분소유의 대상이 될 수 있다고 한 사례

판결요지

[1] 집합건물인 상가건물의 지하주차장이 그 건물을 신축함에 있어서 건축법규에 따른 부속주차장으로 설치되기는 하였으나, 분양계약 상의 특약에 의하여 그 건물을 분양받은 구분소유자들의 동의 아래 공용부분에서 제외되어 따로 분양되었고, 그 구조상으로나 이용상으로도 상가건물의 지상 및 지하실의 점포, 기관실 등과는 독립된 것으로서, 이와 분리하여 구분소유의 대상이 될 수 있다고 한 사례

13-5 공용주택의 공동대피소를 개조한 경우 구분소유의 목적이 되는지 여부

대법원 1992. 4. 10. 선고 91다46151 판결

판시사항

공동주택의 공용부분인 공동대피소로 건축된 부분을 주거용 방실로 개조하여 주거용으로 사용케 한 경우 구분소유의 목적이 되는지 여부(소극)

> 판결요지

건물 일부가 준공 당시 이미 구조상 공동주택 소유자들을 위한 공동대피소로 건축되었다면, 당시 이미 시행되고 있던 집합건물의소유및관리에관한법률 제3조 제1항, 제10조 제1항 및 제13조 등 제 규정에 의하여 집합건물 중 구조상 구분소유자의 전원 또는 일부의 공용에 제공되는 건물부분은 구분소유자전원의 공유에 속할 뿐 구분소유의 목적으로 할 수 없고, 공유자는 그가 가지는 전유부분과 분리하여 공용부분에 대한 지분을 처분할 수 없는 것이므로 건물 일부인 위 공용부분을 주거용 방실로 개조하여 이를 매도하여 주거용으로 사용케 하였다 하더라도 그 부분이 따로 구분소유의 목적이 되는 것은 아니다.

13-6 집합건물의 전유, 공용 여부를 판단하는 기준 시점 및 그 결정 기준

대법원 2007. 7. 12. 선고 2006다56565 판결

> 판시사항

[1] 집합건물의 어느 부분이 전유부분인지 공용부분인지의 여부를 판단하는 기준 시점 및 그 결정 기준

[2] 아파트 대지로서 아파트 외부에 있는 지상주차장 부분은 집합건물의 공용부분이 아니라, 그 구분소유자 전원의 대지권의 목적으로서 아파트 구분소유자 전원의 공유에 속한다고 한 사례

> 이유

집합건물의 소유 및 관리에 관한 법률 제10조 제1항은 "공용부분은 구분소유자 전원의 공유에 속한다. 다만, 일부의 구분소유자만의 공용에 제공되는 것임이 명백한 공용부분은 그들 구분소유자의 공유에 속한다"고 규정하고 있는바(이하 구분소유자 전원 공용에 제공된 공용부분은 '전체공용부분'이라 하고, 구분소유자 일부만의 공용에 제공된 공용부분을 '일부공용부분'이라 한다), 집합건물의 어느 부분이 전유부분인지 공용부분인지의 여부는 구분소유가 성립한 시점, 즉 원칙적으로 건물 전체가 완성되어 당해 건물에 관한 건축물대장에 집합건물로 등록된 시점을 기준으로 판단하여야 하고, 그 후의 건물 개조나 이용상황의 변화 등은

전유부분인지 공용부분인지 여부에 영향을 미칠 수 없으며, 집합건물의 어느 부분이 구분소유자의 전원 또는 일부의 공용에 제공되는지의 여부는 소유자들 간에 특단의 합의가 없는 한 그 건물의 구조에 따른 객관적인 용도에 의하여 결정되어야 한다(대법원 2005. 6. 24. 선고 2004다30279 판결 등 참조).

13-7 독립한 부동산인 건물로서 인정되기 위한 요건

대법원 2011. 6. 30. 선고 2009다30724 판결

판시사항

[1] 건물 일부분이 구분소유권의 객체가 될 수 있는지 여부(한정 적극) 및 독립한 부동산인 건물로서 인정되기 위한 요건

[2] 지상 3층 규모의 철골구조물로 된 주차시설이 구분소유권의 객체가 될 수 있는지가 문제된 사안에서, 철제 에이치빔으로 기둥을 세우고 바닥에 철판을 깔아 차량이 주차할 수 있는 공간을 페인트로 선을 그어 구획하여놓았으며 각 층 전면의 절반 가량의 높이에 철판을 잇대어 가려놓았을 뿐 벽이라고 볼만한 것은 없으므로, 위 주차시설은 독립한 부동산인 건물로서의 요건을 갖추지 못하여 구분소유의 객체가 될 수 없다고 한 사례

이유

물권은 법률 또는 관습법에 의하는 외에는 임의로 창설하지 못한다(민법 제185조). 그러므로 하나의 물권의 객체는 하나의 물건이어야 함이 원칙이고, 다만 민법 제215조 및 집합건물의 소유와 관리에 관한 법률의 규정에 의하여 건물은 그 일부분이 구분소유의 객체가 될 수 있다. 한편 최소한의 기둥과 지붕 그리고 벽이 이루어지면 독립한 부동산으로서의 건물의 요건을 갖춘 것이 된다 .

PART 02 부동산 임대차

01 임대차성립
02 임대차기간 및 계약 갱신
03 토지임차권의 대항력
04 임대료와 차임연체
05 임차물 수선과 비용 상환청구
06 임대차종료와 원상회복
07 부속물매수청구권
08 관리비
09 임대인과 임차인의 관리 의무
10 지상물매수청구권
11 임대차종료와 법률관계

01 Chapter
임대차성립

임대인은 임차물을 사용하게 하고, 임차인은 차임을 지급__

임대차는 당사자 일방이 상대방에게 목적물을 사용, 수익하게 할 것을 약정하고 상대방이 이에 대해 차임을 지급할 것을 약정함으로써 성립하는 것으로써, 임대인은 임차인으로 하여금 그 목적물을 완전하게 사용·수익하게 할 의무가 있고 또한 임차인은 이러한 임대인의 의무가 이행불능으로 되지 않는 한 그 사용·수익의 대가로 차임을 지급할 의무가 있으며, 그 임대차관계가 종료되면 임차인은 임차목적물을 임대인에게 반환해야 할 계약상의 의무가 있다.

임대할 권한이 없어도 임대차계약은 유효하게 성립__

임대인이 그 목적물에 대한 소유권 기타 이를 임대할 권한이 없다고 하더라도 임대차계약은 유효하게 성립한다. 다만, 임차인이 진실한 소유자로부터 목적물의 반환청구나 임료 내지 그 해당액의 지급요구를 받는 등의 이유로 임대인이 임차인으로 하여금 사용·수익하게 할 수가 없게 되면 임대인의 채무는 이행불능으로 되고 임차인은 이행불능으로 인한 임대차의 종료를 이유로 그때 이후의 임대인의 차임지급 청구를 거절할 수 있다.

소유권이 없어도 적법하게 임대 가능

매수인이 아직 소유권이전등기를 받지 않았다 하더라도 매매계약의 이행으로 받은 매매목적물의 인도를 적법히 받을 수 있고 그 물건을 사용·수익할 수 있는 권한이 있으며, 매매목적물을 타인에게 적법히 임대할 수 있다.

임대차계약상의 임대인의 의무는 목적물을 사용·수익하게 할 의무로서, 목적물에 대한 소유권 있음을 성립요건으로 하고 있지 않아 임대인이 소유권을 상실했다는 이유만으로 그 의무가 불능하게 된 것이라고 단정할 수 없다.

수량을 지정한 임대차

건물 일부의 임대차계약을 체결함에 있어 임차인이 건물면적의 일정한 수량이 있는 것으로 믿고 계약을 체결했고, 임대인도 그 일정 수량이 있는 것으로 명시적 또는 묵시적으로 표시했으며, 또한 임대차보증금과 월임료 등도 그 수량을 기초로 해서 정해진 경우에는, 그 임대차는 수량을 지정한 임대차라고 해석할 수 있다.

전세권과 임차권의 구별

전세권이라 함은 차임을 정기적으로 지급하는 대신 부동산 사용권 설정에 관한 계약 시에 일정액의 목돈인 이른바 전세금을 지급하고 그 이자를 차임과 상계하기로 해서 타인의 부동산을 그 용도에 좇아 점유·사용·수익할 수 있는 권리이고, 이러한 권리에 대한 공시방법으로써 등기를 경료하느냐의 여부에 따라 민법이 정하고 있는 물권으로서의 전세권과 미등기전세, 이른바 채권적 전세권으로 구분되는 것이며, 반면 임대차라 함은 당사자 일방이 상대방에게 어떤 물건을 사용·수익하게 할 것을 약정하고 상대방이 이에 대해 차임을 지급할 것을 약정함으로써 성립하는 계약으로서 주로 차임의 지급방법에 따라 전세와 구별된다.

 임대권한이 없는 경우에도 임대차계약이 유효하게 성립하는지 여부

대법원 2009. 9. 24. 선고 2008다38325 판결

판시사항

[1] 임대인에게 임대목적물에 대한 소유권 기타 임대권한이 없는 경우에도 임대차계약이 유효하게 성립하는지 여부(적극) 및 그 법률 관계

판결요지

[1] 임대차는 당사자 일방이 상대방에게 목적물을 사용·수익하게 할 것을 약정하고 상대방이 이에 대하여 차임을 지급할 것을 약정함으로써 성립하는 것으로서(민법 제618조 참조), 임대인이 그 목적물에 대한 소유권 기타 이를 임대할 권한이 없다고 하더라도 임대차계약은 유효하게 성립한다. 따라서 임대인은 임차인으로 하여금 그 목적물을 완전하게 사용·수익하게 할 의무가 있고, 또한 임차인은 이러

한 임대인의 의무가 이행불능으로 되지 아니하는 한 그 사용·수익의 대가로 차임을 지급할 의무가 있으며, 그 임대차관계가 종료되면 임차인은 임차목적물을 임대인에게 반환하여야 할 계약상의 의무가 있다. 다만 이러한 경우 임차인이 진실한 소유자로부터 목적물의 반환청구나 임료 내지 그 해당액의 지급요구를 받는 등의 이유로 임대인이 임차인으로 하여금 사용·수익하게 할 수가 없게 되면 임대인의 채무는 이행불능으로 되고 임차인은 이행불능으로 인한 임대차의 종료를 이유로 그때 이후의 임대인의 차임지급 청구를 거절할 수 있다.

1-2 소유권이전등기 전 타인에게 적법히 임대할 수 있는지 여부

대법원 1971. 3. 31. 선고 71다309,310 판결

판시사항

나. 부동산의 매수인이 아직 소유권이전등기를 받지 아니하였다 하더라도 매매계약의 이행으로 받은 매매목적물을 타인에게 적법히 임대할 수 있다.

이유

원고가 본건 가옥을 참가인에게 매도하고 그 매매계약의 이행으로 동 가옥을 참가인에게 인도하고 그 인도를 받은 참가인이 본 건 가옥부분을 피고에게 임대한 사실을 인정한 것이며, 위와 같은 사정하에서는 매수인이 아직 소유권이전등기를 받지 아니하였다 하더라도 매매계약의 이행으로 받은 매매목적물의 인도를 적법히 받을 수 있는 것이고, 그 물건을 사용·수익할 수 있는 권한이 있는 것이며, 이러한 지위에 있는 매수인이 그 물건을 타인에게 적법히 임대할 수 있음은 의문의 여지가 없는 것이므로 소유권이전등기를 받지 아니하였다 하여 매도인에 대한 목적물 사용 수익을 청구할 수 있는 채권만을 가진다고 할 수 없는 것이다.

1-3 임대인이 소유권을 상실했을 때, 임대인의 의무가 이행불능에 빠지는지 여부

대법원 1994. 5. 10. 선고 93다37977 판결

판시사항

임대인이 소유권을 상실하였다는 이유만으로 임대차계약상의 임대인의 의무가 이행불능에 빠지는지 여부

판결요지

계약의 이행불능 여부는 사회통념에 의하여 이를 판정하여야 할 것인바, 임대차계약상의 임대인의 의무는 목적물을 사용·수익케 할 의무로서, 목적물에 대한 소유권 있음을 성립요건으로 하고 있지 아니하여 임대인이 소유권을 상실하였다는 이유만으로 그 의무가 불능하게 된 것이라고 단정할 수 없다.

1-4 명칭은 '사용대차계약'이라도 '임대차계약'에 해당한다고 본 사례

대법원 1994. 12. 2. 선고 93다31672 판결

판시사항

가. 계약서상 명칭이 사용대차계약으로 되어 있더라도 임대차계약에 해당한다고 인정한 사례

판결요지

가. 갑과 을 사이에 을이 갑 소유의 토지에 공원을 조성하여 그때부터 일정기간 동안 그 토지를 사용·수익하되 기간이 종료한 때에는 을이 건립한 공원시설물 및 공원운영에 필요한 일체의 권리를 갑에게 무상 양도하기로 약정되어 있고, 부대계약서에 을이 설치할 시설물의 단가 및 총액이 명시되어 있다면, 을의 그와 같은 의무는 토지의 사용과 대가 관계에 있다고 할 것이므로 갑과 을 사이에 체결된 대차계약은 그 계약서상의 명칭이 사용대차계약으로 되어 있다 하더라도 임대차계약에 해당하는 것으로 봄이 상당하다.

1-5 수량을 지정한 임대차

대법원 1995. 7. 14. 선고 94다38342 판결

판시사항

가. 건물 일부의 임대차계약이 수량을 지정한 임대차로 되는 경우

판결요지

가. 건물 일부의 임대차계약을 체결함에 있어 임차인이 건물면적의 일정한 수량이 있는 것으로 믿고 계약을 체결하였고, 임대인도 그 일정 수량이 있는 것으로 명시적 또는 묵시적으로 표시하였으며, 또한 임대차보증금과 월임료 등도 그 수량을 기초로 하여 정하여진 경우에는, 그 임대차는 수량을 지정한 임대차라고 봄이 타당하다.

1-6 임대차계약 성립을 일시 부인 후 임대차계약 해지 의사표시의 효력

대법원 1994. 9. 9. 선고 94다4417 판결

판시사항

가. 임대차계약 성립을 일시 부인하였다 하여 임대차계약 해지의 의사표시를하는 것이 금반언의 원칙에 반하는지 여부

판결요지

가. 임대인와 임차인 사이에 임대차계약의 기간 목적물 등에 관하여 분쟁이있었고, 그 분쟁 중에 임대인이 임대차계약의 성립을 일시 부인한 사실이 있었다고 하더라도 그 사실만으로 2기 이상의 차임연체를 이유로 한 임대차계약 해지의 의사표시가 금반언의 원칙에 위배된다고 할 수 없다.

1-7 전세권과 임차권의 구별

대전지법 천안지원 1999. 2. 25. 선고 98가합2948 판결 : 항소 취하

판시사항

[1] 전세권과 임차권의 구별

[2] 갑이 건물신축에 소요되는 자금조달을 위하여 그 신축건물에 관하여 을과 계약기간은 20년, 보증금 외에 차임은 없는 것으로 약정하여 임대차계약이라는 제목으로 계약을 체결하고 을에게 전세권설정등기와 보증금의 담보를 위한 근저당권설정등기를 경료한 경우, 위 계약은 전세권설정계약으로 보아야 하는지 여부(적극) 및 그 전세권의 존속기간은 약정에 불구하고 10년으로 단축되는지 여부(적극)

판결요지

[1] 전세권이라 함은 차임을 정기적으로 지급하는 대신 부동산 사용권 설정에 관한 계약 시에 일정액의 목돈인 이른바 전세금을 지급하고 그 이자를 차임과 상계하기로 하여 타인의 부동산을 그 용도에 좇아 점유·사용·수익할 수 있는 권리이고, 이러한 권리에 대한 공시방법으로써 등기를 경료하느냐의 여부에 따라 민법이 정하고 있는 물권으로서의 전세권과 미등기전세 이른바 채권적 전세권으로 구분되는 것이며, 반면 임대차라 함은 당사자 일방이 상대방에게 어떤 물건을 사용·수익하게 할 것을 약정하고 상대방이 이에 대하여 차임을 지급할 것을 약정함으로써 성립하는 계약으로서 주로 차임의 지급방법에 따라 전세와 구별된다.

[2] 갑이 건물신축에 소요되는 자금조달을 위하여 그 신축건물에 관하여 을과 계약기간 20년, 보증금 외에 차임은 없는 것으로 약정하여 임대차계약이라는 제목으로 계약을 체결하고 을에게 전세권설정등기와 보증금의 담보를 위한 근저당권설정등기를 경료한 경우, 임대차에 있어서는 임대차목적물의 사용·수익의 대가로서 차임을 주고 받는 것이 계약의 요소인데, 계약을 체결함에 있어 보증금 외에 차임은 없는 것으로 명시한 점에 비추어 비록 임대차계약이라는 제목 아래 임대차목적물, 임대차계약기간, 임대보증금, 임차권 설정 등

임대차에 관한 용어와 전세보증금, 전세금의 담보 등 전세권에 관한 용어를 혼용하여 계약서를 작성하였다 하더라도, 전세권 설정계약으로 보아야 할 것이고, 또 을은 위 계약을 원인으로 하여 전세권 설정등기를 경료하였으므로 민법이 정하고 있는 전세권을 취득하였다 할 것이며, 한편 민법 제312조 제1항에 의하면, 전세권의 존속기간은 10년을 넘지 못하며, 당사자의 약정기간이 10년을 넘는 때에는 이를 10년으로 단축한다고 규정되어 있으므로 약정한 전세권 존속기간 20년은 10년으로 단축되어야 하고, 그 10년의 기간은 약정시가 아니라 전세권의 성립시부터 기산하여야 한다.

 Chapter
임대차기간 및 계약갱신

주택임차인이 2년 미만의 임대차의 만료를 주장하기 위해서는__

주택임차인은 임대차기간을 2년 미만으로 정한 임대차의 임차인이 스스로 그 약정 임대차기간이 만료되었음을 이유로 임차보증금의 반환을 구할 수 있으며, 임차인이 주택임대차보호법 제4조 제1항의 적용을 배제하고 2년 미만으로 정한 임대차기간의 만료를 주장할 수 있는 것은 임차인 스스로 그 약정 임대차기간이 만료되어 임대차가 종료되었음을 이유로 그 종료에 터 잡은 임차보증금 반환채권 등의 권리를 행사하는 경우에 한정된다.

상가임차인의 계약갱신요구권은 임대인의 갱신 거절의 통지와 관계없어__

상가임차인의 계약갱신요구권은 임차인의 주도로 임대차계약의 갱신을 달성하려는 것인 반면 법 제10조 제4항 묵시적 갱신은 기간의 만료로 인한 임대차관계의 종료에 임대인의 적극적인 조치를 요구하는 것으로서 이들 두 법조항상의 각 임대차갱신제도는 취지와 내용을 서로 달리하는 것인 점 등을 종합하면, 법 제10조 제4항에 따른 임대인의 갱신 거절의 통지에 법 제10조 제1항 제1호 내지 제8호에서 정한 정당한 사유가 없는 한 그와 같은 임대인의 갱신 거절의 통지의 선후와 관계없이 임차인은 법 제10조 제1항에 따른 계약갱신요구권을 행사할 수 있고, 이러한 임차인의 계약갱신요구권의 행사로 인해 종전 임대차는 법 제10조 제3항에 따라 갱신된다.

공유물임차인에게 갱신 거절의 통지는 공유자의 지분 과반수로써 결정

공유자가 공유물을 타인에게 임대하는 행위 및 그 임대차계약을 해지하는 행위는 공유물의 관리행위에 해당하므로 민법 제265조 본문에 의해 공유자의 지분의 과반수로써 결정해야 한다. 상가건물 임대차보호법이 적용되는 상가건물의 공유자인 임대인이 같은 법 제10조 제4항에 의해 임차인에게 갱신 거절의 통지를 하는 행위는 실질적으로 임대차계약의 해지와 같이 공유물의 임대차를 종료시키는 것이므로 공유물의 관리행위에 해당해 공유자의 지분의 과반수로써 결정해야 한다.

상가에서 계약갱신요구권 5년을 초과해도 묵시적갱신은 성립

상가임차인의 계약갱신요구권은 임차인이 임대차기간이 만료되기 6개월 전부터 1개월 전까지 사이에 계약의 갱신을 요구하면 그 단서에서 정하는 사유가 없는 한 임대인이 그 갱신을 거절할 수 없는 것을 내용으로 해서 임차인의 주도로 임대차계약의 갱신을 달성하려는 것이다. 이에 비해 같은 조 제4항은 임대인이 위와 같은 기간 내에 갱신거절의 통지 또는 조건변경의 통지를 하지 아니하면 임대차기간이 만료된 때에 임대차의 갱신을 의제하는 것으로서, 기간의 만료로 인한 임대차관계의 종료에 임대인의 적극적인 조치를 요구한다. 이와 같이 이들 두 법조항상의 각 임대차 갱신제도는 그 취지와 내용을 서로 달리하는 것이므로, 임차인의 갱신요구권에 관해 전체 임대차기간을 5년으로 제한하는 같은 조 제2항의 규정은 같은 조 제4항에서 정하는 법정갱신에 대해서는 적용되지 않는다.

상가임대차의 '최초의 임대차기간'이란

상가건물 임대차보호법 제10조 제2항은 '임차인의 계약갱신요구권은 최초의 임대차기간을 포함한 전체 임대차기간이 5년을 초과하지 않는 범위 내에서만 행사할 수 있다'라고 규정하고 있는바, 위 법률규정의 문언 및 임차인의 계약갱신요구권을 전체 임대차기간 5년의 범위 내에서 인정하게 된 입법 취지에 비춰 볼 때 '최초의 임대차기간'이라 함은 위 법 시행 이후에 체결된 임대차계약에 있어서나 위 법 시행 이전에 체결되었다가 위 법 시행 이후에 갱신된 임대차계약에 있어서 모두 당해 상가건물에 관해 최초로 체결된 임대차계약의 기간을 의미한다고 할 것이다.

임대차존속기간은 양당자사가 자율적 의사로 결정

헌재 2013. 12. 26. 2011헌바234 : 민법 제651조 제1항 위헌소원

판시사항

임대차존속기간을 20년으로 제한한 민법(1958. 2. 22. 법률 제471호로 제정된 것) 제651조 제1항(이하 '이 사건 법률조항'이라 한다)이 계약의 자유를 침해하는지 여부(적극)

결정요지

임대차계약을 통하여 합리적이고 효과적인 임차물 관리 및 개량방식의 설정이 가능함에도 불구하고, 임대인 또는 소유자가 임차물의 가장 적절한 관리자라는 전제하에 임대차의 존속기간을 제한함으로써 임차물 관리 및 개량의 목적을 이루고자 하는 것은 임차물의 관리소홀 및 개량 미비로 인한 가치하락 방지라는 목적 달성을 위한 필요한 최소한의 수단이라고 볼 수 없다.

이 사건 법률조항은 제정 당시에 비해 현저히 변화된 현재의 사회경제적 현상을 제대로 반영하지 못하는 데 그치는 것이 아니라, 당사자가 20년이 넘는 임대차를 원할 경우 우회적인 방법을 취할 수밖에 없게 함으로써 사적 자치에 의한 자율적 거래관계 형성을 왜곡하고 있다.

토지임대차의 경우, 견고한 건물 소유 목적인지 여부에 따라 이 사건 법률조항의 적용 여부에 차이를 두는 것은, 소유건물이 견고한 건물에 해당하는지 여부가 불분명한 경우도 있어 이에 대한 분쟁이 유발될 수 있을 뿐 아니라, 건축기술이 발달된 오늘날 견고한 건물에 해당하는지 여부가 임대차존속기간 제한의 적용 여부를 결정하는 기준이 되기에는 부적절하다. 또한 지하매설물 설치를 위한 토지임대차나 목조건물과 같은 소위 비견고건물의 소유를 위한 토지임대차의 경우 이 사건 법률조항으로 인해 임대차기간이 갱신되지 않는 한 20년이 경과한 후에는 이를 제거 또는 철거해야 하는데, 이는 사회 경제적으로도 손실이 아닐 수 없다.

이 사건 법률조항은 입법취지가 불명확하고, 사회경제적 효율성 측면에서 일정한 목적의 정당성이 인정된다 하더라도 과잉금지원칙을 위반하여 계약의 자유를 침해한다.

2-2 2년 미만의 기간 만료로 주택임차보증금 반환을 청구할 수 있는지 여부

대법원 1995. 10. 12. 선고 95다22283 판결

판시사항

가. 주택임대차보호법이 적용되는 임대차계약에서 기간을 2년 미만으로 정한 임차인이 스스로 기간 만료를 이유로 임차보증금의 반환을 구할 수 있는지 여부

판결요지

가. 주택임대차보호법 제4조 제1항은 같은 법 제10조의 취지에 비추어 보면 임차인의 보호를 위한 규정이라고 할 것이므로, 그 규정에 위반되는 당사자의 약정을 모두 무효라고 할 것은 아니고 그 규정에 위반하는 약정이라도 임차인에게 불리하지 아니한 것은 유효하다고 풀이함이 상당한바, 임대차기간을 2년 미만으로 정한 임대차의 임차인이 스스로 그 약정 임대차기간이 만료되었음을 이유로 임차보증금의 반환을 구할 수 있다.

 ## 2-3 2년 미만 주택임대차의 임차인이 기간 만료를 주장하기 위한 요건

대법원 1996. 4. 26. 선고 96다5551,5568 판결

판시사항

[1] 주택임대차보호법 제4조 제1항에 정한 최소 2년간의 임대차기간 보장 규정의 의미

[2] 임차인이 주택임대차보호법이 적용되는 주택에 관하여 2년 미만으로 정한 임대차기간의 만료를 주장할 수 있는 경우

판결요지

[1] 주택임대차보호법 제4조 제1항은 같은 법 제10조의 취지에 비추어 보면 임차인의 보호를 위하여 최소한 2년간의 임대차기간을 보장하여 주려는 규정이므로, 그 규정에 위반되는 당사자의 약정을 모두 무효라고 할 것은 아니고, 그 규정에 위반하는 약정이라도 임차인에

게 불리하지 않은 것은 유효하다.

[2] 임차인이 주택임대차보호법 제4조 제1항의 적용을 배제하고 2년 미만으로 정한 임대차기간의 만료를 주장할 수 있는 것은 임차인 스스로 그 약정 임대차기간이 만료되어 임대차가 종료되었음을 이유로 그 종료에 터 잡은 임차보증금 반환채권 등의 권리를 행사하는 경우에 한정되고, 임차인이 2년 미만의 약정 임대차기간이 만료되고 다시 임대차가 묵시적으로 갱신되었다는 이유로 같은 법 제6조 제1항, 제4조 제1항에 따른 새로운 2년간의 임대차의 존속을 주장하는 경우까지 같은 법이 보장하고 있는 기간보다 짧은 약정 임대차기간을 주장할 수는 없다.

이유

이 사건 주택에 대한 임대차가 약정 임대차기간 만료 후 묵시적으로 갱신되어 결국 원심 변론종결일까지 임대차기간이 만료되지 아니하였다고 하는 피고(반소원고)의 주장을 배척한 것은 정당하고, 거기에 소론과 같은 주택임대차보호법의 법리를 오해한 위법이 있다 할 수 없다.

2-4 상가임차인의 계약갱신요구권과 묵시적 갱신

대법원 2010. 6. 10. 선고 2009다64307 판결

판시사항

[1] 임차인의 계약갱신요구권에 관하여 전체 임대차기간을 5년으로 제한하는 구 상가건물 임대차보호법 제10조 제2항의 규정이 같은 조 제4항에서 정하는 법정갱신에 대하여도 적용되는지 여부(소극)

판결요지

[1] 구 상가건물 임대차보호법(2009. 1. 30. 법률 제9361호로 개정되기 전의 것) 제10조 제1항에서 정하는 임차인의 계약갱신요구권은 임차인이 임대차기간이 만료되기 6개월 전부터 1개월 전까지 사이에 계약의 갱신을 요구하면 그 단서에서 정하는 사유가 없는 한 임대인이 그 갱신을 거절할 수 없는 것을 내용으로 하여서 임차인의 주

도로 임대차계약의 갱신을 달성하려는 것이다. 이에 비하여 같은 조 제4항은 임대인이 위와 같은 기간 내에 갱신거절의 통지 또는 조건 변경의 통지를 하지 아니하면 임대차기간이 만료된 때에 임대차의 갱신을 의제하는 것으로서, 기간의 만료로 인한 임대차관계의 종료에 임대인의 적극적인 조치를 요구한다. 이와 같이 이들 두 법조항상의 각 임대차갱신제도는 그 취지와 내용을 서로 달리하는 것이므로, 임차인의 갱신요구권에 관하여 전체 임대차기간을 5년으로 제한하는 같은 조 제2항의 규정은 같은 조 제4항에서 정하는 법정갱신에 대하여는 적용되지 아니한다.

상가임대인의 갱신 거절 통지 후, 임차인의 계약갱신요구권 행사 효력

대법원 2014. 4. 30. 선고 2013다35115 판결

판시사항

[1] 구 상가건물 임대차보호법 제10조 제4항에 따른 임대인의 갱신 거절 통지에 제10조 제1항 제1호 내지 제8호에서 정한 정당한 사유가 없는 경우, 임대인의 갱신 거절 통지의 선후와 관계없이 임차인의 계약갱신요구권 행사로 종전 임대차가 갱신되는지 여부(적극)

[2] 임차인이 계약갱신요구권을 행사한 이후 임차인과 임대인이 신규 임대차계약의 형식으로 체결한 계약을 종전 임대차에 관한 재계약으로 볼 것인지 여부(한정 소극)

판결요지

[1] 임차인의 계약갱신요구권에 관한 구 상가건물 임대차보호법(2009. 1. 30. 법률 제9361호로 개정되기 전의 것, 이하 '법'이라 한다) 제10조 제1항 내지 제3항과 임대인의 갱신 거절의 통지에 관한 법 제10조 제4항의 문언 및 체계와 아울러, 법 제10조 제1항에서 정하는 임차인의 계약갱신요구권은 임차인의 주도로 임대차계약의 갱신을 달성하려는 것인 반면 법 제10조 제4항은 기간의 만료로 인한 임대차관계의 종료에 임대인의 적극적인 조치를 요구하는 것으로서 이들 두

법조항상의 각 임대차갱신제도는 취지와 내용을 서로 달리하는 것인 점 등을 종합하면, 법 제10조 제4항에 따른 임대인의 갱신 거절의 통지에 법 제10조 제1항 제1호 내지 제8호에서 정한 정당한 사유가 없는 한 그와 같은 임대인의 갱신 거절의 통지의 선후와 관계없이 임차인은 법 제10조 제1항에 따른 계약갱신요구권을 행사할 수 있고, 이러한 임차인의 계약갱신요구권의 행사로 인하여 종전 임대차는 법 제10조 제3항에 따라 갱신된다.

[2] 임차인이 계약갱신요구권을 행사한 이후 임차인과 임대인이 종전 임대차기간이 만료할 무렵 신규 임대차계약의 형식을 취한 경우에도 그것이 임차인의 계약갱신요구권 행사에 따른 갱신의 실질을 갖는다고 평가되는 한 이를 두고 종전 임대차에 관한 재계약으로 볼 것은 아니다.

2-6 공유 상가 임대차갱신거절은 공유자의 과반수로써 결정

대법원 2010. 9. 9. 선고 2010다37905 판결

판시사항

상가건물 임대차보호법이 적용되는 상가건물의 공유자인 임대인이 같은 법 제10조 제4항에 의하여 임차인에게 갱신거절의 통지를 하는 것이 공유물의 관리행위인지 여부(적극)

판결요지

공유자가 공유물을 타인에게 임대하는 행위 및 그 임대차계약을 해지하는 행위는 공유물의 관리행위에 해당하므로 민법 제265조 본문에 의하여 공유자의 지분의 과반수로써 결정하여야 한다. 상가건물 임대차보호법이 적용되는 상가건물의 공유자인 임대인이 같은 법 제10조 제4항에 의하여 임차인에게 갱신 거절의 통지를 하는 행위는 실질적으로 임대차계약의 해지와 같이 공유물의 임대차를 종료시키는 것이므로 공유물의 관리행위에 해당하여 공유자의 지분의 과반수로써 결정하여야 한다.

2-7 상가의 '최초의 임대차기간'의 의미

대법원 2006. 3. 23. 선고 2005다74320 판결

판시사항

상가건물 임대차보호법 제10조 제2항의 '최초의 임대차기간'의 의미

이유

상가건물 임대차보호법 제10조 제2항은 '임차인의 계약갱신요구권은 최초의 임대차기간을 포함한 전체 임대차기간이 5년을 초과하지 않는 범위 내에서만 행사할 수 있다'라고 규정하고 있는바, 위 법률규정의 문언 및 임차인의 계약갱신요구권을 전체 임대차기간 5년의 범위 내에서 인정하게 된 입법 취지에 비추어 볼 때 '최초의 임대차기간'이라 함은 위 법 시행 이후에 체결된 임대차계약에 있어서나 위 법 시행 이전에 체결되었다가 위 법 시행 이후에 갱신된 임대차계약에 있어서 모두 당해 상가건물에 관하여 최초로 체결된 임대차계약의 기간을 의미한다고 할 것이다.

2-8 임차인의 사유로 해지되었을 때, 임차인의 계약갱신권

대법원 1972. 12. 26. 선고 72다2013 판결

판시사항

임대차에 있어서 임차인의 채무 불이행등 사유로 인하여 임대차계약이 해지되었을 때에는 임차인에게 계약갱신권이나 매수청구권이 발생할 수 없다.

판결요지

임대차에 있어서 임차인의 채무 불이행등 사유로 인하여 임대차계약이 해지되었을 때에는 임차인에게 계약갱신권이나 매수청구권이 발생할 수 없다.

2-9 묵시적으로 갱신된 임대차계약서에서의 임대차기간

대구고법 1976. 3. 25. 선고 75나270(본소),75나271(반소) 제2민사부판결 : 상고

판결요지

임대차기간만료 후 피고가 이건 건물을 계속 임차 사용하므로서 임대차계약이 묵시적으로 갱신된 경우의 임대차계약은 기간의 약정이 없는 임대차라 할 것이다

2-10 주택에서 묵시적으로 갱신된 임대차계약의 존속기간

대법원 2002. 9. 24. 선고 2002다41633 판결

판시사항

주택임대차보호법에 따라 묵시적으로 갱신된 임대차계약의 존속기간

판결요지

주택임대차보호법 제6조 제1항에 따라 임대차계약이 묵시적으로 갱신되면 그 임대차기간은 같은 법 제6조 제2항, 제4조 제1항에 따라 2년으로 된다.

2-11 기간의 약정이 없는 임대차계약이 묵시적으로 성립되었다고 본 사례

대법원 1968. 11. 19. 선고 68다1780 판결

판시사항

가. 기간의 약정이 없는 임대차계약이 묵시적으로 성립되었다고 판시한 실례

나. 기간의 약정이 없는 묵시적인 임대차계약이라 하여 그 건물이 존속하는 한 임대인이 해지통고를 할 수 없는지의 여부

다. 임료를 연체한 건물 임차인이 민법 제643조에 의한 매수청구권을 행사 할 수 있는지의 여부

판결요지

가. 대지의 소유자가 그 지상건물의 소유자에게 차임을 수령하고 그 대지의 점유사용을 허용한 경우에는 기간의 약정이 없는 대지의 임대차계약이 묵시적으로 성립되었다고 할 것이다.

나. 2기이상 차임을 지급치 않아 지연하고 있는 임차인은 본조에 의한 매수청구권을 행사할 수 없다.

이유

1. 원고 소송대리인의 상고이유에 대한 판단.

원판결이 그 거시 증거에 의하여 피고 박희웅은 원고 소유 대지상에 있는 본건 건물을 소외인으로 부터 매수하여 그 건물의 소유를 위하여 원고 소유의 주문기재 대지를 점유하면서 그간 원고가 요구하는 대지의 1년간 임차액인 벼 1가마씩을 1966년도 분까지 원고에게 지급하여온 사실을 인정하고 있는바, 그 사실인정에 채증상 위법이 있다고 할 수 없다. 따라서 원판결이 원고와 동 피고사이에 명시적인 임대차계약은 체결된바 없으나, 원고는 동 피고에게 차임을 요구하여 이를 수수하고, 동 피고의 건물소유를 위한 본건 대지의 점유사용을 허용하여 온 것이므로, 원피고 사이에는 그 지상건물의 소유를 위하여 기간의 약정없는 대지사용의 임대차계약이 묵시적으로 성립하였다고 판시한 조처는 정당하다.

그리고 원판결이 본건 대지상에 있는 피고 박희웅 소유의 건물의 1967.12당시의 가격을 인정함에 있어 집달리나 은행원의 감정결과를 배척하고 복덕방을 하는 감정인의 감정 결과를 채택하였다고 하여서 채증법칙에 위배하였다고는 볼 수 없다. 따라서 논지 모두 이유없다.

2. 피고 박희웅의 상고이유에 대한 판단.

원판결 이유에 의하면, 원고 소송대리인의 상고이유에 대한 판단에서 본 바와 같이 피고 소유 본건 건물소유를 위한 원고 소유 본건대지에 대한 임대차계약이 원피고 사이에 명시적으로 성립한 것이 아니고, 원고가 피고에게 임료를 요구하여 이를 수수하고, 피고의 대지 점유사용을 허용함으로서, 묵시적으로 성립하였다는 것이므로, 딴 특별한 사정이 엿보이지 아니하는 이 사건에 있어서 그 임대차계약은 기간의 약정이 없는 것이라고 볼 것이고, 따라서 원고는 민법 제635조에 의한 해지통고를 할 수 있다고 할 것이고, 소론과 같이 건물이 존속하는 한 원고는 해지통고를 할 수 없다고는 할 수 없을 것이다. 그리고 원판결이 본건 건물의 1967.12 당시의 싯가를 인정함에 있어, 여러 증거중 피고 대리인이 이익으로 원용 한바 있는 최고가로 감정한 감정인의 감정결과를 채택하고 있으므로, 그보다 시가가 더 많다는 주장은 받아 드릴 수 없다. 따라서 논지 모두 이유없다.

2-12 당사자들의 합의에 따른 기간연장의 경우, 제3자 담보 소멸 여부

대법원 2005. 4. 14. 선고 2004다63293 판결

판시사항

민법 제639조 제2항이 당사자들의 합의에 따른 임대차기간연장의 경우에도 적용되는지 여부(소극)

판결요지

민법 제639조 제1항의 묵시의 갱신은 임차인의 신뢰를 보호하기 위하여 인정되는 것이고, 이 경우 같은 조 제2항에 의하여 제3자가 제공한 담보는 소멸한다고 규정한 것은 담보를 제공한 자의 예상하지 못한 불이익을 방지하기 위한 것이라 할 것이므로, 민법 제639조 제2항은 당사자들의 합의에 따른 임대차기간연장의 경우에는 적용되지 않는다.

2-13 민법 제639조 제2항 소정의 담보의 의미

대법원 1977. 6. 7. 선고 76다951 판결

판결요지

민법 제639조 제2항에서 말하는 담보라 함은 질권, 저당권 그밖의 보증등을 가리키는 것으로 보아야 할것이고 건물의 임차보증금채권이 양도되었을 경우까지도 포함되는 개념이라고 해석할 수 없다.

03 Chapter
토지임차권의 대항력

건물의 등기로써 토지임대차 등기에 갈음하는 효력을 부여__

민법 제622조 제1항은 '건물의 소유를 목적으로 하는 토지임대차는 이를 등기하지 아니한 경우에도 임차인이 그 지상건물을 등기한 때에는 제3자에 대해 임대차의 효력이 생긴다'고 규정하고 있는바, 이는 건물을 소유하는 토지임차인의 보호를 위해 건물의 등기로써 토지임대차 등기에 갈음하는 효력을 부여하는 것일 뿐이므로 임차인이 그 지상건물을 등기하기 전에 제3자가 그 토지에 관해 물권취득의 등기를 한 때는 임차인이 그 지상건물을 등기하더라도 그 제3자에 대해 임대차의 효력이 생기지 않는다.

토지임차권 양수인이 당연히 토지소유자에게 대항할 수는 없어__

민법 제622조 제1항은 건물의 소유를 목적으로 한 토지임대차는 이를 등기하지 않은 경우에도 임차인이 그 지상건물을 등기한 때는 토지에 관해 권리를 취득한 제3자에 대해 임대차의 효력을 주장할 수 있음을 규정한 것에 불과할 뿐, 임차인으로부터 건물의 소유권과 함께 건물의 소유를 목적으로 한 토지의 임차권을 취득한 사람이 토지의 임대인에 대한 관계에서 임차권의 양도에 관한 그의 동의가 없어도 임차권의 취득을 대항할 수 있다는 것까지 규정한 것은 아니다.

3-1 제3자가 물권취득 등기한 후, 지상건물을 등기한 토지임차인의 임대차 효력

대법원 2003. 2. 28. 선고 2000다65802,65819 판결

판시사항

[1] 건물 소유를 목적으로 하는 토지 임차인이 그 지상건물을 등기하기 전에 제3자가 토지에 관하여 물권취득의 등기를 한 경우, 그 이후에 그 지상건물을 등기한 임차인의 제3자에 대한 임대차의 효력 발생 여부(소극)

판결요지

[1] 민법 제622조 제1항은 '건물의 소유를 목적으로 하는 토지임대차는 이를 등기하지 아니한 경우에도 임차인이 그 지상건물을 등기한 때에는 제3자에 대하여 임대차의 효력이 생긴다'고 규정하고 있는바, 이는 건물을 소유하는 토지임차인의 보호를 위하여 건물의 등기로써 토지임대차 등기에 갈음하는 효력을 부여하는 것일 뿐이므로 임차인이 그 지상건물을 등기하기 전에 제3자가 그 토지에 관하여 물권취득의 등기를 한 때에는 임차인이 그 지상건물을 등기하더라도 그 제3자에 대하여 임대차의 효력이 생기지 아니한다.

3-2 토지임차권 양수인의 임대인에 대한 관계

대법원 1996. 2. 27. 선고 95다29345 판결

판시사항
[1] 건물등기 있는 토지임차권의 대항력을 규정한 민법 제622조 제1항의 취지
[2] 임차인의 채무불이행을 이유로 토지임대차계약이 해지되는 경우에도 임차인의 지상건물매수청구권이 인정되는지 여부(소극)

판결요지
[1] 민법 제622조 제1항은 건물의 소유를 목적으로 한 토지임대차는 이를 등기하지 아니한 경우에도 임차인이 그 지상건물을 등기한 때에는 토지에 관하여 권리를 취득한 제3자에 대하여 임대차의 효력을 주장할 수 있음을 규정한 것에 불과할 뿐, 임차인으로부터 건물의 소유권과 함께 건물의 소유를 목적으로 한 토지의 임차권을 취득한 사람이 토지의 임대인에 대한 관계에서 임차권의 양도에 관한 그의 동의가 없어도 임차권의 취득을 대항할 수 있다는 것까지 규정한 것은 아니다.
[2] 토지임대차에 있어서 토지 임차인의 차임연체 등 채무불이행을 이유로 그 임대차계약이 해지되는 경우, 토지 임차인으로서는 토지 임대인에 대하여 그 지상건물의 매수를 청구할 수는 없다.

3-3 토지임차인으로부터 그 건물을 양수한 자와 토지소유자와의 관계

대법원 1968. 7. 31. 선고 67다2126 판결

판시사항
민법 제622조 제1항에 의한 토지임차권자인 건물의 소유자로부터 그 건물을 양수한 자와 토지소유자와의 관계

판결요지
본조 제1항의 규정취지는 건물 소유를 목적으로 한 토지의 임대차에 있어서는 그 임차권에 관한 등기를 하지 않을 경우라도 그 건물을 등기

한 때에는 토지의 전세자나 기타 토지에 관하여 권리를 취득한 제3자에 대하여 토지의 임차인이 그 임차권을 가지고 대항할 수 있다는 것을 규정한 취지임에 불과하고 토지임차권자인 건물의 소유자로부터 그 건물을 양수한 자가 건물의 양수사실만을 가지고서 당연히 그 건물의 전 소유자의 임차권을 토지의 소유자에게 대항할 수 있다는 것까지 규정한 것이라고는 볼 수 없다.

3-4 건물등기 지번이 토지등기의 지번과 다르더라도 대항력이 인정되는 경우

대법원 1986. 11. 25. 선고 86다카1119 판결

판시사항

건물등기의 지번이 토지등기의 지번과 다르더라도 민법 제622조 제1항 소정의 차지권의 대항력이 인정되는 경우

판결요지

민법 제622조 제1항의 규정은 그 차지상에 임차인이 소유하는 건물의 등기라고 볼만한 등기가 있으면 임차인은 그 차지권을 가지고 제3자에게 대항할 수 있다는 것으로서 건물등기의 지번이 반드시 토지등기의 지번과 일치할 것을 요구하고 있다고는 해석되지 아니하므로 설사 그 표시가 다르다 하더라도 그 지상건물이 등기부상의 건물표시와 사회통념상 동일성이 있고 그것이 임차한 토지위에 건립되어 있어서 쉽게 경정등기를 할 수 있는 경우라면 경정등기 전이라 하더라도 동조 소정의 대항력을 갖추었다고 보아야 한다.

3-5 대지에 관한 임차권이 대항력을 갖기 위한 전제요건

대법원 1994. 11. 22. 선고 94다5458 판결

판시사항

다. 대지에 관한 임차권이 민법 제622조에 따른 대항력을 갖기 위한 전제요건

판결요지

다. 갑이 대지와 건물의 소유자였던 을로부터 이를 임차하였는데 그 후 갑이 그 건물을 강제경매절차에서 경락받아 그 대지에 관한 위 임차권은 등기하지 아니한 채 그 건물에 관하여 갑 명의의 소유권이전등기를 경료하였다면, 갑과 을 사이에 체결된 대지에 관한 임대차계약은 건물의 소유를 목적으로 한 토지임대차계약이 아님이 명백하므로, 그 대지에 관한 갑의 임차권은 민법 제622조에 따른 대항력을 갖추지 못하였다고 할 것이다.

04 Chapter
임대료와 차임연체

증액 상한요율은 재계약하거나 당사자의 합의할 때는 적용되지 않아__

상가건물임대차보호법에서 "차임 또는 보증금이 임차건물에 관한 조세, 공과금, 그 밖의 부담의 증감이나 경제사정의 변동으로 인해 상당하지 아니하게 된 경우에는 당사자는 장래의 차임 또는 보증금에 대해 증감을 청구할 수 있다. 그러나 증액의 경우에는 대통령령으로 정하는 기준에 따른 비율을 초과하지 못한다"고 규정하고, "제1항에 따른 증액 청구는 임대차계약 또는 약정한 차임 등의 증액이 있은 후 1년 이내에는 하지 못한다"고 규정하고 있는바, 위 규정은 임대차계약의 존속 중 당사자 일방이 약정한 차임 등의 증감을 청구한 경우에 한해 적용되고, 임대차계약이 종료한 후 재계약을 하거나 임대차계약 종료 전이라도 당사자의 합의로 차임 등을 증액하는 경우에는 적용되지 않는다.

임대차보증금은 월차임 및 임대차계약의 임대인이 갖는 일체의 채권을 담보__

건물임대차에 있어서의 임차보증금은 임대차존속 중의 임료뿐만 아니라 건물명도의무이행에 이르기까지 발생한 손해배상채권 등 임대차계약에 의해 임대인이 임차인에 대해 갖는 일체의 채권을 담보하는 것으로서 임대차종료 후에 임대인에게 명도할 때 체불임료 등 모든 피담보채무를 공제한 잔액이 있을 것을 조건으로 해서 그 잔액에 관한 임차인의 보증금반환청구권이 발생한다.

임대차보증금은 임대차관계에 따른 임차인의 모든 채무를 담보__

부동산 임대차에 있어서 수수된 보증금은 임료채무, 목적물의 멸실·훼손 등으로 인한 손해배상채무 등 임대차관계에 따른 임차인의 모든 채무를 담보하는 것으로서 그 피담보채무 상당액은 임대차관계의 종료 후 목적물이 반환될 때에 특별한 사정이 없는 한 별도의 의사표시 없이 보증금에서 당연히 공제된다.

임차인이 보증금의 존재를 이유로 차임의 지급을 거절할 수는 없어__

임차인이 임대차계약을 체결할 당시 임대인에게 지급한 임대차보증금으로 연체차임 등 임대차관계에서 발생하는 임차인의 모든 채무가 담보된다 해서 임차인이 그 보증금의 존재를 이유로 차임의 지급을 거절하거나 그 연체에 따른 채무불이행 책임을 면할 수는 없다.

차임불증액의 특약이 있더라도 차임증액청구를 인정__

임대차계약에 있어서 차임불증액의 특약이 있더라도 그 약정 후 그 특약을 그대로 유지시키는 것이 신의칙에 반한다고 인정될 정도의 사정변경이 있다고 보여지는 경우에는 형평의 원칙상 임대인에게 차임증액청구를 인정해야 한다.

임료를 지급했다는 입증책임은 임차인이 부담__

임대차계약에서 보증금을 지급했다는 입증책임은 보증금의 반환을 구하는 임차인이 부담하고, 임대차계약이 성립했다면 임대인에게 임대차계약에 기한 임료 채권이 발생했다 할 것이므로 임료를 지급했다는 입증책임도 임차인이 부담한다.

임대인이 소유권을 상실했다는 사실만으로 임차인이 차임지급을 거절할 수는 없어

임대차계약이 성립된 후 그 존속기간 중에 임대목적물에 대한 소유권을 상실한 경우에도 그 사실만으로 임대차계약이 종료하지 않으나 임차인이 진실한 소유자로부터 목적물의 반환청구나 차임 내지 그 해당액의 지급요구를 받는 등의 이유로 임대인이 임차인으로 하여금 사용·수익시킬 수가 없게 되면 임대인의 사용수익시킬 채무는 이행불능으로 된다 할 것이므로 임차인은 그때 이후의 임대인의 차임지급청구를 거절할 수 있다.

증액비율을 초과 지급된 차임은 부당이득으로 반환 청구 가능

상가건물 임대차보호법의 입법 목적, 차임의 증감청구권에 관한 규정의 체계 및 취지 등에 비춰 보면, 법 제11조 제1항에 따른 증액비율을 초과해서 지급하기로 하는 차임에 관한 약정은 증액비율을 초과하는 범위 내에서 무효이고, 임차인은 초과 지급된 차임에 대해 부당이득으로 반환을 구할 수 있다.

전세보증금 증감청구권의 인정은 엄격한 요건 아래에서만 인정__

전세보증금 증감청구권의 인정은 이미 성립된 계약의 구속력에서 벗어나 그 내용을 바꾸는 결과를 가져오는 것인 데다가, 보충적인 법리인 사정변경의 원칙, 공평의 원칙 내지 신의칙에 터잡은 것인 만큼 엄격한 요건 아래에서만 인정될 수 있으므로, 기본적으로 사정변경의 원칙의 요건인 ① 계약 당시 그 기초가 되었던 사정이 현저히 변경되었을 것, ② 그 사정변경을 당사자들이 예견하지 않았고 예견할 수 없었을 것, ③ 그 사정변경이 당사자들에게 책임 없는 사유로 발생했을 것, ④ 당초의 계약 내용에 당사자를 구속시키는 것이 신의칙상 현저히 부당할 것 등의 요건이 충족된 경우로서, 전세보증금 시세의 증감 정도가 상당한 수준(일반적인 예로서, 당초 약정금액의 20% 이상 증감하는 경우를 상정할 수 있음)에 달하고, 나머지 전세기간이 적어도 6개월 이상은 되어야 전세보증금의 증감청구권을 받아들일 정당성과 필요성이 인정될 수 있고, 증감의 정도도 시세의 등락을 그대로 반영할 것이 아니라 그 밖에 당사자들의 특수성, 계약의 법적 안정성 등의 요소를 고려해 적절히 조정되어야 한다.

4-1 부동산 임대차보증금의 법적 성질

대법원 1999. 12. 7. 선고 99다50729 판결

판시사항

부동산 임대차보증금의 법적 성질 및 그 피담보채무는 임대차종료 후 목적물 반환시 별도의 의사표시 없이 임대차보증금에서 당연히 공제되는지 여부(적극)

판결요지

부동산 임대차에 있어서 수수된 보증금은 임료채무, 목적물의 멸실·훼손 등으로 인한 손해배상채무 등 임대차관계에 따른 임차인의 모든 채무를 담보하는 것으로서 그 피담보채무 상당액은 임대차관계의 종료 후 목적물이 반환될 때에 특별한 사정이 없는 한 별도의 의사표시 없이 보증금에서 당연히 공제된다.

4-2 건물임대차에서 임차보증금의 성질

대법원 1988. 1. 19. 선고 87다카1315 판결

판시사항

가. 건물임대차에 있어서의 임차보증금의 성질
나. 건물임대차보증금 반환채권에 대한 전부명령의 효력범위

판결요지

가. 건물임대차에 있어서의 임차보증금은 임대차존속 중의 임료뿐만 아니라 건물명도의무이행에 이르기까지 발생한 손해배상채권 등 임대차계약에 의하여 임대인이 임차인에 대하여 갖는 일체의 채권을 담보하는 것으로서 임대차종료 후에 임대인에게 명도할 때 체불임료 등 모든 피담보채무를 공제한 잔액이 있을 것을 조건으로 하여 그 잔액에 관한 임차인의 보증금반환청구권이 발생한다.

나. 임차보증금을 피전부채권으로 하여 전부명령이 있을 경우에도 제3채무자인 임대인은 임차인에게 대항할 수 있는 사유로서 전부채권

자에게 대항할 수 있는 것이어서 건물임대차보증금의 반환채권에 대한 전부명령의 효력이 그 송달에 의하여 발생한다고 하여도 위 보증금반환채권은 임대인의 채권이 발생하는 것을 해제조건으로 하는 것이므로 임대인의 채권을 공제한 잔액에 관하여서만 전부명령이 유효하다.

4-3 차임증액청구 효력발생 시기

대법원 1974. 8. 30. 선고 74다1124 판결

판시사항

임대인이 민법 628조에 의하여 장래에 대한 차임의 증액을 청구하고 법원이 증액청구를 상당하다고 인정한 경우에 차임증액청구 효력발생 시기

판결요지

민법 제628조에 의하여 장래에 대한 차임의 증액을 청구하였을 때에 그 청구가 상당하다고 인정되면 그 효력은 재판시를 표준으로 할 것이 아니고 그 청구시에 곧 발생한다고 보는 것이 상당하고 그 청구는 재판 외의 청구라도 무방하다.

4-4 당사자의 합의로 주택임대료 증액할 때, 상한요율을 적용받는지 여부

대법원 2002. 6. 28. 선고 2002다23482 판결

판시사항

[4] 임대차계약 종료 후 재계약을 하거나 임대차계약 종료 전 당사자의 합의로 차임 등이 증액된 경우 주택임대차보호법 제7조의 적용 여부(소극)

판결요지

[4] 주택임대차보호법 제7조에서 "약정한 차임 또는 보증금이 임차주택에 관한 조세·공과금 기타 부담의 증감이나 경제사정의 변동으

로 인하여 상당하지 아니하게 된 때에는 당사자는 장래에 대하여 그 증감을 청구할 수 있다. 그러나 증액의 경우에는 대통령령이 정하는 기준에 따른 비율을 초과하지 못한다"고 정하고 있기는 하나, 위 규정은 임대차계약의 존속 중 당사자 일방이 약정한 차임 등의 증감을 청구한 때에 한하여 적용되고, 임대차계약이 종료된 후 재계약을 하거나 또는 임대차계약 종료 전이라도 당사자의 합의로 차임 등이 증액된 경우에는 적용되지 않는다.

당사자의 합의로 상가임대료 증액할 때, 상한요율을 적용받는지 여부

대법원 2014. 2. 13. 선고 2013다80481 판결

판시사항

임대차계약 종료 후 재계약을 하거나 임대차계약 종료 전 당사자의 합의로 차임 등을 증액하는 경우, 상가건물 임대차보호법 제11조가 적용되는지 여부(소극)

판결요지

상가건물 임대차보호법 제11조 제1항에서 "차임 또는 보증금이 임차건물에 관한 조세, 공과금, 그 밖의 부담의 증감이나 경제 사정의 변동으로 인하여 상당하지 아니하게 된 경우에는 당사자는 장래의 차임 또는 보증금에 대하여 증감을 청구할 수 있다. 그러나 증액의 경우에는 대통령령으로 정하는 기준에 따른 비율을 초과하지 못한다"고 규정하고, 제2항에서 "제1항에 따른 증액 청구는 임대차계약 또는 약정한 차임 등의 증액이 있은 후 1년 이내에는 하지 못한다"고 규정하고 있는바, 위 규정은 임대차계약의 존속 중 당사자 일방이 약정한 차임 등의 증감을 청구한 경우에 한하여 적용되고, 임대차계약이 종료한 후 재계약을 하거나 임대차계약 종료 전이라도 당사자의 합의로 차임 등을 증액하는 경우에는 적용되지 않는다.

4-6 차임증감 청구에서 임차인에게 일방적으로 불리한 약정의 효력 (민법)

대법원 1992. 11. 24. 선고 92다31163,31170 판결

판시사항

임대차기간 중 차임을 변경하는 방법과 임대인이 일방적으로 차임을 인상할 수 있고 상대방은 이의할 수 없다고 한 약정의 효력 유무 (소극)

판결요지

임대차계약에 있어서 차임은 당사자간에 합의가 있어야 하고, 임대차 기간 중에 당사자의 일방이 차임을 변경하고자 할 때에도 상대방의 동의를 얻어서 하여야 하며, 그렇지 아니한 경우에는 민법 제628조에 의하여 차임의 증감을 청구하여야 할 것이고, 만일 임대차계약 체결 시에 임대인이 일방적으로 차임을 인상할 수 있고 상대방은 이의를 할 수 없다고 약정하였다면, 이는 강행규정인 민법 제628조에 위반하는 약정으로서 임차인에게 불리한 것이므로 민법제652조에 의하여 효력이 없다.

4-7 상가임대차에서 임차인에게 일방적으로 불리한 약정의 효력

대법원 2014. 2. 27. 선고 2009다39233 판결

판시사항

[1] 부동산 임대차보증금의 법적 성질 및 피담보채무 상당액이 임대차 관계의 종료 후 목적물이 반환될 때 별도의 의사표시 없이 임대차 보증금에서 당연히 공제되는지 여부(원칙적 적극) / 보증금에 의하여 담보되는 채권에 연체차임 및 그에 대한 지연손해금이 포함되는지 여부(적극)와 연체차임에 대한 지연손해금의 발생종기

[2] 상가임대차계약에서 임대차기간 중에 당사자의 일방이 차임을 변경하는 방법 및 임대인이 일방적으로 차임을 인상할 수 있고 상대방은 이의를 할 수 없다고 정한 약정의 효력(무효)

부동산 임대차에 있어서 수수된 보증금은 차임채무, 목적물의 멸실·훼손 등으로 인한 손해배상채무 등 임대차에 따른 임차인의 모든 채무를

담보하는 것으로서 그 피담보채무 상당액은 임대차관계의 종료 후 목적물이 반환될 때에 특별한 사정이 없는 한 별도의 의사표시 없이 보증금에서 당연히 공제되는데(대법원 1999. 12. 7. 선고 99다50729 판결 등 참조), 보증금에 의하여 담보되는 채권에는 연체차임 및 그에 대한 지연손해금도 포함된다고 할 것이다. 한편 차임지급채무는 그 지급에 확정된 기일이 있는 경우에는 그 지급기일 다음 날부터 지체책임이 발생하고 보증금에서 공제되었을 때 비로소 그 채무 및 그에 따른 지체책임이 소멸되는 것이므로, 연체차임에 대한 지연손해금의 발생종기는 다른 특별한 사정이 없는 한 임대차계약의 해지 시가 아니라 목적물이 반환되는 때라고 할 것이다.

상가임대차계약에 있어서 임대차기간 중에 당사자의 일방이 차임을 변경하고자 할 때에는 상대방의 동의를 얻어야 하고, 그 동의가 없는 경우에는 상가건물 임대차보호법 제11조에 의하여 차임의 증감을 청구하여야 한다. 그렇지 아니하고 임대차계약에 있어서 임대인이 일방적으로 차임을 인상할 수 있고 상대방은 이의를 할 수 없다고 약정하였다면, 이는 위 법률 제11조에 위반하는 약정으로서 임차인에게 불리한 것이므로 위 법률 제15조에 의하여 효력이 없다.

상가에서 상한요율을 초과하여 지급한 차임을 반환 청구 여부

대법원 2014. 4. 30. 선고 2013다35115 판결

판시사항

[3] 구 상가건물 임대차보호법 제11조 제1항에 따른 차임 증액비율을 초과하여 지급된 차임에 대하여 임차인이 부당이득으로 반환을 구할 수 있는지 여부(적극)

판결요지

[3] 구 상가건물 임대차보호법(2009. 1. 30. 법률 제9361호로 개정되기 전의 것, 이하 '법'이라 한다)의 입법 목적, 차임의 증감청구권에 관한 규정의 체계 및 취지 등에 비추어 보면, 법 제11조 제1항에 따른 증액비율을 초과하여 지급하기로 하는 차임에 관한 약정은 증액비율

을 초과하는 범위 내에서 무효이고, 임차인은 초과 지급된 차임에 대하여 부당이득으로 반환을 구할 수 있다.

4-9 임대차보증금의 존재를 이유로 차임의 지급을 거절할 수 있는지 여부

대법원 1994. 9. 9. 선고 94다4417 판결

판시사항
나. 임대차보증금의 존재를 이유로 차임의 지급을 거절하거나 그 연체에 따른 채무불이행 책임을 면할 수 있는지 여부

판결요지
나. 임차인이 임대차계약을 체결할 당시 임대인에게 지급한 임대차보증금으로 연체차임 등 임대차관계에서 발생하는 임차인의 모든 채무가 담보된다 하여 임차인이 그 보증금의 존재를 이유로 차임의 지급을 거절하거나 그 연체에 따른 채무불이행 책임을 면할 수는 없다.

4-10 연체차임이 임대차보증금에서 당연히 공제되는지 여부

대법원 2013. 2. 28. 선고 2011다49608,49615 판결

판시사항
임대차계약 종료 전에 연체차임이 공제 등 별도의 의사표시 없이 임대차보증금에서 당연히 공제되는지 여부(소극) 및 차임채권을 양도한 임대인이 위 공제 등 의사표시를 할 권한을 갖는지 여부(원칙적 소극)

판결요지
임대차보증금이 임대인에게 교부되어 있더라도 임대인은 임대차관계가 계속되고 있는 동안에는 임대차보증금에서 연체차임을 충당할 것인지를 자유로이 선택할 수 있으므로, 임대차계약 종료 전에는 연체차임이 공제 등 별도의 의사표시 없이 임대차보증금에서 당연히 공제되는 것은 아니다. 그리고 임대인이 차임채권을 양도하는 등의 사정으로 인하여 차임채권을 가지고 있지 아니한 경우에는 특별한 사정이 없는 한 임대차계약 종료 전에 임대차보증금에서 공제한다는 의사표시를 할 수 있는 권한이 있다고 할 수도 없다.

소유권이 이전되기 전의 채무가 양수인에게 이전되는지 여부

대법원 2017. 3. 22. 선고 2016다218874 판결

판시사항

임대를 한 상가건물을 여러 사람이 공유하고 있다가 이를 분할하기 위한 경매절차에서 건물의 소유자가 바뀐 경우, 양수인이 임대인의 지위를 승계하는지 여부(적극) / 상가건물 임대차보호법 제3조 제2항에 따라 임차건물의 양수인이 임대인의 지위를 승계하는 경우, 임차건물의 소유권이 이전되기 전에 이미 발생한 연체차임이나 관리비 등이 양수인에게 이전되는지 여부(원칙적 소극) 및 임차건물의 양수인이 건물 소유권을 취득한 후 임대차관계가 종료되어 임차인에게 임대차보증금을 반환해야 하는 경우, 임대인의 지위를 승계하기 전까지 발생한 연체차임이나 관리비 등이 임대차보증금에서 당연히 공제되는지 여부(원칙적 적극)

판결요지

상가건물 임대차보호법 제3조는 '대항력 등'이라는 표제로 제1항에서 대항력의 요건을 정하고, 제2항에서 "임차건물의 양수인(그 밖에 임대할 권리를 승계한 자를 포함한다)은 임대인의 지위를 승계한 것으로 본다"라고 정하고 있다. 이 조항은 임차인이 취득하는 대항력의 내용을 정한 것으로, 상가건물의 임차인이 제3자에 대한 대항력을 취득한 다음 임차건물의 양도 등으로 소유자가 변동된 경우에는 양수인 등 새로운 소유자(이하 '양수인'이라 한다)가 임대인의 지위를 당연히 승계한다는 의미이다. 소유권 변동의 원인이 매매 등 법률행위든 상속·경매 등 법률의 규정이든 상관없이 이 규정이 적용된다. 따라서 임대를 한 상가건물을 여러 사람이 공유하고 있다가 이를 분할하기 위한 경매절차에서 건물의 소유자가 바뀐 경우에도 양수인이 임대인의 지위를 승계한다.

위 조항에 따라 임차건물의 양수인이 임대인의 지위를 승계하면, 양수인은 임차인에게 임대보증금반환의무를 부담하고 임차인은 양수인에게 차임지급의무를 부담한다. 그러나 임차건물의 소유권이 이전되기 전에 이미 발생한 연체차임이나 관리비 등은 별도의 채권양도절차가 없는 한 원칙적으로 양수인에게 이전되지 않고 임대인만이 임차인에게 청구할 수 있다. 차임이나 관리비 등은 임차건물을 사용한 대가로서 임

차인에게 임차건물을 사용하도록 할 당시의 소유자 등 처분권한 있는 자에게 귀속된다고 볼 수 있기 때문이다.

임대차계약에서 임대차보증금은 임대차계약 종료 후 목적물을 임대인에게 명도할 때까지 발생하는, 임대차에 따른 임차인의 모든 채무를 담보한다. 따라서 이러한 채무는 임대차관계 종료 후 목적물이 반환될 때에 특별한 사정이 없는 한 별도의 의사표시 없이 보증금에서 당연히 공제된다. 임차건물의 양수인이 건물 소유권을 취득한 후 임대차관계가 종료되어 임차인에게 임대차보증금을 반환해야 하는 경우에 임대인의 지위를 승계하기 전까지 발생한 연체차임이나 관리비 등이 있으면 이는 특별한 사정이 없는 한 임대차보증금에서 당연히 공제된다. 일반적으로 임차건물의 양도 시에 연체차임이나 관리비 등이 남아있더라도 나중에 임대차관계가 종료되는 경우 임대차보증금에서 이를 공제하겠다는 것이 당사자들의 의사나 거래관념에 부합하기 때문이다.

연체차임에 관한 소송비용을 보증금에서 공제할 수 있는지 여부

대법원 2012. 9. 27. 선고 2012다49490 판결

판시사항

부동산 임대인이 임차인을 상대로 차임연체로 인한 임대차계약의 해지를 원인으로 임대차목적물인 부동산의 인도 및 연체차임의 지급을 구하는 소송을 제기한 경우, 그 소송비용을 반환할 임대차보증금에서 당연히 공제할 수 있는지 여부(적극) 및 임차인이 이미 다른 사람에게 임대차보증금 반환채권을 양도하고 임대인에게 양도통지를 한 경우에도 마찬가지인지 여부(적극)

판결요지

부동산임대차에서 임차인이 임대인에게 지급하는 임대차보증금은 임대차관계가 종료되어 목적물을 반환하는 때까지 임대차관계에서 발생하는 임차인의 모든 채무를 담보하는 것으로서, 임대인이 임차인을 상대로 차임연체로 인한 임대차계약의 해지를 원인으로 임대차목적물인 부동산의 인도 및 연체차임의 지급을 구하는 소송비용은 임차인이 부담할 원상복구비용 및 차임지급의무 불이행으로 인한 것이어서 임대차관계에서 발생하는 임차인의 채무에 해당하므로 이를 반환할 임대차보

증금에서 당연히 공제할 수 있고, 한편 임대인의 임대차보증금 반환의무는 임대차관계가 종료되는 경우에 임대차보증금 중에서 목적물을 반환받을 때까지 생긴 임차인의 모든 채무를 공제한 나머지 금액에 관하여서만 비로소 이행기에 도달하는 것이므로, 임차인이 다른 사람에게 임대차보증금 반환채권을 양도하고, 임대인에게 양도통지를 하였어도 임차인이 임대차목적물을 인도하기 전까지는 임대인이 위 소송비용을 임대차보증금에서 당연히 공제할 수 있다.

4-13 전임대인과 차임연체를 이유로 임대차계약을 해지할 수 있는지 여부

대법원 2008. 10. 9. 선고 2008다3022 판결

판시사항

[2] 임대차계약상의 임대인 지위를 승계한 양수인이 승계 이전의 차임연체를 이유로 임대차계약을 해지할 수 있는지 여부(원칙적 소극)

이유

임대인 지위가 양수인에게 승계된 경우 이미 발생한 연체차임채권은 따로 채권양도의 요건을 갖추지 않는 한 승계되지 않고, 따라서 양수인이 연체차임채권을 양수받지 않은 이상 승계 이후의 연체차임액이 3기 이상의 차임액에 달하여야만 비로소 임대차계약을 해지할 수 있는 것이다.

4-14 임대차계약 종료 전에 연체차임이 보증금에서 당연히 공제되는지 여부

대법원 2016. 11. 25. 선고 2016다211309 판결

판시사항

[1] 임대차계약 종료 전에 별도의 의사표시 없이 연체차임이 임대차보증금에서 당연히 공제되는지 여부(소극) 및 임차인이 임대차보증금의 존재를 이유로 차임 지급을 거절할 수 있는지 여부(소극)

[2] 임대차존속 중 차임을 연체한 경우, 차임채권의 소멸시효가 임대차계약에서 정한 지급기일부터 진행하는지 여부(원칙적 적극)

[3] 임대차존속 중 차임채권의 소멸시효가 완성된 후 임대인이 소멸시효가 완성된 차임채권을 자동채권으로 삼아 임대차보증금 반환채무와 상계할 수 있는지 여부(원칙적 소극)/이 경우 연체차임을 임대차보증금에서 공제할 수 있는지 여부(적극)

판결요지

[1] 임대인에게 임대차보증금이 교부되어 있더라도 임대인은 임대차관계가 계속되고 있는 동안에는 임대차보증금에서 연체차임을 충당할 것인지를 자유로이 선택할 수 있다. 따라서 임대차계약 종료 전에는 공제 등 별도의 의사표시 없이 연체차임이 임대차보증금에서 당연히 공제되는 것은 아니고, 임차인도 임대차보증금의 존재를 이유로 차임의 지급을 거절할 수 없다.

[2] 소멸시효는 법률행위에 의하여 이를 배제, 연장 또는 가중할 수 없다(민법 제184조 제2항). 그러므로 임대차존속 중 차임을 연체하더라도 이는 임대차종료 후 목적물 인도 시에 임대차보증금에서 일괄공제하는 방식에 의하여 정산하기로 약정한 경우와 같은 특별한 사정이 없는 한 차임채권의 소멸시효는 임대차계약에서 정한 지급기일부터 진행한다.

[3] 임대차보증금은 차임의 미지급, 목적물의 멸실이나 훼손 등 임대차관계에서 발생할 수 있는 임차인의 모든 채무를 담보하는 것이므로, 차임의 지급이 연체되면 장차 임대차관계가 종료되었을 때 임대차보증금으로 충당될 것으로 생각하는 것이 당사자의 일반적인 의사이다. 이는 차임채권의 변제기가 따로 정해져 있어 임대차존속 중 소멸시효가 진행되고 있는데도 임대인이 임대차보증금에서 연체차임을 충당하여 공제하겠다는 의사표시를 하지 않고 있었던 경우에도 마찬가지이다. 더욱이 임대차보증금의 액수가 차임에 비해 상당히 큰 금액인 경우가 많은 우리 사회의 실정에 비추어 보면, 차임지급채무가 상당기간 연체되고 있음에도, 임대인이 임대차계약을 해지하지 아니하고 임차인도 연체차임에 대한 담보가 충분하다는 것에 의지하여 임대차관계를 지속하는 경우에는, 임대인과 임차인 모두 차임채권이 소멸시효와 상관없이 임대차보증금에 의하여 담보

되는 것으로 신뢰하고, 나아가 장차 임대차보증금에서 충당 공제되는 것을 용인하겠다는 묵시적 의사를 가지고 있는 것이 일반적이다. 한편 민법 제495조는 "소멸시효가 완성된 채권이 그 완성 전에 상계할 수 있었던 것이면 그 채권자는 상계할 수 있다"라고 규정하고 있다. 이는 당사자 쌍방의 채권이 상계적상에 있었던 경우에 당사자들은 채권·채무관계가 이미 정산되어 소멸하였다고 생각하는 것이 일반적이라는 점을 고려하여 당사자들의 신뢰를 보호하기 위한 것이다. 다만 이는 '자동채권의 소멸시효 완성 전에 양 채권이 상계적상에 이르렀을 것'을 요건으로 하는데, 임대인의 임대차보증금 반환채무는 임대차계약이 종료된 때에 비로소 이행기에 도달하므로, 임대차존속 중 차임채권의 소멸시효가 완성된 경우에는 소멸시효 완성 전에 임대인이 임대차보증금 반환채무에 관한 기한의 이익을 실제로 포기하였다는 등의 특별한 사정이 없는 한 양 채권이 상계할 수 있는 상태에 있었다고 할 수 없다. 그러므로 그 이후에 임대인이 이미 소멸시효가 완성된 차임채권을 자동채권으로 삼아 임대차보증금 반환채무와 상계하는 것은 민법 제495조에 의하더라도 인정될 수 없지만, 임대차존속 중 차임이 연체되고 있음에도 임대차보증금에서 연체차임을 충당하지 않고 있었던 임대인의 신뢰와 차임연체 상태에서 임대차관계를 지속해온 임차인의 묵시적 의사를 감안하면 연체차임은 민법 제495조의 유추적용에 의하여 임대차보증금에서 공제할 수는 있다.

4-15 상가의 차임연체와 임대차계약 해지

대법원 2014. 7. 24. 선고 2012다28486 판결

판시사항

[1] 상가건물 임대차보호법의 적용을 받는 상가건물의 임대차에 민법 제640조에서 정한 계약해지 규정이 적용되는지 여부(적극) 및 민법 제640조와 동일한 내용을 정한 약정이 상가건물 임대차보호법 제15조에 의하여 효력이 없다고 할 수 있는지 여부(소극)

[2] 상가건물의 임차인이 갱신 전부터 차임을 연체하기 시작하여 갱신 후에 차임연체액이 2기의 차임액에 이른 경우, 임대인이 2기 이상의 차임연체를 이유로 갱신된 임대차계약을 해지할 수 있는지 여부 (원칙적 적극)

판결요지

[1] 상가건물 임대차보호법에서 정한 임대인의 갱신요구거절권은 계약해지권과 행사시기, 효과 등이 서로 다를 뿐만 아니라, 상가건물 임대차보호법 제10조 제1항이 민법 제640조에서 정한 계약해지에 관하여 별도로 규정하고 있지 아니하므로, 상가건물 임대차보호법 제10조 제1항 제1호가 민법 제640조에 대한 특례에 해당한다고 할 수 없다.

그러므로 상가건물 임대차보호법의 적용을 받는 상가건물의 임대차에도 민법 제640조가 적용되고, 상가건물의 임대인이라도 임차인의 차임연체액이 2기의 차임액에 이르는 때에는 임대차계약을 해지할 수 있다. 그리고 같은 이유에서 민법 제640조와 동일한 내용을 정한 약정이 상가건물 임대차보호법의 규정에 위반되고 임차인에게 불리한 것으로서 위 법 제15조에 의하여 효력이 없다고 할 수 없다.

[2] 갱신 전후 상가건물 임대차계약의 내용과 성질, 임대인과 임차인 사이의 형평, 상가건물 임대차보호법 제10조와 민법 제640조의 입법 취지 등을 종합하여 보면, 상가건물의 임차인이 갱신 전부터 차임을 연체하기 시작하여 갱신 후에 차임연체액이 2기의 차임액에 이른 경우에도 임대차계약의 해지사유인 '임차인의 차임연체액이 2기의 차임액에 달하는 때'에 해당하므로, 이러한 경우 특별한 사정이 없는 한 임대인은 2기 이상의 차임연체를 이유로 갱신된 임대차계약을 해지할 수 있다.

※ 2015.5.13. 상가건물임대차보호법 개정
제10조의8(차임연체와 해지) 임차인의 차임연체액이 3기의 차임액에 달하는 때에는 임대인은 계약을 해지할 수 있다.

4-16 차임불증액 특약이 있음에도, 사정변경으로 증액청구할 수 있는 여부

대법원 1996. 11. 12. 선고 96다34061 판결

판시사항

[1] 불공정 법률행위의 성립 요건

[2] 차임불증액 특약이 있는 임대차에서 사정변경으로 인한 차임증액청구권이 인정되는지 여부(적극)

[3] '임대기간 20년, 기간 만료 시 10년간씩 기간 연장, 임료 매년 1원'을 내용으로 하여 사실상 영구 무상사용을 보장하는 임대차계약이 체결된 사안에서, 불공정 법률행위 주장 및 차임증액청구를 모두 배척한 사례

판결요지

[1] 민법 제104조에 규정된 불공정한 법률행위는 객관적으로 급부와 반대급부 사이에 현저한 불균형이 존재하고, 주관적으로 그와 같이 균형을 잃은 거래가 피해 당사자의 궁박, 경솔 또는 무경험을 이용하여 이루어진 경우에 성립하는 것으로서, 약자적 지위에 있는 자의 궁박, 경솔 또는 무경험을 이용한 폭리행위를 규제하려는 데 그 목적이 있고, 불공정한 법률행위가 성립하기 위한 요건인 궁박, 경솔, 무경험은 모두 구비되어야 하는 요건이 아니고 그 중 일부만 갖추어져도 충분한데, 여기에서 '궁박'이라 함은 '급박한 곤궁'을 의미하는 것으로서 경제적 원인에 기인할 수도 있고, 정신적 또는 심리적 원인에 기인할 수도 있으며, 당사자가 궁박의 상태에 있었는지 여부는 그의 신분과 재산 상태 및 그가 처한 상황의 절박성의 정도 등 제반 상황을 종합하여 구체적으로 판단하여야 하며, 한편 피해 당사자가 궁박, 경솔 또는 무경험의 상태에 있었다고 하더라도 그 상대방 당사자에게 그와 같은 피해 당사자측의 사정을 알면서 이를 이용하려는 의사, 즉 폭리행위의 악의가 없었다면 불공정 법률행위는 성립하지 않는다.

[2] 임대차계약에 있어서 차임불증액의 특약이 있더라도 그 약정 후 그 특약을 그대로 유지시키는 것이 신의칙에 반한다고 인정될 정도의

사정변경이 있다고 보여지는 경우에는 형평의 원칙상 임대인에게 차임증액청구를 인정하여야 한다.
[3] 당사자 사이에 실질적으로 임차물의 영구적 무상사용을 보장하기 위하여 '임대기간을 20년으로 하되, 기간 만료 시 10년간씩 기간을 연장하고, 임대차기간 존속 중에는 임료로 매년 1원을 지급받기로 하는' 내용의 차임불증액 특약이 있는 임대차계약이 체결된 사안에서, 임대인의 불공정 법률행위 주장 및 사정변경으로 인한 차임증액청구를 모두 배척한 사례

4-17 경제사정의 변동으로 인한 임대인의 차임증액청구를 인정한 사례

서울고법 2001. 2. 8. 선고 99나17830 판결 : 상고

판시사항

[1] 차임불증액 특약이 있는 임대차에서 사정변경으로 인한 차임증액청구권이 인정되는지 여부(적극)

[2] 경제사정의 변동으로 인한 임대인의 차임증액청구를 인정한 사례

판결요지

[1] 차임불증액의 특약 후 그 특약을 그대로 유지시키는 것이 신의칙에 반한다고 인정될 정도의 사정변경이 있는 경우에는 형평의 원칙상 임대인에게 차임증액청구를 인정하여야 할 것이다.

[2] 토지 임대인이 차임에 갈음하여 토지 임차인으로부터 매점의 운영권을 인수받기로 약정한 후 최초 계약일부터 19년, 매점운영권 인수일부터 9년이 지나 부동산의 차임이 2배 가까이 증가하고 부동산의 지가상승에 따른 공과부담이 증가한 반면, 매점의 독점적 지위가 상실되어 매점의 운영수입이 2분의 1 이상 감소함으로써 결국 매점의 운영수입이 부동산 차임의 2분의 1 정도에 불과하게 된 경우, 경제사정의 변동으로 인하여 약정한 차임이 상당하지 않게 되었다고 보아 임대인에게 차임증액청구를 인정한 사례

4-18 임대료 지급 사실에 대한 증명책임의 소재

대법원 2005. 1. 13. 선고 2004다19647 판결

판시사항

[1] 임대차계약에 기한 보증금 및 임료의 지급 사실에 대한 증명책임의 소재(=임차인)

판결요지

[1] 임대차계약에서 보증금을 지급하였다는 입증책임은 보증금의 반환을 구하는 임차인이 부담하고, 임대차계약이 성립하였다면 임대인에게 임대차계약에 기한 임료 채권이 발생하였다 할 것이므로 임료를 지급하였다는 입증책임도 임차인이 부담한다.

4-19 보증금에서 공제될 채권의 발생원인에 관한 증명책임의 소재

대법원 2005. 9. 28. 선고 2005다8323,8330 판결

판시사항

[2] 임대차보증금에서 공제될 차임채권 등의 발생원인에 관한 주장·증명책임의 소재(=임대인) 및 그 발생한 채권의 소멸에 관한 주장·증명책임의 소재(=임차인)

판결요지

[2] 임대차계약의 경우 임대차보증금에서 그 피담보채무 등을 공제하려면 임대인으로서는 그 피담보채무인 연체차임, 연체관리비 등을 임대차보증금에서 공제하여야 한다는 주장을 하여야 하고 나아가 그 임대차보증금에서 공제될 차임채권, 관리비채권 등의 발생원인에 관하여 주장·입증을 하여야 하는 것이며, 다만 그 발생한 채권이 변제 등의 이유로 소멸하였는지에 관하여는 임차인이 주장·입증책임을 부담한다.

임대인의 소유권 상실과 그때 이후의 차임지급청구권 유무

대법원 1978. 9. 12. 선고 78다1103 판결

판시사항

임대인의 임대목적물에 대한 소유권 상실과 그때 이후의 차임지급청구권유무

판결요지

임대차계약이 성립된 후 그 존속기간 중에 임대목적물에 대한 소유권을 상실한 경우에도 그 사실만으로 임대차계약이 종료하지 아니하나 임차인이 진실한 소유자로부터 목적물의 반환청구나 차임 내지 그 해당액의 지급요구를 받는 등의 이유로 임대인이 임차인으로 하여금 사용수익시킬 수가 없게 되면 임대인의 사용수익시킬 채무는 이행불능으로 된다 할 것이므로 임차인은 그때 이후의 임대인의 차임지급청구를 거절할 수 있다.

 ## 전세보증금 증감청구권의 요건

서울지법 동부지원 1998. 12. 11. 선고 98가합19149 판결 : 항소조정성립

판결요지

전세보증금 증감청구권의 인정은 이미 성립된 계약의 구속력에서 벗어나 그 내용을 바꾸는 결과를 가져오는 것인 데다가, 보충적인 법리인 사정변경의 원칙, 공평의 원칙 내지 신의칙에 터잡은 것인 만큼 엄격한 요건 아래에서만 인정될 수 있으므로, 기본적으로 사정변경의 원칙의 요건인 ① 계약 당시 그 기초가 되었던 사정이 현저히 변경되었을 것, ② 그 사정변경을 당사자들이 예견하지 않았고 예견할 수 없었을 것, ③ 그 사정변경이 당사자들에게 책임 없는 사유로 발생하였을 것, ④ 당초의 계약 내용에 당사자를 구속시키는 것이 신의칙상 현저히 부당할 것 등의 요건이 충족된 경우로서, 전세보증금 시세의 증감 정도가 상당한 수준(일반적인 예로서, 당초 약정금액의 20% 이상 증감하는 경우를 상정할 수 있음)에 달하고, 나머지 전세기간이 적어도 6개월 이상은 되

어야 전세보증금의 증감청구권을 받아들일 정당성과 필요성이 인정될 수 있고, 증감의 정도도 시세의 등락을 그대로 반영할 것이 아니라 그 밖에 당사자들의 특수성, 계약의 법적 안정성 등의 요소를 고려하여 적절히 조정되어야 한다.

 부동산임대차 시 부가가치세의 부담에 관한 관행

대법원 1986. 10. 28. 선고 86다카745 판결

판결요지

부동산임대용역의 공급에 관하여 누가 부가가치세를 부담할 것인가에 관하여 계약체결시 명시적인 약정이 없으면 임대인이 부담하기로 하는 것이 관행이고, 임대계약시에 부가가치세의 부담을 누가 질 것인가에 관하여 아무런 논의가 없었던 것은 위 관행에 따라 임대인이 부가가치세를 부담하려는 묵시적 특약이 있었다고 할 수 있다.

 임대차보증금의 과다지급으로 인한 손해액의 산정 방법

대법원 1995. 7. 14. 선고 94다38342 판결

판결요지

다. 임대차계약에서 임대차면적에 따른 임대차보증금(전세금)을 일단 계산한 후 그 금액의 15% 내외의 금액을 임대차보증금으로 지급하고 그 나머지 금액에 월 2%를 곱한 금액을 월임료로 지급하기로 약정한 경우, 임차인은 임대인에게 귀책사유가 있는 목적물의 면적 부족분에 해당하는 임대차보증금 과다지급분에 대하여는, 그 금액에 월 2%를 곱한 금액만큼의 임료를 지급하지 않아도 될 것임에도 불구하고 그에 상당한 금액을 임료로 과다지급함으로써 손해를 입었다고 할 것이므로, 그 과다지급 임대차보증금에 2%를 곱하여 임대차보증금의 과다지급으로 인한 손해를 산정하는 것이 정당하다.

4-24 타인 토지 위에 사용하지 않은 건물로 인한 부당이득반환의무의 유무

대법원 1998. 5. 8. 선고 98다2389 판결

판시사항

[1] 타인 소유의 토지 위에 권원 없이 건물을 소유하고 있으나 실제로 이를 사용·수익하지 않고 있는 경우, 부당이득반환의무의 유무(적극)

판결요지

[1] 타인 소유의 토지 위에 권한 없이 건물을 소유하고 있는 자는 그 자체로써 특별한 사정이 없는 한 법률상 원인 없이 타인의 재산으로 인하여 토지의 차임에 상당하는 이익을 얻고 이로 인하여 타인에게 동액 상당의 손해를 주고 있다고 보아야 한다.

Chapter 05
임차물 수선과 비용 상환청구

대규모의 수선은 임대인이 부담

　임대차계약에서 임대인은 목적물을 계약 존속 중 그 사용·수익에 필요한 상태를 유지하게 할 의무를 부담하는 것이므로, 목적물에 파손 또는 장해가 생긴 경우 그것이 임차인이 별 비용을 들이지 아니하고도 손쉽게 고칠 수 있을 정도의 사소한 것이어서 임차인의 사용·수익을 방해할 정도의 것이 아니라면 임대인은 수선의무를 부담하지 않지만, 그것을 수선하지 아니하면 임차인이 계약에 의해 정해진 목적에 따라 사용·수익할 수 없는 상태로 될 정도의 것이라면 임대인은 그 수선의무를 부담한다.

　임대인의 수선의무를 발생시키는 사용·수익의 방해에 해당하는지 여부는 구체적인 사안에 따라 목적물의 종류 및 용도, 파손 또는 장해의 규모와 부위, 이로 인해 목적물의 사용·수익에 미치는 영향의 정도, 그 수선이 용이한지 여부와 이에 소요되는 비용, 임대차계약 당시 목적물의 상태와 차임의 액수 등 제반 사정을 참작해 사회통념에 의해 판단해야 할 것이다.

목적물을 부분적으로 사용 지장이 있을 때는, 그 비율만큼 차임 지급 거절__

임대차계약에 있어서 목적물을 사용·수익하게 할 임대인의 의무와 임차인의 차임지급의무는 상호 대응관계에 있으므로 임대인이 목적물을 사용·수익하게 할 의무를 불이행해서 임차인이 목적물을 전혀 사용할 수 없을 경우에는 임차인은 차임 전부의 지급을 거절할 수 있으나, 목적물의 사용·수익이 부분적으로 지장이 있는 상태인 경우에는 그 지장의 한도 내에서 차임의 지급을 거절할 수 있을 뿐 그 전부의 지급을 거절할 수는 없다.

목적물을 전혀 사용할 수 없을 때는, 차임 전부의 지급 거절__

임대차계약에 있어서 임차인이 목적물을 임대차 본래의 목적에 맞게 사용·수익하게 할 임대인의 의무는 임차인의 차임지급의무와 상호 대등관계에 있다. 따라서 임대인이 목적물에 대한 수선의무를 불이행해서 임차인이 목적물을 전혀 사용할 수 없는 경우에는 임차인은 차임 전부의 지급을 거절할 수 있다.

임대차의 목적을 달성할 수 없는 경우에는, 해지 및 손해배상 청구__

임대인이 귀책사유로 하자 있는 목적물을 인도해 목적물 인도의무를 불완전하게 이행하거나 수선의무를 지체한 경우, 임차인은 임대인을 상대로 채무불이행에 기한 손해배상을 청구할 수 있고(민법 제390조), 임대차계약을 해지할 수도 있다. 그리고 목적물의 하자에 대한 수선이 불가능하고 그로 인해 임대차의 목적을 달성할 수 없는 경우에는, 임차인의 해지를 기다릴 것도 없이 임대차는 곧바로 종료하게 되고, 임차인이 목적물을 인도받아 어느 정도 계속해 목적물을 사용·수익한 경우가 아니라 목적물을 인도받은 직후라면 임대차계약의 효력을 소급적으로 소멸시키는 해제를 하는 것도 가능하다.

유익비와 필요비

민법 제626조 소정의 유익비라 함은 임차인이 임차물의 객관적 가치를 증가시키기 위해 투입한 비용이고 필요비라 함은 임차인이 임차물의 보존을 위하여 지출한 비용을 말한다

유익비는 지출한 비용과 현존하는 증가액 중 임대인이 선택

유익비의 상환범위는 점유자 또는 임차인이 유익비로 지출한 비용과 현존하는 증가액 중 회복자 또는 임대인이 선택하는 바에 따라 정해진다고 할 것이고, 따라서 유익비상환의무자인 회복자 또는 임대인의 선택권을 위해 그 유익비는 실제로 지출한 비용과 현존하는 증가액을 모두 산정해야 할 것이다.

임대인이 수선의무를 부담하게 되는 임차물 파손·장해의 정도

대법원 1994. 12. 9. 선고 94다34692,94다34708 판결

판시사항

가. 임대인이 수선의무를 부담하게 되는 임대 목적물의 파손·장해의 정도

나. 임대인의 수선의무면제특약시 면제되는 수선의무의 범위를 명시하지 않은 경우, 수선의무범위의 해석

판결요지

가. 임대차계약에 있어서 임대인은 목적물을 계약 존속 중 그 사용·수익에 필요한 상태를 유지하게 할 의무를 부담하는 것이므로, 목적물에 파손 또는 장해가 생긴 경우 그것이 임차인이 별 비용을 들이지 아니하고도 손쉽게 고칠 수 있을 정도의 사소한 것이어서 임차인의 사용·수익을 방해할 정도의 것이 아니라면 임대인은 수선의무를 부담하지 않지만, 그것을 수선하지 아니하면 임차인이 계약에 의하여 정해진 목적에 따라 사용·수익할 수 없는 상태로 될 정도의 것이라면 임대인은 그 수선의무를 부담한다.

나. '가'항의 임대인의 수선의무는 특약에 의하여 이를 면제하거나 임차인의 부담으로 돌릴 수 있으나, 그러한 특약에서 수선의무의 범위를 명시하고 있는 등의 특별한 사정이 없는 한 그러한 특약에 의하여 임대인이 수선의무를 면하거나 임차인이 그 수선의무를 부담하게 되는 것은 통상 생길 수 있는 파손의 수선 등 소규모의 수선에 한한다 할 것이고, 대파손의 수리, 건물의 주요 구성부분에 대한 대수선, 기본적 설비부분의 교체 등과 같은 대규모의 수선은 이에 포함되지 아니하고 여전히 임대인이 그 수선의무를 부담한다고 해석함이 상당하다.

5-2 임차물이 일부 지장이 있는 경우 임차인의 차임지급의무의 범위

대법원 1997. 4. 25. 선고 96다44778,44785 판결

판시사항

임대차계약에 있어서 목적물의 사용·수익이 부분적으로 지장이 있는 경우, 임차인의 차임지급의무의 범위

판결요지

임대차계약에 있어서 목적물을 사용·수익하게 할 임대인의 의무와 임차인의 차임지급의무는 상호 대응관계에 있으므로 임대인이 목적물을 사용·수익하게 할 의무를 불이행하여 임차인이 목적물을 전혀 사용할 수 없을 경우에는 임차인은 차임 전부의 지급을 거절할 수 있으나, 목적물의 사용·수익이 부분적으로 지장이 있는 상태인 경우에는 그 지장의 한도 내에서 차임의 지급을 거절할 수 있을 뿐 그 전부의 지급을 거절할 수는 없다.

5-3 임대인이 수선의무를 이행했지만 임차물의 지장이 초래된 경우

대법원 2015. 2. 26. 선고 2014다65724 판결

판시사항

임대인이 목적물을 사용·수익하게 할 의무를 불이행하여 목적물의 사용·수익이 부분적으로 지장이 있는 상태인 경우, 임차인이 그 지장의 한도 내에서 차임의 지급을 거절할 수 있는지 여부(적극) 및 임대인이 수선의무를 이행함으로써 목적물의 사용·수익에 지장이 초래된 경우에도 마찬가지인지 여부(적극)

이유

임대차계약에서 목적물을 사용·수익하게 할 임대인의 의무와 임차인의 차임지급의무는 상호 대응관계에 있으므로 임대인이 목적물을 사용·수익하게 할 의무를 불이행하여 목적물의 사용·수익이 부분적으로 지장이 있는 상태인 경우에는 임차인은 그 지장의 한도 내에서 차임의 지급을 거절할 수 있고(대법원 1997. 4. 25. 선고 96다44778 판결 참조),

이는 임대인이 수선의무를 이행함으로써 목적물의 사용·수익에 지장이 초래된 경우에도 마찬가지이다.

5-4 임차물을 전혀 사용할 수 없는 경우 임차인의 차임 지급의무 범위

서울중앙지법 2007. 5. 31. 선고 2005가합100279,2006가합62053 판결

판결요지

[1] 임대차계약에 있어서 임차인이 목적물을 임대차 본래의 목적에 맞게 사용·수익하게 할 임대인의 의무는 임차인의 차임지급의무와 상호 대등관계에 있다. 따라서 임대인이 목적물에 대한 수선의무를 불이행하여 임차인이 목적물을 전혀 사용할 수 없는 경우에는 임차인은 차임 전부의 지급을 거절할 수 있다.

5-5 임대인의 수선의무위반이 아니라고 본 사례

대법원 1989. 6. 13. 선고 88다카13332,13349 판결

판시사항

가. 임대인의 수선의무위반이 아니라고 본 사례

나. 임대인의 수선의무불이행으로 사용수익에 부분적인 지장만 있는 경우 임차인의 차임지급의무

다. 임차목적물의 부분적인 사용불능으로 차임이 감액된 경우 임대차보증금 중 해당부분 상당액에 대한 반환청구의 가부(소극)

라. 위약금약정을 간과한 위법이 있다 하여 원심판결을 파기한 사례

마. 임차목적물의 준공지연으로 인한 임차인의 영업수익손실을 인정한 사례

판결요지

가. 임차인이 누수현상이 있던 건물지하실을 인도받고 임대인과의 약정에 따라 지하실 사용에 필요한 전기, 전등공사와 방수시설보완공사를 완료한 다음 이를 의약품 및 의료기구 등의 저장창고 등으로 사

용해 왔다면 다소의 누수현상이 있더라도 임대인에게 지하실을 사용수익할 상태를 유지할 의무위반이 있었다고 단정하기 어렵다.

나. 임대차계약에 있어서 목적물을 사용수익케 할 임대인의 의무와 임차인의 차임지급의무는 상호 대응관계에 있으므로 임대인이 목적물에 대한 수선의무를 불이행하여 임차인이 목적물을 전혀 사용할 수 없을 경우에는 임차인은 차임전부의 지급을 거절할 수 있으나, 수선의무불이행으로 인하여 부분적으로 지장이 있는 상태에서 그 사용수익이 가능할 경우에는 그 지장이 있는 한도내에서만 차임의 지급을 거절할 수 있을 뿐 그 전부의 지급을 거절할 수는 없으므로 그 한도를 넘는 차임의 지급거절은 채무불이행이 된다.

다. 임차목적물인 건물지하실부분의 사용불능으로 인하여 그 차임의 차액이 감액되었다면 보증금 중 지하실 부분 상당액의 반환청구나 그 지연손해금청구는 허용될 수 없다.

라. 위약금약정을 간과한 위법이 있다 하여 원심판결을 파기한 사례

마. 건물을 병원용도로 임차한다는 것을 임대차계약 내용으로 한 경우 건물의 준공이 54일이나 지연되어 그동안 임차인이 병원업을 하지 못하였다면 임대인의 귀책사유로 인한 영업수익손실이 없었다고 할 수 없다.

5-6 통상적 사용이 불가능하게 된 경우, 그로 인한 손해의 범위

대법원 2000. 11. 24. 선고 2000다38718,38725 판결

판시사항

[4] 건물이 수선 가능한 정도로 손괴되었으나 건물의 통상용법에 따른 사용이 불가능하게 된 경우, 그로 인한 통상의 손해의 범위

판결요지

[4] 건물이 화재로 인하여 수선 가능한 정도로 손괴되어 건물의 통상용법에 따른 사용이 불가능하게 되었다면 수선에 소요되는 상당한 기간 중 이를 사용하지 못함으로 인한 손해는 손괴로 인한 통상의 손

해라 할 것이고, 또 이와 같은 손괴에 대하여 사회통념상 곧바로 수선에 착수할 수 없는 특별한 사정이 있는 경우에는 수선의 착수가 가능한 시점까지 이를 사용을 하지 못함으로 인한 손해 역시 통상의 손해라 할 것이다.

5-7 이미 존재한 하자가 임대인의 수선의무 대상이 되는지 여부

서울중앙지법 2014. 6. 20. 선고 2014나13609 판결

판시사항

[1] 임대인이 임차인에게 목적물을 인도할 당시에 이미 존재하고 있었던 하자가 임대인의 수선의무의 대상이 되는지 여부(적극)

[2] 임대목적물의 하자에 대한 수선이 불가능하고 그로 인하여 임대차의 목적을 달성할 수 없는 경우, 임차인이 임대차계약의 효력을 소급적으로 소멸시키는 해제를 할 수 있는지 여부(한정 적극)

[3] 임대차목적물에 임대인의 수선을 요하는 하자가 있는데도 임대인이 이를 모르고 있고 임차인 또한 임대인에게 지체 없이 통지하지 않은 경우, 임대인이 부담하는 손해배상책임의 범위

[4] 갑이 을로부터 임차한 다가구주택에서 거주하는 동안 심한 결로와 곰팡이 등으로 손해를 입었음을 이유로 을을 상대로 배상을 구한 사안에서, 갑이 민법 제634조의 통지의무를 제대로 이행하지 아니하였으므로 갑이 지체 없이 을에게 이를 통지하여 수선이 이루어졌다고 하더라도 피할 수 없었거나 제거될 수 없었던 기발생 손해에 대하여만 을을 상대로 손해배상청구를 할 수 있다고 한 사례

판결요지

[1] 임대인의 수선의무의 대상이 되는 목적물의 파손 또는 장해(이하 '하자'라고 총칭한다)는 임대차기간 중에 드러난 하자를 의미하는 것으로서 임대차기간 중에 비로소 발생한 하자에 한정되지 않고, 이미 임대인이 임차인에게 목적물을 인도할 당시에 존재하고 있었던 하자도 포함된다.

[2] 임대인이 귀책사유로 하자 있는 목적물을 인도하여 목적물 인도의무를 불완전하게 이행하거나 수선의무를 지체한 경우, 임차인은 임대인을 상대로 채무불이행에 기한 손해배상을 청구할 수 있고(민법 제390조), 임대차계약을 해지할 수도 있다. 그리고 목적물의 하자에 대한 수선이 불가능하고 그로 인하여 임대차의 목적을 달성할 수 없는 경우에는, 임차인의 해지를 기다릴 것도 없이 임대차는 곧바로 종료하게 되고, 임차인이 목적물을 인도받아 어느 정도 계속하여 목적물을 사용·수익한 경우가 아니라 목적물을 인도받은 직후라면 임대차계약의 효력을 소급적으로 소멸시키는 해제를 하는 것도 가능하다.

[3] 임대차목적물에 임대인의 수선을 요하는 하자가 있다고 하더라도, 임대인이 이를 모르고 있고 임차인 또한 이를 임대인에게 지체 없이 통지하지 아니한 경우, 임대인이 통지를 받지 못함으로 인하여 목적물에 대한 수선을 할 수 없었던 범위 내에서는, 수선의무 불이행에 따른 손해배상책임은 물론 하자담보책임에 따른 손해배상책임도 부담하지 않는 것으로 해석함이 타당하고, 이러한 경우 임대인은, 임차인이 지체 없이 하자를 통지하여 수선이 이루어졌다고 하더라도 피할 수 없었거나 제거될 수 없었던 기발생 손해에 대하여만 책임을 부담한다.

[4] 갑이 을로부터 임차한 다가구주택에서 거주하는 동안 수시로 방과 거실의 천장에서 물방울이 고이면서 떨어지고 창문에서 물이 흘러내리며 벽지가 축축하게 젖어 있었으며, 이로 말미암아 벽지와 갑 소유의 가구, 옷, 가방 등에 곰팡이가 심하게 발생하여 손해를 입었음을 이유로 을을 상대로 배상을 구한 사안에서, 임대차목적물에 위와 같은 현상과 곰팡이를 유발시킨 하자가 존재하였고 이로 말미암아 갑이 임대차의 목적인 주거를 위하여 사용·수익하는 것 자체가 불가능하지는 않았지만 방해는 받았으며, 위 하자는 수선이 가능하였는데 갑이 민법 제634조의 통지의무를 제대로 이행하지 아니하여 을이 목적물에 대한 수선을 할 수 없었던 상태에서 갑은 이사 나갔으므로, 갑은 을을 상대로 갑이 목적물의 하자로 인하여 임대차의 목적을 달성할 수 없었다거나 을이 수선의무를 이행하지 아니하였

다는 이유로 손해배상청구를 할 수는 없고, 단지 갑이 지체 없이 을에게 이를 통지하여 수선이 이루어졌다고 하더라도 피할 수 없었거나 제거될 수 없었던 기발생 손해에 대하여만 을을 상대로 목적물 인도의무의 불완전이행에 따른 손해배상책임 내지 하자담보책임에 기한 손해배상청구를 할 수 있다고 한 사례

건물 바닥 결로현상이 임대인의 수선의무에 해당한다고 본 사례

대법원 2012. 6. 14. 선고 2010다89876,89883 판결

판시사항

[2] 임차인 갑이 가구전시장으로 임차하여 사용하던 건물 바닥에 결로현상이 발생하자 임대인 을을 상대로 임대목적물 하자에 따른 손해배상을 청구한 사안에서, 건물이 일반적 용도로 사용하는 데 하자가 없다고 단정하여 청구를 배척한 원심판결에 법리오해 등 위법이 있다고 한 사례

판결요지

[2] 임차인 갑이 가구전시장으로 임차하여 사용하던 건물 바닥에 결로현상이 발생하자 임대인 을을 상대로 임대목적물 하자에 따른 손해배상을 청구한 사안에서, 감정인의 감정서 등에 비추어 위 건물에는 구조상 바닥 밑 단열과 방습조치가 되어 있지 않은 하자가 있어 여름형 결로현상이 발생할 수밖에 없고, 을은 임대차계약 체결 당시 갑이 건물을 가구전시장으로 임차한 사실을 알고 있었으므로, 갑의 요구에 따라 건물 바닥에 나타난 습기의 발생 원인을 조사하고 이를 제거하기 위하여 제습기 또는 공조시설 등을 설치하거나 바닥공사를 하여 주는 등 조치를 취함으로써 갑이 사용·수익할 수 있는 상태를 유지하여 줄 의무가 있는데도, 이와 달리 건물이 일반적 용도로 사용하는 데 하자가 없다고 단정하여 위 청구를 배척한 원심판결에 임대차목적물에 대한 임대인의 수선의무에 관한 법리오해 등 위법이 있다고 한 사례

> **이유**

(2) 위 사실관계를 앞서 본 법리에 비추어 보면, 이 사건 건물에는 그 구조상 바닥 밑 단열과 방습조치가 되어 있지 아니한 하자가 있고 이로 인하여 여름형 결로현상이 발생할 수밖에 없고, 피고가 이 사건 임대차계약의 체결 당시부터 원고가 이 사건 건물 1층을 가구를 전시·판매하는 전시장으로 임차한 것을 알고 있었으므로 피고는 원고에게 그 사용·수익을 할 수 있는 상태를 유지하여 줄 책임이 있으며, 원고가 임대차계약 후 여러 차례에 걸쳐 이 사건 건물 1층 바닥에 발생하는 습기 문제를 해결해 줄 것을 요구하였으므로, 피고로서는 이 사건 건물 1층 바닥에 나타난 습기 발생의 원인이 무엇인지 조사하고 이를 제거하기 위하여 제습기 또는 공조시설 등을 설치하여 주거나, 바닥의 물기가 심하여 바닥 공사를 하여야 하는 상황이라면 가구들을 모두 옮기게 한 후 공사를 하여 주는 등의 조치를 취했어야 하였다.

한편 원고가 가벽이나 다수의 가구 전시로 인하여 이 사건 건물 1층에 공기 정체가 초래될 것임을 쉽게 예상할 수 있음에도 별 비용을 들이지 않고도 할 수 있는 배기형 환기조치나 제습기를 설치하는 등의 조치를 취하지 않은 것은 피고의 손해배상책임을 제한하는 사유에 불과하다 할 것이다.

(3) 그럼에도 원심은 감정인 소외인이 임의로 제출한 2010. 5. 11.자 사실조회추가보완사항을 쉽사리 받아들여 이를 기초로 일반적 사무실로 사용된 바 있는지의 여부조차 불분명한 이 사건 건물을 일반적 용도로 사용함에는 하자가 없다고 단정하고 말았는바, 이는 임대차목적물에 대한 임대인의 수선의무에 관한 법리를 오해하고 논리와 경험의 법칙에 반하여 자유심증주의의 한계를 벗어나 판단을 그르친 것이다.

5-9 집중호우의 적극적인 피해 예방이 임대인의 수선의무 범위인지 여부

대법원 2012. 3. 29. 선고 2011다107405 판결

판시사항

[1] 임대인의 수선의무를 발생시키는 사용·수익의 방해에 해당하는지에 관한 판단 기준

[2] 제1, 2차 집중호우로 각각 임대목적물인 공장에 인접한 임야 일부가 붕괴되면서 밀려 내려온 토사류가 공장 벽체를 일부 파손하고 공장 내부까지 들어와 임차인 갑 소유의 원자재, 기계 및 완제품이 훼손된 사안에서, 제반 사정에 비추어 임대인 을에게 공장의 사용·수익에 필요한 상태를 유지하기 위하여 제1차 집중호우 발생 전후에 걸쳐 임야에 맞닿은 쪽에 담장을 설치하거나 견고한 재질에 의하여 공장 벽체를 시공할 의무가 있다고 본 원심판결에 법리오해 등의 위법이 있다고 한 사례

판결요지

[1] 임대차계약에 있어서 임대인은 임대차목적물을 계약 존속 중 그 사용·수익에 필요한 상태를 유지하게 할 의무(이하 '임대인의 수선의무'라고 한다)를 부담한다(민법 제623조). 그리하여 그 목적물에 파손 또는 장해가 생긴 경우에 그것을 수선하지 아니하면 임차인이 계약에 의하여 정하여진 목적에 따라 사용·수익하는 것을 방해받을 정도의 것이라면 임대인은 그 수선의무를 부담한다 할 것이다. 이와 같은 임대인의 수선의무는 특별한 사정이 없는 한 임대차의 목적에 따른 용도대로 임차인으로 하여금 그 목적물을 사용·수익시키는 데 필요한 범위에서 인정되는 것으로서, 임대인의 수선의무를 발생시키는 사용·수익의 방해에 해당하는지 여부는 구체적인 사안에 따라 목적물의 종류 및 용도, 파손 또는 장해의 규모와 부위, 이로 인하여 목적물의 사용·수익에 미치는 영향의 정도, 그 수선이 용이한지 여부와 이에 소요되는 비용, 임대차계약 당시 목적물의 상태와 차임의 액수 등 제반 사정을 참작하여 사회통념에 의하여 판단하여야 할 것이다.

[2] 제1, 2차 집중호우로 각각 임대목적물인 공장에 인접한 임야 일부가 붕괴되면서 밀려 내려온 토사류가 공장 벽체를 일부 파손하고 공장 내부까지 들어와 임차인 갑 소유의 원자재, 기계 및 완제품이 훼손된 사안에서, 제반 사정에 비추어 제1차 집중호우에 따른 임야의 일부 붕괴사고가 발생하기 전까지 임대목적물인 공장 건물 및 부지는 계약에서 정한 목적에 따라 사용·수익하는 데 필요한 상태를 갖추고 있었다고 보이고, 제1차 집중호우에 따라 갑이 공장 및 부지를 사용·수익할 수 없는 장해가 발생하였더라도 임대인 을이 부담하는 수선의무의 범위에 집중호우가 발생할 경우 임야가 붕괴될 수 있는 가능성을 염두에 두고 공장에 피해가 발생하지 아니하도록 방호조치를 취할 의무까지 포함된다고 볼 수 없으므로, 이와 달리 을에게 공장의 사용·수익에 필요한 상태를 유지하기 위하여 제1차 집중호우 발생 전후에 걸쳐 임야에 맞닿은 쪽에 담장을 설치하거나 견고한 재질에 의하여 공장 벽체를 시공할 의무가 있다고 본 원심판결에 법리오해 등의 위법이 있다고 한 사례

유익비와 필요비의 의미

대법원 1980. 10. 14. 선고 80다1851,1852 판결

판시사항

민법 제626조 소정의 유익비와 필요비의 의미

판결요지

민법 제626조 소정의 유익비라 함은 임차인이 임차물의 객관적 가치를 증가시키기 위하여 투입한 비용이고 필요비라 함은 임차인이 임차물의 보존을 위하여 지출한 비용을 말한다.

유익비 상환청구액의 산정 기준

대법원 2002. 11. 22. 선고 2001다40381 판결

판시사항

유익비상환청구가 있는 경우 실제 지출한 비용과 현존하는 증가액을 모두 산정하여야 하는지 여부(적극)

판결요지

유익비상환청구에 관하여 민법 제203조 제2항은 점유자가 점유물을 개량하기 위하여 지출한 금액 기타 유익비에 관하여는 그 가액의 증가가 현존한 경우에 한하여 회복자의 선택에 좇아 그 지출금액이나 증가액의 상환을 청구할 수 있다고 규정하고 있고, 민법 제626조 제2항은 임차인이 유익비를 지출한 경우에는 임대인은 임대차종료 시에 그 가액의 증가가 현존한 때에 한하여 임차인의 지출한 금액이나 그 증가액을 상환하여야 한다고 규정하고 있으므로, 유익비의 상환범위는 점유자 또는 임차인이 유익비로 지출한 비용과 현존하는 증가액 중 회복자 또는 임대인이 선택하는 바에 따라 정하여진다고 할 것이고, 따라서 유익비상환의무자인 회복자 또는 임대인의 선택권을 위하여 그 유익비는 실제로 지출한 비용과 현존하는 증가액을 모두 산정하여야 할 것이다.

 ### 매수인이 임차인에게 지급한 유익비를 매도인에게 청구할 수 있는지 여부

대법원 1990. 2. 23. 선고 88다카32425,32432(반소) 판결

판시사항

가. 부동산 매매계약 이전에 그 부동산의 임차인이 임차부분을 수선하여 발생한 유익비를 매수인이 상환한 경우에 매도인에 대하여 이를 명도의무불이행으로 인한 손해배상으로 구상할 수 있는지 여부(적극)

나. 제3자가 점유 중인 부동산의 매매에 있어서 제3자가 부동산을 명도하지 아니하여 매수인이 이를 강제집행한 경우 매수인의 매도인에

대한 집행비용 상당의 손해배상청구의 가부(적극)

> 판결요지

가. 매매목적부동산을 사용하여온 임차인이 부동산 매매계약체결 이전에 그 부동산의 임차부분을 수선하여 발생한 유익비는 그로 인한 가치증가가 매매대금결정에 반영되었다 할 것이므로 특별한 사정이 없는 한 매도인이 이를 부담할 성질의 것이라 할 것이니 매수인이 임차인의 점유부분을 명도받기 위하여 임차인을 상대로 명도청구소송을 제기한 결과 임차인의 유익비상환청구권이 인정되어 이를 상환하였다면 매도인에 대하여 명도채무불이행으로 인한 손해배상으로서 구상할 수 있다.

나. 제3자가 점유중인 부동산의 매매에 있어서 제3자가 부동산을 명도하지 아니하여 매수인이 이를 강제집행한 경우 집행채권자는 집행채무자에 대하여 당연히 집행비용의 지급을 구할 수 있으나 위와 같이 매도인이 명도채무를 이행하지 아니하였기 때문에 매수인이 집행을 하게 된 것이라면 이는 매도인의 명도의무 불이행으로 인한 손해에 다름없다 할 것이므로 매수인은 매도인에 대하여서도 그 지급을 구할 수 있다.

5-13 임차인이 지출한 간판설치비가 유익비 인지의 여부

대법원 1994. 9. 30. 선고 94다20389,20396 판결

> 판시사항

가. 임차인이 지출한 간판설치비가 유익비 인지의 여부
나. 임차인이 임차목적물을 반환할 때에는 일체 비용을 부담하여 원상복구를 하기로 약정한 경우, 임차인의 유익비상환청구권을 포기하기로 한 특약이라고 볼 것 인지의 여부

> 판결요지

가. 민법 제626조 제2항에서 임대인의 상환의무를 규정하고 있는 유익비란 임차인이 임차물의 객관적 가치를 증가시키기 위하여 투입한

비용을 말하는 것으로서, 임차인이 임차건물부분에서 간이 음식점을 경영하기 위하여 부착시킨 시설물에 불과한 간판은 건물부분의 객관적 가치를 증가시키기 위한 것이라고 보기 어려울 뿐만 아니라, 그로 인한 가액의 증가가 현존하는 것도 아니어서 그 간판설치비를 유익비라 할 수 없다.

나. 임대차계약 체결 시 임차인이 임대인의 승인하에 임차목적물인 건물부분을 개축 또는 변조할 수 있으나 임차목적물을 임대인에게 명도할 때에는 임차인이 일체 비용을 부담하여 원상복구를 하기로 약정하였다면, 이는 임차인이 임차목적물에 지출한 각종 유익비의 상환청구권을 미리 포기하기로 한 취지의 특약이라고 봄이 상당하다.

5-14 유익비 상환청구권 포기 약정의 해석 사례

대법원 1998. 10. 20. 선고 98다31462 판결

판시사항

[2] 임야 상태의 토지를 임차하여 대지로 조성한 후 건물을 건축하여 음식점을 경영할 목적으로 임대차계약을 체결한 경우, 임차인의 유익비 상환청구권 포기 약정은 목적 토지를 대지로 조성한 후에 새로이 투입된 비용만에 한정하여 적용되는 것으로 해석함이 합리적이라고 한 사례

판결요지

[2] 임야 상태의 토지를 임차하여 대지로 조성한 후 건물을 건축하여 음식점을 경영할 목적으로 임대차계약을 체결한 경우, 비록 임대차계약서에서는 필요비 및 유익비의 상환청구권은 그 비용의 용도를 묻지 않고 이를 전부 포기하는 것으로 기재되었다고 하더라도 계약 당사자의 의사는 임대차목적 토지를 대지로 조성한 후 이를 임차 목적에 따라 사용할 수 있는 상태에서 새로이 투입한 비용만에 한정하여 임차인이 그 상환청구권을 포기한 것이고 대지조성비는 그 상환청구권 포기의 대상으로 삼지 아니한 취지로 약정한 것이라고 해석하는 것이 합리적이다.

5-15 기계 장치 수리비 등이 필요비에 해당한다고 본 사례

대법원 1996. 7. 12. 선고 95다41161,41178 판결

판시사항

[2] 기계 장치를 점유·사용한 자가 지출한 수리비 등이 통상의 필요비에 해당한다고 본 원심판결을 수긍한 사례

판결요지

[2] 기계의 점유자가 그 기계장치를 계속 사용함에 따라 마모되거나 손상된 부품을 교체하거나 수리하는 데에 소요된 비용은 통상의 필요비에 해당하고, 그러한 통상의 필요비는 점유자가 과실을 취득하면 회복자로부터 그 상환을 구할 수 없다고 한 원심판결을 수긍한 사례

5-16 통상의 필요비에 해당한다고 본 사례

서울고법 1976. 7. 23. 선고 75나1886 제5민사부판결 : 상고

판결요지

건물의 사용대차에서 낡은 출입문을 새로 만들고 마루문, 지붕 및 방4개를 보수하고 상수도관이 삭아서 새로 바꾸고 정원과 마당을 일부 보수한 것은 주택의 유지보존을 위한 통상의 필요비에 해당되어 차주가 부담할 것이다.

5-17 경영을 위해 투입된 비용은 유익비, 필요비로 인정하지 않은 사례

대법원 1993. 10. 8. 선고 93다25738,93다25745(반소) 판결

이유

1. 민법 제626조에서 임대인의 상환의무를 규정한 유익비라 함은 임차인이 임차물의 객관적 가치를 증가시키기 위하여 투입한 비용이고, 필요비라 함은 임차인이 임차물의 보존을 위하여 지출한 비용을 말한다

2. 피고가 이 사건 건물을 임차한 후 그곳에서 삼계탕집을 경영하기 위하여 합계 금 9,643,000원을 들여 보일러, 온돌방, 방문틀, 주방내부, 합판을 이용한 점포장식, 가스, 실내전등, 계단전기 등을 설치하고 페인트 도색을 하는 등 공사를 하였고, 그로 인하여 현재에도 금 8,147,000원 정도의 가치가 남아 있는 사실을 인정하면서도 이 사건 건물의 본래의 용도 및 피고의 이용실태 등에 비추어 피고가 지출한 위 비용은 어디까지나 피고가 위 건물에서 삼계탕집을 경영하기 위한 것이지 건물의 보존을 위한다거나 그 객관적 가치를 증가시키기 위한 것이 아니어서 이를 필요비 또는 유익비라고 할 수 없다.

5-18 음식점의 시설비를 유익비로 인정한 사례

서울민사지법 1984. 4. 12. 선고 83가합7505(본소),83가합7506(반소) 제7부판결 : 항소

판시사항
임차인이 임대인에게 시설비 명목으로 지급한 금원을 유익비로 인정한 예

판결요지
오랜 기간동안 음식점영업장소로 사용되어온 점포를 임차하면서 직접 임대인에게 시설비조로 금원을 지급하였고 임대인은 그 금원을 가지고 시설을 개조하는데 사용하였으며 향후에도 특단의 사정이 없는 한 임대인이 그 스스로나 또는 타인에게 임대하여 같은 장소에서 같은 시설을 이용하여 동종의 영업을 계속할 것으로 보이는 사정이라면 임차인이 임대인에게 지급한 위 금원은 그 수수명목이나 형식여하에 불구하고 실질에 있어서 음식점영업장소로서의 가치를 증진시키기 위하여 지출된 유익비로 보는 것이 상당하다.

예식장 경영을 위해 투입된 비용을 유익비로 인정하지 않은 사례

대구고법 1972. 2. 10. 선고 71나673 제1민사부판결 : 확정

판시사항

창고를 임차하여 예식장으로 개조 수리한 경우 그 지출한 비용과 가액의 증가의 현존 여부

판결요지

당초 창고인 건물을 임차한 임차인이 예식장 경영을 위하여 금원을 투자하여 그 건물을 예식장으로 개조 수리하였다 하더라도 이는 임차인의 예식장 영업을 위한 특수장치 또는 시설의 필요에 의하여 투입한 것이므로 그 건물의 통상의 가치가 증가하여 그 가액이 현존 한다고 볼 수 없다.

 임차인이 유익비 상환청구권을 포기한 것으로 본 사례

대법원 1983. 5. 10. 선고 81다187 판결

판시사항

나. 임차토지상의 가건물을 임대차종료 시 임대인에게 증여하기로 약정한 경우와 임차인의 유익비상환 청구권

판결요지

나. 토지임대차계약을 체결함에 있어서 임차인이 토지 위에 정구장 시설 및 그 부대시설인 가건물 등을 임차인의 비용으로 설치, 건축하여 정구장을 운영하되 임대차가 종료되었을 때에는 주위시설물 및 가건물을 임대인에게 증여하기로 약정한 사실이 인정된다면 이는 임차인이 유익비 상환청구를 할 수 없다는 취지를 약정한 것으로 볼 것이다.

06 Chapter
임대차종료와 원상회복

원상회복 기준은 임차인이 그가 임차받았을 때의 상태__

전 임차인이 소유자로부터 임차해 내부시설을 개조 단장했다면 임차인에게 임대차종료로 인해 목적물을 원상회복해서 반환할 의무가 있다고 해도 별도의 약정이 없는 한 그것은 임차인이 개조한 범위 내의 것으로서 임차인이 그가 임차받았을 때의 상태로 반환하면 되는 것이지 그 이전의 사람이 시설한 것까지 원상회복할 의무가 있다고 할 수는 없다.

원상회복 지체손해는 임대인 스스로 원상회복을 할 수 있었던 기간__

임차인에게 임대차종료로 인한 원상회복의무가 있는데도 이를 지체한 경우 이로 인해 임대인이 입은 손해는 이행지체일로부터 임대인이 실제로 자신의 비용으로 원상회복을 완료한 날까지의 임대료 상당액이 아니라 임대인 스스로 원상회복을 할 수 있었던 기간까지의 임대료 상당액이다.

통상의 손모에 관한 책임은 임대인__

임차인은 임대차계약이 종료한 경우에는 임차목적물을 원상에 회복해 임대인에게 반환할 의무가 있는데, 원상으로 회복한다고 함은 사회통념상 통상적인 방법으로 사용·수익을 해서 그렇게 될 것인 상태라면 사용을 개시할 당시의 상태보다 나빠지더라도 그대로 반환하면 무방하다는 것으로, 임차인이 통상적인 사용을 한 후에 생기는 임차목적물의 상태 악화나 가치의 감소를 의미하는 통상의 손모(손모)에 관해서는 임차인의 귀책사유가 없으므로 그 원상회복비용은 채권법의 일반원칙에 비추어 특약이 없는 한 임대인이 부담한다고 해야 한다.

임대차계약은 임차인에 의한 임차목적물의 사용과 그 대가로서 임료의 지급을 내용으로 하는 것이고, 임차목적물의 손모의 발생은 임대차라고 하는 계약의 본질상 당연하게 예정되어 있다. 이와 같은 이유로 건물의 임대차에서는 임차인이 사회통념상 통상적으로 사용한 경우에 생기는 임차목적물의 상태가 나빠지거나 또는 가치 감소를 의미하는 통상적인 손모에 관한 투하자본의 감가는 일반적으로 임대인이 감가상각비나 수선비 등의 필요경비 상당을 임료에 포함시켜 이를 지급받음으로써 회수하고 있다.

임대인의 귀책사유로 임대차계약이 해지되었어도, 임차인은 원상회복의무 부담__

임대차계약이 중도에 해지되어 종료하면 임차인은 목적물을 원상으로 회복해서 반환해야 하는 것이고, 임대인의 귀책사유로 임대차계약이 해지되었다고 하더라도 임차인은 그로 인한 손해배상을 청구할 수 있음은 별론으로 하고 원상회복의무를 부담하지 않는다고 할 수는 없다.

사소한 원상회복을 이유로 임대인이 임대보증금 전액 반환을 거부할 수는 없어

동시이행의 항변권은 근본적으로 공평의 관념에 따라 인정되는 것인데, 임차인이 불이행한 원상회복의무가 사소한 부분이고 그로 인한 손해배상액 역시 근소한 금액인 경우에까지 임대인이 그를 이유로, 임차인이 그 원상회복의무를 이행할 때까지, 혹은 임대인이 현실로 목적물의 명도를 받을 때까지 원상회복의무 불이행으로 인한 손해배상액 부분을 넘어서서 거액의 잔존 임대차보증금 전액에 대해 그 반환을 거부할 수 있다고 하는 것은 오히려 공평의 관념에 반하는 것이 되어 부당하고, 그와 같은 임대인의 동시이행의 항변은 신의칙에 반하는 것이 되어 허용할 수 없다.

원상복구의 특약은 유익비의 상환청구권을 포기한다는 취지

임대차계약에서 "임차인은 임대인의 승인하에 개축 또는 변조할 수 있으나 부동산의 반환기일 전에 임차인의 부담으로 원상복구키로 한다"라고 약정한 경우, 이는 임차인이 임차목적물에 지출한 각종 유익비의 상환청구권을 미리 포기하기로 한 취지의 특약이라고 봄이 상당하다.

6-1 원상회복 채무의 범위

대법원 1990. 10. 30. 선고 90다카12035 판결

판시사항

가. 이미 시설이 되어 있던 점포를 임차하여 내부시설을 개조한 임차인의 임대차종료로 인한 원상회복채무의 범위

나. 임차인이 임대차종료로 인한 원상회복의무를 지체함으로써 임대인이 대신 원상회복을 완료한 경우 임대인이 입은 손해의 범위

판결요지

가. 전 임차인이 무도유흥음식점으로 경영하던 점포를 임차인이 소유자로부터 임차하여 내부시설을 개조 단장하였다면 임차인에게 임대차종료로 인하여 목적물을 원상회복하여 반환할 의무가 있다고 하여도 별도의 약정이 없는 한 그것은 임차인이 개조한 범위 내의 것으로서 임차인이 그가 임차 받았을 때의 상태로 반환하면 되는 것이지 그 이전의 사람이 시설한 것까지 원상회복할 의무가 있다고 할 수는 없다.

나. 임차인에게 임대차종료로 인한 원상회복의무가 있는데도 이를 지체한 경우 이로 인하여 임대인이 입은 손해는 이행지체일로부터 임대인이 실제로 자신의 비용으로 원상회복을 완료한 날까지의 임대료 상당액이 아니라 임대인 스스로 원상회복을 할 수 있었던 기간까지의 임대료 상당액이다.

6-2 임대차목적물에 대한 원상복구비의 기준 사례

대법원 1999. 12. 21. 선고 97다15104 판결

판시사항

[1] 임대차목적물에 대한 원상복구비가 임대차목적물의 교환가치 감소분을 현저하게 넘는 경우의 통상손해액(=임대차복적물의 교환가치 감소분)

[2] 임대차목적물에 대한 원상복구비가 임대차목적물의 시가보다 현저하게 높아 손해배상액을 교환가치 감소 부분 범위 내로 제한하는 경우, 장래 임대차목적물을 사용·수익할 수 있었을 이익을 따로 청구할 수 있는지 여부(소극)

판결요지

[1] 임대차목적물이 훼손된 경우에 그 수리나 원상복구가 불가능하다면 훼손 당시의 임대차목적물의 교환가치가 통상의 손해일 것이고 수리나 원상복구가 가능하다면 그 수리비나 원상복구비가 통상의 손해일 것이나 그것이 임대차목적물의 교환가치가 감소된 부분을 현저하게 넘는 경우에는 특별한 사정이 없는 한 일반적으로 경제적인 면에서 수리나 원상복구가 불능이라고 보아 형평의 원칙상 그 손해액은 임대차목적물의 교환가치 감소 부분 범위 내로 제한되어야 한다.

[2] 임대차목적물에 대한 원상복구비가 임대차목적물의 시가보다 현저하게 높아 임차인의 손해배상액을 그 교환가치 감소 부분 범위 내로 제한하는 경우, 결국 그 손해액은 그 교환가치 감소 부분 및 그에 대한 지연손해금 상당액이고 장래 그 임대차목적물을 사용·수익할 수 있었을 이익은 그 교환가치 감소 부분에 포함되어 있어 이를 따로 청구할 수 없다.

6-3 통상의 손모에 관한 책임

서울중앙지법 2007. 5. 31. 선고 2005가합100279, 2006가합62053 판결

판시사항

[4] 임대차에서 생기는 통상의 손모(손모)에 관하여 원상회복비용을 부담하는 자(=특약이 없는 한 임대인) 및 위 원상회복의무를 임차인에게 부담시키기 위한 요건

판결요지

[4] 임차인은 임대차계약이 종료한 경우에는 임차목적물을 원상에 회복하여 임대인에게 반환할 의무가 있는데, 원상으로 회복한다고 함은

사회통념상 통상적인 방법으로 사용·수익을 하여 그렇게 될 것인 상태라면 사용을 개시할 당시의 상태보다 나빠지더라도 그대로 반환하면 무방하다는 것으로, 임차인이 통상적인 사용을 한 후에 생기는 임차목적물의 상태 악화나 가치의 감소를 의미하는 통상의 손모(손모)에 관하여는 임차인의 귀책사유가 없으므로 그 원상회복비용은 채권법의 일반원칙에 비추어 특약이 없는 한 임대인이 부담한다고 해야 한다. 즉, 임대차계약은 임차인에 의한 임차목적물의 사용과 그 대가로서 임료의 지급을 내용으로 하는 것이고, 임차목적물의 손모의 발생은 임대차라고 하는 계약의 본질상 당연하게 예정되어 있다. 이와 같은 이유로 건물의 임대차에서는 임차인이 사회통념상 통상적으로 사용한 경우에 생기는 임차목적물의 상태가 나빠지거나 또는 가치 감소를 의미하는 통상적인 손모에 관한 투하자본의 감가는 일반적으로 임대인이 감가상각비나 수선비 등의 필요경비 상당을 임료에 포함시켜 이를 지급받음으로써 회수하고 있다. 따라서 건물의 임차인에게 건물임대차에서 생기는 통상의 손모에 관해 원상회복의무를 부담시키는 것은 임차인에게 예상하지 않은 특별한 부담을 지우는 것이 되므로 임차인에게 그와 같은 원상회복의무를 부담시키기 위해서는 적어도 임차인이 원상회복을 위해 그 보수비용을 부담하게 되는 손모의 범위가 임대차계약서의 조항 자체에서 구체적으로 명시되어 있거나 그렇지 아니하고 임대차계약서에서 분명하지 않은 경우에는 임대인이 말로써 임차인에게 설명하여 임차인이 그 취지를 분명하게 인식하고 그것을 합의의 내용으로 하였다고 인정되는 등 그와 같은 취지의 특약이 명확하게 합의되어 있어야 할 필요가 있다고 해석함이 상당하다.

임대인의 귀책사유로 계약이 해지된 경우, 임차인의 원상회복 의무

대법원 2002. 12. 6. 선고 2002다42278 판결

판시사항

[1] 임대인의 귀책사유로 임대차계약이 해지된 경우에도 임차인이 원상회복의무를 부담하는지 여부(적극)

[2] 임차인이 임대인에게 시설비 등을 청구하지 않기로 약정한 사정만으로 원상복구의무를 부담하지 아니하기로 하는 합의가 있었다고 볼 수 없다고 한 사례

판결요지

[1] 임대차계약이 중도에 해지되어 종료하면 임차인은 목적물을 원상으로 회복하여 반환하여야 하는 것이고, 임대인의 귀책사유로 임대차계약이 해지되었다고 하더라도 임차인은 그로 인한 손해배상을 청구할 수 있음은 별론으로 하고 원상회복의무를 부담하지 않는다고 할 수는 없다.

[2] 임차인이 자신의 영업을 위하여 설치한 시설에 관한 비용을 임대인에게 청구하지 않기로 약정한 사정만으로 원상복구의무를 부담하지 아니하기로 하는 합의가 있었다고 볼 수 없고, 임대차계약서상 기재된 임차인의 원상복구의무에 관한 조항이 단지 부동문자로 남아 있는 무의미한 내용에 불과하다고 볼 수 없다고 한 사례

 ## 원상회복의무에 영업허가 폐업신고절차를 이행할 의무가 포함되는지 여부

대법원 2008. 10. 9. 선고 2008다34903 판결

판시사항

임대차종료로 인한 임차인의 원상회복의무에 임대인이 임대 당시의 부동산 용도에 맞게 다시 사용할 수 있도록 협력할 의무가 포함되는지 여부(적극) 및 임차건물 부분에서의 영업허가에 대한 폐업신고절차 이행의무도 이에 포함되는지 여부(적극)

> **판결요지**

임대차종료로 인한 임차인의 원상회복의무에는 임차인이 사용하고 있던 부동산의 점유를 임대인에게 이전하는 것은 물론 임대인이 임대 당시의 부동산 용도에 맞게 다시 사용할 수 있도록 협력할 의무도 포함한다. 따라서 임대인 또는 그 승낙을 받은 제3자가 임차건물 부분에서 다시 영업허가를 받는 데 방해가 되지 않도록 임차인은 임차건물 부분에서의 영업허가에 대하여 폐업신고절차를 이행할 의무가 있다.

임차인이 원상복구 불이행할 경우, 비용을 지급할 의무가 있는지 여부

대법원 1995. 4. 28. 선고 94다33989 판결

> **판시사항**

가. 임대차계약의 해제로 목적물을 반환함에 있어서 임차인이 점유기간 동안 설치한 시설물을 철거하지 않은 경우, 임차인이 철거비용을 지급할 의무가 있는지 여부

나. 임차인이 목적물 점유를 반환하였으나 사소한 시설물이 존치되어 있는 경우, 이를 이유로 계속 임료를 청구할 수 있는지 여부

> **판결요지**

가. 임차인이 임대차계약 해제로 인하여 목적물을 반환함에 있어서 그 점유기간 동안에 설치한 시설물을 철거하고 원상복구하지 않은 이상 그 비용상당액을 지급할 의무가 있고, 이러한 비용의 청구가 신의성실의 원칙에 반한다고 볼 수 없다.

나. 임대차목적물의 점유를 임대인에게 반환한 이상 사소한 시설물의 존치만으로 임차인이 이를 계속 사용수익하고 있다고 볼 수 없으며, 이는 그 시설물의 철거비용을 청구함으로써 족한 것이지 이를 이유로 계속 임료를 청구할 수 있는 것이 아니다.

6-7 사소한 원상회복을 불이행할 때, 임대인의 보증금 전액반환 거부권 유무

대법원 1999. 11. 12. 선고 99다34697 판결

판시사항

[1] 임차인이 사소한 원상회복의무를 이행하지 아니한 채 건물의 명도 이행을 제공한 경우, 임대인이 이를 이유로 거액의 임대차보증금 전액의 반환을 거부하는 동시이행의 항변권을 행사할 수 있는지 여부 (소극)

[2] 임차인이 금 326,000원이 소요되는 전기시설의 원상회복을 하지 아니한 채 건물의 명도 이행을 제공한 경우, 임대인이 이를 이유로 금 125,226,670원의 잔존 임대차보증금 전액의 반환을 거부할 동시이행의 항변권을 행사할 수 없다고 한 사례

판결요지

[1] 동시이행의 항변권은 근본적으로 공평의 관념에 따라 인정되는 것인데, 임차인이 불이행한 원상회복의무가 사소한 부분이고 그로 인한 손해배상액 역시 근소한 금액인 경우에까지 임대인이 그를 이유로, 임차인이 그 원상회복의무를 이행할 때까지, 혹은 임대인이 현실로 목적물의 명도를 받을 때까지 원상회복의무 불이행으로 인한 손해배상액 부분을 넘어서서 거액의 잔존 임대차보증금 전액에 대하여 그 반환을 거부할 수 있다고 하는 것은 오히려 공평의 관념에 반하는 것이 되어 부당하고, 그와 같은 임대인의 동시이행의 항변은 신의칙에 반하는 것이 되어 허용할 수 없다.

[2] 임차인이 금 326,000원이 소요되는 전기시설의 원상회복을 하지 아니한 채 건물의 명도 이행을 제공한 경우, 임대인이 이를 이유로 금 125,226,670원의 잔존 임대차보증금 전액의 반환을 거부할 동시이행의 항변권을 행사할 수 없다고 한 사례

6-8 임대인의 승낙을 얻어 구조를 변경한 경우의 원상회복의무 사례

광주고법 1984. 11. 2. 선고 83나729 제2민사부판결 : 확정

판결요지

임차인이 임대인의 승낙하에 건물의 구조를 변경한 이상, 임대차목적물 반환시에 원상복구의무는 부담하지 아니한다.

이유

원고는 피고로부터 위 건물을 임차함에 있어서 그곳에서 관광객에게 토산품을 판매하는 점포를 경영하기 위하여 원고의 비용으로 기존건물의 용도 및 구조 변경을 하여 사용하기로 약정한 후 피고의 승낙하에 위 건물을 점포용으로 구조를 변경한 사실을 인정 할 수 있고, 원고가 피고의 승낙하에 건물의 구조를 변경한 이상 임대차목적물 반환시에 원상복구의무를 부담하지 아니한다고 할 것이므로 원고에게 원상복구의무가 있음을 전제로 하는 피고의 위 항변은 더 살펴 볼 필요없이 이유없다.

6-9 임차인의 시설을 임대인이 재임대 시, 임차인의 원상복구비용 부담 여부

대법원 2002. 12. 10. 선고 2002다52657 판결

판시사항

[1] 임대인과 임차인 사이에 약정한 원상복구비용의 보증금 청구 채권도 임대차관계 종료 시 임대차보증금에서 당연히 공제되어야 하는 것이어서 임대인이 임대차보증금반환 채권양도 승낙시 이의를 보류하지 않아도 그 원상복구비용의 보증금 청구 채권으로 채권양수인에게 대항할 수 있는지 여부(소극)

[2] 임대인이 원상복구 의사 없이 임차인이 설치한 시설을 그대로 이용하여 타에 다시 임대하려 하는 경우, 원상복구비용을 임대차보증금에서 공제할 수 있는지 여부(소극)

판결요지

[1] 부동산임대차에 있어서 임차인이 임대인에게 지급하는 임대차보증금은 임대차관계가 종료되어 목적물을 반환하는 때까지 그 임대차관계에서 발생하는 임차인의 모든 채무를 담보하는 것으로서, 임대인의 임대차보증금 반환의무는 임대차관계가 종료되는 경우에 그 임대차보증금 중에서 목적물을 반환받을 때까지 생긴 연체차임 등 임차인의 모든 채무를 공제한 나머지 금액에 관하여서만 비로소 이행기에 도달하는 것이므로, 그 임대차보증금 반환 채권을 양도함에 있어서 임대인이 아무런 이의를 보류하지 아니한 채 채권양도를 승낙하였어도 임차목적물을 개축하는 등 하여 임차인이 부담할 원상복구비용 상당의 손해배상액은 반환할 임대차보증금에서 당연히 공제할 수 있다 할 것이나, 임대인과 임차인 사이에서 장래 임대목적물 반환시 위 원상복구비용의 보증금 명목으로 지급하기로 약정한 금액은, 임대차관계에서 당연히 발생하는 임차인의 채무가 아니라 임대인과 임차인 사이의 약정에 기하여 비로소 발생하는 채무에 불과하므로, 반환할 임대차보증금에서 당연히 공제할 수 있는 것은 아니라 할 것이어서, 임대차보증금 반환 채권을 양도하기 전에 임차인과 사이에 이와 같은 약정을 한 임대인이 이와 같은 약정에 기한 원상복구비용의 보증금 청구 채권이 존재한다는 이의를 보류하지 아니한 채 채권양도를 승낙하였다면 민법 제451조 제1항이 적용되어 그 원상복구비용의 보증금 청구 채권으로 채권양수인에게 대항할 수 없다.

[2] 임대차계약서에 임차인의 원상복구의무를 규정하고 원상복구비용을 임대차보증금에서 공제할 수 있는 것으로 약정하였다 하더라도 임대인이 원상복구할 의사 없이 임차인이 설치한 시설을 그대로 이용하여 타에 다시 임대하려 하는 경우에는 원상복구비용을 임대차보증금에서 공제할 수 없다고 보아야 한다.

6-10 원상회복 비용의 청구와 원상회복 필요성

광주고법 1978. 9. 20. 선고 77나236 제2민사부판결 : 확정

판시사항

임대차건물에 대한 원상회복 비용의 청구와 원상회복 필요성

판결요지

임대차계약을 체결함에 있어서 피고(임차인)는 원고(임대인)의 승낙없이 본건 건물에 구조변경등 시공을 할 수 없으며 명도시에는 원상으로 회복하고(그렇지 않은 경우에는) 원상복구에 소요되는 비용 일체를 피고가 변상하기로 약정하였다고 할지라도 피고가 본건 건물에 상당한 비용을 들여 개축한 것을 현상 그대로 소외인에게 매도하여 소유권이전등기까지 경료한 경우에는 본건 건물에 대한 원상복구의 필요성은 소멸되었다 할 것이므로 위 원상복구를 전제로 하는 그 비용청구는 이유없다.

6-11 시설비를 포기하는 대신 원상복구의무도 부담하지 않기로 합의한 사례

대법원 2002. 11. 22. 선고 2002다38828 판결

판시사항

[5] 임대차계약에서 임대차계약 해제(종료를 포함)시 임차인이 시설비용이나 보수비용의 상환청구권을 포기하는 대신 원상복구의무도 부담하지 않기로 합의를 한 것이라고 본 사례

판결요지

[5] 임대차계약에서 임대차계약이 해제(종료를 포함)된 때에는 임차인은 자기의 비용으로 임차한 목적물을 원상복구하여 임대인에게 명도하여야 한다고 정하여져 있으나, 그 임대차계약에서 임차인은 목적물 관리 및 유지·보존에 따른 관리비와 수리비, 조세공과금 등 일체의 유지비를 부담하기로 약정한 사실에 비추어 임차인은 시설비용이나 보수비용의 상환청구권을 포기하는 대신 원상복구의무도 부담하지 않기로 합의를 한 것이라고 본 사례

6-12 비용상환청구권포기 특약과 원상복구 의무

대법원 1998. 5. 29. 선고 98다6497 판결

판시사항

[3] 임차인의 비용상환청구권포기 특약이 있는 경우, 임차인이 임대차계약서상의 원상복구의무를 부담하지 않기로 하는 합의가 있었다고 본 사례

판결요지

[3] 임대차계약서에 "임차인은 임대인의 승인하에 개축 또는 변조할 수 있으나 계약대상물을 명도시에는 임차인이 일체 비용을 부담하여 원상복구하여야 함"이라는 내용이 인쇄되어 있기는 하나, 한편 계약체결 당시 특약사항으로 "보수 및 시설은 임차인이 해야 하며 앞으로도 임대인은 해주지 않는다. 임차인은 설치한 모든 시설물에 대하여 임대인에게 시설비를 요구하지 않기로 한다" 등의 약정을 한 경우, 임차인은 시설비용이나 보수비용의 상환청구권을 포기하는 대신 원상복구의무도 부담하지 않기로 하는 합의가 있었다고 보아, 임차인이 계약서의 조항에 의한 원상복구의무를 부담하지 않는다고 본 사례

6-13 원상복구의 특약이 있는 경우, 유익비상환청구권의 존부

대법원 1995. 6. 30. 선고 95다12927 판결

판시사항

다. 임대차계약에서 원상복구의 특약이 있는 경우, 유익비상환청구권의 존부

라. 임차인의 지위가 전전승계된 경우, 부속물매수청구권의 승계 여부

판결요지

다. 임대차계약에서 "임차인은 임대인의 승인하에 개축 또는 변조할 수 있으나 부동산의 반환기일 전에 임차인의 부담으로 원상복구키로 한다"라고 약정한 경우, 이는 임차인이 임차목적물에 지출한 각종

유익비의 상환청구권을 미리 포기하기로 한 취지의 특약이라고 봄 이상 당하다.

라. 점포의 최초 임차인이 임대인 측의 묵시적 동의하에 유리 출입문, 새시등 영업에 필요한 시설을 부속시킨 후, 그 점포의 소유권이 임차보증금 반환채무와 함께 현 임대인에게 이전되고 점포의 임차권도 임대인과의 사이에 시설비 지급 여부 또는 임차인의 원상회복의무에 관한 아무런 논의 없이 현 임차인에게 전전승계되어 왔다면, 그 시설 대금이 이미 임차인측에 지급되었다거나 임차인의 지위가 승계될 당시 유리 출입문 등의 시설은 양도대상에서 특히 제외하기로 약정하였다는 등의 특별한 사정이 인정되지 않는 한, 종전 임차인의 지위를 승계한 현 임차인으로서는 임차기간의 만료로 임대차가 종료됨에 있어 임대인에 대하여 부속물매수청구권을 행사할 수 있다.

6-14 비용상환청구권을 포기하기로 약정한 경우 임차인의 원상회복의무 유무

대법원 1981. 11. 24. 선고 80다320,321 판결

판결요지

임차인이 임차건물을 증·개축 기타 필요한 시설을 하되 임대인에게 그 투입비용의 변상이나 일체의 권리주장을 포기하기로 특약하였다면 이는 임차인이 임차건물을 반환시에 비용상환청구등 일체의 권리를 포기하는 대신 원상복구의무도 부담하지 아니한다는 내용을 포함하는 약정으로 볼 것이므로, 동 임차계약서상에 "임차인은 임대인의 승인하에 가옥을 개축 또는 변조할 수 있으나 차가를 반환할 기일 전에 임차인이 일체의 비용을 부담하여 원상복구키로 함"이라는 인쇄된 부동문구가 그대로 남아 있다 하여 이에 기하여 임차인의 원상복구의무를 인정할 수 없다.

6-15 원상회복 약정과 필요비·유익비 상환청구권

서울지법 남부지원 1984. 11. 15. 선고 84가합837 제4민사부판결 : 확정

판시사항

1. 원상회복의무자의 필요비 및 유익비상환청구

판결요지

1. 임대차계약 당시 임대기간이 만료되면 철거하여 원상회복하기로 약정하였고, 그 후 계약이 갱신되면서도 그 조건이 존속되었던 사실이 인정되는 한 필요비 및 유익비의 상환청구권은 포기하기로 약정된 것이다.

07 Chapter
부속물매수청구권

부속물이란 건물의 구성부분이 아닌 독립물

민법 제646조가 규정하는 매수청구의 대상이 되는 부속물이란 건물에 부속된 물건으로서 임차인의 소유에 속하고, 건물의 구성부분으로는 되지 않은 것으로서 건물의 사용에 객관적인 편익을 가져오게 하는 물건이라고 할 것이므로, 부속된 물건이 오로지 임차인의 특수목적에 사용하기 위해 부속된 것일 때는 이에 해당하지 않으며, 당해 건물의 객관적인 사용목적은 그 건물 자체의 구조와 임대차계약 당시 당사자 사이에 합의된 사용목적, 기타 건물의 위치, 주위환경 등 제반 사정을 참작해서 정해지는 것이다.

건물 기타 공작물의 임대차이어야 하고 토지임대차의 경우에는 부속물매수청구권이 인정되지 않으며, 임대인의 동의를 얻어 부속한 물건이거나 임대인으로부터 매수한 부속물이여야 한다.

증·개축부분은 부속물매수청구권의 대상이 될 수 없어

건물자체의 수선 내지 증·개축부분은 특별한 사정이 없는 한 건물자체의 구성부분을 이루고 독립된 물건이라고 보이지 않으므로 임차인의 부속물 매수청구권의 대상이 될 수 없다. 하지만, 증축된 부분이 구조상으로나 이용상으로 기존 건물과 구분되는 독립성이 있는 때에는 구분소유권이 성립해서 증축된 부분은 독립한 소유권의 객체가 된다.

부속물매수청구권을 포기하는 약정은 유효

건물 임차인이 자신의 비용을 들여 증축한 부분을 임대인 소유로 귀속시키기로 하는 약정은 임차인이 원상회복의무를 면하는 대신 투입비용의 변상이나 권리주장을 포기하는 내용이 포함된 것으로서 특별한 사정이 없는 한 유효하므로, 그 약정이 부속물매수청구권을 포기하는 약정으로서 강행규정에 반해 무효라고 할 수 없고 또한 그 증축 부분의 원상회복이 불가능하다고 해서 유익비의 상환을 청구할 수도 없다.

7-1 임차인의 매수청구의 대상이 되는 "부속물"의 범위와 판단기준

대법원 1993. 10. 8. 선고 93다25738,93다25745(반소) 판결

판결요지

민법 제646조가 규정하는 매수청구의 대상이 되는 부속물이란 건물에 부속된 물건으로서 임차인의 소유에 속하고, 건물의 구성부분으로는 되지 아니한 것으로서 건물의 사용에 객관적인 편익을 가져오게 하는 물건이라고 할 것이므로, 부속된 물건이 오로지 임차인의 특수목적에 사용하기 위하여 부속된 것일 때에는 이에 해당하지 않으며, 당해 건물의 객관적인 사용목적은 그 건물 자체의 구조와 임대차계약 당시 당사자 사이에 합의된 사용목적, 기타 건물의 위치, 주위환경 등 제반 사정을 참작하여 정하여지는 것이다.

7-2 영업 시설물이 건물의 객관적인 편익을 가져오게 한 것이라고 본 사례

대법원 1993. 2. 26. 선고 92다41627 판결

판시사항

가. 임차인의 매수청구의 대상이 되는 '부속물'의 범위와 판단기준 및 부속된 물건이 오로지 건물임차인의 특수목적에 사용하기 위하여 부속된 것일 경우 '부속물'에 해당되는지 여부(소극)

나. 5층 건물 중 공부상 용도가 음식점인 1,2층을 임차하여 대중음식점을 경영하면서 음식점영업의 편익을 위하여 한 시설물이 건물의 사용에 객관적인 편익을 가져오게 하는 것이라고 본 사례

판결요지

가. 민법 제646조가 규정하는 건물임차인의 매수청구권의 대상이 되는 부속물이라 함은 건물에 부속된 물건으로 임차인의 소유에 속하고, 건물의 구성부분이 되지 아니한 것으로서 건물의 사용에 객관적인 편익을 가져오게 하는 물건이라 할 것이므로, 부속된 물건이 오로지 임차인의 특수목적에 사용하기 위하여 부속된 것일 때는 이를 부속

물매수청구권의 대상이 되는 물건이라 할 수 없을 것이나, 이 경우 당해 건물의 객관적인 사용목적은 건물 자체의 구조와 임대차계약 당시 당사자 사이에 합의된 사용목적, 기타 건물의 위치, 주변의 환경 등 제반 사정을 참작하여 정하여 지는 것이라 할 것이다.
나. 5층 건물 중 공부상 용도가 음식점인 1,2층을 임차하여 대중음식점을 경영하면서 음식점영업의 편익을 위하여 한 시설물이 건물의 사용에 객관적인 편익을 가져오게 하는 것이라고 본 사례

7-3 영업을 위한 설비는 부속물매수청구권의 대상이 되지 않는다고 본 사례

서울고법 1976. 7. 29. 선고 75나1740 제7민사부판결 : 확정

판결요지

나. 식당용 카운터겸 조리대설치등은 임차인의 특수용도인 음식점 영업에만 사용하기 위한 설비로서 건물의 일반용도에 따른 객관적 이용 가치을 증가시킨 것이 아니므로 부속물매수청구권의 대상이 되지 않는다.

7-4 부속된 물건이 아니라서 매수청구권의 대상이 되지 않는다고 본 사례

부산고법 1989. 5. 19. 선고 88나4751 제1민사부판결 : 상고허가신청기각

판결요지

건물임차인의 부속물매수청구권의 대상이 되는 부속물이라 함은 임대인의 동의를 얻어 건물에 부속된 임차인 소유의 물건으로서 건물의 구성부분을 이루지는 아니하나 독립성을 가지고 건물의 일반적 용도에 의한 사용의 편익에 제공됨으로써 건물의 객관적 가치를 증가시키는 건물을 의미하므로, 그 용도가 요식시설로 된 건물의 임차인이 사용의 편익을 위하여 설치한 접객용 및 일반의 방시설, 주방시설 등은 위 건물의 객관적 가치를 증가시키는 독립성 있는 물건으로서 부속물매수청구권의 대상이 된다 할 것이나 건물 외부의 숯불 피우는 시설, 기름탱

크, 가스저장실, 보일러실 및 인조조경목으로 된 휴식처 등의 시설은 위 건물에 부속된 물건이라고 볼 수 없으므로 부속물매수청구권의 대상이 되지 아니한다.

7-5 임대인 동의아래 설치한 상용편익 시설이 부속물이라고 본 사례

서울지법 남부지원 1984. 11. 15. 선고 84가합837 제4민사부판결 : 확정

판결요지

2. 임대인의 동의아래 건물의 상용편익을 위하여 한 전기시설, 환기시설 및 냉방장치를 위한 냉각탑과 그 배관시설은 부속물이다.

이유

앞서 인용한 증거들을 종합하면 피고가 이 사건 건물에 임대인인 원고의 동의아래 그 건물의 사용의 편의를 위하여 전기시설, 환기시설 및 냉방장치를 위한 냉각탑과 그 배관 등의 시설을 부속시켰으며 그 싯가는 전기시설이 금 589,050원, 환기시설, 냉각탑, 그 배관시설 등이 금 881,340원으로 합계 1,470,390원의 부속시설을 한 사실을 인정할 수 있고 그외 피고주장의 물건들은 이 사건 건물의 사용의 편의를 위한 부속물이라고 인정하기 어렵고 달리 피고가 금 16,800,000원 상당의 부속물시설을 하였다는 피고의 주장에 부합하는 증거는 없으므로 피고의 부속물매수청구권은 위 인정범위 안에서 이유 있다.

따라서 피고는 부속물매수청구권의 행사로 위 인정된 부속물에 대하여는 원·피고 사이에 매매계약이 성립되고 피고는 위 부속물 매수청구권 행사에 따른 매매대금 1,470,390원의 청구권이 있다 할 것이고 위 매매대금의 지급의무인과 이 사건 건물의 명도의무는 동시이행 관계에 있다 할 것이다.

7-6 독립성이 있는 증축한 부분이 소유권의 객체가 될 수 있는지 여부

대법원 1999. 7. 27. 선고 99다14518 판결

판시사항

임차인이 임차한 건물에 그 권원에 의하여 증축한 부분이 구조상·이용상으로 기존 건물과 구분되는 독립성이 있는 경우, 그 증축 부분이 독립한 소유권의 객체가 될 수 있는지 여부(적극)

판결요지

임차인이 임차한 건물에 그 권원에 의하여 증축을 한 경우에 증축된 부분이 부합으로 인하여 기존 건물의 구성 부분이 된 때에는 증축된 부분에 별개의 소유권이 성립할 수 없으나, 증축된 부분이 구조상으로나 이용상으로 기존 건물과 구분되는 독립성이 있는 때에는 구분소유권이 성립하여 증축된 부분은 독립한 소유권의 객체가 된다.

7-7 부속한 물건은 건물의 구성부분인지 여부로 구분한다고 본 사례

광주고법 1985. 2. 1. 선고 84나216 제2민사부판결 : 확정

판결요지

민법 제646조 소정의 임차인이 그 사용의 편익을 위하여 임대인의 동의를 얻어 이에 부속한 물건이란 건물에 부속한 물건으로 임차인의 소유에 속하고 건물의 구성부분으로는 되지 아니한 것으로서 건물의 사용에 객관적인 편익을 가져오게 하는 물건이라 할 것이고, 가령 부속된 물건이 건물의 구성부분으로 된 경우에는 매수청구의 대상이 되는 물건이라고 할 수 없다.

7-8 임차인이 증축한 부분을 임대인에게 귀속시키기로 한 약정의 효력

대법원 1996. 8. 20. 선고 94다44705,44712 판결

판시사항

[1] 건물의 일부분이 구분소유권의 객체가 되기 위한 요건

[2] 건물 임차인이 자신의 비용을 들여 증축한 부분의 소유권을 임대인에게 귀속시키기로 한 약정의 효력(유효)

판결요지

[1] 건물의 일부분이 구조상으로나 이용상으로 다른 부분과 구분되는 독립성이 있으면 구분소유권의 객체로 될 수 있다 할 것인바, 건물의 증축 부분이 기존 건물 부분과 벽으로 구분되어 있고 기존 건물 부분과 무관한 용도로 사용되고 있다면 구조상으로나 이용상으로 독립되어 있어 구분소유권의 객체가 될 수 있다.

[2] 건물 임차인이 자신의 비용을 들여 증축한 부분을 임대인 소유로 귀속시키기로 하는 약정은 임차인이 원상회복의무를 면하는 대신 투입비용의 변상이나 권리주장을 포기하는 내용이 포함된 것으로서 특별한 사정이 없는 한 유효하므로, 그 약정이 부속물매수청구권을 포기하는 약정으로서 강행규정에 반하여 무효라고 할 수 없고 또한 그 증축 부분의 원상회복이 불가능하다고 해서 유익비의 상환을 청구할 수도 없다.

7-9 증·개축부분이 부속물 매수청구권의 대상이 될 수 있는지 여부

대법원 1983. 2. 22. 선고 80다589 판결

판시사항

가. '임차인이 임차건물을 증.개축하였을 시는 임대인의 승낙유무를 불구하고 그 부분이 무조건 임대인의 소유로 귀속된다'고 하는 약정의 의미와 효력

나. 증·개축부분에 대한 임차인의 매수청구권행사 가부(소극)

다. 임차인이 증·개축한 임차건물의 명도청구와 권리남용 해당여부(소극)

판결요지

가. "임차인이 임차건물을 증·개축하였을 시는 임대인의 승낙유무를 불구하고 그 부분이 무조건 임대인의 소유로 귀속된다"고 하는 약정은 임차인이 원상회복의무를 면하는 대신 투입비용의 변상이나 권리주장을 포기하는 내용이 포함되었다고 봄이 상당하다 할 것이고 이러한 약정의 특별한 사정이 없는 한 유효하다.

나. 건물자체의 수선 내지 증·개축부분은 특별한 사정이 없는 한 건물자체의 구성부분을 이루고 독립된 물건이라고 보이지 않으므로 임차인의 부속물 매수청구권의 대상이 될 수 없다.

다. 임차인이 건물을 임차하여 상당한 부분을 증·개축하였다 하여도 특별한 사정이 없는 한 그 사실만으로는 건물의 소유권이 임차인에게 귀속된다고 볼 수 없으므로 이러한 사정만으로 임대인으로부터 건물을 매수하여 소유권보존등기를 경료한 자가 그 소유권에 기하여 명도를 구하는 것이 권리남용이 된다고 할 수 없다.

7-10 부속물에 대한 약정이 임차인에게 불리하다고 볼 수 없다고 한 사례

대법원 1992. 9. 8. 선고 92다24998,92다25007 판결

판시사항

건물 임대인이 임차보증금과 임료를 저렴하게 해 주는 대신 임차인이 부속물에 대한 시설비, 필요비, 권리금 등을 일체 청구하지 않기로 약정하였고, 임차권양수인들도 시설비 등을 청구하지 않기로 약정하였다면 임차인이나 양수인 등은 매수청구권을 포기한 것이고, 위 약정이 임차인에게 일방적으로 불리한 것이라고 볼 수 없다고 한 사례

판결요지

갑이 을에게 건물부분을 임대할 때 그 임차보증금과 임료를 시가보다 저렴하게 해 주고 그 대신 을은 임대차가 종료될 때 그가 설치한 부속

물에 대한 시설비나 필요비, 유익비, 권리금 등을 일체 청구하지 아니하기로 약정하였고 병 등이 을로부터 위 임차권을 양수할 때에도 갑에게 위 시설비 등을 일체 청구하지 아니하기로 약정하였다면 을이나 병 등은 매수청구권을 포기하였다 할 것이고 또 위와 같은 약정이 임차인에게 일방적으로 불리한 것이라고 볼 수도 없다고 한 사례

7-11 임차인의 채무불이행으로 계약이 해지된 경우 부속물매수청구권 유무

대법원 1990. 1. 23. 선고 88다카7245,88다카7252 판결

판결요지

임대차계약이 임차인의 채무불이행으로 인하여 해지된 경우에는 임차인은 민법 제646조에 의한 부속물매수청구권이 없다.

7-12 전차인의 매수청구권이 인정되기 위한 요건

대법원 1969. 1. 28. 선고 68다2113 판결

판시사항

전차인의 임차청구권과 매수청구권은 임차인이 임대인의 승낙하에 적법하게 전대한 경우에만 인정된다.

판결요지

전차인의 임차청구권과 매수청구권은 임차인이 임대인의 승낙하에 적법하게 전대한 경우에만 인정된다.

08 Chapter
관리비

아파트의 특별승계인은 공용부분에 관한 체납관리비를 승계__

집합건물의 공용부분은 전체 공유자의 이익에 공여하는 것이어서 공동으로 유지·관리해야 하고 그에 대한 적정한 유지·관리를 도모하기 위하여는 소요되는 경비에 대한 공유자 간의 채권은 이를 특히 보장할 필요가 있어 공유자의 특별승계인에게 그 승계의사의 유무에 관계없이 청구할 수 있도록 집합건물법 제18조에서 특별규정을 두고 있는바, 위 관리규약 중 공용부분 관리비에 관한 부분은 위 규정에 터잡은 것으로서 유효하다고 할 것이므로, 아파트의 특별승계인은 전 입주자의 체납관리비 중 공용부분에 관해서는 이를 승계해야 한다고 봄이 타당하다.

집합건물의 통일적 관리에 따른 전유부분 관리비도 특별승계인이 승계__

집합건물 구분소유자의 특정승계인이 승계하는 공용부분 관리비에는 집합건물의 공용부분 그 자체의 직접적인 유지·관리를 위해 지출되는 비용뿐만 아니라, 전유부분을 포함한 집합건물 전체의 유지·관리를 위해 지출되는 비용 가운데에서도 입주자 전체의 공동의 이익을 위해 집합건물을 통일적으로 유지·관리해야 할 필요가 있어 이를 일률적으로 지출하지 않으면 안 되는 성격의 비용은 그것이 입주자 각자의 개별적인 이익을 위해 현실적·구체적으로 귀속되는 부분에 사용되는 비용으로 명확히 구분될 수 있는 것이 아니라면 모두 이에 포함되는 것으로 보아야 한다.

공용부분 관리비에 대한 연체료는 특별승계인이 승계하지 않아

관리비 납부를 연체할 경우 부과되는 연체료는 위약벌의 일종이고, 전(前) 구분소유자의 특별승계인이 체납된 공용부분 관리비를 승계한다고 해서 전 구분소유자가 관리비 납부를 연체함으로 인해 이미 발생하게 된 법률효과까지 그대로 승계하는 것은 아니라 할 것이어서, 공용부분 관리비에 대한 연체료는 특별승계인에게 승계되는 공용부분 관리비에 포함되지 않는다.

단전·단수 등의 조치는 여러 가지 사정을 종합해 허용 여부 판단

단전·단수 등의 조치가 적법한 행위로서 불법행위를 구성하지 않기 위해서는 그 조치가 관리규약을 따른 것이었다는 점만으로는 부족하고, 그와 같은 조치를 하게 된 동기와 목적, 수단과 방법, 조치에 이르게 된 경위, 그로 인해 입주자가 알게 된 피해의 정도 등 여러 가지 사정을 종합해서 사회통념상 허용될 만한 정도의 상당성이 있어 위법성이 결여된 행위로 볼 수 있는 경우에 한한다.

 전 입주자가 체납한 관리비가 특별승계인에게 승계되는지 여부

대법원 2001. 9. 20. 선고 2001다8677 전원합의체 판결

판시사항

아파트의 전 입주자가 체납한 관리비가 아파트 관리규약의 정함에 따라 그 특별승계인에게 승계되는지 여부(=공용부분에 한하여 승계)

판결요지

[다수의견] 아파트의 관리규약에서 체납관리비 채권 전체에 대하여 입주자의 지위를 승계한 자에 대하여도 행사할 수 있도록 규정하고 있다 하더라도, '관리규약이 구분소유자 이외의 자의 권리를 해하지 못한다'고 규정하고 있는 집합건물의소유및관리에관한법률(이하 '집합건물법'이라 한다) 제28조 제3항에 비추어 볼 때, 관리규약으로 전 입주자의 체납관리비를 양수인에게 승계시키도록 하는 것은 입주자 이외의 자들과 사이의 권리·의무에 관련된 사항으로서 입주자들의 자치규범인 관리규약 제정의 한계를 벗어나는 것이고, 개인의 기본권을 침해하는 사항은 법률로 특별히 정하지 않는 한 사적 자치의 원칙에 반한다는 점 등을 고려하면, 특별승계인이 그 관리규약을 명시적, 묵시적으로 승인하지 않는 이상 그 효력이 없다고 할 것이며, 집합건물법 제42조 제1항 및 공동주택관리령 제9조 제4항의 각 규정은 공동주택의 입주자들이 공동주택의 관리·사용 등의 사항에 관하여 관리규약으로 정한 내용은 그것이 승계 이전에 제정된 것이라고 하더라도 승계인에 대하여 효력이 있다는 뜻으로서, 관리비와 관련하여서는 승계인도 입주자로서 관리규약에 따른 관리비를 납부하여야 한다는 의미일 뿐, 그 규정으로 인하

여 승계인이 전 입주자의 체납관리비까지 승계하게 되는 것으로 해석할 수는 없다. 다만, 집합건물의 공용부분은 전체 공유자의 이익에 공여하는 것이어서 공동으로 유지·관리해야 하고 그에 대한 적정한 유지·관리를 도모하기 위하여는 소요되는 경비에 대한 공유자 간의 채권은 이를 특히 보장할 필요가 있어 공유자의 특별승계인에게 그 승계의사의 유무에 관계없이 청구할 수 있도록 집합건물법 제18조에서 특별규정을 두고 있는바, 위 관리규약 중 공용부분 관리비에 관한 부분은 위 규정에 터잡은 것으로서 유효하다고 할 것이므로, 아파트의 특별승계인은 전 입주자의 체납관리비 중 공용부분에 관하여는 이를 승계하여야 한다고 봄이 타당하다.

공용부분 관리비의 연체료가 특별승계인에게 승계되는지 여부 등

대법원 2006. 6. 29. 선고 2004다3598,3604 판결

판시사항

[2] 집합건물의 전(前) 구분소유자의 특정승계인에게 승계되는 공용부분 관리비의 범위 및 공용부분 관리비에 대한 연체료가 특별승계인에게 승계되는 공용부분 관리비에 포함되는지 여부(소극)

[3] 상가건물의 관리규약상 관리비 중 일반관리비, 장부기장료, 위탁수수료, 화재보험료, 청소비, 수선유지비 등이 전(前) 구분소유자의 특별승계인에게 승계되는 공용부분 관리비에 포함된다고 한 사례

[4] 집합건물의 관리단이 전(前) 구분소유자의 특별승계인에게 특별승계인이 승계한 공용부분 관리비 등 전 구분소유자가 체납한 관리비의 징수를 위해 단전·단수 등의 조치를 취한 사안에서, 관리단의 위 사용방해행위가 불법행위를 구성한다고 한 사례

[5] 집합건물의 관리단 등 관리주체의 불법적인 사용방해행위로 인하여 건물의 구분소유자가 그 건물을 사용·수익하지 못한 경우, 구분소유자가 그 기간 동안 발생한 관리비채무를 부담하는지 여부(소극)

`판결요지`

[2] 집합건물의 전(前) 구분소유자의 특정승계인에게 승계되는 공용부분 관리비에는 집합건물의 공용부분 그 자체의 직접적인 유지·관리를 위하여 지출되는 비용뿐만 아니라, 전유부분을 포함한 집합건물 전체의 유지·관리를 위해 지출되는 비용 가운데에서도 입주자 전체의 공동의 이익을 위하여 집합건물을 통일적으로 유지·관리해야 할 필요가 있어 이를 일률적으로 지출하지 않으면 안 되는 성격의 비용은 그것이 입주자 각자의 개별적인 이익을 위하여 현실적·구체적으로 귀속되는 부분에 사용되는 비용으로 명확히 구분될 수 있는 것이 아니라면, 모두 이에 포함되는 것으로 봄이 상당하다. 한편, 관리비 납부를 연체할 경우 부과되는 연체료는 위약벌의 일종이고, 전(前) 구분소유자의 특별승계인이 체납된 공용부분 관리비를 승계한다고 하여 전 구분소유자가 관리비 납부를 연체함으로 인해 이미 발생하게 된 법률효과까지 그대로 승계하는 것은 아니라 할 것이어서, 공용부분 관리비에 대한 연체료는 특별승계인에게 승계되는 공용부분 관리비에 포함되지 않는다.

[3] 상가건물의 관리규약상 관리비 중 일반관리비, 장부기장료, 위탁수수료, 화재보험료, 청소비, 수선유지비 등은, 모두 입주자 전체의 공동의 이익을 위하여 집합건물을 통일적으로 유지·관리해야 할 필요에 의해 일률적으로 지출되지 않으면 안 되는 성격의 비용에 해당하는 것으로 인정되고, 그것이 입주자 각자의 개별적인 이익을 위하여 현실적·구체적으로 귀속되는 부분에 사용되는 비용으로 명확히 구분될 수 있는 것이라고 볼 만한 사정을 찾아볼 수 없는 이상, 전(前) 구분소유자의 특별승계인에게 승계되는 공용부분 관리비로 보아야 한다고 한 사례

[4] 집합건물의 관리단이 전(前) 구분소유자의 특별승계인에게 특별승계인이 승계한 공용부분 관리비 등 전 구분소유자가 체납한 관리비의 징수를 위해 단전·단수 등의 조치를 취한 사안에서, 관리단의 위 사용방해행위가 불법행위를 구성한다고 한 사례

[5] 집합건물의 관리단 등 관리주체의 위법한 단전·단수 및 엘리베이

터 운행정지 조치 등 불법적인 사용방해행위로 인하여 건물의 구분소유자가 그 건물을 사용·수익하지 못하였다면, 그 구분소유자로서는 관리단에 대해 그 기간 동안 발생한 관리비채무를 부담하지 않는다고 보아야 한다.

이유

단전·단수 등의 조치가 적법한 행위로서 불법행위를 구성하지 않기 위해서는 그 조치가 관리규약을 따른 것이었다는 점만으로는 부족하고, 그와 같은 조치를 하게 된 동기와 목적, 수단과 방법, 조치에 이르게 된 경위, 그로 인하여 입주자가 입게 된 피해의 정도 등 여러 가지 사정을 종합하여 사회통념상 허용될 만한 정도의 상당성이 있어 위법성이 결여된 행위로 볼 수 있는 경우에 한한다 할 것인데, 이 사건의 경우 원고에 대하여 행하여진 당초의 단전·단수 등의 조치가 불법행위에 해당하고 원고가 이를 다투며 관리비 지급을 거부하였다는 것이므로, 그런 와중에 3개월이 경과됨으로써 3개월 이상 관리비 연체라는 관리규약상의 요건이 충족되었다 하더라도 그러한 사정만으로 종전부터 계속되어 오던 피고의 위법한 단전·단수 등의 조치가 그 시점부터 사회통념상 허용될 만한 정도의 상당성이 있는 행위로서 적법행위로 된다고 할 수는 없는 것이다.

8-3 세대 난방비 등은 특별승계인이 승계하지 않는다고 한 사례

의정부지법 2007. 7. 25. 선고 2006가단74938 판결

판시사항

[1] 집합건물 구분소유자의 특정승계인이 승계하는 공용부분 관리비의 범위

[2] 일반관리비와 소독비는 공용부분 관리비여서 집합건물 구분소유자의 특별승계인이 승계하나, 중앙집중식 난방방식에 의한 세대별 난방비, 일괄계약에 의한 유선방송료는 전용부분 관리비여서 위 특별승계인이 승계하지 않는다고 한 사례

판결요지

[1] 집합건물 구분소유자의 특정승계인이 승계하는 공용부분 관리비에는 집합건물의 공용부분 그 자체의 직접적인 유지·관리를 위하여 지출되는 비용뿐만 아니라, 전유부분을 포함한 집합건물 전체의 유지·관리를 위해 지출되는 비용 가운데에서도 입주자 전체의 공동의 이익을 위하여 집합건물을 통일적으로 유지·관리해야 할 필요가 있어 이를 일률적으로 지출하지 않으면 안 되는 성격의 비용은 그것이 입주자 각자의 개별적인 이익을 위하여 현실적·구체적으로 귀속되는 부분에 사용되는 비용으로 명확히 구분될 수 있는 것이 아니라면 모두 이에 포함되는 것으로 보아야 한다.

[2] 일반관리비와 소독비는 집합건물 전체의 유지·관리를 위하여 지출하는 비용으로 공용부분 관리비이므로 집합건물 구분소유자의 특별승계인이 승계하나, 중앙집중식 난방방식에 의한 세대별 난방비, 일괄계약에 의한 유선방송료는 입주자 각자의 개별적인 이익을 위하여 지출되는 비용으로 전용부분 관리비에 해당하므로 위 특별승계인이 승계하지 않는다고 한 사례

8-4 관리비 체납자에 대한 단전·단수조치가 정당한 것으로 본 사례

헌재 2012. 3. 29. 2010헌마770 요약

결정요지

법원은 관리비 체납자에 대한 단전·단수조치에 대하여 일정한 경우 정당행위로서 위법성 조각사유를 인정하고 있는바, 청구인의 단전행위는 건물의 관리규약 및 운영위원회의 결의에 따라 적법하게 이루어진 것이고, 건물관리자인 청구인이 한국전력으로부터 전기요금 납부독촉을 받고 있던 궁박한 상황에서 효율적인 건물관리 및 전체 구분소유자들의 이익을 위해 행한 불가피한 조치이므로, 그 동기와 목적, 수단과 방법, 경위 등 여러 사정에 비추어 사회통념상 허용될 만한 상당성이 있는 행위로서 형법 제20조의 정당행위에 해당한다.

> 이유

1. 형법 제20조에 정하여진 '사회상규에 위배되지 아니하는 행위'라 함은, 법질서 전체의 정신이나 그 배후에 놓여 있는 사회윤리 내지 사회통념에 비추어 용인될 수 있는 행위를 말하므로, 어떤 행위가 그 행위의 동기나 목적의 정당성, 행위의 수단이나 방법의 상당성, 보호법익과 침해법익과의 법익균형성, 긴급성, 그 행위 외에 다른 수단이나 방법이 없다는 보충성 등의 요건을 갖춘 경우에는 정당행위에 해당한다(대법원 1986. 10. 28. 선고 86도1764 판결; 대법원 2003. 11. 28. 선고 2002도5726 판결 등 참조).

2. 법원은, 관리비 체납자에 대한 단전·단수행위의 경우 대체로 ① 관리규약에 관리비 체납자에 대하여 단전·단수조치를 할 수 있다는 내용이 명시되어 있고 그 요건을 충족하였는지, ② 단전·단수조치가 이사회 등 건물관리단의 결의에 따라 적법하게 실시된 것인지, ③ 계속 미납시 단전·단수될 수 있다는 사실을 예고하였는지, ④ 건물 관리 및 다른 구분소유자들의 이익을 위하여 단전·단수할 수밖에 없는 사정이 있었는지, ⑤ 그 밖에 피해자에게 관리비 납부를 거부할 만한 정당한 사유가 있었는지' 등을 종합적으로 고려하여 정당행위 여부를 판단하는 것으로 보인다.

3. 이러한 점들을 종합할 때, 청구인의 이 사건 단전행위는 이 사건 건물의 관리규약 및 이 사건 운영위원회의 결의에 따라 적법하게 이루어진 것으로서, 청구인이 건물관리자로서 한국전력으로부터 전기요금 납부독촉을 받고 있던 궁박한 상황에서 효율적인 건물관리 및 전체 구분소유자들의 이익을 위해 행한 불가피한 조치이므로, 그 동기와 목적, 수단과 방법, 경위 등 여러 사정에 비추어 사회통념상 허용될만한 상당성이 있는 행위로서 형법 제20조의 정당행위에 해당한다고 봄이 상당하다.

8-5 관리비 체납자에 대한 단전·단수조치가 정당행위에 해당한다고 한 사례

대구지방법원 2012. 5. 21. 선고 2012카합186 결정

판단

가. 단전·단수 등의 조치가 적법한 행위로서 불법행위를 구성하지 않기 위하여는 그 조치가 관리규약을 따른 것이었다는 점만으로는 부족하고, 그와 같은 조치를 하게 된 동기와 목적, 수단과 방법, 조치에 이르게 된 경위, 그로 인하여 입주자가 알게 된 피해의 정도 등 여러 가지 사정을 종합하여 사회통념상 허용될 만한 정도의 상당성이 있어 위법성이 결여된 행위로 볼 수 있는 경우에 한한다(대법원 2006. 6. 29. 선고2004다3598, 3604 판결 등 참조).

나. 살피건대, 위 소명사실 및 기록에 의하여 인정되는 다음과 같은 사정, 즉 ① 이 사건 아파트 관리규약 제77조에서는 독촉장 발송 후에도 관리비 등을 연체하는 경우에는 단수, 단전 등의 조치를 취할 수 있다고 규정하고 있는 점, ② 피신청인은 2011. 5. 경부터 현재까지 관리비를 연체하고 있고 연체금액이 2,520,870원에 이르는 점, ③ 신청인은 2011. 5.경부터 매월 1회에 걸쳐 독촉장(관리비 미납시 단수, 단전 조치를 취할수 있다는 내용이 포함되어 있음)을 발송하였고, 피신청인을 상대로 지급명령을 받았음에도 피신청인은 계속하여 관리비를 연체하고 있는 점, ④ 이 사건 아파트에 대한 단전·단수 조치를 취하지 않을 경우 집합건물의 특성상 피신청인 사용하는 전기 및 상수도 사용료를 아파트의 구분소유자들이 계속 부담하게 되는 점 등에 비추어 보면, 신청인이 위 관리규약 제77조 제2항에 따라 피신청인이 거주하는 이 사건 아파트에 단전 및 단수 조치를 취할 피보전권리가 있다고 할 것이고, 이 사건 기록에 나타난 여러 사정에 비추어 보면, 신청인의 단전 및 단수조치에 대하여 피신청인의 방해금지를 구할 보전의 필요성도 인정된다.

전소유자의 체납 전기기본요금을 특별승계인이 책임져야 하는지 여부

서울고등법원 2013. 5. 8. 선고 2012나53491 판결

판결요지

1. 이 사건 건물 전체의 전기 기본요금은 계약전력과 무관하게 매월 최대수요전력에 따라 변동되었다. 그러나 한국전력공사 약관규정에 따르면 전기 기본요금은 최대수요전력에는 영향을 받지만 사용 전력량에 비례하여 산정, 부과되는 것이 아니고, 전기를 사용하지 않아도 납부의무가 발생한다. 결국 한국전력공사와 전기 사용계약을 체결한 이상 전기 기본요금은 특별한 사정이 없는 한 매달 납부의무가 발생한다. 따라서 전기 기본요금은 전체 입주자 공동 이익을 위하여 집합건물을 통일적으로 유지·관리해야 할 필요가 있어 이를 일률적으로 지출하지 않으면 안되는 성격의 비용이라고 보아야 할 것이므로 공용부분 관리비로 보는 것이 타당하고, 이 사건 점포의 특별승계인은 전소유자가 체납한 이 부분 관리비를 지급할 책임이 있다.

2. 이때 이 사건 점포의 전소유자가 부담하였어야 할 전기 기본요금은 이 사건 건물 전체 계약전력 중 이 사건 점포 계약전력이 차지하는 비율이 아닌 이 사건 건물 전체 전유부분 면적 합계 중 이 사건 점포 전유부분 면적이 차지하는 비율에 따라 산정하는 것이 타당하다.

 ## 대규모점포관리자가 상인들에게 관리비를 부과·징수할 권한이 있는지 여부

대법원 2011. 10. 13. 선고 2007다83427 판결

판시사항

[1] 대규모점포관리자가 대규모점포의 구분소유자들이나 그들에게서 점포를 임차하여 매장을 운영하는 상인들에게 관리비를 부과·징수할 권한이 있는지 여부(적극)

> **판결요지**

[1] 유통산업발전법은 구분소유자 전원으로 당연 설립되는 집합건물의 소유와 관리에 관한 법률(이하 '집합건물법'이라 한다)상의 관리단이 아닌 입점상인들에 의해서 설립되는 대규모점포관리자에게 대규모점포의 유지·관리에 관한 일반적인 권한을 부여하면서도, '구분소유와 관련된 사항'에 관하여는 구분소유자단체인 관리단에 의해서 설정된 규약 또는 관리단 집회의 결의 등 집합건물법의 규정에 따르도록 함으로써 대규모점포의 관리에서 구분소유자와 입점상인 사이의 이해관계를 조절하고 있다. 따라서 유통산업발전법의 입법 취지 및 집합건물법과의 관계를 고려하면 대규모점포관리자의 업무에서 제외되는 '구분소유와 관련된 사항'은 대규모점포의 유지·관리 업무 중 그 업무를 대규모점포개설자 내지 대규모점포관리자에게 허용하면 점포소유자들의 소유권 행사와 충돌이 되거나 구분소유자들의 소유권을 침해할 우려가 있는 사항이라고 해석함이 타당하고, 위와 같은 법리에 비추어 볼 때 대규모점포관리자가 대규모점포의 구분소유자들이나 그들로부터 임차하여 대규모점포의 매장을 운영하고 있는 상인들을 상대로 대규모점포의 유지·관리에 드는 비용인 관리비를 부과·징수하는 업무는 점포소유자들의 소유권 행사와 충돌되거나 구분소유자들의 소유권을 침해할 우려가 있는 '구분소유와 관련된 사항'이라기보다는 대규모점포의 운영 및 그 공동시설의 사용을 통한 상거래질서의 확립, 소비자의 보호 및 편익증진에 관련된 사항으로서 대규모점포 본래의 유지·관리를 위하여 필요한 업무에 속하는 것이라고 보아야 한다.

8-8 체납관리비 납부의무의 소멸시효 중단의 효력에 관한 사례

대법원 2015. 5. 28. 선고 2014다81474 판결

> **판시사항**

집합건물의 관리를 위임받은 갑 주식회사가 구분소유자 을을 상대로 관리비 지급을 구하는 소를 제기하여 승소판결을 받음으로써 을의 체납관리비 납부의무의 소멸시효가 중단되었는데, 그 후 병이 임의경매절

차에서 위 구분소유권을 취득한 사안에서, 시효중단의 효력이 병에게도 미친다고 한 사례

> **판결요지**

집합건물의 관리를 위임받은 갑 주식회사가 구분소유자 을을 상대로 관리비 지급을 구하는 소를 제기하여 승소판결을 받음으로써 을의 체납관리비 납부의무의 소멸시효가 중단되었는데, 그 후 병이 임의경매절차에서 위 구분소유권을 취득한 사안에서, 병은 을에게서 시효중단의 효과를 받는 체납관리비 납부의무를 중단 효과 발생 이후에 승계한 자에 해당하므로 시효중단의 효력이 병에게도 미친다고 한 사례

 집합건물의 관리비채권이 3년의 단기소멸시효에 해당하는지 여부

대법원 2007. 2. 22. 선고 2005다65821 판결

> **판시사항**

[3] 민법 제163조 제1호에서 3년의 단기소멸시효에 걸리는 것으로 규정한 '1년 이내의 기간으로 정한 채권'의 의미 및 1개월 단위로 지급되는 집합건물의 관리비채권이 이에 해당하는지 여부(적극)

> **이유**

가. 민법 제163조 제1호에서 3년의 단기소멸시효에 걸리는 것으로 규정한 '1년 이내의 기간으로 정한 채권'이란 1년 이내의 정기로 지급되는 채권을 말하는 것으로서(대법원 1996. 9. 20. 선고 96다25302 판결 참조) 1개월 단위로 지급되는 집합건물의 관리비채권은 이에 해당한다고 할 것이다.

8-10 오피스텔 임차인이 특별수선충당금 등을 부담하는지 여부

서울지법 1995. 10. 13. 선고 95나19781 판결 : 상고

판시사항

임차인이 오피스텔관리규정에 따라 특별수선충당금 및 환경개선부담금을 부담하는지 여부(소극)

판결요지

임대차계약 체결 당시 특별히 오피스텔관리규정의 내용을 임대차계약의 내용으로 포함시킨다거나 임차인이 그 관리규정을 준수할 것을 약정하지 않는 한 그 관리규정은 제3자인 임차인에 대하여 효력이 미치지 아니하고, 그 관리규정에서 전세입자 및 임차인도 적용범위에 포함되는 것으로 규정되어 있어도 마찬가지이므로, 오피스텔의 소유자는 오피스텔 관리규정만을 근거로 임차인에 대하여 특별수선충당금 및 환경개선부담금의 지급을 구할 수 없다.

이유

본건 오피스텔 관리규정 제2조에서 '입주자'라 함은 소유권의 목적으로 오피스텔의 전유부분의 소유자를 말하고, '사용자'라 함은 입주자 이외의 자로서 오피스텔 내에 상주하는 자를 의미한다고 규정하고, 제57조에서 공동건물의 장기수선에 관한 기준에서 정하는 바에 따라 공용부분에 대한 장기수선 계획에 의하여 매월 입주자 또는 사용자별로 특별수선충당금을 부담하여야 한다고 규정하고 있는 점 및 환경개선비용부담법 제9조에 의하면 환경처장관은 유통, 소비과정에서 환경오염물질의 다량 배출로 인하여 환경오염의 직접적인 원인이 되는 건물 기타 시설물(이하 '시설물'이라 한다)의 소유자 또는 점유자로부터 환경개선부담금을 부과, 징수하도록 규정되어 있고, 같은법시행령 제5조에 의하면 시설물에 대한 환경개선부담금의 부과대상자는 부과기준일 현재 당해 시설물을 소유하고 있는 자로 하되 동일한 시설물을 공동 또는 분할하여 소유하고 있는 경우에는 각각 그 소유지분에 따라 개선부담금을 부담하고, 다만 소유자를 알 수 없는 경우에는 그 점유자가 개선부담금을 부담하도록 규정하고 있는 점 등에 비추어 볼 때 공동건물의 전유부분

에 대한 소유자(임대인)와 사용자(임차인) 사이에 별도의 약정이 없더라도 당연히 사용자(임차인)가 그 부분에 대한 특별수선충당금 및 환경개선부담금을 부담하여야 한다고 보기는 어렵고 어렵고, 사용자가 특별수선충당금 및 환경개선부담금을 부담하는 것이 관례라는 원고의 주장에 부합하는 듯한 위 노태▼의 일부 증언은 믿기 어렵고 달리 이를 인정할 만한 아무런 증거가 없으므로, 원고의 위 주장도 이유 없다.

특별수선충당금의 납부의무자는 임차인이라고 본 사례

대구지방법원 2015. 6. 4. 선고 2014나14267

판결요지

임차 상가에 부과된 특별수선충당금을 납부한 임차인인 원고가 특별수선충당금은 주택법에서 규정하고 있는 장기수선충당금에 해당하므로 임차 상가의 소유자로서 그 수선의무를 부담하는 임대인인 피고들이 이를 납부할 의무가 있다고 주장하면서 피고들을 상대로 부당이득금반환을 구한 사안에서, 주택법 제51조 제1항에서 '관리주체는 장기수선계획에 따라 공동주택의 주요 시설의 교체 및 보수에 필요한 장기수선충당금을 해당 주택의 소유자로부터 징수하여 적립하여야 한다'고 규정하고 있고, 주택법 시행령 제66조 제5항에서 '공동주택의 사용자는 그 소유자를 대신하여 장기수선충당금을 납부한 경우에는 해당 주택의 소유자에게 그 납부금액의 지급을 청구할 수 있다'고 규정하고 있기는 하나, 이 사건 상가는 주택법이 규정하는 공동주택에 해당하지 않을 뿐만 아니라, 원고와 피고들이 임대차계약을 체결할 당시 원고는 관리법인의 청구에 따라 관리비를 매월 납부하고 상가관리규정 등을 준수하기로 약정한 점, 이 사건 상가 상인들은 상가의 관리·운영을 위해 유통산업발전법에 따른 운영법인을 설립한 점, 운영법인이 제정·시행하고 있는 이 사건 상가 운영규정에 따르면 '사용수익권자 등'(사용수익권자, 임차인, 사용자를 일컬음)은 관리비에 포함하여 부과되는 건물의 주요 시설의 교체 및 대규모 수선에 필요한 특별수선충당금을 매월 납부해야 하는 점 등에 비추어 이 사건 상가에 부과된 특별수선충당금의 납부의무자는 임차인인 원고라고 보아 원고의 청구를 기각한 사례

09 Chapter
임대인과 임차인의 관리 의무

임대인은 임차물의 사용·수익에 필요한 상태를 유지 의무

임대인은 일반적으로 임차인에 대해 임대차목적물을 임차인에게 인도하고 계약이 존속하는 동안 그 사용·수익에 필요한 상태를 유지하게 할 의무를 부담한다. 그리고 건물부분의 임대차에서 별도의 약정이 있는 경우에는 거기서 더 나아가 임대인은 그 소유 건물의 다른 부분에서 제3자가 임차인이 임대차목적물에서 행하는 영업 등 수익활동을 해할 우려가 있는 영업 기타 행위를 하지 아니하도록 할 의무를 임차인에 대해 부담할 수 있다.

임차인은 임차물 보존에 선량한 관리자의 주의의무를 부담

임차인은 임차건물의 보존에 관해 선량한 관리자의 주의의무를 다하여야 하고, 임차인의 임차물반환채무가 이행불능이 된 경우에 임차인이 그 이행불능으로 인한 손해배상책임을 면하려면 그 이행불능이 임차인의 귀책사유에 의하지 않은 것임을 입증할 책임이 있으며, 임차물이 화재로 소실된 경우에 그 화재발생원인이 불명인 때에도 임차인이 그 책임을 면하려면 그 임차건물의 보존에 관해 선량한 관리자의 주의의무를 다했음을 입증해야 한다.

그러나 그 이행불능이 임대차목적물을 임차인이 사용·수익하기에 필요한 상태로 유지해야 할 임대인의 의무 위반에 원인이 있음이 밝혀진 경우에까지 임차인이 별도로 목적물보존의무를 다했음을 주장·입증해야만 그 책임을 면할 수 있는 것은 아니다.

임차인은 보증금을 반환받기 전까지 임차물 보존의무를 다해야__

임대차종료 후 임차인의 임차목적물 명도의무와 임대인의 연체차임 기타 명도시까지 발생한 손해배상금 등을 공제하고 남은 임대보증금반환 채무와는 동시이행의 관계에 있는 것이어서 임차인은 이를 지급받을 때까지 동시이행의 항변권에 기해 목적물을 유치하면서 명도를 거절할 권리가 있는 것이나, 임차인은 임차목적물을 명도할 때까지는 선량한 관리자의 주의로 이를 보존할 의무가 있어, 이러한 주의의무를 위반해 임대목적물이 멸실, 훼손된 경우에는 그에 대한 손해를 배상할 채무가 발생한다.

제3자가 임차물을 멸실했을 때는 임대인이 위험 부담__

임대차목적물이 그 당사자 쌍방의 귀책사유 아닌 다른 사유로서 멸실된 관계로 임대인이 임차인으로 하여금 사용수익케 할 의무를 이행할 수 없게 된 경우에는 그 의무있는 임대인이 소위 채무자로서 위험을 부담한다.

임차인은 스스로 안전을 도모하고 도난 방지 의무__

통상의 임대차관계에 있어서 임대인의 임차인에 대한 의무는 특별한 사정이 없는 한 단순히 임차인에게 임대목적물을 제공해 임차인으로 하여금 이를 사용·수익하게 함에 그치는 것이고, 더 나아가 임차인의 안전을 배려해주거나 도난을 방지하는 등의 보호의무까지 부담한다고 볼 수 없을 뿐만 아니라 임대인이 임차인에게 임대목적물을 제공해 그 의무를 이행한 경우 임대목적물은 임차인의 지배 아래 놓이게 되어 그 이후에는 임차인의 관리하에 임대목적물의 사용·수익이 이루어지는 것이다.

건물고유의 소방시설을 갖추는 것은 임대인의 의무__

건물임대인은 계약존속 중 목적물을 임차인이 사용수익할 수 있도록 필요한 상태를 유지하게 할 의무가 있으므로 건물고유의 소방시설을 미비함으로써 임차인이 영업을 하지 못했다면 임차인의 차임지급의무는 발생하지 않는다.

임대인이 상가를 활성화할 의무까지는 부담하지 않아__

상가임대인이 입점주들로부터 지급받은 장기임대료 등을 적절히 집행해 상가 활성화와 상권 형성을 위해 노력하고 이를 위해 입점주들과 협력할 의무가 있다고 볼 수는 있을지언정, 나아가 전반적인 경기의 변동이나 소비성향의 변화 등과 상관없이 상가임대인이 전적으로 책임지고 상가가

활성화되고 상권이 형성된 상태를 조성해야 할 의무까지 부담한다고 볼 수는 없다.

9-1 임대인이 임차인의 특별한 용도의 상태까지도 유지해야 하는지 여부

대법원 1996. 11. 26. 선고 96다28172 판결

판시사항

계약 당시 예상하지 아니한 임차인의 특별한 용도로의 사용수익을 위해 임대인이 그에 적합한 상태를 유지하게 할 의무가 있는지 여부(소극)

판결요지

임대차계약에서 특별히 임대차의 목적을 단란주점 영업용으로 정한 것이 아니었을 뿐 아니라 계약 당시에는 별도의 단란주점영업허가 시설기준조차 제정되어 있지 아니하였던 경우, 임대인으로서는 그 목적물이 통상의 사용수익에 필요한 상태를 유지하여 주면 족하고 임차인의 특별한 용도인 단란주점영업을 위한 사용수익에 적합한 구조나 성상 기타 상태를 유지하게 할 의무까지 있다고 할 수는 없다.

9-2 임대인의 관리영역 화재로 임차인에게 손해배상책임을 물을 수 있는지 여부

대법원 2009. 5. 28. 선고 2009다13170 판결

판시사항

[1] 임차인의 목적물반환의무가 이행불능이 된 경우 그 귀책사유에 관한 증명책임자(=임차인) 및 이는 임대인의 의무 위반으로 인한 이행불능인 경우에도 마찬가지인지 여부(소극)

[2] 임차인이 임대차목적물을 점유·용익하고 있는 동안 임대인의 지배·관리 영역에 존재하는 하자로 인한 화재로 목적물이 멸실되었

음이 추단되는 경우, 임차인에게 목적물반환의무의 이행불능 등에 관한 손해배상책임을 물을 수 있는지 여부(소극)

> 판결요지

[1] 임차인은 임차건물의 보존에 관하여 선량한 관리자의 주의의무를 다하여야 하고, 임차인의 목적물반환의무가 이행불능이 됨으로 인한 손해배상책임을 면하려면 그 이행불능이 임차인의 귀책사유로 인한 것이 아님을 입증할 책임이 있다. 그러나 그 이행불능이 임대차목적물을 임차인이 사용·수익하기에 필요한 상태로 유지하여야 할 임대인의 의무 위반에 원인이 있음이 밝혀진 경우에까지 임차인이 별도로 목적물보존의무를 다하였음을 주장·입증하여야만 그 책임을 면할 수 있는 것은 아니다.

[2] 주택 기타 건물 또는 그 일부의 임차인이 임대인으로부터 목적물을 인도받아 점유·용익하고 있는 동안에 목적물이 화재로 멸실된 경우, 그 화재가 건물소유자 측이 설치하여 건물구조의 일부를 이루는 전기배선과 같이 임대인이 지배·관리하는 영역에 존재하는 하자로 인하여 발생한 것으로 추단된다면, 그 하자를 보수·제거하는 것은 임대차목적물을 사용·수익하기에 필요한 상태로 유지할 의무를 부담하는 임대인의 의무에 속하는 것이므로, 그 화재로 인한 목적물반환의무의 이행불능 등에 관한 손해배상책임을 임차인에게 물을 수 없다.

9-3 전세목적물이 멸실된 경우 전세금반환채무 존재 여부

서울고법 1965. 8. 20. 선고 65나652 제4민사부판결 : 상고

> 판시사항

전세목적물이 전세계약 당사자 쌍방의 귀책사유 아닌 사유로 멸실된 경우에 전세금반환채무 존재 여부

> 판결요지

전세목적물이 그 당사자 쌍방의 귀책사유 아닌 다른 사유로서 멸실된 관계로 전세권설정자가 전세권자로 하여금 사용수익케 할 의무를 이행

할 수 없게 된 경우에는 그 의무있는 전세권설정자가 소위 채무자로서 위험을 부담한다

9-4 임대차목적물이 불가항력으로 멸실된 경우의 위험부담자

서울지법 동부지원 1997. 10. 10. 선고 97가합4362,10121 판결 : 확정

판결요지

임대차목적물이 임차인의 과실 없이 제3자의 방화 행위에 의하여 멸실된 경우, 그 위험은 채무자위험부담의 원칙에 따라 임차물을 사용·수익하게 할 의무를 부담하는 채무자인 임대인이 부담하여야 하므로 임대인은 임차인에게 임대차보증금을 반환할 의무가 있다.

9-5 임대인이 임차인에 대하여 도난방지 등의 보호 의무를 지는지 여부

대법원 1999. 7. 9. 선고 99다10004 판결

판시사항

통상의 임대차관계에 있어서 임대인이 임차인에 대하여 안전배려 또는 도난방지 등의 보호의무를 지는지 여부(소극)

판결요지

통상의 임대차관계에 있어서 임대인의 임차인에 대한 의무는 특별한 사정이 없는 한 단순히 임차인에게 임대목적물을 제공하여 임차인으로 하여금 이를 사용·수익하게 함에 그치는 것이고, 더 나아가 임차인의 안전을 배려하여 주거나 도난을 방지하는 등의 보호의무까지 부담한다고 볼 수 없을 뿐만 아니라 임대인이 임차인에게 임대목적물을 제공하여 그 의무를 이행한 경우 임대목적물은 임차인의 지배 아래 놓이게 되어 그 이후에는 임차인의 관리하에 임대목적물의 사용·수익이 이루어지는 것이다.

9-6 임대인의 이행보조자가 불법행위책임을 지는 경우, 임대인의 책임

대법원 1994. 11. 11. 선고 94다22446 판결

판시사항

가. 임대인의 이행보조자가 임차인으로 하여금 임차목적물을 사용·수익하지 못하게 함으로써 임대인은 채무불이행에 의한 책임을 지고 그 이행보조자는 불법행위책임을 지는 경우, 양 책임의 관계

나. 특별사정으로 인한 손해 발생시 그 손해의 액수까지 알았거나 알 수 있었어야 배상의무가 있는지 여부

판결요지

가. 임대인인 피고 갑은 이행보조자인 피고 을이 임차물인 점포의 출입을 봉쇄하고 내부시설공사를 중단시켜 임차인인 원고로 하여금 그 사용·수익을 하지 못하게 한 행위에 대하여 임대인으로서의 채무불이행으로 인한 손해를 배상할 의무가 있고, 또한 피고 을이 원고가 임차인이라는 사정을 알면서 위와 같은 방법으로 원고로 하여금 점포를 사용·수익하지 못하게 한 것은 원고의 임차권을 침해하는 불법행위를 이룬다고 할 것이므로 피고 을은 원고에게 불법행위로 인한 손해배상의무가 있다고 할 경우, 피고 갑의 채무불이행책임과 피고 을의 불법행위책임은 동일한 사실관계에 기한 것으로 부진정연대채무 관계에 있다.

나. 채무불이행자 또는 불법행위자는 특별한 사정의 존재를 알았거나 알 수 있었으면 그러한 특별사정으로 인한 손해를 배상하여야 할 의무가 있는 것이고, 그러한 특별한 사정에 의하여 발생한 손해의 액수까지 알았거나 알 수 있었어야 하는 것은 아니다.

숙박업자의 투숙객에 대한 보호의무와 이를 위반한 경우의 책임

대법원 2000. 11. 24. 선고 2000다38718,38725 판결

판시사항

[1] 숙박업자의 투숙객에 대한 보호의무의 내용과 이를 위반한 경우의 책임

판결요지

[1] 공중접객업인 숙박업을 경영하는 자가 투숙객과 체결하는 숙박계약은 숙박업자가 고객에게 숙박을 할 수 있는 객실을 제공하여 고객으로 하여금 이를 사용할 수 있도록 하고 고객으로부터 그 대가를 받는 일종의 일시 사용을 위한 임대차계약으로서 객실 및 관련 시설은 오로지 숙박업자의 지배 아래 놓여 있는 것이므로 숙박업자는 통상의 임대차와 같이 단순히 여관 등의 객실 및 관련 시설을 제공하여 고객으로 하여금 이를 사용·수익하게 할 의무를 부담하는 것에서 한 걸음 더 나아가 고객에게 위험이 없는 안전하고 편안한 객실 및 관련 시설을 제공함으로써 고객의 안전을 배려하여야 할 보호의무를 부담하며 이러한 의무는 숙박계약의 특수성을 고려하여 신의칙상 인정되는 부수적인 의무로서 숙박업자가 이를 위반하여 고객의 생명·신체를 침해하여 투숙객에게 손해를 입힌 경우 불완전이행으로 인한 채무불이행책임을 부담하고, 이 경우 피해자로서는 구체적 보호의무의 존재와 그 위반 사실을 주장·입증하여야 하며 숙박업자로서는 통상의 채무불이행에 있어서와 마찬가지로 그 채무불이행에 관하여 자기에게 과실이 없음을 주장·입증하지 못하는 한 그 책임을 면할 수는 없다.

9-8 여관경영자에게 책임을 인정하면서, 투숙객에게 60%의 과실상계를 한 사례

대전지법 천안지원 1999. 3. 11. 선고 97가합501 판결 : 항소

판시사항

[1] 여관의 숙박계약에 따른 여관경영자의 주의의무의 내용과 이를 위반한 경우의 책임

[2] 여관에서 고객의 과실로 화재가 발생하여 고객이 사망한 사안에서 여관경영자에게 고객이 투숙하고 있는 동안 안전하게 지내도록 할 부수적인 보호의무 위반에 대한 손해배상책임을 인정하면서, 투숙객에 대하여는 60%의 과실상계를 한 사례

판결요지

[1] 여관의 숙박계약이란 대가를 받고 여관객실을 상대방에게 일시적으로 사용케 하는 일종의 임대차계약이라고 할 것인데 이러한 숙박계약에 있어서는 장기적인 사용을 전제로 한 통상의 주택임대차와는 달리 여관의 객실 및 관련 시설, 공간에 대한 모든 지배는 오로지 여관경영자가 하는 것이고, 고객은 여관경영자가 투숙중인 고객에 대한 안전을 위하여 필요한 조치를 다할 것으로 신뢰하고 여관에 투숙하는 것이므로, 여관경영자에게는 고객에게 객실을 제공할 주된 의무가 있는 외에 나아가 고객이 여관에 투숙하고 있는 동안 안전하게 지낼 수 있도록 할 부수적인 보호의무가 있다고 할 것이며, 여관경영자가 고객에 대한 위와 같은 부수적인 의무를 위반한 경우에는 비록 그가 고객에게 본래의 계약상 의무인 객실제공의무를 이행하였다 하더라도 그 이행은 결국 채무의 내용에 따른 것이 아닌 것으로서 소위 불완전이행에 해당하는 것이므로 이로 인하여 고객에게 손해가 발생하였을 때에는 그 손해를 배상할 책임을 부담한다.

[2] 여관에서 투숙객의 과실로 화재가 발생하여 투숙객이 사망한 사안에서 여관경영자에게 투숙객의 보호를 위한 주의의무를 다하지 못한 데 대한 손해배상책임을 인정하면서, 투숙객에 대하여는 60%의 과실상계를 한 사례

9-9 임차인에게 전기배선 화재로 소훼된 임차물의 손해배상책임을 인정한 사례

대법원 2006. 1. 13. 선고 2005다51013,51020 판결

판시사항

[1] 임차인의 임차물반환채무가 이행불능이 된 경우, 그 귀책사유에 관한 증명책임의 소재(=임차인)

[2] 임차건물이 전기배선의 이상으로 인한 화재로 소훼되어 임차인의 임차목적물반환채무가 이행불능이 된 경우, 위 화재가 임차인의 임차목적물의 보존에 관한 선량한 관리자의 주의의무를 다하지 아니한 결과 발생한 것으로 보아 임차인의 손해배상책임을 인정한 사례

판결요지

[1] 임차인은 임차건물의 보존에 관하여 선량한 관리자의 주의의무를 다하여야 하고, 임차인의 임차물반환채무가 이행불능이 된 경우, 임차인이 그 이행불능으로 인한 손해배상책임을 면하려면 그 이행불능이 임차인의 귀책사유로 말미암은 것이 아님을 입증할 책임이 있다.

[2] 임차건물이 건물구조의 일부인 전기배선의 이상으로 인한 화재로 소훼되어 임차인의 임차목적물반환채무가 이행불능이 되었다고 하더라도, 당해 임대차가 장기간 계속되었고 화재의 원인이 된 전기배선을 임차인이 직접 하였으며 임차인이 전기배선의 이상을 미리 알았거나 알 수 있었던 경우에는, 당해 전기배선에 대한 관리는 임차인의 지배관리 영역 내에 있었다 할 것이므로, 위와 같은 전기배선의 하자로 인한 화재는 특별한 사정이 없는 한 임차인이 임차목적물의 보존에 관한 선량한 관리자의 주의의무를 다하지 아니한 결과 발생한 것으로 보아야 한다는 이유로 임차인의 손해배상책임을 인정한 사례

9-10 불법행위로 건물이 훼손된 경우 손해액의 범위

대법원 2004. 2. 27. 선고 2002다39456 판결

판시사항

[1] 구조상 불가분의 일체를 이루고 있는 건물 중 일부 임차 부분에서 발생한 화재로 건물의 다른 부분도 소실된 경우, 임차인의 임차목적물반환의무의 이행불능으로 인한 손해배상의 범위

[2] 불법행위 등으로 건물이 훼손된 경우, 손해액의 범위

판결요지

[1] 건물의 규모와 구조로 볼 때 그 건물 중 임차한 부분과 그 밖의 부분이 상호 유지·존립함에 있어서 구조상 불가분의 일체를 이루는 관계에 있고, 그 임차 부분에서 화재가 발생하여 건물의 방화 구조상 건물의 다른 부분에까지 연소되어 피해가 발생한 경우라면, 임차인은 임차 부분에 한하지 않고 그 건물의 유지·존립과 불가분의 일체관계가 있는 다른 부분이 소실되어 임대인이 입게 된 손해도 배상할 의무가 있다.

[2] 불법행위 등으로 인하여 건물이 훼손된 경우, 수리가 가능하다면 그 수리비가 통상의 손해이며, 훼손 당시 그 건물이 이미 내용연수가 다 된 낡은 건물이어서 원상으로 회복시키는 데 소요되는 수리비가 건물의 교환가치를 초과하는 경우에는 형평의 원칙상 그 손해액은 그 건물의 교환가치 범위 내로 제한되어야 할 것이고, 또한 수리로 인하여 훼손 전보다 건물의 교환가치가 증가하는 경우에는 그 수리비에서 교환가치 증가분을 공제한 금액이 그 손해이다.

9-11 임차인의 과실로 그 건물 전체가 소실된 경우, 손해배상의 범위

대법원 1997. 12. 23. 선고 97다41509 판결

판시사항

한 건물 내에 서로 벽을 통해 인접하여 있어 그 존립과 유지에 있어 불가분의 일체를 이루는 수개의 점포 중 한 점포의 임차인의 과실로 그

건물 전체가 소실된 경우, 그 임차인의 임차물 반환의무의 이행불능으로 인한 손해배상의 범위

판결요지

건물의 구조가 가운데 부분에 방 4개와 부엌 3개가 서로 인접하여 있고 그 둘레에 1층짜리 점포 4개가 각자 방 1개씩과 연결되어 있는 목조 스레트 지붕 1층 건물로서, 각 점포와 방 및 부엌이 구조상 독립하여 있는 것이 아니라 서로 벽을 통하여 인접하여 있어서 그 존립과 유지에 있어 불가분의 일체를 이루는 관계에 있는 경우, 그 중 한 점포 임차인의 과실로 그 건물 전체가 소실되었다면, 그 임차인은 화재로 인한 임차물 반환의무의 이행불능으로 인한 손해배상으로서 자기가 임차한 점포뿐만 아니라 그 건물의 존립과 유지에 불가분의 일체의 관계에 있는 나머지 점포들이 소실되어 건물 소유주인 임대인이 입은 손해도 배상할 의무가 있다.

임차인의 과실로 그 건물 전체가 소실된 경우 손해배상의 범위의 사례

대법원 1986. 10. 28. 선고 86다카1066 판결

판시사항

한 건물내에 수개의 점포가 들어 있다가 그 중 한 점포임차인의 과실로 그 건물 전체가 소실된 경우와 이행불능으로 인한 손해배상의 범위

판결요지

건물의 구조가 목조건물로서 건물 전체가 1칸 내지 2칸 정도의 점포로 구분되어 있는데 각 점포가 구조상 독립하여 있는 것이 아니라 서로 벽을 통하여 인접함으로써 각 유지존립함에 있어 불가분일체를 이루고 있는 경우, 그중 한 점포임차인의 과실로 위 건물전체가 소실되었다면 그 임차인의 화재로 인한 임차물 반환의무의 이행불능으로 인한 손해배상으로서는 그 임차점포에만 한할 것이 아니라 이를 유지존립함에 있어 불가분일체를 이루고 있는 인접된 점포들에 대한 손해에 관해서도 그 배상을 할 의무가 있다고 보는 것이 상당하다.

9-13 임차인이 임차물 반환 이행불능일 때, 소유권 상실한 임대인에게 책임 여부

대법원 1968. 11. 19. 선고 68다1322 판결

판시사항

임차인이 임차물을 소실하여 그 반환의무를 이행할 수 없게 된 경우 소실 당시에 이미 그 소유권을 상실한 임대인에게 싯가 상당의 손해배상책임이 있는지의 여부

판결요지

임대차목적물의 소유권이 임차인으로부터 제3자에게 이전된 경우 임차인이 임대물의 소실로 인하여 그 반환의무를 이행할 수 없게 되므로 말미암아 임대인이 입게 될 손해는 임대인이 제3자에게 그 시가상당의 손해배상책임을 지게 되었다는 등 특가의 사정이 없는 한 그 시가상당의 금액이라고 할 수는 없다.

9-14 구체적인 손해액을 증명하기 곤란한 경우 손해액 판단 방법

대법원 2006. 9. 8. 선고 2006다21880 판결

판시사항

[3] 불법행위로 인한 손해배상청구소송에서 재산적 손해의 발생사실은 인정할 수 있으나 구체적인 손해액을 증명하기가 곤란한 경우, 간접사실을 종합하여 손해액을 판단할 수 있는지 여부(적극)

판결요지

[3] 불법행위로 인한 손해배상청구소송에서 재산적 손해의 발생사실은 인정되나 구체적인 손해의 액수를 증명하는 것이 사안의 성질상 곤란한 경우, 법원은 증거조사의 결과와 변론 전체의 취지에 의하여 밝혀진 당사자들 사이의 관계, 불법행위와 그로 인한 재산적 손해가 발생하게 된 경위, 손해의 성격, 손해가 발생한 이후의 제반 정황 등 관련된 모든 간접사실들을 종합하여 손해의 액수를 판단할 수 있지만, 그 경우에도 불법행위와 재산적 손해 사이에는 상당인과관계가 있어야 한다.

9-15 여관에서 발생한 화재에서 여관경영자에게 책임이 있다고 한 사례

서울고법 1993. 7. 20. 선고 92나64349 제11민사부판결 : 상고기각

판시사항

가. 여관의 숙박계약에 따른 여관 경영자의 의무의 내용

나. 여관에서 원인불명의 화재가 발생하여 투숙객이 사망한 사고에 있어 여관 경영자에게 실화책임에관한법률에 의한 책임이 없지만 투숙객이 안전하게 지낼 수 있도록 할 부수적 보호의무 위반으로 인한 손해배상책임이 있다고 한 사례

판결요지

가. 여관의 숙박계약이란 대가를 받고 객실을 일시적으로 사용케 하는 일종의 임대차계약으로서 통상의 주택임대차와는 달리 객실과 이에 관련된 시설, 공간에 대한 모든 지배는 오로지 여관 경영자가 하고 고객은 여관 경영자가 안전을 위하여 필요한 조치를 할 것으로 신뢰하고 여관에 투숙하게 되므로 여관 경영자에게는 객실제공이라는 주된 의무 외에 고객이 투숙하는 동안 안전하게 지낼 수 있도록 할 부수적 보호의무가 있으며, 여관 경영자가 이러한 부수적 의무를 위반한 경우 비록 객실제공의무를 이행하였다 할지라도 그 이행은 채무의 내용에 따른 것이 되지 못하며 이른바 불완전이행에 해당하고 이로 인하여 고객에게 손해가 발생하였을 때에는 손해배상책임을 부담한다.

9-16 임대인의 의무 부담하는 묵시적 약정을 인정할 수 있는지 여부

대법원 2010. 6. 10. 선고 2009다64307 판결

판시사항

[2] 임대인이 그 소유 건물의 다른 부분에서 제3자에게 임차인의 영업 등 수익활동을 해할 우려가 있는 행위를 하지 아니하도록 할 의무를 부담하는 내용의 묵시적 약정을 인정할 수 있는지 여부(적극) 및 그 판단 기준

> 판결요지

[2] 임대인은 일반적으로 임차인에 대하여 임대차목적물을 임차인에게 인도하고 계약이 존속하는 동안 그 사용·수익에 필요한 상태를 유지하게 할 의무를 부담한다. 그리고 건물부분의 임대차에서 별도의 약정이 있는 경우에는 거기서 더 나아가 임대인은 그 소유 건물의 다른 부분에서 제3자가 임차인이 임대차목적물에서 행하는 영업 등 수익활동을 해할 우려가 있는 영업 기타 행위를 하지 아니하도록 할 의무를 임차인에 대하여 부담할 수 있음은 물론이다. 그러한 약정은 다른 계약의 경우와 마찬가지로 반드시 계약서면의 한 조항 등을 통하여 명시적으로 행하여질 필요는 없고, 임대차계약의 목적, 목적물 이용의 구체적 내용, 임대차계약관계의 존속기간 및 그 사이의 경과, 당사자 사이의 인적 관계, 목적물의 구조 등에 비추어 위와 같은 내용의 약정이 인정될 수도 있다.

임차물반환채무가 이행불능이 된 경우 귀책사유에 대한 입증책임

대법원 1994. 2. 8. 선고 93다22227 판결

> 판시사항

임차물이 소실되어 임차물반환채무가 이행불능이 된 경우 귀책사유에 대한 입증책임

> 판결요지

임차인의 임차물반환채무가 이행불능이 된 경우에 임차인이 그 이행불능으로 인한 손해배상책임을 면하려면 그 이행불능이 임차인의 귀책사유에 의하지 아니한 것임을 입증할 책임이 있으며, 임차물이 화재로 소실된 경우에 그 화재발생원인이 불명인 때에도 임차인이 그 책임을 면하려면 그 임차건물의 보존에 관하여 선량한 관리자의 주의의무를 다하였음을 입증하여야 한다.

화재로 임차물 소훼에서 임대인과 임차인의 과실비율을 7:3으로 인정한 사례

전주지법 2005. 2. 4. 선고 2004가합2198,2648 판결

판시사항

[3] 임차건물이 화재로 소훼되어 임차목적물 반환채무가 이행불능이 된 경우, 그 귀책사유에 관한 증명책임의 소재(=임차인)

[4] 임차건물이 전기배선의 이상으로 인한 화재로 소훼되어 임차인의 임차목적물 반환채무가 이행불능이 된 경우, 노후한 전기배선의 안전상태를 확인하고 적절한 보수 또는 재설치 공사를 하여야 할 주의의무를 다하지 못한 임대인과 전선이 노후된 사실을 알리는 등의 조치를 취하지 아니한 임차인의 과실비율을 7:3으로 인정한 사례

판결요지

[3] 임대차계약에 기하여 타인의 물건을 임차한 임차인은 그 목적물을 반환할 때까지 이를 선량한 관리자의 주의로써 보존하여야 하므로, 임차건물이 화재로 소훼된 경우에 있어서 임차인이 그 임차건물의 보존에 관하여 선량한 관리자의 주의의무를 다하였음을 입증하지 못하는 한 임차목적물 반환채무의 이행불능에 따른 손해배상책임을 면할 수 없다.

[4] 임차건물이 전기배선의 이상으로 인한 화재로 소훼되어 임차인의 임차목적물 반환채무가 이행불능이 된 경우, 전기배선이 건물구조의 일부를 이루고 있어 거기에 어떤 하자가 있다고 하더라고 이를 수리·유지할 책임은 임차인이 그 하자를 미리 알았거나 알 수 있었다는 특별한 사정이 없는 한 임대목적물을 임차인이 사용·수익하기에 필요한 상태로 유지할 의무가 있는 임대인에게 있다고 하여, 노후한 전기배선의 안전상태를 확인하고 적절한 보수 또는 재설치 공사를 하여야 할 주의의무를 다하지 못한 임대인과 전선이 노후된 사실을 알리는 등의 조치를 취하지 아니한 임차인의 과실비율을 7:3으로 인정한 사례

9-19 임차인이 선량한 관리자의 주의의무를 다하였다고 보기 어렵다고 한 사례

대법원 1994. 10. 14. 선고 94다38182 판결

판시사항

가. 임차건물이 원인불명 화재로 소실되어 임차물반환채무가 이행불능이 된 경우 그 귀책사유에 관한 입증책임

나. 경양식 음식점 경영자인 임차인이 화재 발생의 우려가 있는 전기 조명스위치 등을 점검한 후 출입문을 잠그고 귀가한 사정만으로는 임차건물의 보존에 관한 선량한 관리자의 주의의무를 다하였다고 보기 어렵다고 한 사례

판결요지

가. 임차인의 임차물반환채무가 이행불능이 된 경우에 임차인이 그 이행불능으로 인한 손해배상책임을 면하려면 그 이행불능이 임차인의 귀책사유로 말미암은 것이 아님을 입증할 책임이 있으며, 임차건물이 그 건물로부터 발생한 화재로 소실된 경우에 있어서 그 화재의 발생원인이 불명인 때에도 임차인이그 책임을 면하려면 그 임차건물의 보존에 관하여 선량한 관리자의 주의의무를 다하였음을 입증하여야 한다.

나. 화재의 원인은 불명이라 하더라도 최소한 임차건물 내에서 발생한 것으로 추정함이 상당하다면 비록 임차인이 영업을 마치고 평상시와 같이 화재 발생 우려가 있는 전기 조명스위치 등을 점검한 후 출입문을 잠그고 모두 귀가한 사실이 인정된다 하더라도, 그러한 사정만으로는 임차인이 경양식 음식점 경영자로서의 지위에서 나오는 임차건물의 보존에 관한 선량한 관리자의 주의의무를 다하였다고 보기는 어렵다고 한 사례

임차인이 선량한 관리자의 주의의무를 다하여 배상책임을 부정한 사례

대법원 2000. 7. 4. 선고 99다64384 판결

판시사항

임차건물이 전기배선의 이상으로 인한 화재로 일부 소훼되어 임차목적물반환채무가 일부 이행불능이 되었으나 임차인의 임차목적물의 보존에 관한 선량한 관리자의 주의의무를 다하지 아니한 결과가 아니라는 이유로 임차인의 손해배상책임을 부정한 원심판결을 수긍한 사례

판결요지

임차건물이 전기배선의 이상으로 인한 화재로 일부 소훼되어 임차인의 임차목적물반환채무가 일부 이행불능이 되었으나 발화부위인 전기배선이 건물구조의 일부를 이루고 있어 임차인이 전기배선의 이상을 미리 알았거나 알 수 있었다고 보기 어렵고, 따라서 그 하자를 수리 유지할 책임은 임대인에게 있으므로 임차목적물반환채무의 이행불능은 임대인으로서의 의무를 다하지 못한 결과이고 임차인의 임차목적물의 보존에 관한 선량한 관리자의 주의의무를 다하지 아니한 결과가 아니라는 이유로 임차인의 손해배상책임을 부정한 원심판결을 수긍한 사례

 ## 사소한 하자로써 임차인의 통상 관리의무에 속한다고 본 사례

서울형사지법 1984. 4. 27. 선고 84노182 제5부판결 : 상고

판시사항

임차한 방실이 문짝이 제대로 맞지 아니하거나 방바닥이 갈라져 있는 등 하자가 있는 경우 그 수선 및 관리의무자

판결요지

임차한 방실이 문짝이 제대로 맞지 아니하거나 방바닥이 갈라지고 방벽과 사이에 연필 1개가 들어갈 정도의 틈이 있는등 하자가 있는 경우 그 하자는 임차인이 위 방실을 사용할 수 없을 정도의 파손상태라거나 대규모의 하자라고 볼 수 없는 사소한 하자이므로 이는 임차인의 통상의 수선 및 관리의무에 속한다.

연탄까스 중독의 책임이 임차인의 관리의무 범위라는 사례

대법원 1986. 6. 24. 선고 85도2070 판결

판시사항

임차인이 임차하여 사용하던 방에서 연탄까스 중독으로 사망한 경우, 임대인의 죄책

판결요지

임차인이 사용하던 방문에 약간의 틈이 있다거나 연통 등 까스배출시설에 결함이 있는 정도의 하자는 임대차목적물인 위 방을 사용할 수 없을 정도의 파손상태라고 볼 수 없고 이는 임차인의 통상의 수선 및 관리의무에 속하는 것이므로 임차인이 그 방에서 연탄까스에 중독되어 사망하였더라도 위 사고는 임차인이 그 의무를 게을리 함으로써 발생한 것으로서 임대인에게 중과실치사의 죄책을 물을 수 없다.

 ## 가옥임차인의 통상관리의무 범위

대구지법 1987. 9. 3. 선고 87가합500 제6민사부판결 : 확정

판결요지

연탄가스 중독사고가 발생한 방실의 부엌으로 통하는 문과 벽사이에 약간의 틈이 있다 하더라도 그 하자는 방실을 사용할 수 없을 정도의 파손상태이거나 임대인에게 수선의무가 있는 대규모의 것이라 할 수 없고 임차인의 통상의 수선관리의무에 속하는 것이라 할 것이며, 또한 그 하자를 보수하는데 상당한 대규모의 공사를 요한다고 하더라도 가옥임차인이 임대인에게 알려 하자보수를 요구함은 임차인의 통상관리의무에 속하는 사항이다.

9-24 연탄까스 중독 사고에서 임차인의 과실비율을 90%로 본 사례

대구고법 1987. 7. 7. 선고 86나1450 제5민사부판결 : 상고

판시사항

방, 연통 등 설치보존상의 하자가 임차인의 통상수선 및 관리의무에 속하는 정도를 넘고 임대인이 수선해야 할 대규모의 것이라고 인정하면서, 한편 임차인에게 전체손해의 90%를 과실상계한 예

판결요지

임차인이 사용하는 방안으로 연탄가스의 유입을 막기 위하여 벽과 방바닥 사이의 틈을 창호지로 막아 두고 있을 정도이고, 임차당시 임대인에게 연탄가스 유입방지를 위하여 근본적인 수리를 요구하였다가 임차보증금액도 적고 하니 스스로 고쳐쓰도록 요구받고도 그대로 입주하여 5개월여 동안 연탄가스유입에 대한 아무 호소나 통지없이 스스로 연탄불을 관리하며 지내왔고, 임차인이 연탄을 갈 때 가스배출량이 많으므로 이 때를 피하여 환기배치등을 강구하여 놓고 취침하는 등의 제반주의의무를 게을리한 임차인의 전체손해에 대한 과실비율은 90% 정도로 보는 것이 상당하다.

9-25 임대목적물의 소방시설 설치 관리 의무

서울고법 1986. 12. 15. 선고 85나2900 제5민사부판결 : 상고

판시사항

임대목적물의 소방시설미비로 임차인이 영업을 하지 못한 경우, 임차인의 차임지급의무유무

판결요지

건물임대인은 계약존속 중 목적물을 임차인이 사용수익할 수 있도록 필요한 상태를 유지하게 할 의무가 있으므로 건물의 소방시설이 미비하여 임차인이 영업을 하지 못하였다면 임차인의 차임지급의무는 발생하지 아니한다.

이유

원고는 임대인으로서 피고에게 이 사건 임대차계약에 기하여 위 지하 실부분을 그 용도에 따라 대중음식점 또는 스탠드바로서 피고가 영업을 할 수 있도록 필요한 상태를 유지하게 할 의무가 있다 할 것인데 다수가 모이는 대중음식점등에 필요한 건물고유의 소방시설을 미비함으로써 그 때문에 피고가 그 영업을 못하여 임대차목적에 따른 사용수익을 못하였다 할 것이므로 피고의 차임지급의무는 발생하지 아니한다.

 고층복합빌딩의 임대인으로서의 보완관리 의무

서울민사지법 1984. 3. 27. 선고 83가합4091 제10부판결 : 항소

판결요지

피고는 고층복합빌딩의 임대인으로서 위 빌딩의 전반적인 관리 유지를 하여왔고 특히 야간에 있어서는 보안 및 경비는 오로지 피고의 책임하에 행하여지고 있었으므로 피고로서는 위 빌딩의 각 부분을 임차하고 있는 임차인들이 위 각 부분을 사용 수익하게 하여줄 임대인으로서의 의무의 일환으로 위 빌딩에 대한 보완관리 의무가 있다 할 것이다.

 임차인의 보관의무 위반이 임대차계약해지 사유가 되는지의 여부

서울고법 1977. 7. 21. 선고 76나363 제7민사부판결 : 확정

판시사항

임차목적물의 소유권상실의 위험을 초래한 임차인의 보관의무 위반이 임대차계약해지 사유가 되는지의 여부

판결요지

임차인의 승낙아래 다방을 경영하던 소외인의 그의 제3자에 대한 채무로 말미암아 임차목적물인 임대인 소유의 유체동산을 압류당하여 점유를 상실하고 임대인으로 하여금 그 소유권을 상실케 할 위험을 안겨 주었다면 그 소외인의 임대인에 대한 위 임차목적물의 보관의무위반은 신의칙상 이를 사용 승낙하여 준 임차인 자신의 귀책사유로 말미암은

임대차계약위반으로 보아야 하고 임대인은 위 신의칙상 임대차계약위반을 이유로 상당한 기간안에 위 임차목적물에 대한 압류가 해제되지 않는 한 위 임대차계약의 해지를 할 수 있고 위 해지에 의한 임대차계약관계가 종료된 이후에는 임대인이 그 다방의 영업을 중단시켰다 한들 그 소위가 불법행위가 되지 않는다.

임대인이 상권이 형성된 상태를 조성하여야 할 의무를 부담하는지 여부

대법원 2009. 8. 20. 선고 2008다94769 판결

판시사항

[1] 상가임대인이 전반적인 경기의 변동 등과 상관없이 상가가 활성화되고 상권이 형성된 상태를 조성하여야 할 의무를 부담하는지 여부(소극)

[2] 상가 활성화 및 상권 형성이 당초의 기대에 미치지 못하였다는 사정만으로 당초의 임대차계약 내용에 당사자가 구속되는 것이 신의칙상 현저히 부당하게 되었다고 볼 수 없다고 한 사례

판결요지

[1] 상가임대인이 입점주들로부터 지급받은 장기임대료 등을 적절히 집행하여 상가 활성화와 상권 형성을 위해 노력하고 이를 위해 입점주들과 협력할 의무가 있다고 볼 수는 있을지언정, 나아가 전반적인 경기의 변동이나 소비성향의 변화 등과 상관없이 상가임대인이 전적으로 책임지고 상가가 활성화되고 상권이 형성된 상태를 조성하여야 할 의무까지 부담한다고 볼 수는 없다.

[2] 상가임대인이 상가가 활성화되지 않은 점 등을 감안하여 일정 기간 임대료와 관리비를 면제해 준 점, 상가임대인이 입점주들에게 임대차보증금 반환을 임대차기간 만료 시로 유예하면서 폐점할 수 있는 기회를 제공하였음에도 입점주 스스로의 판단에 의해 폐점하지 아니한 점 등 제반 사정에 비추어 볼 때, 상가의 활성화 및 상권의 형성이 당초의 기대에 미치지 못하였다는 사정만으로 당초의 임대차

계약 내용에 당사자가 구속되는 것이 신의칙상 현저히 부당하게 되었다고 볼 수 없다고 한 사례

 상권 형성이 기대에 미치지 못해도, 임대차를 유지해야 한다고 본 사례

대법원 2009. 8. 20. 선고 2008다96253,96260,96277 판결

판시사항

[1] 상가임대인이 전반적인 경기의 변동 등과 상관없이 상가가 활성화되고 상권이 형성된 상태를 조성하여야 할 의무를 부담하는지 여부(소극)

[2] 상가 활성화 및 상권 형성이 당초의 기대에 미치지 못하였다 하더라도 당초의 임대차계약의 효력을 그대로 유지하는 것이 신의칙에 반한다고 볼 수 없다고 한 사례

이유

피고가 입점주들로부터 지급받은 장기임대료 등을 적절히 집행하여 상가 활성화와 상권 형성을 위해 노력하고 이를 위해 입점주들과 협력할 의무가 있다고 볼 수는 있을지언정, 전반적인 경기의 변동이나 소비성향의 변화 등과 상관없이 피고의 전적인 책임하에 상가가 활성화되고 상권이 형성된 상태를 달성하여야 할 의무까지 부담한다고 볼 수는 없다.

한편, 피고가 이 사건 상가가 활성화되지 아니한 점 등을 감안하여 월 임대료와 관리비를 면제하거나 감하여 주기도 한 점, 원심이 계약해지 사유의 발생시점으로 삼은 2004. 8. 말은 이미 이 사건 계약에 의한 5년의 임대차기간 중 3년이 경과한 시점인 점, 피고는 입점주들에게 임대차보증금의 반환을 임대차기간 만료 시로 유예하면서 폐점할 기회를 제공하였음에도 선정자 등의 스스로의 판단에 의해 폐점하지 아니한 것으로 보이는 점, 수분양자들 중 일부는 처음부터 권리금을 노리고 점포를 분양받거나 점포를 직접 운영할 생각이 없이 피고에게 전대를 위임하였고, 실제 영업을 한 나머지 수분양자들의 경우에도 조기에 폐점하는 경우가 있어 상권이 제대로 형성되지 아니한 것에 수분양자들의

책임이 전혀 없다고 할 수 없는 점 등 원심이 인정한 사실관계에서 알 수 있는 여러 사정을 종합하여 보면, 이 사건 상가의 활성화 및 상권의 형성이 당초의 기대에 미치지 못하였다 하더라도 이 사건 임대차계약의 효력을 그대로 유지하는 것이 신의칙에 반한다고 볼 수 없다.

Chapter 10
지상물매수청구권

지상물의 가치가 잔존하고 있으면 매수청구권 행사 가능__

임차인의 지상물매수청구권은 건물 기타 공작물의 소유 등을 목적으로 한 토지임대차의 기간이 만료되었음에도 그 지상시설 등이 현존하고, 또한 임대인이 계약의 갱신에 불응하는 경우에 임차인이 임대인에게 상당한 가액으로 그 지상시설의 매수를 청구할 수 있는 권리라는 점에서 보면, 위 매수청구권의 대상이 되는 건물은 그것이 토지의 임대목적에 반해서 축조되고, 임대인이 예상할 수 없을 정도의 고가의 것이라는 특별한 사정이 없는 한 임대차기간 중에 축조되었다고 하더라도 그 만료 시에 그 가치가 잔존하고 있으면 그 범위에 포함되는 것이고, 반드시 임대차계약 당시의 기존건물이거나 임대인의 동의를 얻어 신축한 것에 한정된다고는 할 수 없다.

지상물매수청구권의 상대방은 토지소유자

지상물매수청구권의 상대방은 원칙적으로 임차권소멸 당시의 토지소유자인 임대인이다. 다만, 임차권이 대항력을 갖춘 경우에는 임차권이 소멸한 후 임대인으로부터 토지를 양수한 제3자에 대해서도 매수청구권을 행사할 수 있다.

매수청구권은 형성권으로서, 그 형성권 행사에 의해 매수의 효력이 즉시 발생하며 그 가액은 매수청구권행사 당시의 시가상당액이다.

지상물매수청구권 배제 약정은 무효

토지 임대인과 임차인 사이에 임대차기간 만료 시에 임차인이 지상 건물을 양도하거나 이를 철거하기로 하는 약정은 특별한 사정이 없는 한, 민법 제643조 소정의 임차인의 지상물매수청구권을 배제하기로 하는 약정으로서 임차인에게 불리한 것이므로 민법 제652조의 규정에 의해 무효라고 보아야 한다.

임차인이 자신의 특수한 용도를 위해 설치한 시설은 해당하지 않아

민법 제643조가 규정하는 매수청구의 대상이 되는 건물에는 임차인이 임차토지상에 그 건물을 소유하면서 그 필요에 따라 설치한 것으로서 건물로부터 용이하게 분리될 수 없고 그 건물을 사용하는 데 객관적인 편익을 주는 부속물이나 부속시설 등이 포함되는 것이지만, 이와 달리 임차인이 자신의 특수한 용도나 사업을 위해 설치한 물건이나 시설은 이에 해당하지 않는다.

지상물매수청구권 행사에 특정한 방식을 요하지는 않아

건물의 소유를 목적으로 한 토지임대차가 종료한 경우에 임차인이 그 지상의 현존하는 건물에 대해 가지는 매수청구권은 그 행사에 특정의 방식을 요하지 않는 것으로서 재판상으로 뿐만 아니라 재판 외에서도 행사할 수 있는 것이고 그 행사의 시기에 대해서도 제한이 없는 것이므로 임차인이 자신의 건물매수청구권을 제1심에서 행사했다가 철회한 후 항소심에서 다시 행사했다고 해서 그 매수청구권의 행사가 허용되지 아니할 이유는 없다.

지상물의 객관적 가치가 없어도 청구권 행사 가능

임차인의 지상물매수청구권은, 건물의 소유를 목적으로 한 토지임대차의 기간이 만료되어 그 지상에 건물이 현존하고 임대인이 계약의 갱신을 원하지 아니하는 경우에 임차인에게 부여된 권리로서 그 지상 건물이 객관적으로 경제적 가치가 있는지 여부나 임대인에게 소용이 있는지 여부가 그 행사요건이라고 볼 수 없다.

합의로 임대차를 해약하고, 철거 약정한 경우에는 매수청구권 행사할 수 없어

민법 제643조, 제652조에 의해, 건물의 소유를 목적으로 하는 토지임대차에 있어서, 임차기간이 만료된 경우에 임차인은 그 건물의 매수 청구권을 행사할 수 있고, 이에 위반하는 약정으로서 임차인에게 불리한 것은 그 효력이 없으나, 그와 같은 규정은 임대인과 임차인의 합의로 임대차계약을 해약하고, 임차인이 지상건물을 철거하기로 약정한 경우에는 적용될 수 없다고 봄이 상당할 것이고, 또 그와 같은 합의가 당연히 민법 제104조에 해당해 무효라고는 할 수 없을 것이므로 반대의 논지는 이유없다.

무허가 미등기 건물도 지상물매수청구권 행사 가능

민법 제643조가 정하는 건물 소유를 목적으로 하는 토지임대차에 있어서 임차인이 가지는 건물매수청구권은 국민경제적 관점에서 지상 건물의 잔존 가치를 보존하고, 토지 소유자의 배타적 소유권 행사로 인해 희생당하기 쉬운 임차인을 보호하기 위한 제도이므로, 임대차계약 종료 시에 경제적 가치가 잔존하고 있는 건물은 그것이 토지의 임대 목적에 반해 축조되고 임대인이 예상할 수 없을 정도의 고가의 것이라는 등의 특별한 사정이 없는 한, 비록 행정관청의 허가를 받은 적법한 건물이 아니더라도 임차인의 건물매수청구권의 대상이 될 수 있다.

소유 목적이 아니고, 쉽게 철거할 수 있을 때는 매수청구권 불인정__

임차인이 화초의 판매용지로 임차한 토지에 설치한 비닐하우스가 화훼 판매를 위해 필요한 시설물이라 하더라도 그 자체의 소유가 그 임대차의 주된 목적은 아니었을 뿐 아니라, 비용이 다소 든다고 하더라도 주구조체인 철재파이프를 토지로부터 쉽게 분리·철거해낼 수 있는 점 등에 비추어 비닐하우스를 철거할 경우 전혀 쓸모가 없어진다거나 사회경제적으로 큰 손실을 초래하지 않기 때문에 임차인의 매수청구권은 인정되지 않는다.

단기사용 임대차에서는 지상물매수청구권 불인정__

토지임대차가 기간만료로 종료된 경우에 임차인에게 인정되는 지상물매수청구권이나 계약갱신청구권은, 임차인으로 하여금 투하자금을 회수할 기회를 보장하려는데 그 뜻이 있으므로, 임대차계약의 성질 또는 목적상 토지의 단기사용이 당초부터 전제되어 있는 경우에는 계약갱신청구권이나 지상물매수청구권은 인정되지 않는다.

10-1 지상물매수청구권을 행사할 수 있는 자

대법원 1993. 7. 27. 선고 93다6386 판결

판시사항

나. 민법 제643조 소정의 지상물매수청구권을 행사할 수 있는 자

다. 민법 제644조 소정의 매수청구권을 행사할 수 있는 자

판결요지

나. 민법 제643조 소정의 지상물매수청구권은 지상물의 소유자에 한하여 행사할 수 있다.

다. 민법 제644조 소정의 전차인의 임대청구권과 매수청구권은 토지임차인이 토지임대인의 승낙하에 적법하게 그 토지를 전대한 경우에만 인정되는 권리이다.

10-2 임차인의 지상물매수청구권 행사의 상대방

대법원 2017. 4. 26. 선고 2014다72449, 72456 판결

판시사항

[1] 민법 제643조에 따른 임차인의 지상물매수청구권 행사의 상대방(=원칙적으로 임차권 소멸 당시 토지 소유권을 가진 임대인) 및 임대인이 제3자에게 토지를 양도하는 등으로 토지 소유권이 이전된 경우, 임대인의 지위가 승계되거나 임차인이 토지 소유자에게 임차권을 대항할 수 있다면 새로운 토지 소유자를 상대로 지상물매수청구권을 행사할 수 있는지 여부(적극) / 토지 소유자가 아닌 제3자가 임대차계약의 당사자로서 토지를 임대한 경우, 토지 소유자가 지상물매수청구권의 상대방이 될 수 있는지 여부(원칙적 소극)

[2] 갑의 형인 을 명의로 소유권이전등기를 마친 후 갑의 아버지인 병 명의로 소유권이전청구권 가등기를 마친 토지에 관하여 병이 정에게 기간을 정하지 않고 건물의 소유를 목적으로 토지를 임대하였고, 그 후 토지에 관하여 갑 명의로 소유권이전등기를 마쳤는데, 갑이 정을 상대로 토지에 건립된 정 소유의 건물 등의 철거와 토지 인도

를 구하자, 정이 건물 등의 매수를 구한 사안에서, 정은 갑을 상대로 지상물매수청구권을 행사할 수 없다고 한 사례

> 판결요지

[1] 건물 등의 소유를 목적으로 하는 토지임대차에서 임대차기간이 만료되거나 기간을 정하지 않은 임대차의 해지통고로 임차권이 소멸한 경우에 임차인은 민법 제643조에 따라 임대인에게 상당한 가액으로 건물 등의 매수를 청구할 수 있다. 임차인의 지상물매수청구권은 국민경제적 관점에서 지상 건물의 잔존 가치를 보존하고 토지 소유자의 배타적 소유권 행사로부터 임차인을 보호하기 위한 것으로서, 원칙적으로 임차권 소멸 당시에 토지 소유권을 가진 임대인을 상대로 행사할 수 있다. 임대인이 제3자에게 토지를 양도하는 등으로 토지 소유권이 이전된 경우에는 임대인의 지위가 승계되거나 임차인이 토지 소유자에게 임차권을 대항할 수 있다면 새로운 토지 소유자를 상대로 지상물매수청구권을 행사할 수 있다.

한편 토지 소유자가 아닌 제3자가 토지 임대행위를 한 경우에는 제3자가 토지 소유자를 적법하게 대리하거나 토지 소유자가 제3자의 무권대리행위를 추인하는 등으로 임대차계약의 효과가 토지 소유자에게 귀속되었다면 토지 소유자가 임대인으로서 지상물매수청구권의 상대방이 된다. 그러나 제3자가 임대차계약의 당사자로서 토지를 임대하였다면, 토지 소유자가 임대인의 지위를 승계하였다는 등의 특별한 사정이 없는 한 임대인이 아닌 토지 소유자가 직접 지상물매수청구권의 상대방이 될 수는 없다.

[2] 갑의 형인 을 명의로 소유권이전등기를 마친 후 갑의 아버지인 병 명의로 소유권이전청구권 가등기를 마친 토지에 관하여 병이 정에게 기간을 정하지 않고 건물의 소유를 목적으로 토지를 임대하였고, 그 후 토지에 관하여 갑 명의로 소유권이전등기를 마쳤는데, 갑이 정을 상대로 토지에 건립된 정 소유의 건물 등의 철거와 토지 인도를 구하자, 정이 건물 등의 매수를 구한 사안에서, 임대인이 아닌 토지 소유자는 임대인의 지위를 승계하였다는 등의 특별한 사정이 없는 한 임차인의 지상물매수청구권의 상대방이 될 수 없으므로, 갑이

아닌 병으로부터 토지를 임차한 정은 원칙적으로 임대인이 아닌 토지 소유자인 갑을 상대로 지상물매수청구권을 행사할 수 없다고 한 사례

10-3 지상물매수청구권을 행사한 경우 그 지상건물의 시가산정 방법

대법원 1987. 6. 23. 선고 87다카390 판결

판시사항
토지의 임차인이 그 지상에 건축한 건물에 대한 매수청구권을 행사한 경우 그 지상건물의 시가산정 방법

판결요지
건물소유를 목적으로 한 토지임대차계약의 기간이 만료됨에 따라 지상건물 소유자가 임대인에 대하여 민법 제643조에 의한 건물매수청구권을 행사한 경우에 그 건물의 매수가격은 건물자체의 가격 외에 건물의 위치, 주변토지의 여러사정 등을 종합적으로 고려하여 매매청구권의 행사당시 건물이 현재하는 대로의 상태에서 평가된 시가를 말한다.

10-4 지상물매수청구의 대상이 되는 건물의 범위 등

대법원 2002. 11. 13. 선고 2002다46003,46027,46010 판결

판시사항
[1] 임대인과 임차인이 토지와 그 지상의 기존 건물에 관하여 임대차계약을 체결한 후 임차인이 임대인의 동의하에 기존 건물을 철거하고 그 지상에 건물을 신축한 경우, 토지와 기존 건물을 임대목적물로 하였던 당초의 임대차계약이 신축 건물의 소유를 목적으로 하는 토지임대차계약으로 변경되었다고 한 사례

[3] 민법 제643조 소정의 임차인의 지상물매수청구권의 행사로 인한 효과로서 임대인이 임차인이 임차지상의 건물을 신축하기 위하여 지출한 모든 비용을 보상할 의무를 부담하게 되는지 여부(소극)

[4] 민법 제643조 소정의 매수청구의 대상이 되는 건물의 범위

[5] 건물의 소유를 목적으로 한 토지임대차에 있어서 임대차계약이 종료된 이후 임차인이 반환하여야 할 부당이득금 산정 방법

> **판결요지**

[1] 임대인과 임차인이 토지와 그 지상의 기존 건물에 관하여 임대차계약을 체결한 후 임차인이 임대인의 동의하에 기존 건물을 철거하고 그 지상에 건물을 신축한 경우, 약정 임대차기간이 1년이고 신축 건물 완공 당시의 잔존 임대차기간이 4개월에 불과함에도 임차인이 많은 비용을 들여 내구연한이 상당한 건물을 신축하였고 임대인이 기존 건물의 철거 및 건물신축을 승낙한 점 등에 비추어, 토지와 기존 건물을 임대목적물로 하였던 당초의 임대차계약이 신축 건물의 소유를 목적으로 하는 토지임대차계약으로 변경되었다고 한 사례

[3] 민법 제643조 소정의 지상물매수청구권이 행사되면 임대인과 임차인 사이에서는 임차지상의 건물에 대하여 매수청구권 행사 당시의 건물시가를 대금으로 하는 매매계약이 체결된 것과 같은 효과가 발생하는 것이지, 임대인이 기존 건물의 철거비용을 포함하여 임차인이 임차지상의 건물을 신축하기 위하여 지출한 모든 비용을 보상할 의무를 부담하게 되는 것은 아니다.

[4] 민법 제643조가 규정하는 매수청구의 대상이 되는 건물에는 임차인이 임차토지상에 그 건물을 소유하면서 그 필요에 따라 설치한 것으로서 건물로부터 용이하게 분리될 수 없고 그 건물을 사용하는 데 객관적인 편익을 주는 부속물이나 부속시설 등이 포함되는 것이지만, 이와 달리 임차인이 자신의 특수한 용도나 사업을 위하여 설치한 물건이나 시설은 이에 해당하지 않는다.

[5] 건물의 소유를 목적으로 한 토지임대차에 있어서 임대차계약이 종료된 이후 임차인이 반환하여야 할 부당이득금의 액수는 임료 상당액이고, 위 임료 상당액이라 함은 부당이득 당시의 실제 임료를 말한다고 할 것인바, 임차보증금이 남아 있는 한 보증금 없는 경우의 임료 상당액을 기준으로 하여 부당이득금의 액수를 산정할 수 없다.

10-5 지상물매수청구권의 행사 방법

대법원 2002. 5. 31. 선고 2001다42080 판결

판시사항

[1] 건물의 소유를 목적으로 한 토지임대차가 종료한 경우 임차인의 현존 건물에 대한 매수청구권의 행사 방법

[2] 지상 건물의 객관적인 경제적 가치나 임대인에 대한 효용 여부가 민법 제643조 소정의 임차인의 매수청구권의 행사요건인지 여부 (소극)

[3] 건물의 소유를 목적으로 한 토지의 임차인이 임대차가 종료하기 전에 임대인과의 사이에 건물 기타 지상 시설 일체를 포기하기로 한 약정의 효력

판결요지

[1] 건물의 소유를 목적으로 한 토지임대차가 종료한 경우에 임차인이 그 지상의 현존하는 건물에 대하여 가지는 매수청구권은 그 행사에 특정의 방식을 요하지 않는 것으로서 재판상으로 뿐만 아니라 재판 외에서도 행사할 수 있는 것이고 그 행사의 시기에 대하여도 제한이 없는 것이므로 임차인이 자신의 건물매수청구권을 제1심에서 행사하였다가 철회한 후 항소심에서 다시 행사하였다고 하여 그 매수청구권의 행사가 허용되지 아니할 이유는 없다.

[2] 민법 제643조, 제283조에 규정된 임차인의 매수청구권은, 건물의 소유를 목적으로 한 토지임대차의 기간이 만료되어 그 지상에 건물이 현존하고 임대인이 계약의 갱신을 원하지 아니하는 경우에 임차인에게 부여된 권리로서 그 지상 건물이 객관적으로 경제적 가치가 있는지 여부나 임대인에게 소용이 있는지 여부가 그 행사요건이라고 볼 수 없다.

[3] 건물의 소유를 목적으로 한 토지의 임차인이 임대차가 종료하기 전에 임대인과 간에 건물 기타 지상 시설 일체를 포기하기로 약정을 하였다고 하더라도 임대차계약의 조건이나 계약이 체결된 경위 등 제반 사정을 종합적으로 고려하여 실질적으로 임차인에게 불리

하다고 볼 수 없는 특별한 사정이 인정되지 아니하는 한 위와 같은 약정은 임차인에게 불리한 것으로서 민법 제652조에 의하여 효력이 없다.

10-6 지상물매수청구권의 대상이 되는 건물의 범위

대법원 1993. 11. 12. 선고 93다34589 판결

판시사항

임차인의 지상물매수청구권의 대상이 되는 건물이 임대차계약 당시의 기존건물이거나 임대인의 동의를 얻어 신축한 것에 한정되는지 여부

판결요지

임차인의 지상물매수청구권은 건물 기타 공작물의 소유 등을 목적으로 한 토지임대차의 기간이 만료되었음에도 그 지상시설 등이 현존하고, 또한 임대인이 계약의 갱신에 불응하는 경우에 임차인이 임대인에게 상당한 가액으로 그 지상시설의 매수를 청구할 수 있는 권리라는 점에서 보면, 위 매수청구권의 대상이 되는 건물은 그것이 토지의 임대목적에 반하여 축조되고, 임대인이 예상할 수 없을 정도의 고가의 것이라는 특별한 사정이 없는 한 임대차기간 중에 축조되었다고 하더라도 그 만료 시에 그 가치가 잔존하고 있으면 그 범위에 포함되는 것이고, 반드시 임대차계약 당시의 기존건물이거나 임대인의 동의를 얻어 신축한 것에 한정된다고는 할 수 없다.

건물이 임차 토지 외에 다른 토지 위에도 걸쳐 있는 경우의 건물매수청구권

대법원 1996. 3. 21. 선고 93다42634 전원합의체 판결

판시사항

임차인 소유 건물이 임차 토지 외에 임차인 또는 제3자 소유의 토지 위에 걸쳐 있는 경우, 임차인의 건물매수청구권 행사의 가부

판결요지

[다수의견] 무릇 건물 소유를 목적으로 하는 토지임대차에 있어서 임차인 소유 건물이 임대인이 임대한 토지 외에 임차인 또는 제3자 소유의 토지 위에 걸쳐서 건립되어 있는 경우에는, 임차지 상에 서 있는 건물부분 중 구분소유의 객체가 될 수 있는 부분에 한하여 임차인에게 매수청구가 허용된다.

[반대의견] ① 임차인 병이 임대인 갑의 토지와 자기 토지에 걸쳐 있는 1개의 건물을 소유하고 있는데 갑과 병과의 임대차관계가 소멸할 경우와, ② 임차인 병이 갑과 을의 토지를 임차하여 그 양 토지 상에 1개의 건물을 소유하고 있는데 갑과의 임대차관계가 먼저 소멸한 경우의 두 가지 경우에 있어서, 갑 토지 위에 존재하는 건물 부분 중에 구분소유권의 객체가 될 수 있을 정도의 구조상, 이용상의 독립성이 인정되지 않는 부분이 있다면, 병으로서는 갑의 토지 위의 구조상, 이용상의 독립성이 없는 건물의 일부분만에 대하여 매수청구권을 행사하지 않고 그 부분과 불가분의 일체를 이루는 갑 또는 병의 토지 위의 나머지 일부분을 포함하여 구분소유권의 객체가 될 수 있는 1개의 전유부분 전부에 대한 매수청구를 하거나 그 1개의 전유부분의 공유지분에 대한 매수청구를 하여야 하고, 그 매수청구로 구분소유권의 객체가 될 수 있는 위 1개의 전유부분은 갑과 병의 공유로 되고 그 지분은 갑과 병, 또는 갑과 을의 토지 위에 존재하는 건물 부분의 가격비율로 결정되며, 위 ②의 경우에 있어서는 나중에 을과 병과의 임대차관계가 소멸하게 되면 병은 을에게 자기의 지분에 대한 매수청구권을 행사하게 될 것이므로, 그 때에는 공유자가 갑과 병에서 갑과 을로 바뀌게 된다

임차대지와 자기 대지에 걸쳐 있는 건물전체를 매수청구권 인정한 사례

대법원 1991. 3. 27. 선고 90다카20357 판결

판시사항

임차대지와 자기 소유 대지 위에 걸쳐 있는 건물전체에 대하여 매수 청구권의 행사를 인정한 사례

> **판결요지**

임차대지와 인접된 자기 소유 대지 위에 건립된 건물부분이 임차대지 위에 있는 독립된 단일건물중의 방이나 부엌의 각 일부분에 불과하여 그것만으로서의 효용가치가 극히 적다면 임차인은 그 축조한 건물전체에 대하여 매수청구권을 행사할 수 있다.

 계약갱신청구의 유무에 불구하고, 건물매수청구권을 행사할 수 있는지 여부

대법원 1995. 2. 3. 선고 94다51178,51185(병합) 판결

> **판시사항**

가. 건물 소유를 목적으로 한 기간약정 없는 토지임대차계약이 임대인의 해지로 종료하였다면, 임차인은 계약갱신청구의 유무에 불구하고 건물매수청구권을 행사할 수 있는지 여부

나. 임차인의 건물매수청구권이 인정된다면, 임대인의 건물철거 및 대지인도청구는 기각되어야 하는지 여부

> **판결요지**

가. 건물의 소유를 목적으로 한 기간의 약정 없는 토지임대차계약을 임대인이 해지함으로써 임대차가 종료하여 임차인이 임대인에게 토지를 인도하여야 하는 법률관계라면, 임차인은 임대인에게 계약갱신청구의 유무에 불구하고 건물매수청구권을 행사하여 건물대금의 지급을 구할 수 있다.

나. "가"항의 경우 만일 임차인이 건물매수청구권을 행사하고 심리 결과 그 권리가 인정된다면 임대인의 건물철거 및 대지인도청구는 기각되어야 한다.

임차인의 채무불이행에 기한 해지의 경우 지상물매수청구권의 인정 여부

대법원 2003. 4. 22. 선고 2003다7685 판결

판시사항

임차인의 채무불이행을 이유로 토지임대차계약이 해지된 경우 지상물 매수청구권의 인정 여부(소극)

판결요지

공작물의 소유 등을 목적으로 하는 토지임대차에 있어서 임차인의 채무불이행을 이유로 계약이 해지된 경우에는 임차인은 임대인에 대하여 민법 제283조, 제643조에 의한 매수청구권을 가지지 아니한다.

지상물매수청구권 포기약정이 유효하다고 본 사례

대법원 2015. 7. 9. 선고 2013다43772,43789 판결

판시사항

갑과 을이 갑 소유의 토지에 관한 임대차계약을 체결하면서 을이 위 토지에 신축한 건물에 관하여 지상물매수청구권 포기약정을 하였는데 갑이 임대차계약 종료를 이유로 건물철거 및 차임 상당의 부당이득반환을 구한 사안에서, 지상물매수청구권 포기약정이 임차인인 을에게 실질적으로 불리하다고 볼 수 없어 유효하고, 을이 건물을 신축한 후 갑 명의로 소유권등기를 마친 점 등에 비추어 건물의 소유자는 갑이라고 보아야 하는데도, 건물이 을의 소유임을 전제로 을에게 차임 상당의 부당이득반환의무가 있다고 본 원심판결에 법리오해의 잘못이 있다고 한 사례

합의로 해약 시, 지상건물을 철거하기로 약정한 경우의 지상물매수청구권

대법원 1969. 6. 24. 선고 69다617 판결

판결요지

임대인과 임차인의 합의로 임대차계약을 해약하고 임차인이 지상건물을 철거하기로 약정한 경우에는 민법 제643조, 제652조의 규정은 적용될 수 없다.

이유

민법 제643조, 제652조에 의하여, 건물의 소유를 목적으로 하는 토지 임대차에 있어서, 임차기간이 만료된 경우에 임차인은 그 건물의 매수청구권을 행사할 수 있고, 이에 위반하는 약정으로서 임차인에게 불리한 것은 그 효력이 없으나, 그와 같은 규정은 임대인과 임차인의 합의로 임대차계약을 해약하고, 임차인이 지상건물을 철거하기로 약정한 경우에는 적용될 수 없다고 봄이 상당할 것이고, 또 그와 같은 합의가 당연히 민법 제104조에 해당하여 무효라고는 할 수 없을 것이므로 반대의 논지는 이유 없다.

 임차기간 만료 후 제3자가 지상물매수청구권을 행사하기 위한 요건

울산지법 2002. 6. 26. 선고 2000가합4568 판결 : 확정

판시사항

[1] 토지임차인의 지상물매수청구권을 배제하는 약정의 효력
[2] 임차기간이 만료되기 전에 임차권자가 제3자에게 임차기간의 만료를 조건으로 지상물매수청구권을 양도한 경우, 임차기간 만료 후 제3자가 토지 소유자에 대하여 직접 지상물매수청구권을 행사하기 위한 요건

판결요지

[1] 건물의 소유를 목적으로 한 토지의 임차인이 임대차계약을 체결할 당시 임대인과 사이에 건물 기타 지상시설 일체를 포기하기로 약정

하였다 하더라도 임대차계약의 조건이나 계약이 체결된 경위 등 제반사정을 종합적으로 고려하여 실질적으로 임차인에게 불리하다고 볼 수 없는 특별한 사정이 인정되지 않는 한 위와 같은 약정은 민법 제643조 소정의 토지임차인의 지상물매수청구권을 배제하기로 하는 약정으로서 임차인에게 불리한 것이므로 민법 제652조의 규정에 위반되어 그 효력이 없다.

[2] 임차기간이 만료되기 전에 임차권자가 제3자에게 임차기간의 만료를 조건으로 지상물매수청구권을 양도하고 임차기간 만료 후 제3자가 토지 소유자에 대하여 직접 지상물매수청구권을 행사하는 경우에는 임차기간 만료 전에는 지상물매수청구권이 발생하지 않는 점, 토지 소유자의 보호도 필요한 점, 지상물매수청구권의 기초되는 법률관계는 토지임대차계약인 점, 임차인이 토지 소유자의 동의없이 제3자에게 임차물을 양도·전대한 경우 제3자는 토지 소유자에게 지상물매수청구권을 행사할 수 없는 점 등에 비추어 임차기간 만료 전에 지상물의 양도(토지 소유자의 승낙이 필요없다)로는 부족하고 토지 임차권의 양도(토지 소유자의 승낙이 필요하다)까지 있어야 한다고 보아야 한다.

지상물매수청구권 행사 후, 매수대금을 지급받기 전까지 부지 사용료 부담

대법원 2001. 6. 1. 선고 99다60535 판결

판시사항

[1] 임차인이 민법 제643조의 지상물 매수청구권을 행사한 경우, 임대인으로부터 매수대금을 지급받기 전까지의 부지 사용에 대한 임차인의 부당이득반환의무 성립 여부(적극)

판결요지

[1] 건물 기타 공작물의 소유를 목적으로 한 대지임대차에 있어서 임차인이 그 지상건물 등에 대하여 민법 제643조 소정의 매수청구권을 행사한 후에 그 임대인인 대지의 소유자로부터 매수대금을 지급받

을 때까지 그 지상건물 등의 인도를 거부할 수 있다고 하여도, 지상 건물 등의 점유·사용을 통하여 그 부지를 계속하여 점유·사용하는 한 그로 인한 부당이득으로서 부지의 임료 상당액은 이를 반환할 의무가 있다.

10-15 무허가 건물에 대한 임차인의 건물매수청구권

대법원 1997. 12. 23. 선고 97다37753 판결

판시사항

[1] 무허가건물도 민법 제643조 소정의 토지 임차인의 건물매수청구권의 대상이 되는지 여부(한정 적극)

판결요지

[1] 민법 제643조가 정하는 건물 소유를 목적으로 하는 토지임대차에 있어서 임차인이 가지는 건물매수청구권은 건물의 소유를 목적으로 하는 토지임대차계약이 종료되었음에도 그 지상 건물이 현존하는 경우에 임대차계약을 성실하게 지켜온 임차인이 임대인에게 상당한 가액으로 그 지상 건물의 매수를 청구할 수 있는 권리로서 국민경제적 관점에서 지상 건물의 잔존 가치를 보존하고, 토지 소유자의 배타적 소유권 행사로 인하여 희생당하기 쉬운 임차인을 보호하기 위한 제도이므로, 임대차계약 종료 시에 경제적 가치가 잔존하고 있는 건물은 그것이 토지의 임대 목적에 반하여 축조되고 임대인이 예상할 수 없을 정도의 고가의 것이라는 등의 특별한 사정이 없는 한, 비록 행정관청의 허가를 받은 적법한 건물이 아니더라도 임차인의 건물매수청구권의 대상이 될 수 있다.

10-16 미등기 무허가건물을 매수한 임차인의 지상물매수청구권

대법원 2013. 11. 28. 선고 2013다48364,48371 판결

판시사항

건물 소유를 목적으로 하는 토지임대차에서 종전 임차인으로부터 미등기 무허가건물을 매수하여 점유하고 있는 임차인이 임대인에 대하여 지상물매수청구권을 행사할 수 있는지 여부(원칙적 적극)

판결요지

민법 제643조가 정하는 건물 소유를 목적으로 하는 토지임대차에서 임차인이 가지는 지상물매수청구권은 건물의 소유를 목적으로 하는 토지임대차계약이 종료되었음에도 그 지상 건물이 현존하는 경우에 임대차계약을 성실하게 지켜온 임차인이 임대인에게 상당한 가액으로 그 지상 건물의 매수를 청구할 수 있는 권리로서 국민경제적 관점에서 지상 건물의 잔존 가치를 보존하고, 토지 소유자의 배타적 소유권 행사로 인하여 희생당하기 쉬운 임차인을 보호하기 위한 제도이므로, 특별한 사정이 없는 한 행정관청의 허가를 받은 적법한 건물이 아니더라도 임차인의 지상물매수청구권의 대상이 될 수 있다. 그리고 건물을 매수하여 점유하고 있는 사람은 소유자로서의 등기명의가 없다 하더라도 그 권리의 범위 내에서는 그 점유 중인 건물에 대하여 법률상 또는 사실상의 처분권을 가지고 있다. 위와 같은 지상물매수청구청구권 제도의 목적, 미등기 매수인의 법적 지위 등에 비추어 볼 때, 종전 임차인으로부터 미등기 무허가건물을 매수하여 점유하고 있는 임차인은 특별한 사정이 없는 한 비록 소유자로서의 등기명의가 없어 소유권을 취득하지 못하였다 하더라도 임대인에 대하여 지상물매수청구권을 행사할 수 있는 지위에 있다.

10-17 간이천막이 지상물매수청구의 대상이 되는지 여부

대법원 1994. 4. 12. 선고 93다37649 판결

판시사항

간이천막 설치를 위한 토지임대차에 있어서 건물매수청구권을 인정할 수 있는지 여부

판결요지

임대차가 토지 위에 노점상을 하기 위한 간이천막을 설치하기 위하여 이루어진 것이고 건물의 소유를 목적으로 한 것이 아닌 경우 건물매수청구권이 없다.

10-18 비닐하우스에 대한 지상물매수청구권을 부정한 사례

대법원 1997. 2. 14. 선고 96다46668 판결

판시사항

임차 토지상에 설치한 화훼판매용 쇠파이프 골격 비닐하우스에 대한 임차인의 매수청구권을 부정한 사례

판결요지

임차인이 화초의 판매용지로 임차한 토지에 설치한 비닐하우스가 화훼판매를 위하여 필요한 시설물이라 하더라도 그 자체의 소유가 그 임대차의 주된 목적은 아니었을 뿐 아니라, 비용이 다소 든다고 하더라도 주구조체인 철재피이프를 토지로부터 쉽게 분리 철거해 낼 수 있는 점 등에 비추어 비닐하우스를 철거할 경우 전혀 쓸모가 없어진다거나 사회경제적으로 큰 손실을 초래하지 않는다는 이유로, 임차인의 매수청구권을 부정한 사례

단기임대차에서 지상물매수청구권이 인정되는지 여부

전주지법 군산지원 1984. 11. 2. 선고 84가단430 판결 : 확정

판시사항

임차인의 지상물매수청구권 또는 계약갱신청구권이 인정되는 임대차의 범위

판결요지

토지임대차가 기간만료로 종료된 경우에 임차인에게 인정되는 지상물매수청구권이나 계약갱신청구권은, 임차인으로 하여금 투하자금을 회수할 기회를 보장하려는데 그 뜻이 있으므로, 임대차계약의 성질 또는 목적상 토지의 단기사용이 당초부터 전제되어 있는 경우에는 계약갱신청구권이나 지상물매수청구권은 인정되지 아니한다.

 ### 고가의 대지에 허술한 건물의 매수청구권을 배척한 사례

광주고법 1982. 1. 14. 선고 81나114 제1민사부판결 : 확정

판시사항

1. 대지임차인의 건물매수청구권을 배척한 사례

판결요지

1. 민법 제643조에서 규정하는 임차인의 건물매수청구권은 토지의 임대차가 건물의 소유를 목적으로 하고 계약당사자간에 그 임차지상의 건물을 철거하기로 하는 약정이 없었어야 할 것인바 이 사건 대지는 고가(금 8,000여만 원)임에 비하여 건물은 대지를 주차장 및 세차장으로 사용하기 위하여 건립한 가건물에 가까운 허술한 것으로서 임대차기간 만료후에는 피고가 이사건 건물을 철거하여 대지를 원고에게 인도하기로 서면약정한 이 사건에 있어서 대지의 임대차가 건물의 소유를 목적으로 한 것이라고는 보기 어려워 피고의 건물매수청구주장은 이유없다.

10-21 건물 소유를 목적으로 한 경우에 해당되지 아니한다고 본 사례

대구고법 1974. 7. 4. 선고 73나794 제2민사부판결 : 상고

판시사항
토지의 임대차가 건물 기타 공작물의 소유를 목적으로 한 경우에 해당되지 아니한다고 본 사례

판결요지
원고가 피고에게 이건 토지를 그 현황대로 영선시장「옹기그릇전」의 장소로 사용하도록 임대함에 있어서 위 토지상에 임시 가소옥1칸을 건축 사용하는 것을 허용하면서 임대차기간이 만료하는 때에 즉시 피고가 이를 수거하기로 합의한 사실이 있다면 위 토지의 임대차는 건물 기타 공작물의 소유를 목적으로 한 것이라고 볼 수 없다.

 10-22 지상물매수청구권은 형성권이며, 임차인에게 불리한 약정은 무효

대법원 1995. 7. 11. 선고 94다34265 전원합의체판결

판시사항
가. 토지임차인의 지상물매수청구권이 기간의 정함이 없는 임대차에 있어서 임대인의 해지통고에 의하여 임차권이 소멸된 경우에도 인정되는지 여부

나. 임차인의 지상물매수청구권의 법적 성질 및 효과

판결요지
가. 토지임차인의 지상물매수청구권은 기간의 정함이 없는 임대차에 있어서 임대인에 의한 해지통고에 의하여 그 임차권이 소멸된 경우에도 마찬가지로 인정된다.

나. 지상물매수청구권은 이른바 형성권으로서 그 행사로 임대인·임차인 사이에 지상물에 관한 매매가 성립하게 되며, 임차인이 지상물의 매수청구권을 행사한 경우에는 임대인은 그 매수를 거절하지 못하고, 이 규정은 강행규정이므로 이에 위반하는 것으로서 임차인에게 불리한 약정은 그 효력이 없다.

10-23 지상물의 소유권을 임대인에게 이전하기로 한 약정의 효력

대법원 1991. 4. 23. 선고 90다19695 판결

판시사항

가. 토지임대차계약에 있어 임대차기간 만료 후 임차인이 지상건물을 철거하여 토지를 인도하고 만약 지상건물을 철거하지 아니할 경우에는 그 소유권을 임대인에게 이전하기로 한 약정의 효력 유무(소극)

나. 임차인의 채무불이행을 이유로 임대차계약을 해지하는 경우 임차인의 매수청구권 행사 가부(소극)

판결요지

가. 토지임대인과 임차인 사이에 임대차기간 만료 후 임차인이 지상건물을 철거하여 토지를 인도하고 만약 지상건물을 철거하지 아니할 경우에는 그 소유권을 임대인에게 이전하기로 한 약정은 민법 제643조 소정의 임차인의 지상물매수청구권을 배제키로 하는 약정으로서 임차인에게 불리한 것이므로 민법 제652조의 규정에 의하여 무효이다.

나. 임대인이 임차인의 채무불이행을 이유로 임대차계약을 해지하였을 경우에는 임차인이 지상물매수청구권을 행사할 수 없다.

10-24 지상물 철거 및 원상회복 약정이 강행규정에 위배되는지 여부

서울고법 1969. 3. 28. 선고 68나2404 제6민사부판결 : 확정

판시사항

임대차계약에 있어서 그 기간만료후 임차인이 건물등 시설물의 철거 및 원상회복을 하기로 한 약정이 임차인의 매수청구권등을 규정한 민법 제643조의 강행규정에 위배되어 무효가 되는지 여부

판결요지

당사자간에 어느때까지 임대차기간으로 약정하고 그 기간만료후 임차인이 그때까지 임차한 대지상에 건립한 그의 소유건물과 시설물 일체

를 철거하고 원상으로 회복한 후 위 대지를 임대인에게 인도하기로 약정을 하였다면 이 약정을 일컬어 민법 제643조의 강행규정에 위배되는 무효의 것이라고 볼 수 없다.

지상물을 양도하거나 철거하기로 하는 약정의 효력

대법원 1998. 5. 8. 선고 98다2389 판결

판시사항

[2] 토지임대차기간 만료 시 임차인이 지상 건물을 양도하거나 철거하기로 하는 약정의 효력(무효)

[3] 토지 임차인이 건물매수청구권을 행사한 경우, 토지 임차인의 건물명도 및 소유권이전등기의무와 토지 임대인의 건물대금지급의무가 동시이행 관계에 있는지 여부(적극)

판결요지

[2] 토지 임대인과 임차인 사이에 임대차기간 만료 시에 임차인이 지상 건물을 양도하거나 이를 철거하기로 하는 약정은 특별한 사정이 없는 한, 민법 제643조 소정의 임차인의 지상물매수청구권을 배제하기로 하는 약정으로서 임차인에게 불리한 것이므로 민법 제652조의 규정에 의하여 무효라고 보아야 한다.

[3] 토지 임차인의 매수청구권 행사로 지상 건물에 대하여 시가에 의한 매매 유사의 법률관계가 성립된 경우에는 임차인의 건물명도 및 그 소유권이전등기의무와 토지 임대인의 건물대금지급의무는 서로 대가관계에 있는 채무가 되므로, 임차인이 임대인에게 매수청구권이 행사된 건물들에 대한 명도와 소유권이전등기를 마쳐주지 아니하였다면 임대인에게 그 매매대금에 대한 지연손해금을 구할 수 없다.

매수청구권 포기 약정이 임차인에게 불리하다고 볼 수 없다고 한 사례

대법원 2011. 5. 26. 선고 2011다1231 판결

판시사항

[1] 임차인의 매수청구권에 관한 민법 제643조를 위반하는 약정으로서 임차인 등에게 불리한 것인지에 관한 판단기준

[2] 갑 지방자치단체와 임차인 을이 대부계약을 체결하면서 한 지상물 매수청구권 포기 약정이 을에게 불리한 것인지가 문제된 사안에서, 전체적으로 보아 일방적으로 을에게 불리한 것이었다고 단정할 수 없다고 한 사례

판결요지

[1] 임차인의 매수청구권에 관한 민법 제643조는 강행규정이므로 이를 위반하는 약정으로서 임차인이나 전차인에게 불리한 것은 효력이 없는데, 임차인 등에게 불리한 약정인지는 우선 당해 계약의 조건 자체에 의하여 가려져야 하지만 계약체결 경위와 제반 사정 등을 종합적으로 고려하여 실질적으로 임차인 등에게 불리하다고 볼 수 없는 특별한 사정을 인정할 수 있을 때에는 강행규정에 저촉되지 않는 것으로 보아야 한다.

[2] 갑 지방자치단체와 임차인 을이 대부계약(실질은 식목을 목적으로 하는 토지임대차)을 체결하면서 한 지상물매수청구권 포기 약정이 을에게 불리한 것인지가 문제된 사안에서, 대부계약의 경우 대부료는 엄격히 법이 정한대로 징수하게 할 뿐 아니라 대부료가 저렴한 경우가 일반적인 점, 공유재산은 언제든지 행정목적이 변경됨에 따라 다른 용도로 사용될 수 있기 때문에 대부계약에서는 공용·공공용 또는 공익사업에 필요할 때 언제든지 대부계약을 해지할 수 있다는 조항을 두는 것이 통상적이고 대부계약의 해제 및 원상회복의무와 민법 제203조 또는 제626조의 적용 배제에 관한 약정도 그러한 취지에서 포함된 것으로 보이는 점, 수목의 경우 지상 건물과 달리 이식으로 인한 가치 저하가 적고, 을은 이를 이식해 당초 자신의 사업대로

활용할 수 있으나 갑 지방자치단체는 활용하기 어려운 점 등을 종합해 보면 위 지상물매수청구권 포기 약정이 전체적으로 보아 반드시 일방적으로 을에게 불리한 것이었다고 단정할 수 없다고 한 사례

10-27 부속물매수청구에서 임차인에게 불리한 약정이 아니라고 한 사례

대법원 1982. 1. 19. 선고 81다1001 판결

판시사항

나. 민법 제646조에 위반되는, 임차인에게 불리한 약정이 아니라고 한 예

판결요지

나. 건물임차인인 피고들이 증·개축한 시설물과 부대시설을 포기하고 임대차종료 시의 현상대로 임대인의 소유에 귀속하기로 하는 대가로 임대차계약의 보증금 및 월차임을 파격적으로 저렴하게 하고, 그 임대기간도 장기간으로 약정하고, 임대인은 임대차계약의 종료 즉시 임대건물을 철거하고 그 부지에 건물을 신축하려고 하고 있으며 임대차계약 당시부터 임차인도 그와 같은 사정을 알고 있었다면 임대차계약시 임차인의 부속시설의 소유권이 임대인에게 귀속하기로 한 특약은 단지 부속물매수청구권을 배제하기로 하거나 또는 부속물을 대가없이 임대인의 소유에 속하게 하는 약정들과는 달라서 임차인에게 불리한 약정이라고 할 수 없다.

10-28 임대차종료 시에 건물을 철거하기로 한 특약의 효력 유무

대법원 1992. 10. 9. 선고 92다22435 판결

판결요지

임대차종료 시에 건물을 철거하기로 한 특약은 다른 사정이 없는 한 민법 제643조 소정의 임차인의 건물매수청구권을 배제하기로 하는 약정으로서 임차인에게 불리한 것이어서 민법 제652조의 규정에 의하여 무효라고 할 것이다.

지상물매수청구권에서 임차인에게 불리한 것인지의 여부에 관한 판단 기준

대법원 1997. 4. 8. 선고 96다45443 판결

판시사항

[1] 민법 제643조 소정의 임차인의 매수청구권에 관한 규정에 위반하는 약정으로서 임차인 등에게 불리한 것인지의 여부에 관한 판단 기준

판결요지

[1] 임차인의 매수청구권에 관한 민법 제643조의 규정은 강행규정이므로 이 규정에 위반하는 약정으로서 임차인에게 불리한 것은 그 효력이 없는바, 임차인에게 불리한 약정인지의 여부는 우선 당해 계약의 조건 자체에 의하여 가려져야 하지만 계약체결의 경위와 제반 사정 등을 종합적으로 고려하여 실질적으로 임차인에게 불리하다고 볼 수 없는 특별한 사정을 인정할 수 있을 때에는 위 강행규정에 저촉되지 않는 것으로 보아야 한다(토지를 점유할 권원이 없어 건물을 철거하여야 할 처지에 있는 건물소유자에게 토지소유자가 은혜적으로 명목상 차임만을 받고 토지의 사용을 일시적으로 허용하는 취지에서 토지임대차계약이 체결된 경우라면, 임대인의 요구시 언제든지 건물을 철거하고 토지를 인도한다는 특약이 임차인에게 불리한 약정에 해당하지 않는다고 한 사례).

 ## 지상물 일체를 포기하기로 하는 약정의 효력

대법원 1993. 6. 22. 선고 93다16130 판결

판시사항

가. 건물의 소유를 목적으로 하는 토지임차인이 체결한 건물 기타 지상시설 일체를 포기하기로 하는 약정의 효력

나. 토지임차인이 위 "가"항의 약정에 위반하여 매수청구권을 행사하는 것이 신의칙에 위반하여 권리를 남용하는 것으로 볼 수 없다 한 사례

판결요지

가. 건물의 소유를 목적으로 한 토지의 임차인이 임대차계약을 체결하거나 임차인으로서의 지위를 승계할 당시 임대인과의 사이에 건물 기타 지상시설 일체를 포기하기로 약정을 하였다고 하더라도 임대차계약의 조건이나 계약이 체결된 경위 등 제반 사정을 종합적으로 고려하여 실질적으로 임차인에게 불리하다고 볼 수 없는 특별한 사정이 인정되지 아니하는 한 위와 같은 약정은 임차인에게 불리한 것으로서 민법 제652조에 의하여 효력이 없다.

나. 토지임차인이 위 "가"항의 약정에 위반하여 매수청구권을 행사하는 것이 신의칙에 위반하여 권리를 남용하는 것으로 볼 수 없다고 한 사례

지상물매수청구권의 포기약정이 임차인에게 불리한 것은 아니라고 한 사례

대법원 1992. 4. 14. 선고 91다36130 판결

판시사항

가. 민법 제643조 소정의 임차인의 매수청구권에 관한 규정에 위반하는 약정으로서 임차인 등에게 불리한 것인지의 여부에 대한 판단기준

나. 형식상 임차인이 되었지만 실질적으로는 매수청구권을 행사할 수 없는 전임차인의 지위를 승계한 것과 다를 바 없는 점 등 임대차계약체결의 경위와 제반 사정을 종합하면 건물매수청구권의 포기약정이 임차인에게 반드시 불리한 것은 아니라고 한 사례

판결요지

가. 임차인의 매수청구권에 관한 민법 제643조의 규정은 강행규정이므로 이 규정에 위반하는 약정으로서 임차인이나 전차인에게 불리한 것은 그 효력이 없는바, 임차인 등에게 불리한 약정인지의 여부는 우선 당해 계약의 조건 자체에 의하여 가려져야 하지만 계약체결의 경위와 제반 사정 등을 종합적으로 고려하여 실질적으로 임차인 등에게 불리하다고 볼 수 없는 특별한 사정을 인정할 수 있을 때에는

위 강행 규정에 저촉되지 않는 것으로 보아야 한다.

나. 전임차인인 갑이 그 임차권을 을에게 무단양도하여 임대차계약이 해지됨으로써 갑은 물론 을도 임대차계약 만료 시의 건물매수청구권을 주장할 여지가 없게 되었고 당장 지상건물을 철거하여 임차토지를 임대인에게 반환하여야 할 처지였으므로, 임대인이 을의 간청을 받아들여 을과 사이에 기간을 3년으로 한 임대차계약을 체결하고 임대차기간 만료 시에 지상건물의 권리를 포기하도록 한 것은 임대인이 전임차인과의 임대차종료 시에 행사하려던 건물의 철거와 토지인도를 을의 이익을 위하여 3년 간 유예하고 그 동안 임차토지를 더 사용수익할 수 있게 해 줌으로써 을은 형식상 새로운 임차인이 되었지만 실질적으로는 매수청구권을 행사할 수 없는 전임차인의 지위를 승계한 것과 다를바 없는 점 등 임대차계약체결의 경위와 제반 사정을 종합하면 건물매수청구권의 포기약정이 임차인에게 반드시 불리하기만 한 것이 아니라고 한 사례

10-32 지상물을 언제든지 철거해 주기로 한 특약의 효력

서울고법 1985. 11. 26. 선고 84나3330,84나3331 제9민사부판결 : 상고

판시사항

가. 건물소유를 목적으로 하는 토지임대차에 있어서 임대인의 요구가 있으면 언제든지 그 지상건물을 철거해 주기로 한 특약의 효력

판결요지

가. 건물소유를 목적으로 하는 토지임대차에 있어서 그 계약체결시 임차인은 임대인의 요구가 있으면 언제든지 그 토지건물을 철거해주기로 하였다 하더라도 위 특약은 임차인에게 불리한 것으로서 민법 제652조에 의하여 무효이다.

지상물매수청구권이 인정될 수 없다고 본 사례

대법원 1980. 12. 23. 선고 80다2312 판결

판시사항

임차인 보호에 관한 민법 제643조제652조의 적용이 없다고 한 사례

판결요지

피고가 그 소유토지를 원고에게 양도하되 이를 일정기간 원고로부터 임차사용하고 임대차기간 만료일까지 피고가 위 토지를 환매하지 못하면 그 토지상에 건립되어 있는 피고소유 건물을 철거하여 토지를 인도하기로 약정하였다면 피고에게는 민법 제643조의 건물매수청구권이 인정될 수 없고 민법 제652조도 적용될 수 없다.

이유

민법 제643조, 제652조에 의하여 토지임대차에 있어서 임차기간이 만료된 경우에 임차인은 지상건물의 매수청구권을 행사 할 수 있고 이에 위반하는 약정으로서 임차인에게 불리한 것은 그 효력이 없는 것이라 하겠으나 그와 같은 규정은 이 건과 같이 원·피고간에, 피고가 원고로부터 원래 피고소유였으나 원고 앞으로 소유권이 넘어간 이건 토지를 1년간 임차하여 사용하되 임대차기간 만료일까지 피고가 원고에게 금 2,950만원을 지급하고 이건 토지를 원고로부터 환매할 수 있으나 위 임대차기간 만료일까지 피고가 환매를 하지 못하면 피고는 이건 토지 위에 이미 종전부터 건립되어 있던 피고소유의 건물들을 철거하여 토지를 원고에게 인도하여 주기로 약정한 경우에는 적용될 수 없다고 봄이 상당하고, 위와 같은 원·피고간의 약정이 당연히 무효라고는 할 수 없는 것이므로 이와 반대의 논지는 이유없다.

Chapter 11
임대차종료와 법률관계

보증금은 임대차관계에서 발생하는 임차인의 모든 채무를 담보

　부동산임대차에 있어서 임차인이 임대인에게 지급하는 보증금은 임대차관계가 종료되어 목적물을 반환하는 때까지 그 임대차관계에서 발생하는 임차인의 모든 채무를 담보하는 것으로서 임차인의 채무불이행이 없으면 그 전액을 반환하고 만약 임차인이 차임을 지급하지 않거나 목적물을 멸실, 훼손해 부담하는 손해배상채무 또는 임대차종료 후 목적물 반환시까지 목적물 사용으로 인한 손해배상 내지 부당이득반환채무 등을 부담하고 있다면 임대인은 그 보증금 중에서 이를 공제하고 나머지 금액만을 반환하면 되는 것이다.
　그러므로 임대인의 보증금 반환의무는 임대차관계가 종료되는 경우에 그 보증금중에서 목적물을 반환받을 때까지 생긴 연체차임 등 임차인의 모든 채무를 공제한 나머지 금액에 관해서만 비로소 이행기에 도달해 임차인의 목적물반환의무와 서로 동시이행의 관계에 있다.

임대차종료 후 임차인이 임차물을 사용·수익했다면 부당이득으로서 반환

임대차종료 후 임차인의 임차목적물명도의무와 임대인의 연체차임 기타 손해배상금을 공제하고 남은 임대차보증금반환채무와는 동시이행의 관계에 있으므로 임차인이 동시이행의 항변권에 기해 임차목적물을 점유하고 사용수익한 경우 그 점유는 불법점유라 할 수 없어 그로 인한 손해배상책임은 지지 아니하되, 다만 사용수익으로 인해 실질적으로 얻은 이익이 있으면 부당이득으로서 반환해야 한다.

임대차종료 후 사용·수익하지 않았다면 부당이득반환 의무가 없어

법률상의 원인 없이 이득했음을 이유로 한 부당이득의 반환에 있어 이득이라 함은 실질적인 이익을 의미하므로, 임차인이 임대차계약 관계가 소멸된 이후에도 임차건물 부분을 계속 점유하기는 했으나 이를 본래의 임대차계약상의 목적에 따라 사용·수익하지 않아 실질적인 이득을 얻은 바 없는 경우에는, 그로 인해 임대인에게 손해가 발생했다 하더라도 임차인의 부당이득 반환 의무는 성립되지 않는다.

보증금에서 담보하는 부당이득 반환채권은 임대인이 입증책임

임대차계약에 있어 임대차보증금은 임대차계약 종료 후에 발생하는 임료 상당의 부당이득반환 채권뿐만 아니라 훼손된 건물 부분의 원상복구비용 상당의 손해배상 채권 등도 담보하는 것이므로, 임대인으로서는 임대차보증금에서 그 피담보채무를 공제한 나머지만을 임차인에게 반환할 의무가 있다고 할 것인데, 임대인으로서는 그 임대차보증금에 의해 담보되는 부당이득 반환채권 및 손해배상 채권의 발생에 관해 주장·입증책임을 부담하는 것이고, 다만 그 발생한 채권이 변제 등의 이유로 소멸했는지에 관해서는 임차인이 주장·입증책임을 부담한다.

임대차종료 후 부당이득금은 실제 임료 상당액

임대차에 있어서 약정임료가 실제 임료와 현격한 차이가 있는 경우, 임대차계약이 종료된 이후 반환할 부당이득금의 액수는 다시 산정된 부당이득 당시의 실제 임료 상당액이라고 볼 수 있다.

임차인의 영업이 적자였어도 부당이득을 부정할 수는 없어

부동산을 점유·사용함으로써 받은 이익은 특별한 사정이 없는 한 임료 상당액이라 할 것이므로, 매수인이 부동산을 인도받아 그 용도대로 사용한 경우, 매수인은 임료 상당의 이익을 받았다고 할 것이고, 가사 그 부동산을 사용해서 영위한 영업이 전체적으로 적자였다고 하더라도 사용으로 인한 이익 자체를 부정할 수는 없다.

임대인의 의무 이행불능으로 임대차종료된 경우는 임차인이 휴업손해만을 청구 가능__

임대인의 방해행위로 임차인의 임대차목적물에 대한 임차권에 기한 사용·수익이 사회통념상 불가능하게 됨으로써 임대인의 귀책사유에 의하여 임대인으로서의 의무가 이행불능되어 임대차계약이 종료되었다고 하는 경우에도, 임대인이나 제3자의 귀책사유로 그 임대차계약의 목적물이 멸실되어 임대인의 이행불능 등으로 임대차계약이 종료되는 경우와 마찬가지로, 임차인으로서는 임대인에 대해 그 임대차보증금 반환청구권을 행사할 수 있고 그 이후의 차임 지급의무를 면하는 한편 다른 특별한 사정이 없는 한 그 임대차목적물을 대신할 다른 목적물을 마련하기 위해 합리적으로 필요한 기간 동안 그 목적물을 이용해 영업을 계속했다면 얻을 수 있었던 이익, 즉 휴업손해를 그에 대한 증명이 가능한 한 통상의 손해로서 배상을 받을 수 있을 뿐이며(그 밖에 다른 대체 건물로 이전하는 데에 필요한 부동산 중개료, 이사비용 등은 별론으로 한다.), 더 나아가 장래 그 목적물의 임대차기간 만료 시까지 계속해서 그 목적물을 사용·수익할 수 없음으로 인한 일실수입 손해는 이를 별도의 손해로서 그 배상을 청구할 수 없다.

임차인은 보증금이 있음을 이유로 연체차임의 지급을 거절할 수 없어

임대차보증금은 임대차계약이 종료된 후 임차인이 목적물을 명도할 때까지 발생하는 차임 및 기타 임차인의 채무를 담보하기 위해 교부되는 것이므로 특별한 사정이 없는 한 임대차계약이 종료되었다 하더라도 목적물이 명도되지 않았다면 임차인은 보증금이 있음을 이유로 연체차임의 지급을 거절할 수 없다.

임대차와 별도의 채무는 임대차보증금에서 공제할 수 없어

부동산임대차에서 임차인이 임대인에게 지급하는 임대차보증금은 임대차관계가 종료되어 목적물을 반환하는 때까지 그 임대차관계에서 발생하는 임차인의 모든 채무를 담보한다. 그러나 임대차관계와 사실상 관련되어 있는 채무라고 하더라도, 임대인과 임차인 사이에서 장래 임대목적물 반환 시 원상복구비용의 보증금 명목으로 지급하기로 약정한 금액 등과 같이, 임대차관계에서 당연히 발생하는 임차인의 채무가 아니라 임대차계약과 별도로 이루어진 약정 등에 기해 비로소 발생하는 채무의 경우에는, 반환할 임대차보증금에서 당연히 공제할 수 있는 것은 아니다.

임대차종료 후에도 임차인은 선량한 관리자로서 임차물을 보존해야

 임대차종료 후 임차인의 임차목적물 명도의무와 임대인의 연체차임 기타 명도 시까지 발생한 손해배상금 등을 공제하고 남은 임대보증금반환 채무와는 동시이행의 관계에 있는 것이어서 임차인은 이를 지급받을 때까지 동시이행의 항변권에 기해 목적물을 유치하면서 명도를 거절할 권리가 있는 것이나, 임차인은 임차목적물을 명도할 때까지는 선량한 관리자의 주의로 이를 보존할 의무가 있어, 이러한 주의의무를 위반해 임대목적물이 멸실, 훼손된 경우에는 그에 대한 손해를 배상할 채무가 발생하며, 임대목적물이 멸실, 훼손된 경우 임차인이 그 책임을 면하려면 그 임차건물의 보존에 관해 선량한 관리자의 주의의무를 다했음을 입증해야 할 것이다.

11-1 임대차종료 시 임차보증금의 반환의무 범위

대법원 1987. 6. 23. 선고 87다카98 판결

판시사항

부동산 임대차에 있어서 임차보증금의 법적성질 및 임대차종료 시 그 반환의무범위

판결요지

부동산 임대차에 있어서 임차인이 임대인에게 지급하는 보증금은 임대차관계가 종료되어 목적물을 반환하는 때까지 그 임대차관계에서 발생하는 임차인의 모든 채무를 담보하는 것으로서 임차인의 채무불이행이 없으면 그 전액을 반환하고 만약 임차인이 차임을 지급하지 아니하거나 목적물을 멸실, 훼손하여 부담하는 손해배상채무 또는 임대차종료 후 목적물 반환시까지 목적물 사용으로 인한 손해배상 내지 부당이득 반환채무 등을 부담하고 있다면 임대인은 그 보증금 중에서 이를 공제하고 나머지 금액만을 반환하면 되는 것이므로 임대인의 보증금 반환의무는 임대차관계가 종료되는 경우에 그 보증금중에서 목적물을 반환받을 때까지 생긴 연체차임 등 임차인의 모든 채무를 공제한 나머지 금액에 관하여서만 비로소 이행기에 도달하여 임차인의 목적물반환의무와 서로 동시이행의 관계에 있다.

11-2 임대차종료 후 임차인의 점유와 부당이득반환 의무의 성부

대법원 1995. 7. 25. 선고 95다14664,14671(반소) 판결

판시사항

가. 임차인이 임대차종료 이후 건물을 계속 점유하였으나 실질적인 이득을 얻은 바 없는 경우, 부당이득 반환 의무의 성부

나. 임차인이 임대차종료 후 동시이행항변권을 행사하여 건물을 계속 점유하는 경우, 불법점유로 인한 손해배상 의무를 지기 위한 요건

다. 임대차종료 시, 임차보증금에 의하여 담보되는 부당이득반환 및 손해배상 등 채권의 발생과 각 그 소멸에 관한 주장·입증책임의 소재

> 판결요지

가. 법률상의 원인 없이 이득하였음을 이유로 한 부당이득의 반환에 있어 이득이라 함은 실질적인 이익을 의미하므로, 임차인이 임대차계약 관계가 소멸된 이후에도 임차건물 부분을 계속 점유하기는 하였으나 이를 본래의 임대차계약상의 목적에 따라 사용·수익하지 아니하여 실질적인 이득을 얻은 바 없는 경우에는, 그로 인하여 임대인에게 손해가 발생하였다 하더라도 임차인의 부당이득반환 의무는 성립되지 아니한다.

나. 임대차계약의 종료에 의하여 발생된 임차인의 임차목적물반환 의무와 임대인의 연체차임을 공제한 나머지 보증금의 반환 의무는 동시이행의 관계에 있는 것이므로, 임대차계약 종료 후에도 임차인이 동시이행의 항변권을 행사하여 임차건물을 계속 점유하여 온 것이라면, 임대인이 임차인에게 위 보증금반환 의무를 이행하였다거나 그 현실적인 이행의 제공을 하여 임차인의 건물명도 의무가 지체에 빠지는 등의 사유로 동시이행항변권을 상실하게 되었다는 점에 관하여 임대인의 주장·입증이 없는 이상, 임차인의 그 건물에 대한 점유는 불법점유라고 할 수 없으며, 따라서 임차인으로서는 이에 대한 손해배상의무도 없다.

다. 임대차계약에 있어 임대차보증금은 임대차계약 종료 후에 발생하는 임료 상당의 부당이득반환 채권뿐만 아니라 훼손된 건물 부분의 원상복구비용 상당의 손해배상 채권 등도 담보하는 것이므로, 임대인으로서는 임대차보증금에서 그 피담보채무를 공제한 나머지만을 임차인에게 반환할 의무가 있다고 할 것인데, 임대인으로서는 그 임대차보증금에 의하여 담보되는 부당이득 반환채권 및 손해배상 채권의 발생에 관하여 주장·입증책임을 부담하는 것이고, 다만 그 발생한 채권이 변제 등의 이유로 소멸하였는지에 관하여는 임차인이 주장·입증책임을 부담한다.

11-3 임대차종료 후 임차인의 임차물 점유와 부당이득의 존부

대법원 1992. 4. 14. 선고 91다45202,45219(반소) 판결

판시사항

가. 임대차계약 종료 후 임차인이 동시이행의 항변권을 행사하여 임차건물을 점유함으로써 이득이 있는 경우 부당이득인지 여부(적극)

나. 임대차계약 종료 후 임차인이 임차건물을 계속 점유하였으나 본래의 목적대로 사용·수익하지 아니하여 실질적인 이득을 얻은 바 없는 경우 임차인의 부당이득반환의무의 성부(소극)

판결요지

가. 임대차계약의 종료에 의하여 발생된 임차인의 임차목적물 반환의무와 임대인의 연체차임을 공제한 나머지 보증금의 반환의무는 동시이행의 관계에 있는 것이므로, 임대차계약 종료 후에도 임차인이 동시이행의 항변권을 행사하여 임차건물을 계속 점유하여 온 것이라면 임차인의 그 건물에 대한 점유는 불법점유라고 할 수는 없으나, 그로 인하여 이득이 있다면 이는 부당이득으로서 반환하여야 하는 것은 당연하다.

나. 법률상의 원인 없이 이득하였음을 이유로 한 부당이득의 반환에 있어서 이득이라 함은 실질적인 이익을 가리키는 것이므로 법률상 원인 없이 건물을 점유하고 있다 하여도 이를 사용·수익하지 않았다면 이익을 얻은 것이라고 볼 수 없는 것인바, 임차인이 임대차계약 종료 이후에도 동시이행의 항변권을 행사하는 방법으로 목적물의 반환을 거부하기 위하여 임차건물부분을 계속 점유하기는 하였으나 이를 본래의 임대차계약상의 목적에 따라 사용·수익하지 아니하여 실질적인 이득을 얻은 바 없는 경우에는 그로 인하여 임대인에게 손해가 발생하였다 하더라도 임차인의 부당이득반환의무는 성립되지 않는다.

임대차계약 해지 후 공제하는 임대료가 부가세 과세대상인지 여부

대법원 2002. 11. 22. 선고 2002다38828 판결

판시사항

[3] 임대차계약 해지 후 임차인이 임차건물을 계속 점유·사용하고 있고 임대인은 임대보증금을 반환하지 않고 임료 상당액을 공제하고 있는 경우, 부가가치세의 과세대상인 용역의 공급에 해당되는지 여부(적극)

[4] 임대차에서 약정 차임에 대한 부가가치세 상당액을 임차인이 부담하기로 하는 약정이 있었던 경우, 임대차계약 해지 후의 임차인의 계속점유로 인한 차임 상당의 부당이득에 대한 부가가치세 상당액도 임차인이 부담하는지 여부(적극)

판결요지

[3] 임대인의 해지통고로 건물 임대차계약이 해지되어 임차인의 점유가 불법점유가 된다고 하더라도, 임차인이 건물을 명도하지 아니하고 계속 사용하고 있고 임대인 또한, 임대보증금을 반환하지 아니하고 보유하고 있으면서 향후 월임료 상당액을 보증금에서 공제하는 관계에 있다면, 이는 부가가치세의 과세대상인 용역의 공급에 해당한다.

[4] 임대차계약 해지 후의 계속점유를 원인으로 차임 상당액을 부당이득으로 반환하는 경우에 종전 임대차에서 약정 차임에 대한 부가가치세 상당액을 공급을 받는 자인 임차인이 부담하기로 하는 약정이 있었다면, 달리 특별한 사정이 없는 한 부당이득으로 지급되는 차임 상당액에 대한 부가가치세 상당액도 계속점유하는 임차인이 부담하여야 하는 것으로 봄이 상당하다.

11-5 임대차계약 종료 후 부당이득금의 액수 산정

대법원 2001. 6. 1. 선고 99다60535 판결

판결요지

[2] 건물의 소유를 목적으로 한 대지임대차에 있어서 약정임료가 실제 임료와 현격한 차이가 있는 경우, 임대차계약이 종료된 이후 반환할 부당이득금의 액수는 다시 산정된 부당이득 당시의 실제 임료 상당액이라고 본 사례

11-6 임대차종료 후 임차인이 임차물 보존에 대한 주의의무의 정도

대법원 1991. 10. 25. 선고 91다22605,22612(반소) 판결

판시사항

나. 임대차가 종료된 후 임차인이 동시이행의 항변권에 기하여 목적물을 유치하는 경우의 임대목적물 보존에 대한 주의의무의 정도 및 그 주의의무 위반 여부에 대한 입증책임의 소재

다. 위 '나'항의 경우 임차인이 임대인 명의로 사용한 전기, 전화요금을 납부하지 않아 전기의 동력선이 끊기고, 임대인 명의의 전화가입권이 말소됨으로써 임대인이 입은 손해가 임대차보증금반환 채권액에서 공제되어야 할 손해인지 여부(적극)

판결요지

나. 임대차종료 후 임차인의 임차목적물 명도의무와 임대인의 연체차임 기타 명도시까지 발생한 손해배상금 등을 공제하고 남은 임대보증금반환 채무와는 동시이행의 관계에 있는 것이어서 임차인은 이를 지급받을 때까지 동시이행의 항변권에 기하여 목적물을 유치하면서 명도를 거절할 권리가 있는 것이나, 임차인은 임차목적물을 명도할 때까지는 선량한 관리자의 주의로 이를 보존할 의무가 있어, 이러한 주의의무를 위반하여 임대목적물이 멸실, 훼손된 경우에는 그에 대한 손해를 배상할 채무가 발생하며, 임대목적물이 멸실, 훼손된 경우 임차인이 그 책임을 면하려면 그 임차건물의 보존에 관하여 선량한

관리자의 주의의무를 다하였음을 입증하여야 할 것이다.

다. 위 "나"항의 경우 임차인이 임대인 명의로 사용한 전기, 전화요금을 납부하지 않아 전기의 동력선이 끊기고, 임대인 명의의 전화가입권이 말소됨으로써 임대인이 그 전화 및 전기동력선 등의 재설치에 상당한 비용이 소요되는 등 손해를 입었다면 임차인으로서는 그 손해에 대한 배상책임을 면할 수 없으므로 이는 임대차보증금반환 채권액에서 공제되어야 한다.

11-7 임차인이 임차물에서 퇴거를 임대인에게 통지해야 하는지 여부

대법원 2002. 2. 26. 선고 2001다77697 판결

판시사항

임차인이 임차목적물에서 퇴거하기는 하였으나 그 사실을 임대인에게 통지하지 아니 한 경우, 임차목적물의 명도의 이행제공이 있었다고 볼 수 있는지 여부(소극)

판결요지

임차인의 임차목적물 명도의무와 임대인의 보증금 반환의무는 동시이행의 관계에 있다 하겠으므로, 임대인의 동시이행의 항변권을 소멸시키고 임대보증금 반환 지체책임을 인정하기 위해서는 임차인이 임대인에게 임차목적물의 명도의 이행제공을 하여야만 한다 할 것이고, 임차인이 임차목적물에서 퇴거하면서 그 사실을 임대인에게 알리지 아니한 경우에는 임차목적물의 명도의 이행제공이 있었다고 볼 수는 없다.

11-8 임차인의 영업이 적자인 경우에 이익 자체를 부정할 수 있는지 여부

대법원 1997. 12. 9. 선고 96다47586 판결

판시사항

[1] 부동산을 사용하여 영위한 영업이 적자인 경우에도 부동산을 용도대로 사용한 점유자는 그 점유·사용으로 인하여 이익을 얻은 것으로 볼 것인지 여부(적극)

> 판결요지

[1] 부동산을 점유·사용함으로써 받은 이익은 특별한 사정이 없는 한 임료 상당액이라 할 것이므로, 매수인이 부동산을 인도받아 그 용도대로 사용한 경우, 매수인은 임료 상당의 이익을 받았다고 할 것이고, 가사 그 부동산을 사용하여 영위한 영업이 전체적으로 적자였다고 하더라도 사용으로 인한 이익 자체를 부정할 수는 없다.

임대인의 방해로 임대차계약이 종료된 경우, 임대인의 손해배상 범위

대법원 2006. 1. 27. 선고 2005다16591,16607 판결

> 판시사항

[1] 임대인의 방해행위로 임차인의 임대차목적물에 대한 사용·수익이 사회통념상 불가능하게 되어 임대차계약이 종료된 경우, 임대인이 배상하여야 할 손해의 범위

> 판결요지

[1] 임대인의 방해행위로 임차인의 임대차목적물에 대한 임차권에 기한 사용·수익이 사회통념상 불가능하게 됨으로써 임대인의 귀책사유에 의하여 임대인으로서의 의무가 이행불능되어 임대차계약이 종료되었다고 하는 경우에도, 임대인이나 제3자의 귀책사유로 그 임대차계약의 목적물이 멸실되어 임대인의 이행불능 등으로 임대차계약이 종료되는 경우와 마찬가지로, 임차인으로서는 임대인에 대하여 그 임대차보증금 반환청구권을 행사할 수 있고 그 이후의 차임 지급의무를 면하는 한편 다른 특별한 사정이 없는 한 그 임대차목적물을 대신할 다른 목적물을 마련하기 위하여 합리적으로 필요한 기간 동안 그 목적물을 이용하여 영업을 계속하였더라면 얻을 수 있었던 이익, 즉 휴업손해를 그에 대한 증명이 가능한 한 통상의 손해로서 배상을 받을 수 있을 뿐이며(그 밖에 다른 대체 건물로 이전하는데에 필요한 부동산중개료, 이사비용 등은 별론으로 한다.), 더 나아가 장래 그 목적물의 임대차기간 만료 시까지 계속해서 그 목적물을

사용·수익할 수 없음으로 인한 일실수입 손해는 이를 별도의 손해로서 그 배상을 청구할 수 없다.

11-10 임대차만료 후 보증금을 반환않은 임대인의 손해배상 책임 여부

대구고법 1985. 1. 23. 선고 84나989 제5민사부판결 : 확정

판시사항

이른바, 채권적 전세의 기간만료 후 보증금을 반환않은 임대인의 임차인에 대한 임료상당손해배상청구권의 가부

판결요지

임료없이 임차보증금만을 지급하고 부동산을 임차한 경우 위 보증금은 부동산을 임차하여 사용함에 필요한 차임의 특수한 지급방법으로서 위 보증금의 이자와 차임은 서로 상계되는 위치에 있다 할 것이므로 임차인이 동 부동산을 임대차기간 만료 후에도 계속점유하고 있는 경우에도 임대인이 동 보증금을 반환하지 아니한 상태에서는 임대인에게 동 부동산 임료상당액의 손해배상을 구할 수 없다.

11-11 불공정한 내용의 제소전화해와 동시이행의 항변권

대법원 1992. 5. 12. 선고 91다35823 판결

판시사항

가. 임대차계약기간 만료 후 임대인이 보증금반환의무의 이행제공을 하지않는 경우 임차인에게 목적물의 점유로 인한 손해배상의무나 부당이득반환의무가 있는지 여부

나. 임대차계약의 양 당사자가 제소전 화해를 하면서 임차인의 건물명도의무와 명도시까지의 차임지급의무만을 명시하고, 보증금반환 등 임대인의 의무에 관한 언급이 없다 하여 임차인의 점유관계를 고려함이 없이 임차인이 차임상당의 금원을 임대인에게 무조건적으로 지급할 의무가 발생하는 것으로 새길수는 없다고 한 사례

판결요지

가. 임대차계약기간 만료 후 임대인의 보증금반환의무와 임차인의 목적물반환의무는 특단의 사정이 없는 한 동시이행의 관계에 있다 할 것이므로, 임대인이 자신의 보증금반환의무의 이행제공을 하지 아니하는 한 임차인의 점유는 불법점유가 아니어서 임차인은 이에 대한 손해배상의무가 없으며, 또한 임차인이 그 점유로 인하여 얻은 이익이 없다면 부당이득반환의무도 성립하지 않는다.

나. 임대차계약의 양 당사자가 임대차기간 만료 후의 명도문제 등을 확실히 하기 위하여 제소전화해를 함에 있어서 임차인의 건물명도의무와 명도시까지의 차임지급의무만을 명시하였을 뿐, 임대인의 보증금반환 등 임대인의 의무에 관하여 아무런 언급이 없다 하여 이로써 임차인의 점유를 둘러싼 구체적 법률관계를 고려함이 없이 임차인이 차임 상당의 금원을 임대인에게 무조건적으로 지급할 의무가 발생하는 것으로 새길 수는 없다고 한 사례

11-12 임대차종료 후 피담보채무가 보증금에서 당연히 공제되는지 여부

대법원 2005. 9. 28. 선고 2005다8323,8330 판결

판시사항

[1] 임대차계약에 있어 임대차보증금이 담보하는 채무가 임대차관계 종료 후 목적물 반환시 별도의 의사표시 없이 임대차보증금에서 당연히 공제되는지 여부(적극)

판결요지

[1] 임대차계약에 있어 임대차보증금은 임대차계약 종료 후 목적물을 임대인에게 명도할 때까지 발생하는, 임대차에 따른 임차인의 모든 채무를 담보하는 것으로서, 그 피담보채무 상당액은 임대차관계의 종료 후 목적물이 반환될 때에, 특별한 사정이 없는 한, 별도의 의사표시 없이 보증금에서 당연히 공제되는 것이므로, 임대인은 임대차보증금에서 그 피담보채무를 공제한 나머지만을 임차인에게 반환할 의무가 있다.

11-13 임차물의 관리비,전기료 등이 보증금에 의하여 담보되는 채무인지 여부

대법원 2012. 6. 28. 선고 2012다19154 판결

판시사항

임차인이 임대차목적물을 사용·수익하는 동안 사용·수익을 위하여 그 목적물에 관하여 발생한 관리비·수도료·전기료 등 용익에 관한 채무가 임대차보증금에 의하여 담보되는 임차인의 채무에 속하는지 여부(원칙적 적극)

이유

임대차계약에 있어서 임대차보증금은 임대차계약 종료 후 목적물을 임대인에게 인도할 때까지 발생하는 임대차에 관한 임차인의 모든 채무를 담보한다. 따라서 그 피담보채무 상당액은 임대차관계의 종료 후 목적물이 반환될 때에 특별한 사정이 없는 한 별도의 의사표시 없이 보증금에서 당연히 공제되는 것이므로 임대인은 임대차보증금에서 그 피담보채무를 공제한 나머지만을 임차인에게 반환할 의무가 있다. 그리고 임차인이 임대차목적물을 사용·수익하는 동안 그 사용·수익을 위하여 그 목적물에 관하여 발생한 관리비·수도료·전기료 등 용익에 관한 채무는 임대차계약에서 달리 약정하였다는 등의 특별한 사정이 없는 한 임대차관계의 성질상 임대차보증금에 의하여 담보되는 임차인의 채무에 속한다고 할 것이다.

 11-14 보증금이 있음을 이유로 연체차임의 지급을 거절할 수 있는지 여부

대법원 1999. 7. 27. 선고 99다24881 판결

판시사항

임대차계약이 종료되었으나 목적물이 명도되지 않은 경우, 임차인은 보증금이 있음을 이유로 연체차임의 지급을 거절할 수 있는지 여부(소극)

판결요지

임대차보증금은 임대차계약이 종료된 후 임차인이 목적물을 명도할 때

까지 발생하는 차임 및 기타 임차인의 채무를 담보하기 위하여 교부되는 것이므로 특별한 사정이 없는 한 임대차계약이 종료되었다 하더라도 목적물이 명도되지 않았다면 임차인은 보증금이 있음을 이유로 연체차임의 지급을 거절할 수 없다.

 11-15 임대차계약과 별도의 채무에 대하여 보증금에서 공제할 수 있는지 여부

대법원 2013. 6. 27. 선고 2012다65881 판결

판시사항

임대차계약과 별도로 이루어진 약정 등에 기하여 발생하는 임차인의 채무에 대하여 임대인이 반환할 임대차보증금에서 당연히 공제할 수 있는지 여부(소극)

이유

가. 부동산임대차에서 임차인이 임대인에게 지급하는 임대차보증금은 임대차관계가 종료되어 목적물을 반환하는 때까지 그 임대차관계에서 발생하는 임차인의 모든 채무를 담보한다. 그러나 임대차관계와 사실상 관련되어 있는 채무라고 하더라도, 임대인과 임차인 사이에서 장래 임대목적물 반환 시 원상복구비용의 보증금 명목으로 지급하기로 약정한 금액 등과 같이, 임대차관계에서 당연히 발생하는 임차인의 채무가 아니라 임대차계약과 별도로 이루어진 약정 등에 기하여 비로소 발생하는 채무의 경우에는, 반환할 임대차보증금에서 당연히 공제할 수 있는 것은 아니다.

차임채권이 양도된 경우 보증금에서 연체한 차임을 공제할 수 있는지 여부

대법원 2015. 3. 26. 선고 2013다77225 판결

판시사항

보증금이 수수된 임대차계약에서 차임채권이 양도된 경우, 임차인이 임대차계약이 종료되어 목적물을 반환할 때까지 연체한 차임 상당액을 보증금에서 공제할 것을 주장할 수 있는지 여부(적극)

판결요지

부동산 임대차에서 수수된 보증금은 차임채무, 목적물의 멸실·훼손 등으로 인한 손해배상채무 등 임대차에 따른 임차인의 모든 채무를 담보하는 것으로서 피담보채무 상당액은 임대차관계의 종료 후 목적물이 반환될 때에 특별한 사정이 없는 한 별도의 의사표시 없이 보증금에서 당연히 공제되므로, 보증금이 수수된 임대차계약에서 차임채권이 양도되었다고 하더라도, 임차인은 임대차계약이 종료되어 목적물을 반환할 때까지 연체한 차임 상당액을 보증금에서 공제할 것을 주장할 수 있다.

 임차물의 명도 이전에 보증금을 반환하였다는 사실의 주장·입증책임

대법원 1984. 12. 26. 선고 84다카1255 판결

판시사항

임차가옥의 명도 이전에 임차보증금을 반환하였다는 사실의 주장. 입증책임

판결요지

가옥의 전세나 임대차계약에 있어서의 전세보증금은 특별한 사정이 없는 한 임차인의 임차가옥 명도와 동시 또는 그 후에 반환하는 것이 통례이므로, 임차인이 임차가옥을 명도하지 아니하고 거주하고 있었다면 전세금반환채권이 존재하고 있었다는 점은 추정을 받는다고 할 것이므로 그 명도이전에 전세보증금을 반환하였다는 점은 임대인이 이를 주장 입증하여야 한다.

11-18 전대차종료 후 전차인이 차임 상당액을 반환할 의무가 있는지 여부

대법원 2007. 8. 23. 선고 2007다21856,21863 판결

판시사항

[1] 임대차계약이 종료되었으나 그 목적물이 명도되지 않은 경우, 임차인이 임대차보증금이 있음을 이유로 연체차임의 지급을 거절할 수 있는지 여부(소극) 및 임대차보증금액보다 임차인의 채무액이 많은 경우, 변제충당의 방법

[2] 임대차와 전대차가 모두 종료된 경우, 전차인은 전대인에게 전대차 종료일 이후부터 목적물 명도 완료일까지의 차임 상당 부당이득금을 반환할 의무가 있는지 여부(적극)

[3] 공작물의 소유를 목적으로 한 토지 전차인이 전대차가 적법하게 해지된 후에도 당해 토지 위에 권한 없이 공작물을 소유하고 있는 경우, 그 토지의 차임에 상당하는 부당이득을 얻고 있는 것인지 여부(적극)

판결요지

[1] 임대차보증금은 임대차계약이 종료된 후 임차인이 목적물을 인도할 때까지 발생하는 차임 및 기타 임차인의 채무를 담보하는 것으로서 그 피담보채무액은 임대차관계의 종료 후 목적물이 반환될 때에 특별한 사정이 없는 한 별도의 의사표시 없이 임대차보증금에서 당연히 공제되는 것이므로, 특별한 사정이 없는 한 임대차계약이 종료되었다 하더라도 목적물이 명도되지 않았다면 임차인은 임대차보증금이 있음을 이유로 연체차임의 지급을 거절할 수 없는 것이고, 또한 임대차보증금액보다도 임차인의 채무액이 많은 경우에는 민법 제477조에서 정하고 있는 법정충당순서에 따라야 하는 것이다.

[2] 임대차는 당사자 일방이 상대방에게 목적물을 사용·수익하게 할 것을 약정하고 상대방이 이에 대하여 차임을 지급할 것을 약정함으로써 그 효력이 생기는 것이므로, 임차인은 임대차계약이 종료된 경우 특별한 사정이 없는 한 임대인에게 그 목적물을 명도하고 임대차종료일까지의 연체차임을 지급할 의무가 있음은 물론, 임대차종

료일 이후부터 목적물 명도 완료일까지 그 부동산을 점유·사용함에 따른 차임 상당의 부당이득금을 반환할 의무도 있다고 할 것인데, 이와 같은 법리는 임차인이 임차물을 전대하였다가 임대차 및 전대차가 모두 종료된 경우의 전차인에 대하여도 특별한 사정이 없는 한 그대로 적용된다.

[3] 타인 소유의 토지 위에 권한 없이 건물을 소유하고 있는 자는 그 자체로서 특별한 사정이 없는 한 법률상 원인 없이 타인의 재산으로 토지의 차임에 상당하는 이익을 얻고 그로 인하여 타인에게 동액 상당의 손해를 주고 있다고 보아야 하는데, 건물 이외의 공작물의 소유를 목적으로 한 토지 전차인이 당해 토지 위에 권한 없이 공작물을 소유하고 있는 경우에도 이와 마찬가지로 풀이하여야 한다.

11-19 임대차종료 후 임대인의 동의없는 전차인의 손해배상 책임 범위

서울고법 1986. 6. 16. 선고 86나94 제4민사부판결 : 확정

판시사항

임대차기간 경과 후 임차인이 임대인의 동의없이 전대한 경우, 불법행위의 성부 및 그 손해액

판결요지

임대차계약이 종료된 경우에 임차인의 건물명도의무와 임대인의 임차보증금반환채무는 동시이행 관계에 있어 임차인은 임대인으로.부터 임차보증금을 반환받을 때까지는 임대차목적물의 반환을 거절할 수 있어도 제3자에게 전대할 권한은 없다할 것이므로 그 불법전대로 인한 손해를 임대인에게 배상하여야 하고 그 손해는 통상 임대인이 이를 점유하지 못함으로 말미암은 그 임료 상당액이라 할 것이다.

임차인이 명도에 대한 지연손해금에 대한 지급의무의 발생요건

대법원 1988. 4. 12. 선고 86다카2476 판결

판시사항

가. 임차인이 임차건물의 명도를 지연할 경우에 지급하기로 약정한 지연손해금에 대한 지급의무의 발생요건

판결요지

가. 임차인이 임차건물을 명도할 의무와 임대인이 임대보증금 중 미지급월임료 등을 공제한 나머지 보증금을 반환할 의무가 동시이행 관계에 있는 이상, 임대인이 임차인에게 위 보증금반환의무를 이행하였다거나 그 현실적인 이행의 제공을 하여 임차인의 건물명도의무가 지체에 빠졌다는 사실이 인정되지 않는다면 임차인은 임대차기간 만료 후 명도를 지연할 경우 지급키로 한 약정지연손해금을 지급할 의무가 없다.

 임차물을 신규임차인에게 직접 넘긴 경우, 목적물반환의무 이행인지 여부

대법원 2009. 6. 25. 선고 2008다55634 판결

판시사항

종전의 임차인이 임대인으로부터 새로 목적물을 임차한 사람에게 그 목적물을 임대인의 동의 아래 직접 넘긴 경우, 임대인의 동시이행항변 인정 여부(소극)

판결요지

임대차관계가 종료된 후 임차인이 목적물을 임대인에게 반환하였으면 임대인은 보증금을 무조건으로 반환하여야 하고, 임차인으로부터 목적물의 인도를 받는 것과의 상환이행을 주장할 수 없다. 그리고 이는 종전의 임차인이 임대인으로부터 새로 목적물을 임차한 사람에게 그 목적물을 임대인의 동의 아래 직접 넘긴 경우에도 다를 바 없다. 그 경우 임차인의 그 행위는 임대인이 임차인으로부터 목적물을 인도받아 이를

새로운 임차인에게 다시 인도하는 것을 사실적인 실행의 면에서 간략하게 한 것으로서, 법적으로는 두 번의 인도가 행하여진 것으로 보아야 하므로, 역시 임대차관계 종료로 인한 임차인의 임대인에 대한 목적물 반환의무는 이로써 제대로 이행되었다고 할 것이기 때문이다.

 전대차종료 후 임차물을 사용하지 않은 전차인은 관리비 부담 여부

대법원 2005. 4. 29. 선고 2005다1711 판결

판시사항

전대차기간 종료 후 보증금이 미반환된 상태에서 전차인이 전대차목적물을 사용·수익하지 않고 점유만을 계속하고 있는 경우라면, 비록 전대차계약상 관리비를 전차인이 부담하기로 한 특약이 있더라도 이 특약이 전대차기간 종료 이후에도 적용된다고 해석하기 어려운 점, 관리비 중 '경비'는 임차인들이 공동으로 부담하는 것으로서 짐포의 사용·수익을 전제로 한다고 볼 수 있으므로 전차인이 점포를 실제로 사용·수익하지 않은 이상 경비지급의무를 부담한다고 보기 어려운 점 등 제반 사정에 비추어, 전대차기간 종료 후 명도시까지의 관리비는 전대인이 부담하여야 한다고 한 사례

 해제·해지에 따른 제한이 임대차종료 시에도 같은 제한이 적용되는지 여부

대법원 2014. 6. 26. 선고 2014다14115 판결

판시사항

[2] 임대차기간 중의 해제·해지 의사표시에 어떠한 절차가 요구되거나 제한이 따르는 경우, 기간만료로 인한 임대차계약의 종료 시에도 당연히 그와 같은 제한이 적용되는지 여부(소극)

판결요지

[2] 민법 제211조는 '소유자는 법률의 범위 내에서 그 소유물을 사용, 수익, 처분할 권리가 있다'라고 규정하고 있다. 소유자의 위와 같은

소유권 행사에는 다양한 공법상 또는 사법상 제한이 따를 수 있고, 소유자 스스로의 의사에 기한 임차권 등 용익권의 설정에 의하여 소유권 행사가 제한될 수도 있다. 그러나 임대차기간 등 용익권 설정계약의 기간이 경과한 후에는 소유자가 용익권 설정으로 인한 제한으로부터 벗어나 자유롭게 소유권을 행사할 수 있는 권리가 보장되어야 하므로, 임대차기간 중의 해제·해지 의사표시에 어떠한 절차가 요구되거나 제한이 따른다고 하여 임대차기간 만료에 의한 임대차계약의 종료 시에도 당연히 그와 같은 제한이 적용된다고 확대해석하여서는 안 되고, 기간만료로 인한 임대차계약의 종료에 어떠한 제한이 따른다고 하기 위해서는 그러한 내용의 법률 규정이나 당사자 사이의 별도의 명시적 또는 묵시적 약정이 있어야 한다.

파손된 임차물을 반환할 때, 임대인이 보증금반환을 거절할 수 있는지 여부

서울지법 동부지원 1986. 12. 12. 선고 86가단1857(본소),86가단1786(반소) 판결 : 확정

판시사항

임차목적물이 화재로 파손된 상태로 이를 반환한 경우, 임대인이 목적물반환의무불이행을 이유로 보증금반환채무를 거절할 수 있는지 여부

판결요지

임차인이 임차목적물인 점포가 화재로 타서 파손된 상태로 이를 명도한 후 임차보증금반환청구를 하는 경우 화재로 목적물이 멸실되어 존재하지 아니하게 되거나 또는 화재로 타서 파손된 부분의 수선이 불가능하여 목적물을 인도하여도 목적물이 반환되었다 고 볼 수 없는 경우가 아닌 한 임대인은 목적물반환의무불이행을 이유로 보증금반환채무를 거절할 수 없고 다만 보증금의 담보적 효력에 의하여 그 수선불이행으로 인한 손해배상채권으로 보증금반환채무와 대등액에서 상계 또는 공제할 수 있을 뿐이다.

전대기간 종료와 부당이득

대법원 2001. 6. 29. 선고 2000다68290 판결

판시사항

임차인이 임차물을 전대하였다가 임대차 및 전대차가 모두 종료된 경우, 전차인이 전대인에 대하여 전대기간 종료일 이후의 차임 상당의 부당이득금을 반환할 의무가 있는지 여부(한정 적극)

판결요지

임대차는 당사자 일방이 상대방에게 목적물을 사용·수익하게 할 것을 약정하고 상대방이 이에 대하여 차임을 지급할 것을 약정하면 되는 것으로서 나아가 임대인이 그 목적물에 대한 소유권 기타 이를 임대할 권한이 있을 것을 성립요건으로 하고 있지 아니하므로, 임대차가 종료된 경우 임대목적물이 타인 소유라고 하더라도 그 타인이 목적물의 반환 청구나 임료 내지 그 해당액의 지급을 요구하는 등 특별한 사정이 없는 한 임차인은 임대인에게 그 부동산을 명도하고 임대차종료일까지의 연체차임을 지급할 의무가 있음은 물론, 임대차종료일 이후부터 부동산 명도 완료일까지 그 부동산을 점유·사용함에 따른 차임 상당의 부당이득금을 반환할 의무도 있다고 할 것인바, 이와 같은 법리는 임차인이 임차물을 전대하였다가 임대차 및 전대차가 모두 종료된 경우의 전차인에 대하여도 특별한 사정이 없는 한 그대로 적용된다.

 가맹계약이 합의 해지된 경우, 가맹금의 일부를 반환해야 한다고 본 사례

수원지법 성남지원 2002. 12. 24. 선고 2002가단13668 판결 : 항소

판시사항

[1] 프랜차이즈 가맹계약이 계약기간의 중간에 해지되었을 경우에 가맹금(initial fee) 반환 여부를 판단함에 있어서 고려사항

[2] 프랜차이즈 가맹계약이 합의해지된 경우 가맹본부(franchisor)는 가맹점에게 가맹금의 일부를 반환해야 한다고 본 사례

> 판결요지

[1] 프랜차이즈계약이 계약기간의 중간에 해지되었을 경우에 계약 체결시에 가맹본부(franchisor)가 받은 금전 중에 일부를 가맹점(franchisee)에게 반환하여야 하는가 하는 문제는, 가맹점이 가맹본부에게 지급한 금전이 어떤 이름으로 지급하였는가를 가지고만 볼 것이 아니라 무엇에 대한 대가로 지급한 것이고, 프랜차이즈 계약의 해지 경위와 그에 있어서 당사자의 귀책사유 유무 등을 종합적으로 고려하여 판단하여야 한다.

[2] 맥도날드(Mcdonald's) 햄버거의 영업표지를 사용하는 것에 대한 대가로 지급한 프랜차이즈 수수료는 가맹금의 성격을 가지는 금전으로 봄이 상당하고, 영업표지의 사용에 대한 이익은 기간에 따라 균등의 비율로 귀속되는 것이 원칙이므로, 가맹본부가 가맹점으로부터 점포를 인수(또는 우선매수)하여 직영하는 방법으로 가맹점이 투하자본을 회수하기로 프랜차이즈 계약이 합의해지된 경우라면, 가맹본부가 지급받은 가맹금 중 프랜차이즈 계약의 합의해지 후 잔여기간에 해당하는 부분은 가맹점에게 반환함이 상당하다고 본 사례

11-27 채권자의 임의 강제집행 약정은 무효

대법원 2005. 3. 10. 선고 2004도341 판결

> 이유

1. 원심판결 이유에 의하면, 원심은 피고인이 피해자의 차임연체를 이유로 이 사건 점포에 관한 임대차계약을 적법하게 해지하기는 하였지만, 여전히 피해자가 이 사건 점포를 점유하고 식당영업을 하고 있는 상태에서, 피고인이 2001.11.6.간판업자를 동원하여 이 사건 점포에 설치된 피해자 소유의 간판을 철거하여 그 효용을 해한 것은 피고인이 손괴를 함과 동시에 위력을 사용하여 피해자의 업무를 방해한 것이고, 피고인이 2001.11.7.피해자가 아직 식당영업을 종국적으로 포기하였다고 볼 만한 사정이 없는데도 피해자가 영업을 하지

못하도록 이 사건 점포의 출입문을 자물통으로 채우고 창문에 '폐업'이라는 공고문을 붙인 것은 위력을 사용하여 피해자의 업무를 방해한 것에 해당한다고 판단하였는바, 기록에 비추어 살펴보면, 원심의 사실인정과 판단은 정당한 것으로 수긍이 가고, 거기에 상고이유의 주장과 같은 채증법칙 위배로 인한 사실오인이나 위력, 손괴 또는 범의 등에 관한 법리오해의 위법이 없다.

2. 강제집행은 국가가 독점하고 있는 사법권의 한 작용을 이루고 채권자는 국가에 대하여 강제집행권의 발동을 신청할 수 있는 지위에 있을 뿐이므로, 법률이 정한 집행기관에 강제집행을 신청하지 않고 채권자가 임의로 강제집행을 하기로 하는 계약은 사회질서에 반하는 것으로 민법 제103조에 의하여 무효라고 할 것이다.

따라서 '본 임대차계약의 종료일 또는 계약해지통보 1주일 이내에도 임차인이 임차인의 소유물 및 재산을 반출하지 않은 경우에는 임대인은 임차인의 물건을 임대인 임의대로 철거 폐기처분 할 수 있으며, 임차인은 개인적으로나 법적으로나 하등의 이의를 제기하지 않는다'는 이 사건 점포에 관한 임대차계약 제20조 (강제명도)가 법률이 정한 집행기관에 강제집행을 신청하지 않고 채권자가 임의로 강제집행을 하기로 하는 계약이라고 한다면 이는 사회질서에 위반되어 무효라고 할 것이고, 또한 이 사건 임대차계약을 체결할 당시 공인중개사가 입회하였다든가 간판철거 당시 피해자의 신고로 출동한 경찰관이 간판철거를 제지하지 아니하고 그냥 돌아갔다는 사정만으로 피고인의 간판철거 행위가 죄가 되지 아니하는 것으로 오인한 데 정당한 이유가 있다고 볼 수 없으므로, 이와 다른 전제에 선 상고이유의 주장은 받아들일 수 없다.

PART 03 주택임대차

01 주택임대차보호법 적용
02 주택임차인의 대항력
03 임차주택의 양도와 대항력
04 주택 임차인의 우선변제권
05 주택 소액임차인의 우선변제권

Chapter 01
주택임대차보호법 적용

주거용 건물에 해당 여부는 그 실지용도에 따라 결정

주택임대차보호법 제2조 소정의 주거용 건물이란 공부상의 표시에 불구하고 그 실지용도에 따라서 정해야 하고 또한 한 건물의 비주거용 부분과 아울러 주거용 부분이 함께 임대차의 목적이 되어 각기 그 용도에 따라 사용되는 경우 그 주거용 부분에 관해 본법이 적용되느냐의 여부는 구체적인 경우에 따라 합목적적으로 결정해야 하며, 더욱이 위 주택임대차보호법이 적용되려면 먼저 임대차계약 체결당시를 기준으로 해서 그 건물의 구조상 주거용 또는 그와 겸용될 정도의 건물의 형태가 실질적으로 갖추어져 있어야 하고, 만일 그 당시에는 주거용 건물부분이 존재하지 않았는데 임차인이 그후 임의로 주거용으로 개조했다면 임대인이 그 개조를 승낙했다는 등의 특별한 사정이 없는 한 위 법의 적용은 있을 수 없다.

미등기 무허가 건물도 주택임대차보호법 적용

　주택임대차보호법은 주택의 임대차에 관해 민법에 대한 특례를 규정함으로써 국민의 주거생활의 안정을 보장함을 목적으로 하고 있고, 주택의 전부 또는 일부의 임대차에 관해 적용된다고 규정하고 있을 뿐 임차주택이 관할관청의 허가를 받은 건물인지, 등기를 마친 건물인지 아닌지를 구별하고 있지 아니하므로, 어느 건물이 국민의 주거생활의 용도로 사용되는 주택에 해당하는 이상 비록 그 건물에 관해 아직 등기를 마치지 않았거나 등기가 이루어질 수 없는 사정이 있다고 하더라도 다른 특별한 규정이 없는 한 같은 법의 적용대상이 된다.

소유자가 아니어도 적법한 임대권한이 있으면 법 적용

　주택임대차보호법이 적용되는 임대차로서는 반드시 임차인과 주택의 소유자인 임대인 사이에 임대차계약이 체결된 경우에 한정된다고 할 수는 없고, 주택의 소유자는 아니지만 주택에 관해 적법하게 임대차계약을 체결할 수 있는 권한(적법한 임대권한)을 가진 임대인과 임대차계약이 체결된 경우도 포함된다.

1-1 주택임대차보호법 적용 주거용 건물에 해당하는지 여부의 판단기준

대법원 1986. 1. 21. 선고 85다카1367 판결

판시사항

구 주택임대차보호법(1981.3.5. 법률 제3379호) 제2조 소정의 "주거용 건물"인지 여부의 판단기준

판결요지

구 주택임대차보호법(1981.3.5. 법률 제3379호) 제2조 소정의 주거용 건물이란 공부상의 표시에 불구하고 그 실지용도에 따라서 정하여야 하고 또한 한 건물의 비주거용 부분과 아울려 주거용 부분이 함께 임대차의 목적이 되어 각기 그 용도에 따라 사용되는 경우 그 주거용 부분에 관하여 본법이 적용되느냐의 여부는 구체적인 경우에 따라 합목적적으로 결정하여야 하며, 더우기 위 주택임대차보호법이 적용되려면 먼저 임대차계약 체결당시를 기준으로 하여 그 건물의 구조상 주거용 또는 그와 겸용될 정도의 건물의 형태가 실질적으로 갖추어져 있어야 하고, 만일 그 당시에는 주거용 건물부분이 존재하지 아니하였는데 임차인이 그 후 임의로 주거용으로 개조하였다면 임대인이 그 개조를 승낙하였다는 등의 특별한 사정이 없는 한 위 법의 적용은 있을 수 없다.

1-2 주택임대차보호법의 '임차주택'에 그 부지도 포함되는지 여부

대법원 2000. 3. 15. 자 99마4499 결정

판시사항

[1] 주택임대차보호법 제3조의2 제1항 소정의 '임차주택'에 그 부지도 포함되는지 여부(적극)

결정요지

[1] 주택임대차보호법 제3조의2 제1항은 임차인이 임차주택에 대하여 보증금반환청구소송의 확정판결 기타 이에 준하는 채무명의에 기한 경매를 신청하는 경우에는 민사소송법 제491조의2 제1항의 규

정에 불구하고 반대의무의 이행 또는 이행의 제공을 집행개시의 요건으로 하지 아니한다고 규정하고 있는바, 같은 법 제3조의2 제2항 및 제8조 제3항이 임차주택의 환가대금에 건물뿐만 아니라, 대지의 가액도 포함된다고 규정하고 있는 점, 통상적으로 건물의 임대차에는 당연히 그 부지 부분의 이용이 수반되는 것이고, 같은 법 제2조에서 같은 법의 적용 대상으로 규정하고 있는 주거용 건물의 임대차라 하는 것도 임차목적물 중 건물의 용도가 점포나 사무실 등이 아닌 주거용인 경우의 임대차를 뜻하는 것일 뿐 같은 법의 적용 대상을 대지를 제외한 건물에만 한정하는 취지는 아닌 것으로 해석되는 점, 위 규정은 기본적으로 임차인의 권익보호를 그 입법 취지로 하고 있는데, 만일 반대의무의 이행 또는 이행의 제공 없이 집행개시를 할 수 있는 대상을 건물에만 한정할 경우 사실상 대지와 그 지상 주택의 경매절차가 분리되는 결과 경매절차의 진행에 어려움이 발생하고 임차주택의 환가에 의한 임차보증금의 회수를 간편하게 하겠다는 입법 취지에 부합되지 않게 되는 점 등에 비추어 보면, 여기에서 말하는 임차주택에는 건물뿐만 아니라, 그 부지도 포함하는 것으로 봄이 상당하다.

1-3 방과 주방이 딸린 다방이 주거용 건물에 해당하지 아니한다고 본 사례

대법원 1996. 3. 12. 선고 95다51953 판결

판시사항

[1] 주택임대차보호법 제2조에 정한 주거용 건물에 해당하는지 여부의 판단 기준

[2] 방 2개와 주방이 딸린 다방이 주택임대차보호법 제2조 후문의 주거용 건물에 해당하지 아니한다고 본 사례

판결요지

[1] 주택임대차보호법 제2조 소정의 주거용 건물에 해당하는지 여부는 임대차목적물의 공부상의 표시만을 기준으로 할 것이 아니라 그 실지용도에 따라서 정하여야 하고 건물의 일부가 임대차의 목적이 되

어 주거용과 비주거용으로 겸용되는 경우에는 구체적인 경우에 따라 그 임대차의 목적, 전체 건물과 임대차목적물의 구조와 형태 및 임차인의 임대차목적물의 이용관계 그리고 임차인이 그곳에서 일상생활을 영위하는지 여부 등을 아울러 고려하여 합목적적으로 결정하여야 한다.

[2] 방 2개와 주방이 딸린 다방이 영업용으로서 비주거용 건물이라고 보여지고, 설사 그 중 방 및 다방의 주방을 주거목적에 사용한다고 하더라도 이는 어디까지나 다방의 영업에 부수적인 것으로서 그러한 주거목적 사용은 비주거용 건물의 일부가 주거목적으로 사용되는 것일 뿐, 주택임대차보호법 제2조 후문에서 말하는 '주거용 건물의 일부가 주거 외의 목적으로 사용되는 경우'에 해당한다고 볼 수 없다고 한 원심의 판단을 수긍한 사례

1-4 주거용과 비주거용으로 겸용되고 있는 건물을 주거용 건물로 인정한 사례

대법원 1995. 3. 10. 선고 94다52522 판결

판시사항

나. 공부상 단층 작업소 및 근린생활시설로 실제 주거용과 비주거용으로 겸용되고 있는 건물을 주택임대차보호법 제2조 후문 소정의 주거용 건물로 인정한 사례

판결요지

나. 건물이 공부상으로는 단층 작업소 및 근린생활시설로 표시되어 있으나 실제로 갑은 주거 및 인쇄소 경영 목적으로, 을은 주거 및 슈퍼마켓 경영 목적으로 임차하여 가족들과 함께 입주하여 그 곳에서 일상생활을 영위하는 한편 인쇄소 또는 슈퍼마켓을 경영하고 있으며, 갑의 경우는 주거용으로 사용되는 부분이 비주거용으로 사용되는 부분보다 넓고, 을의 경우는 비주거용으로 사용되는 부분이 더 넓기는 하지만 주거용으로 사용되는 부분도 상당한 면적이고, 위 각 부분이 갑·을의 유일한 주거인 경우 주택임대차보호법 제2조 후문에서 정한 주거용 건물로 인정한 사례

1-5 미등기 또는 무허가 건물도 주택임대차보호법의 적용대상이 되는지 여부

대법원 2007. 6. 21. 선고 2004다26133 전원합의체 판결

판결요지

[2] 주택임대차보호법은 주택의 임대차에 관하여 민법에 대한 특례를 규정함으로써 국민의 주거생활의 안정을 보장함을 목적으로 하고 있고, 주택의 전부 또는 일부의 임대차에 관하여 적용된다고 규정하고 있을 뿐 임차주택이 관할관청의 허가를 받은 건물인지, 등기를 마친 건물인지 아닌지를 구별하고 있지 아니하므로, 어느 건물이 국민의 주거생활의 용도로 사용되는 주택에 해당하는 이상 비록 그 건물에 관하여 아직 등기를 마치지 아니하였거나 등기가 이루어질 수 없는 사정이 있다고 하더라도 다른 특별한 규정이 없는 한 같은 법의 적용대상이 된다.

1-6 소유자가 아닌 임대인과 계약을 체결한 경우 주택임대차보호법의 적용 여부

대법원 2008. 4. 10. 선고 2007다38908,38915 판결

판시사항

[1] 주택의 소유자는 아니지만 적법한 임대권한을 가진 사람과 임대차계약을 체결한 경우에 주택임대차보호법이 적용되는지 여부(적극)

판결요지

[1] 주택임대차보호법이 적용되는 임대차로서는 반드시 임차인과 주택의 소유자인 임대인 사이에 임대차계약이 체결된 경우에 한정된다고 할 수는 없고, 주택의 소유자는 아니지만 주택에 관하여 적법하게 임대차계약을 체결할 수 있는 권한(적법한 임대권한)을 가진 임대인과 임대차계약이 체결된 경우도 포함된다.

02 Chapter
주택임차인의 대항력

주택의 인도와 주민등록을 마침으로써 대항요건을 확보

주택임대차보호법이 적용되는 임대차로서는 반드시 임차인과 주택의 소유자인 임대인 사이에 임대차계약이 체결된 경우에 한정된다고 할 수는 없고, 주택의 소유자는 아니지만 주택에 관해 적법하게 임대차계약을 체결할 수 있는 권한(적법한 임대권한)을 가진 임대인과 사이에 임대차계약이 체결된 경우도 포함되고, 매매계약의 이행으로 매매목적물을 인도받은 매수인은 그 물건을 사용·수익할 수 있는 지위에서 그 물건을 타인에게 적법하게 임대할 수 있으며, 이러한 지위에 있는 매수인으로부터 매매계약이 해제되기 전에 매매목적물인 주택을 임차받아 주택의 인도와 주민등록을 마침으로써 주택임대차보호법 제3조 제1항에 의한 대항요건을 갖춘 임차인은 민법 제548조 제1항 단서의 규정에 따라 계약해제로 인해 권리를 침해받지 않는 제3자에 해당하므로 임대인의 임대권원의 바탕이 되는 계약의 해제에도 불구하고 자신의 임차권을 새로운 소유자에게 대항할 수 있다.

주민등록은 임차권을 매개로 하는 점유임을 제3자가 인식

주택임대차보호법 제3조 제1항에서 주택의 인도와 더불어 대항력의 요건으로 규정하고 있는 주민등록은 거래의 안전을 위해 임차권의 존재를 제3자가 명백히 인식할 수 있게 하는 공시방법으로 마련된 것으로서, 주민등록이 어떤 임대차를 공시하는 효력이 있는가의 여부는 그 주민등록으로 제3자가 임차권의 존재를 인식할 수 있는가에 따라 결정된다고 할 것이므로, 주민등록이 대항력의 요건을 충족시킬 수 있는 공시방법이 되려면 단순히 형식적으로 주민등록이 되어 있다는 것만으로는 부족하고, 주민등록에 의해 표상되는 점유관계가 임차권을 매개로 하는 점유임을 제3자가 인식할 수 있는 정도는 되어야 한다.

주민등록을 계속 존속해야 대항력을 유지

주택임차인에게 주택의 인도와 주민등록을 요건으로 명시해 등기된 물권에 버금가는 강력한 대항력을 부여하고 있는 취지에 비추어볼 때 달리 공시방법이 없는 주택임대차에서는 주택의 인도 및 주민등록이라는 대항요건은 그 대항력 취득시에만 구비하면 족한 것이 아니고, 그 대항력을 유지하기 위해서도 계속 존속하고 있어야 한다.

주거용으로 사용·수익할 목적이 아닌 임대차는 대항력이 없어

임대차는 임차인으로 하여금 목적물을 사용·수익하게 하는 것이 계약의 기본 내용이므로, 채권자가 주택임대차보호법상의 대항력을 취득하는 방법으로 기존 채권을 우선변제 받을 목적으로 주택임대차계약의 형식을 빌려 기존 채권을 임대차보증금으로 하기로 하고 주택의 인도와 주민등록을 마침으로써 주택임대차로서의 대항력을 취득한 것처럼 외관을 만들었을 뿐 실제 주택을 주거용으로 사용·수익할 목적을 갖지 않은 계약은 주택임대차계약으로서는 통정허위표시에 해당되어 무효라고 할 것이므로 이에 주택임대차보호법이 정하고 있는 대항력을 부여할 수는 없다.

대항요건은 임차인뿐만 아니라 가족의 주민등록을 포함

주택임대차보호법 제3조 제1항에서 규정하고 있는 주민등록이라는 대항요건은 임차인 본인뿐만 아니라 그 배우자나 자녀 등 가족의 주민등록을 포함한다. 또한 임차인이 그 가족과 함께 그 주택에 대한 점유를 계속하고 있으면서 그 가족의 주민등록은 그대로 둔 채 임차인만 주민등록을 일시 다른 곳으로 옮긴 경우라면 전체적으로나 종국적으로 주민등록의 이탈이라고 볼 수 없는 만큼 임대차의 제3자에 대한 대항력을 상실하지 않는다.

적법하게 임차권을 양도받은 주택임차인이 전입신고하면 대항력을 유지

대항력을 갖춘 주택임차인이 임대인의 동의를 얻어 적법하게 임차권을 양도하거나 전대한 경우에 있어서 양수인이나 전차인이 임차인의 주민등록퇴거일로부터 주민등록법상의 전입신고기간내에 전입신고를 마치고 주택을 인도받아 점유를 계속하고 있다면 비록 위 임차권의 양도나 전대에 의해 임차권의 공시방법인 점유와 주민등록이 변경되었다 하더라도 원래의 임차인이 갖는 임차권의 대항력은 소멸되지 아니하고 동일성을 유지한 채로 존속한다고 보아야 한다.

단독주택은 지번만 기재해도 임대차 공시방법으로 유효

다가구용 단독주택의 경우 건축법이나 주택건설촉진법상 이를 공동주택으로 볼 근거가 없어 단독주택으로 보는 이상 주민등록법시행령 제5조 제5항에 따라 임차인이 위 건물의 일부나 전부를 임차하고, 전입신고를 하는 경우 지번만 기재하는 것으로 충분하고, 나아가 위 건물 거주자의 편의상 구분해놓은 호수까지 기재할 의무나 필요가 있다고 할 수 없고, 임차인이 전입신고로 지번을 정확히 기재해 전입신고를 한 이상 일반 사회통념상 그 주민등록으로 위 건물에 임차인이 주소 또는 거소를 가진 자로 등록되어 있는지를 인식할 수 있어 임대차의 공시방법으로 유효하다고 할 것이다.

주민등록이 대항력의 요건을 충족시키는 공시방법이 되기 위한 요건

대법원 1999. 4. 23. 선고 98다32939 판결

판시사항

[1] 주택임대차보호법 제3조 제1항 소정의 주민등록이 대항력의 요건을 충족시키는 공시방법이 되기 위한 요건

[2] 등기부상 소유자로 되어 있는 상태에서는 주민등록이 주택임대차보호법 제3조 제1항 소정의 대항력 인정의 요건이 되는 적법한 공시방법으로서의 효력이 없다고 본 사례

판결요지

[1] 주택임대차보호법 제3조 제1항에서 주택의 인도와 더불어 대항력의 요건으로 규정하고 있는 주민등록은 거래의 안전을 위하여 임차권의 존재를 제3자가 명백히 인식할 수 있게 하는 공시방법으로 마련된 것으로서, 주민등록이 어떤 임대차를 공시하는 효력이 있는가의 여부는 그 주민등록으로 제3자가 임차권의 존재를 인식할 수 있는가에 따라 결정된다고 할 것이므로, 주민등록이 대항력의 요건을 충족시킬 수 있는 공시방법이 되려면 단순히 형식적으로 주민등록이 되어 있다는 것만으로는 부족하고, 주민등록에 의하여 표상되는 점유관계가 임차권을 매개로 하는 점유임을 제3자가 인식할 수 있는 정도는 되어야 한다.

[2] 갑이 1988. 8. 30. 당해 주택에 관하여 자기 명의로 소유권이전등기를 경료하고 같은 해 10. 1. 그 주민등록 전입신고까지 마친 후 이에 거주하다가 1993. 10. 23. 을과의 사이에 그 주택을 을에게 매도함과 동시에 그로부터 이를 다시 임차하되 매매잔금 지급기일인 1993. 12. 23.부터는 주택의 거주관계를 바꾸어 갑이 임차인의 자격으로 이에 거주하는 것으로 하기로 약정하고 계속하여 거주해 왔으나, 위 매매에 따른 을 명의의 소유권이전등기는 1994. 3. 9.에야 비로소 경료된 경우, 제3자로서는 그 주택에 관하여 갑으로부터 을 앞으로 소유권이전등기가 경료되기 전에는 갑의 주민등록이 소유권 아닌 임차권을 매개로 하는 점유라는 것을 인식하기 어려웠다 할

것이므로, 갑의 주민등록은 그 주택에 관하여 을 명의의 소유권이전 등기가 경료된 1994. 3. 9. 이전에는 주택임대차의 대항력 인정의 요건이 되는 적법한 공시방법으로서의 효력이 없고, 그 이후에야 비로소 갑과 을 사이의 임대차를 공시하는 유효한 공시방법이 된다고 본 사례

 실제지번으로 주민등록이 정리된 이후에 대항력을 취득한다고 본 사례

대법원 1987. 11. 10. 선고 87다카1573 판결

판시사항
주택임대차보호법 제3조 제1항의 주민등록이 임대차를 공시하는 효력이 있는지 여부의 판단기준

판결요지
주택임대차보호법 제3조 제1항에서 주택의 인도와 더불어 대항력의 요건으로 규정하고 있는 주민등록은 거래의 안전을 위하여 임차권의 존재를 제3자가 명백히 인식할 수 있는 공시방법으로 마련된 것이라고 볼 것이므로 주민등록이 어떤 임대차를 공시하는 효력이 있는가의 여부는 일반사회통념상 그 주민등록으로 당해 임대차건물에 임차인이 주소 또는 거소를 가진 자로 등록되어 있는지를 인식할 수 있는가의 여부에 따라 인정될 것인바, 임차인이 착오로 임대차건물의 지번과 다른 지번에 주민등록(전입신고)을 하였다가 그후 관계공무원이 직권정정을 하여 실제지번에 맞게 주민등록이 정리되었다면 위 임차인은 주민등록이 정리된 이후에 비로소 대항력을 취득하였다고 할 것이다.

2-3 주거용으로 사용하지 않는 임대차에 대항력을 부여할 수 없다고 본 사례

대법원 2002. 3. 12. 선고 2000다24184,24191 판결

판시사항

[1] 가장 임대차의 주택임대차보호법상의 대항력 유무(소극)

[2] 사회통념상 독립한 건물이라고 볼 수 있는 미등기 건물의 건축주 명의변경과 소유권의 원시취득자(=원래의 건축주)

판결요지

[1] 임대차는 임차인으로 하여금 목적물을 사용·수익하게 하는 것이 계약의 기본 내용이므로, 채권자가 주택임대차보호법상의 대항력을 취득하는 방법으로 기존 채권을 우선변제 받을 목적으로 주택임대차계약의 형식을 빌려 기존 채권을 임대차보증금으로 하기로 하고 주택의 인도와 주민등록을 마침으로써 주택임대차로서의 대항력을 취득한 것처럼 외관을 만들었을 뿐 실제 주택을 주거용으로 사용·수익할 목적을 갖지 아니 한 계약은 주택임대차계약으로서는 통정허위표시에 해당되어 무효라고 할 것이므로 이에 주택임대차보호법이 정하고 있는 대항력을 부여할 수는 없다.

[2] 미완성의 건물이라도 사회통념상 독립한 건물이라고 볼 수 있는 형태와 구조를 갖추고 있는 건물의 경우에는 그 당시의 건축주가 건물을 타에 매도한 후 건축주 명의변경절차를 마쳤다 하더라도 원래의 건축주가 건물을 원시취득한다.

2-4 담당공무원의 착오로 지번이 틀리게 기재된 경우의 대항력 유무

대법원 1991. 8. 13. 선고 91다18118 판결

판시사항

임차인이 전입신고를 올바르게 하였는데 담당공무원의 착오로 주민등록표상에 신거주지 지번이 다소 틀리게 기재된 경우 임대차의 대항력이 생기는지 여부(적극)

> **판결요지**

임차인이 전입신고를 올바르게(즉 임차건물 소재지 지번으로) 하였다면 이로써 그 임대차의 대항력이 생기는 것이므로 설사 담당공무원의 착오로 주민등록표상에 신거주지 지번이 다소 틀리게(안양동 545의5가 안양동 545의2로)기재되었다 하여 그 대항력에 소장을 끼칠 수는 없다.

2-5 담당공무원의 요구로 잘못된 지번으로 수정 전입 신고했을 때의 대항력

대법원 2009. 1. 30. 선고 2006다17850 판결

> **판결요지**

[2] 주민등록은 단순히 주민의 거주관계를 파악하고 인구의 동태를 명확히 하는 것 외에도 주민등록에 따라 공법관계상의 여러 가지 법률상 효과가 나타나게 되는 것으로서, 주민등록의 신고는 행정청에 도달하기만 하면 신고로서의 효력이 발생하는 것이 아니라 행정청이 수리한 경우에 비로소 신고의 효력이 발생한다. 따라서 주민등록 신고서를 행정청에 제출하였다가 행정청이 이를 수리하기 전에 신고서의 내용을 수정하여 위와 같이 수정된 전입신고서가 수리되었다면 수정된 사항에 따라서 주민등록 신고가 이루어진 것으로 보는 것이 타당하다.

[3] 정확한 지번과 동, 호수로 주민등록 전입신고서를 작성·제출하였는데 담당공무원이 착오로 수정을 요구하여, 잘못된 지번으로 수정하고 동, 호수 기재를 삭제한 주민등록 전입신고서를 다시 작성·제출하여 그대로 주민등록이 된 사안에서, 그 주민등록이 임대차의 공시방법으로서 유효하지 않고 이것이 담당공무원의 요구에 기인한 것이라 하더라도 마찬가지라고 판단한 사례

2-6 주민등록이 제3자에 의하여 임의로 이전되었을 때, 임차인의 대항력

대법원 2000. 9. 29. 선고 2000다37012 판결

판결요지

[2] 주민등록이 주택임차인의 의사에 의하지 않고 제3자에 의하여 임의로 이전되었고 그와 같이 주민등록이 잘못 이전된 데 대하여 주택임차인에게 책임을 물을 만한 사유도 없는 경우, 주택임차인이 이미 취득한 대항력은 주민등록의 이전에도 불구하고 그대로 유지된다고 본 사례

2-7 주민등록에 배우자나 자녀의 주민등록이 포함되는지 여부

대법원 1996. 1. 26. 선고 95다30338 판결

판시사항

[1] 주택임대차보호법상의 대항요건인 주민등록에 배우자나 자녀의 주민등록이 포함되는지 여부

판결요지

[1] 주택임대차보호법 제3조 제1항에서 규정하고 있는 주민등록이라는 대항요건은 임차인 본인뿐만 아니라 그 배우자나 자녀 등 가족의 주민등록을 포함한다.

2-8 대항력 유지를 위해 주민등록이 임대기간 중 계속 존속되어야 하는지 여부

대법원 1987. 2. 24. 선고 86다카1695 판결

판시사항

주택임차권이 대항력을 유지하기 위하여는 대항요건인 주민등록이 임대기간중 계속 존속되어야 하는지 여부

판결요지

주택임대차보호법 제3조 제1항에서 주택임차인에게 주택의 인도와 주

민등록을 요건으로 명시하여 등기된 물권에 버금가는 강력한 대항력을 부여하고 있는 취지에 비추어볼 때 달리 공시방법이 없는 주택임대차에서는 주택의 인도 및 주민등록이라는 대항요건은 그 대항력 취득시에만 구비하면 족한 것이 아니고, 그 대항력을 유지하기 위하여서도 계속 존속하고 있어야 한다.

임차인 본인만 주민등록을 일시 다른 곳으로 옮긴 경우의 대항력 상실 여부

대법원 1989. 1. 17. 선고 88다카143 판결

판시사항

나. 가족의 주민등록은 그대로 둔채 임차인만 주민등록을 일시 다른 곳으로 옮긴 경우에 임대차의 대항력의 상실 여부(소극)

판결요지

나. 임차인이 그 가족과 함께 그 주택에 대한 점유를 계속하고 있으면서 그 가족의 주민등록은 그대로 둔 채 임차인만 주민등록을 일시 다른 곳으로 옮긴 경우라면 전체적으로나 종국적으로 주민등록의 이탈이라고 볼 수 없는 만큼 임대차의 제3자에 대한 대항력을 상실하지 아니한다.

가족 모두 일시 다른 곳으로 주민등록을 이전했다가 재전입한 경우의 대항력

대법원 1998. 1. 23. 선고 97다43468 판결

판시사항

[2] 임차인이 대항력 취득 후 가족과 함께 일시 다른 곳으로 주민등록을 이전했다가 재전입한 경우, 원래의 대항력의 소멸 여부(적극) 및 대항력의 소급 회복 여부(소극)

판결요지

[2] 주택의 임차인이 그 주택의 소재지로 전입신고를 마치고 그 주택에 입주함으로써 일단 임차권의 대항력을 취득한 후 어떤 이유에서든지 그 가족과 함께 일시적이나마 다른 곳으로 주민등록을 이전하였다면 이는 전체적으로나 종국적으로 주민등록의 이탈이라고 볼 수 있으므로 그 대항력은 그 전출 당시 이미 대항요건의 상실로 소멸되는 것이고, 그 후 그 임차인이 얼마 있지 않아 다시 원래의 주소지로 주민등록을 재전입하였다 하더라도 이로써 소멸되었던 대항력이 당초에 소급하여 회복되는 것이 아니라 그 재전입한 때부터 그와는 동일성이 없는 새로운 대항력이 재차 발생하는 것이다.

2-11 간접점유자의 주민등록이 주택임대차의 유효한 공시방법이 되는지 여부

대법원 2001. 1. 19. 선고 2000다55645 판결

판결요지

주택임대차보호법 제3조 제1항 소정의 대항력은 임차인이 당해 주택에 거주하면서 이를 직접 점유하는 경우뿐만 아니라 타인의 점유를 매개로 하여 이를 간접점유하는 경우에도 인정될 수 있을 것이나, 그 경우 당해 주택에 실제로 거주하지 아니하는 간접점유자인 임차인은 주민등록의 대상이 되는 '당해 주택에 주소 또는 거소를 가진 자'(주민등록법 제6조 제1항)가 아니어서 그 자의 주민등록은 주민등록법 소정의 적법한 주민등록이라고 할 수 없고, 따라서 간접점유자에 불과한 임차인 자신의 주민등록으로는 대항력의 요건을 적법하게 갖추었다고 할 수 없으며, 임차인과의 점유매개관계에 기하여 당해 주택에 실제로 거주하는 직접점유자가 자신의 주민등록을 마친 경우에 한하여 비로소 그 임차인의 임대차가 제3자에 대하여 적법하게 대항력을 취득할 수 있다.

간접점유 및 임대인의 승낙을 받은 전대차의 대항력

대법원 2007. 11. 29. 선고 2005다64255 판결

판시사항

[2] 주택임차인이 임대인의 승낙을 받아 임차주택을 전대하고, 그 전차인이 주택을 인도받아 자신의 주민등록을 마친 경우, 임차인이 주택임대차보호법상 대항력을 취득하는지 여부(적극)

[4] 주택의 전대차가 임대인에 대하여도 적법, 유효하다고 평가되는 경우, 전차인이 주택을 인도받아 자신의 주민등록을 마침으로써 임차인의 대항요건이 유지, 존속하는지 여부(적극)

판결요지

[2] 주택임차인이 임차주택을 직접 점유하여 거주하지 않고 그곳에 주민등록을 하지 아니한 경우라 하더라도, 임대인의 승낙을 받아 적법하게 임차주택을 전대하고 그 전차인이 주택을 인도받아 자신의 주민등록을 마친 때에는, 이로써 당해 주택이 임대차의 목적이 되어 있다는 사실이 충분히 공시될 수 있으므로, 임차인은 주택임대차보호법에 정한 대항요건을 적법하게 갖추었다고 볼 것이다.

[4] 주택의 전대차가 그 당사자 사이뿐 아니라 임대인에 대하여도 주장할 수 있는 적법, 유효한 것이라고 평가되는 경우에는, 전차인이 임차인으로부터 주택을 인도받아 자신의 주민등록을 마치고 있다면 이로써 주택이 임대차의 목적이 되어 있다는 사실은 충분히 공시될 수 있고 또 이러한 경우 다른 공시방법도 있을 수 없으므로, 결국 임차인의 대항요건은 전차인의 직접 점유 및 주민등록으로써 적법, 유효하게 유지, 존속한다고 보아야 한다. 이와 같이 해석하는 것이 임차인의 주거생활의 안정과 임차보증금의 회수확보 등 주택임대차보호법의 취지에 부합함은 물론이고, 또 그와 같이 해석한다고 해서 이미 원래의 임대차에 의하여 대항을 받고 있었던 제3자에게 불측의 손해를 준다거나 형평에 어긋나는 결과가 되는 것도 아니다.

2-13 임차권을 양도 또는 임대한 경우 임차권의 대항력의 존속여부

대법원 1988. 4. 25. 선고 87다카2509 판결

판시사항

가. 대항력을 갖춘 주택임차인이 그 임차권을 적법하게 양도 또는 임대한 경우 임차인이 갖는 위 임차권의 대항력의 존속여부(적극)

나. 주택임차인이 그 임차권의 대항력을 취득한 후에 경료된 근저당권의 실행으로 소유권을 취득한 자에 대하여 위 주택의 전차인이 위 임차인의 임대 보증금반환청구권에 기한 동시이행항변권을 원용할 수 있는지 여부(적극)

판결요지

가. 주택임대차보호법 제3조 제1항에 의한 대항력을 갖춘 주택임차인이 임대인의 동의를 얻어 적법하게 임차권을 양도하거나 전대한 경우에 있어서 양수인이나 전차인이 임차인의 주민등록퇴거일로부터 주민등록법상의 전입신고기간내에 전입신고를 마치고 주택을 인도받아 점유를 계속하고 있다면 비록 위 임차권의 양도나 전대에 의하여 임차권의 공시방법인 점유와 주민등록이 변경되었다 하더라도 원래의 임차인이 갖는 임차권의 대항력은 소멸되지 아니하고 동일성을 유지한 채로 존속한다고 보아야 한다.

나. 주택의 임차인이 제3자에게 전대한 이후에도 그의 임차권의 대항력이 소멸되지 아니하고 그대로 존속하고 있다면 임차인은 그의 임차권의 대항력을 취득한 후에 경료된 근저당권의 실행으로 소유권을 취득하게 된 자에 대하여 임대보증금반환청구권에 기한 동시이행항변권을 행사하여 그 반환을 받을 때까지는 위 주택을 적법하게 점유할 권리를 갖게되는 것이고 따라서 그로부터 위 주택을 전차한 제3자 또한 그의 동시이행항변권을 원용하여 위 임차인이 보증금의 반환을 받을 때까지 위 주택을 적법하게 점유, 사용할 권리를 갖게 된다.

2-14 등기부상 'A동' 연립주택의 임차인이 '가'동이라고 전입신고를 한 경우

대법원 2003. 6. 10. 선고 2002다59351 판결

판시사항

[2] 부동산등기부상 '에이(A)동' 이라고 표시된 연립주택의 임차인이 '가'동이라고 전입신고를 한 경우, 임차인의 주민등록이 임대차의 공시방법으로 유효하다고 판단한 사례

판결요지

[2] 부동산등기부상 건물의 표제부에 '에이(A)동'이라고 기재되어 있는 연립주택의 임차인이 전입신고를 함에 있어 주소지를 '가동'으로 신고하였으나 주소지 대지 위에는 2개 동의 연립주택 외에는 다른 건물이 전혀 없고, 그 2개 동도 층당 세대수가 한 동은 4세대씩, 다른 동은 6세대씩으로서 크기가 달라서 외관상 혼동의 여지가 없으며, 실제 건물 외벽에는 '가동', '나동'으로 표기되어 사회생활상 그렇게 호칭되어 온 경우, 사회통념상 '가동', '나동', '에이동', '비동'은 표시 순서에 따라 각각 같은 건물을 의미하는 것이라고 인식될 여지가 있고, 더욱이 경매기록에서 경매목적물의 표시가 '에이동'과 '가동'으로 병기되어 있었던 이상, 경매가 진행되면서 낙찰인을 포함하여 입찰에 참가하고자 한 사람들로서도 위 임대차를 대항력 있는 임대차로 인식하는 데에 아무런 어려움이 없었다는 이유로 임차인의 주민등록이 임대차의 공시방법으로 유효하다고 판단한 사례

2-15 연립주택에서 공부상 '1층 101호' 전입신고상 '1층 201호' 임차인의 대항력

대법원 1995. 8. 11. 선고 95다177 판결

판결요지

신축중인 연립주택 중 1층 소재 주택의 임차인이 주민등록 이전시 잘못된 현관문의 표시대로 '1층 201호'라고 전입신고를 마쳤는데, 준공 후 그 주택이 공부상 '1층 101호'로 등재된 경우, 주택임대차보호법상의 대항력이 없다고 한 사례

2-16 다가구주택에서 대항력을 갖추기 위해 호수까지 기재해야 하는지 여부

대법원 1997. 11. 14. 선고 97다29530 판결

판시사항

[2] 다가구용 단독주택의 경우, 주택임대차보호법상 대항 요건을 갖추기 위해 지번 외에 호수까지 기재해야 하는지 여부(소극) 및 지번을 정확히 기재했으나 호수를 잘못 기재한 경우 대항 요건을 갖춘 것으로 볼 수 있는지 여부(적극)

판결요지

[2] 이른바 다가구용 단독주택의 경우 건축법이나 주택건설촉진법상 이를 공동주택으로 볼 근거가 없어 단독주택으로 보는 이상 주민등록법시행령 제5조 제5항에 따라 임차인이 위 건물의 일부나 전부를 임차하고, 전입신고를 하는 경우 지번만 기재하는 것으로 충분하고, 나아가 위 건물 거주자의 편의상 구분하여 놓은 호수까지 기재할 의무나 필요가 있다고 할 수 없고, 등기부의 갑구란의 각 지분 표시 뒤에 각 그 호수가 기재되어 있으나 이는 법령상의 근거가 없이 소유자들의 편의를 위하여 등기공무원이 임의적으로 기재하는 것에 불과하며, 임차인이 실제로 위 건물의 어느 부분을 임차하여 거주하고 있는지 여부의 조사는 단독주택의 경우와 마찬가지로 위 건물에 담보권 등을 설정하려는 이해관계인의 책임하에 이루어져야 할 것이므로 임차인이 전입신고로 지번을 정확히 기재하여 전입신고를 한 이상 일반 사회통념상 그 주민등록으로 위 건물에 임차인이 주소 또는 거소를 가진 자로 등록되어 있는지를 인식할 수 있어 임대차의 공시방법으로 유효하다고 할 것이고, 설사 위 임차인이 위 건물의 소유자나 거주자 등이 부르는 대로 지층 1호를 1층 1호로 잘못 알고, 이에 따라 전입신고를 '연립 - 101'로 하였다고 하더라도 달리 볼 것은 아니다.

다가구주택 내에서 호수를 변경한 전입신고를 다시 한 경우의 대항력

대법원 1998. 1. 23. 선고 97다47828 판결

판시사항

[2] 다가구용 단독주택의 경우, 주택임대차보호법상의 대항요건을 갖추기 위해서 지번 외에 호수까지 기재해야 하는지 여부(소극) 및 임차인이 같은 건물 내에서 이사를 하면서 호수를 변경한 전입신고를 다시 한 경우에도 원래의 전입신고가 유효한 공시방법이 되는지 여부(적극)

판결요지

[2] 다가구용 단독주택의 경우 건축법이나 주택건설촉진법상 이를 공동주택으로 볼 근거가 없어 단독주택으로 보아야 하는 이상 주민등록법시행령 제5조 제5항에 따라 임차인이 위 건물의 일부나 전부를 임차하여 전입신고를 하는 경우 지번만 기재하는 것으로 충분하고, 나아가 위 건물 거주자의 편의상 구분하여 놓은 호수까지 기재할 의무나 필요가 있다고 할 수 없으며, 임차인이 실제로 위 건물의 어느 부분을 임차하여 거주하고 있는지 여부의 조사는 단독주택의 경우와 마찬가지로 위 건물에 담보권 등을 설정하려는 이해관계인의 책임하에 이루어져야 하므로, 임차인이 위 건물의 지번으로 전입신고를 한 이상 일반 사회통념상 그 주민등록으로 위 건물에 위 임차인이 주소 또는 거소를 가진 자로 등록되어 있는지를 인식할 수 있어 임대차의 공시방법으로 유효하고, 그 임차인이 위 건물 중 종전에 임차하고 있던 부분에서 다른 부분으로 옮기면서 그 옮긴 부분으로 다시 전입신고를 하였다고 하더라도 이를 달리 볼 것은 아니다.

다가구주택이 다세대주택으로 변경된 경우 대항력을 상실하는지 여부

대법원 2007. 2. 8. 선고 2006다70516 판결

판결요지

[2] 처음에 다가구용 단독주택으로 소유권보존등기가 경료된 건물의 일부를 임차한 임차인은 이를 인도받고 임차 건물의 지번을 정확히 기재하여 전입신고를 하면 주택임대차보호법 소정의 대항력을 적법하게 취득하고, 나중에 다가구용 단독주택이 다세대 주택으로 변경되었다는 사정만으로 임차인이 이미 취득한 대항력을 상실하게 되는 것은 아니다.

 토지 분할 등의 사정으로 지번이 변경되었을 때 주택임차인의 대항력

대법원 1999. 12. 7. 선고 99다44762,44779 판결

판결요지

[2] 주택 임차인이 주민등록 전입신고를 할 당시 건축물관리대장 및 등기부가 작성되기 전이지만 그 전입신고 내용이 실제 건물의 소재지 지번과 정확히 일치하는 경우, 그 후 토지 분할 등의 사정으로 지번이 변경되었다고 하더라도 주택임대차보호법 제3조 제1항 소정의 주민등록으로 유효하다고 한 사례

2-20 주민등록이 직권말소된 경우 주택임차인의 대항력이 상실되는지 여부

대법원 2002. 10. 11. 선고 2002다20957 판결

판시사항

[3] 주민등록이 직권말소된 경우, 주택임대차보호법상 주택임차인의 대항력이 상실되는지 여부

> 판결요지

[3] 주택임차인의 의사에 의하지 아니하고 주민등록법 및 동법시행령에 따라 시장 군수 또는 구청장에 의하여 직권조치로 주민등록이 말소된 경우에도 원칙적으로 그 대항력은 상실된다고 할 것이지만, 주민등록법상의 직권말소제도는 거주관계 등 인구의 동태를 상시로 명확히 파악하여 주민생활의 편익을 증진시키고 행정사무의 적정한 처리를 도모하기 위한 것이고, 주택임대차보호법에서 주민등록을 대항력의 요건으로 규정하고 있는 것은 거래의 안전을 위하여 임대차의 존재를 제3자가 명백히 인식할 수 있게 위한 것으로서 그 취지가 다르므로, 직권말소 후 동법 소정의 이의절차에 따라 그 말소된 주민등록이 회복되거나 동법시행령 제29조에 의하여 재등록이 이루어짐으로써 주택임차인에게 주민등록을 유지할 의사가 있었다는 것이 명백히 드러난 경우에는 소급하여 그 대항력이 유지된다고 할 것이고, 다만, 그 직권말소가 주민등록법 소정의 이의절차에 의하여 회복된 것이 아닌 경우에는 직권말소 후 재등록이 이루어지기 이전에 주민등록이 없는 것으로 믿고 임차주택에 관하여 새로운 이해관계를 맺은 선의의 제3자에 대하여는 임차인은 대항력의 유지를 주장할 수 없다고 봄이 상당하다.

기존 채권을 보증금으로 전환하여 임대차계약을 체결한 경우의 대항력

대법원 2002. 1. 8. 선고 2001다47535 판결

> 판시사항

기존 채권을 임대차보증금으로 전환하여 임대차계약을 체결한 경우, 그 사정만으로 임차인의 주택임대차보호법상의 대항력이 부정되는지 여부(소극)

> 판결요지

주택임차인이 대항력을 갖는지 여부는, 주택임대차보호법 제3조 제1항에서 정한 요건, 즉 임대차계약의 성립, 주택의 인도, 주민등록의 요건

을 갖추었는지 여부에 의하여 결정되는 것이므로, 당해 임대차계약이 통정허위표시에 의한 계약이어서 무효라는 등의 특별한 사정이 있는 경우는 별론으로 하고 임대차계약 당사자가 기존 채권을 임대차보증금으로 전환하여 임대차계약을 체결하였다는 사정만으로 임차인이 같은 법 제3조 제1항 소정의 대항력을 갖지 못한다고 볼 수는 없다.

 대항력의 발생 시기

대법원 1999. 5. 25. 선고 99다9981 판결

판시사항

주택임대차보호법 제3조에 의한 대항력이 생기는 시점인 '익일'의 의미(=익일 오전 영시)

판결요지

주택임대차보호법 제3조의 임차인이 주택의 인도와 주민등록을 마친 때에는 그 '익일부터' 제3자에 대하여 효력이 생긴다고 함은 익일 오전 영시부터 대항력이 생긴다는 취지이다.

 주택임대차보호법상 임차인으로서 대항력을 갖는 시기의 사례

대법원 2000. 2. 11. 선고 99다59306 판결

판시사항

[3] 갑이 주택에 관하여 소유권이전등기를 경료하고 주민등록 전입신고까지 마친 다음 처와 함께 거주하다가 을에게 매도함과 동시에 그로부터 이를 다시 임차하여 계속 거주하기로 약정하고 처 명의의 임대차계약을 체결한 후에야 을 명의의 소유권이전등기가 경료된 경우, 갑의 처가 주택임대차보호법상 임차인으로서 대항력을 갖는 시기(시기)(=을 명의의 소유권이전등기 익일부터)

> 판결요지

[3] 갑이 주택에 관하여 소유권이전등기를 경료하고 주민등록 전입신고까지 마친 다음 처와 함께 거주하다가 을에게 매도함과 동시에 그로부터 이를 다시 임차하여 계속 거주하기로 약정하고 임차인을 갑의 처로 하는 임대차계약을 체결한 후에야 을 명의의 소유권이전등기가 경료된 경우, 제3자로서는 주택에 관하여 갑으로부터 을 앞으로 소유권이전등기가 경료되기 전에는 갑의 처의 주민등록이 소유권 아닌 임차권을 매개로 하는 점유라는 것을 인식하기 어려웠다 할 것이므로, 갑의 처의 주민등록은 주택에 관하여 을 명의의 소유권이전등기가 경료되기 전에는 주택임대차의 대항력 인정의 요건이 되는 적법한 공시방법으로서의 효력이 없고 을 명의의 소유권이전등기가 경료된 날에야 비로소 갑의 처와 을 사이의 임대차를 공시하는 유효한 공시방법이 된다고 할 것이며, 주택임대차보호법 제3조 제1항에 의하여 유효한 공시방법을 갖춘 다음 날인 을 명의의 소유권이전등기일 익일부터 임차인으로서 대항력을 갖는다.

2-24 전세권설정등기가 대항력을 상실하지 않도록 영향을 미치는지 여부

대법원 2007. 6. 28. 선고 2004다69741 판결

> 판시사항

[1] 전세권과 임대차의 법적 성질

[2] 주택임차인이 그 지위를 강화하고자 별도로 전세권설정등기를 마친 경우, 주택임차인이 주택임대차보호법 제3조 제1항의 대항요건을 상실하면 이미 취득한 주택임대차보호법상의 대항력 및 우선변제권을 상실하는지 여부(적극)

> 판결요지

[1] 전세권은 전세금을 지급하고 타인의 부동산을 점유하여 그 부동산의 용도에 좇아 사용·수익하며 그 부동산 전부에 대하여 후순위권리자 기타 채권자보다 전세금의 우선변제를 받을 권리를 내용으로 하는 물권이지만, 임대차는 당사자 일방이 상대방에게 목적물을 사

용·수익하게 할 것을 약정하고 상대방이 이에 대하여 차임을 지급할 것을 약정함으로써 그 효력이 발생하는 채권계약으로서, 주택임차인이 주택임대차보호법 제3조 제1항의 대항요건을 갖추거나 민법 제621조의 규정에 의한 주택임대차등기를 마치더라도 채권계약이라는 기본적인 성질에 변함이 없다.

[2] 주택임차인이 그 지위를 강화하고자 별도로 전세권설정등기를 마치더라도 주택임대차보호법상 주택임차인으로서의 우선변제를 받을 수 있는 권리와 전세권자로서 우선변제를 받을 수 있는 권리는 근거 규정 및 성립요건을 달리하는 별개의 것이라는 점, 주택임대차보호법 제3조의3 제1항에서 규정한 임차권등기명령에 의한 임차권등기와 동법 제3조의4 제2항에서 규정한 주택임대차등기는 공통적으로 주택임대차보호법상의 대항요건인 '주민등록일자', '점유개시일자' 및 '확정일자'를 등기사항으로 기재하여 이를 공시하지만 전세권설정등기에는 이러한 대항요건을 공시하는 기능이 없는 점, 주택임대차보호법 제3조의4 제1항에서 임차권등기명령에 의한 임차권등기의 효력에 관한 동법 제3조의3 제5항의 규정은 민법 제621조에 의한 주택임대차등기의 효력에 관하여 이를 준용한다고 규정하고 있을 뿐 주택임대차보호법 제3조의3 제5항의 규정을 전세권설정등기의 효력에 관하여 준용할 법적 근거가 없는 점 등을 종합하면, 주택임차인이 그 지위를 강화하고자 별도로 전세권설정등기를 마쳤더라도 주택임차인이 주택임대차보호법 제3조 제1항의 대항요건을 상실하면 이미 취득한 주택임대차보호법상의 대항력 및 우선변제권을 상실한다.

2-25 임대인이 소유권을 상실하게 된 경우, 대항요건을 갖춘 임차인의 대항력 유무

대법원 2003. 8. 22. 선고 2003다12717 판결

판시사항

주택에 대한 매매계약의 해제로 인하여 소유권을 상실하게 된 임대인으로부터 그 계약이 해제되기 전에 주택을 임차받아 주택임대차보호법상의 대항요건을 갖춘 임차인에 대하여 계약해제로 소유권을 회복한 제3자가 임대보증금반환채무를 부담하는지 여부(적극)

판결요지

소유권을 취득하였다가 계약해제로 인하여 소유권을 상실하게 된 임대인으로부터 그 계약이 해제되기 전에 주택을 임차받아 주택의 인도와 주민등록을 마침으로써 주택임대차보호법 제3조 제1항에 의한 대항요건을 갖춘 임차인은 민법 제548조 제1항 단서의 규정에 따라 계약해제로 인하여 권리를 침해받지 않는 제3자에 해당하므로 임대인의 임대권원의 바탕이 되는 계약의 해제에도 불구하고 자신의 임차권을 새로운 소유자에게 대항할 수 있고, 이 경우 계약해제로 소유권을 회복한 제3자는 주택임대차보호법 제3조 제2항에 따라 임대인의 지위를 승계한다.

03 Chapter
임차주택의 양도와 대항력

임차주택의 양수인은 임대할 권리를 확정적으로 이전받아야

주택임대차보호법은 "임차주택의 양수인(기타 임대할 권리를 승계한 자를 포함한다)은 임대인의 지위를 승계한 것으로 본다"라고 규정하는바, 위 규정에 의해 임대인의 지위를 승계한 것으로 보게 되는 임차주택의 양수인이 되려면 주택을 임대할 권리나 이를 수반하는 권리를 종국적·확정적으로 이전받게 되는 경우라야 한다.

임대인의 지위를 승계하면, 양도인은 보증금반환 채무 소멸

대항력 있는 주택임대차에 있어 기간 만료나 당사자의 합의 등으로 임대차가 종료된 경우에도 임차인은 보증금을 반환받을 때까지 임대차관계가 존속하는 것으로 의제되므로 그러한 상태에서 임차목적물이 양도되는 경우에는 양수인에게 임대차가 종료된 상태에서의 임대인으로서의 지위가 당연히 승계되고, 양수인이 임대인의 지위를 승계하는 경우에는 임대차보증금 반환채무도 부동산의 소유권과 결합해 일체로서 이전하는 것이므로 양도인의 임대인으로서의 지위나 보증금 반환채무는 소멸한다.

하지만, 임차인의 보호를 위한 임대차보호법의 입법 취지에 비추어 임차인이 임대인의 지위승계를 원하지 않는 경우에는 임차인이 임차주택의 양도사실을 안 때로부터 상당한 기간 내에 이의를 제기함으로써 승계되는 임대차관계의 구속으로부터 벗어날 수 있다고 봄이 상당하고, 그와 같은 경우에는 양도인의 임차인에 대한 보증금 반환채무는 소멸하지 않는다.

임차주택이 경매되는 경우, 임차인은 임대차계약을 해지 가능

임차주택의 양수인에게 대항할 수 있는 임차권자라도 스스로 임대차관계의 승계를 원하지 아니할 때에는 승계되는 임대차관계의 구속을 면할 수 있다고 보아야 하므로, 임차주택이 임대차기간의 만료 전에 경매되는 경우 임대차계약을 해지함으로써 종료시키고 우선변제를 청구할 수 있다. 그 경우 임차인에게 인정되는 해지권은 임차인의 사전 동의 없이 임대차 목적물인 주택이 경락으로 양도됨에 따라 임차인이 임대차의 승계를 원하지 아니할 경우에는 스스로 임대차를 종료시킬 수 있어야 한다는 공평의 원칙 및 신의성실의 원칙에 근거한 것이므로, 해지 통고 즉시 그 효력이 생긴다.

대항력을 갖춘 임차인은 매매계약이 해제되더라도 새로운 소유자에게 대항__

매매계약의 이행으로 매매목적물을 인도받은 매수인은 그 물건을 사용·수익할 수 있는 지위에서 그 물건을 타인에게 적법하게 임대할 수 있으며, 이러한 지위에 있는 매수인으로부터 매매계약이 해제되기 전에 매매목적물인 주택을 임차해 주택의 인도와 주민등록을 마침으로써 대항요건을 갖춘 임차인은 임대인의 임대권원의 바탕이 되는 계약의 해제에도 불구하고 자신의 임차권을 새로운 소유자에게 대항할 수 있다.

3-1 임차주택의 양수인이 되기 위한 요건

대법원 2002. 4. 12. 선고 2000다70460 판결

판시사항
[1] 주택임대차보호법 제3조 제2항에 의하여 임대인의 지위를 승계한 것으로 보게 되는 임차주택의 양수인이 되기 위한 요건
[2] 신탁법상의 신탁의 효력
[3] 임대차의 목적이 된 주택을 담보목적으로 신탁법에 따라 신탁한 경우에도 수탁자는 주택임대차보호법 제3조 제2항에 의하여 임대인의 지위를 승계한다고 한 사례

판결요지
[1] 주택임대차보호법 제3조 제2항은 "임차주택의 양수인(기타 임대할 권리를 승계한 자를 포함한다)은 임대인의 지위를 승계한 것으로 본다"라고 규정하는바, 위 규정에 의하여 임대인의 지위를 승계한 것으로 보게 되는 임차주택의 양수인이 되려면 주택을 임대할 권리나

이를 수반하는 권리를 종국적·확정적으로 이전받게 되는 경우라야 한다.

[2] 신탁법상의 신탁은 위탁자가 수탁자에게 특정의 재산권을 이전하거나 기타의 처분을 하여 수탁자로 하여금 신탁 목적을 위하여 그 재산권을 관리·처분하게 하는 것이므로(신탁법 제1조 제2항), 부동산의 신탁에 있어서 수탁자 앞으로 소유권이전등기를 마치게 되면 대내외적으로 소유권이 수탁자에게 완전히 이전되고, 위탁자와의 내부관계에 있어서 소유권이 위탁자에게 유보되어 있는 것은 아니라 할 것이며, 이와 같이 신탁의 효력으로서 신탁재산의 소유권이 수탁자에게 이전되는 결과 수탁자는 대내외적으로 신탁재산에 대한 관리권을 갖는 것이고, 다만, 수탁자는 신탁의 목적 범위 내에서 신탁계약에 정하여진 바에 따라 신탁재산을 관리하여야 하는 제한을 부담함에 불과하다.

[3] 임대차의 목적이 된 주택을 담보목적으로 신탁법에 따라 신탁한 경우에도 수탁자는 주택임대차보호법 제3조 제2항에 의하여 임대인의 지위를 승계한다고 한 사례

3-2 임차주택이 양도된 경우 양도인의 임차보증금반환 채무 소멸 여부

대법원 1996. 2. 27. 선고 95다35616 판결

판시사항

[2] 대항력을 갖춘 임차권 있는 주택이 양도되어 양수인에게 임대인의 지위가 승계된 경우, 양도인의 임차보증금반환 채무가 소멸되는지 여부(적극)

판결요지

[2] 주택의 임차인이 제3자에 대한 대항력을 갖춘 후 임차주택의 소유권이 양도되어 그 양수인이 임대인의 지위를 승계하는 경우에는, 임대차보증금의 반환채무도 부동산의 소유권과 결합하여 일체로서 이전하는 것이므로 양도인의 임대인으로서의 지위나 보증금반환 채무는 소멸한다.

3-3 임차주택 양도에서 양도인의 보증금반환 채무가 소멸되지 않는다고 본 사례

대법원 2002. 9. 4. 선고 2001다64615 판결

판시사항

[1] 대항력 있는 주택임대차에 있어 기간만료나 당사자의 합의 등으로 임대차가 종료된 상태에서 임차주택이 양도되었으나 임차인이 임대인의 지위승계를 원하지 않는 경우, 임차인이 임차주택의 양도사실을 안 때로부터 상당한 기간 내에 이의를 제기하면 양도인의 임차인에 대한 보증금 반환채무는 소멸하지 않게 되는지 여부(적극)

판결요지

[1] 대항력 있는 주택임대차에 있어 기간만료나 당사자의 합의 등으로 임대차가 종료된 경우에도 주택임대차보호법 제4조 제2항에 의하여 임차인은 보증금을 반환받을 때까지 임대차관계가 존속하는 것으로 의제되므로 그러한 상태에서 임차목적물인 부동산이 양도되는 경우에는 같은 법 제3조 제2항에 의하여 양수인에게 임대차가 종료된 상태에서의 임대인으로서의 지위가 당연히 승계되고, 양수인이 임대인의 지위를 승계하는 경우에는 임대차보증금 반환채무도 부동산의 소유권과 결합하여 일체로서 이전하는 것이므로 양도인의 임대인으로서의 지위나 보증금 반환채무는 소멸하는 것이지만, 임차인의 보호를 위한 임대차보호법의 입법 취지에 비추어 임차인이 임대인의 지위승계를 원하지 않는 경우에는 임차인이 임차주택의 양도사실을 안 때로부터 상당한 기간 내에 이의를 제기함으로써 승계되는 임대차관계의 구속으로부터 벗어날 수 있다고 봄이 상당하고, 그와 같은 경우에는 양도인의 임차인에 대한 보증금 반환채무는 소멸하지 않는다.

3-4 임차기간 만료 전 임차주택이 경매되는 경우 임차인의 계약해지권

대법원 1996. 7. 12. 선고 94다37646 판결

판시사항

[1] 임차 주택이 임차기간 만료 전에 경매되는 경우, 대항력을 갖춘 임차인의 계약해지권과 우선변제청구권의 유무(적극) 및 그 해지의 효력 발생시기

판결요지

[1] 임차 주택의 양수인에게 대항할 수 있는 임차권자라도 스스로 임대차관계의 승계를 원하지 아니할 때에는 승계되는 임대차관계의 구속을 면할 수 있다고 보아야 하므로, 임차주택이 임대차기간의 만료 전에 경매되는 경우 임대차계약을 해지함으로써 종료시키고 우선변제를 청구할 수 있다. 그 경우 임차인에게 인정되는 해지권은 임차인의 사전 동의 없이 임대차목적물인 주택이 경락으로 양도됨에 따라 임차인이 임대차의 승계를 원하지 아니할 경우에는 스스로 임대차를 종료시킬 수 있어야 한다는 공평의 원칙 및 신의성실의 원칙에 근거한 것이므로, 해지통고 즉시 그 효력이 생긴다.

3-5 미등기무허가 건물 주택임차인의 대항력 유무

대법원 1987. 3. 24. 선고 86다카164 판결

판시사항

미등기무허가 건물을 양도받아 사실상 소유권을 행사하는 양수인이 주택임대차보호법 제3조 제2항 소정의 임대주택 양수인에 해당하는지 여부

판결요지

주택임대차보호법의 목적과 동법 제3조 제2항의 규정에 비추어 볼 때, 건물이 미등기인 관계로 그 건물에 대하여 아직 소유권이 전등기를 경료하지는 못하였지만 그 건물에 대하여 사실상 소유자로서의 권리를 행사하고 있는 자는 전소유자로부터 위 건물의 일부를 임차한 자에 대

한 관계에서는 위 사실상 소유자가 동법 제3조 제2항 소정의 주택의 양수인으로서 임대인의 지위를 승계하였다고 볼 수 있다.

3-6 대지만을 경락받은 자가 '임차주택의 양수인'에 해당하는지 여부

대법원 1998. 4. 10. 선고 98다3276 판결

판시사항

임차주택의 대지만을 경락받은 자가 주택임대차보호법 제3조 제2항 소정의 '임차주택의 양수인'에 해당하는지 여부(소극)

판결요지

주택임대차보호법 제3조 제2항에서 말하는 임대인의 지위를 승계한 것으로 보는 임차주택의 양수인이라 함은 같은 법 제1조 및 제2조의 규정 내용에 비추어 보면 임대차의 목적이 된 주거용 건물의 양수인을 의미하고, 같은 법 제3조의2 제1항이 같은 법에서 정한 대항요건을 갖춘 임차인에게 경매 또는 공매에 의한 임차주택의 대지의 환가대금에서 후순위권리자들보다 보증금을 우선변제받을 권리를 인정하였다고 하여도 그 대지를 경락받은 자를 위에서 말하는 임차주택의 양수인이라고 할 수는 없다.

3-7 주택 임차인이 법인인 경우의 대항력 유무

대법원 2003. 7. 25. 선고 2003다2918 판결

판시사항

주택 임차인이 법인인 경우 주택 양수인이 임대인의 지위를 당연히 승계하는지 여부(소극)

판결요지

주택임대차보호법 제3조 제1항, 제2항의 규정에 의하면, 주택의 임차인은 건물에 입주하고 주민등록을 함으로써 제3자에 대하여 대항력을 갖추게 되고, 대항력이 구비된 후에 임차 건물이 양도된 경우 양수인은

임대인의 지위를 승계한 것으로 본다고 하고 있으며, 이 경우 임차보증금반환채무는 임대인의 지위를 승계한 양수인에게 이전되고 양도인의 채무는 소멸하는 것으로 해석할 것이나, 법인에게 주택을 임대한 경우에는 법인은 주택임대차보호법 제3조 제1항 소정의 대항요건의 하나인 주민등록을 구비할 수 없으므로 임대인이 위 임대주택을 양도하더라도 그 양수인이 주택임대차보호법에 의하여 임대인의 지위를 당연히 승계하는 것이 아니고 따라서 임대인의 임차보증금반환채무를 면책시키기로 하는 당사자들 사이의 특약이 있다는 등의 특별한 사정이 없는 한 임대인의 법인에 대한 임차보증금반환채무는 소멸하지 아니한다.

주택이 양도된 이후 주민등록을 이전한 임차인의 보증금반환 청구 당사자

대법원 1993. 12. 7. 선고 93다36615 판결

판시사항

임차주택의 양수인이 임차보증금반환채무를 부담하게 된 이후에 임차인이 주민등록을 옮긴 경우의 법률관계

판결요지

주택의 임차인이 제3자에 대하여 대항력을 구비한 후에 임대주택의 소유권이 양도된 경우에는 그 양수인이 임대인의 지위를 승계하게 되므로, 임대인의 임차보증금반환채무도 양수인에게 이전되는 것이고, 이와 같이 양수인이 임차보증금반환채무를 부담하게 된 이후에 임차인이 주민등록을 다른 곳으로 옮겼다 하여 이미 발생한 임차보증금반환채무가 소멸하는 것은 아니다.

명의수탁자가 소유자임을 내세워 주택의 명도를 구할 수 있는지 여부

대법원 1999. 4. 23. 선고 98다49753 판결

판시사항

[1] 주택의 명의신탁자와 임대차계약을 체결한 임차인에 대하여 명의수탁자가 자신이 소유자임을 내세워 주택의 명도를 구할 수 있는지 여부(소극)

[2] 주택의 명의신탁자가 임대차계약을 체결한 후 명의수탁자가 명의신탁자로부터 그 주택의 처분권한을 종국적으로 이전 받은 경우, 명의수탁자는 주택임대차보호법 제3조 제2항 소정의 임차주택의 양수인에 해당하는지 여부(적극)

판결요지

[1] 주택임대차보호법이 적용되는 임대차는 반드시 임차인과 주택의 소유자인 임대인 사이에 임대차계약이 체결된 경우에 한정된다고 할 수는 없고, 주택의 소유자는 아니지만 주택에 관하여 적법하게 임대차계약을 체결할 수 있는 권한(적법한 임대권한)을 가진 명의신탁자 사이에 임대차계약이 체결된 경우도 포함된다고 할 것이고, 이 경우 임차인은 등기부상 주택의 소유자인 명의수탁자에 대한 관계에서도 적법한 임대차임을 주장할 수 있는 반면 명의수탁자는 임차인에 대하여 그 소유자임을 내세워 명도를 구할 수 없다.

[2] 주택의 명의신탁자가 임대차계약을 체결한 후 명의수탁자가 명의신탁자로부터 주택을 임대할 권리를 포함하여 주택에 대한 처분권한을 종국적으로 이전받는 경우에 임차인이 주택의 인도와 주민등록을 마친 이상 명의수탁자는 주택임대차보호법 제3조 제2항의 규정에 의하여 임차인과의 관계에서 그 주택의 양수인으로서 임대인의 지위를 승계하였다고 보아야 한다.

분양계약의 해제 후, 대항요건을 갖춘 임차인의 대항력을 인정한 사례

대법원 2009. 1. 30. 선고 2008다65617 판결

판시사항

[1] 매매계약의 이행으로 주택을 인도받아 그 임대권한을 명시적 또는 묵시적으로 부여받은 매수인으로부터 매매계약의 해제 전에 그 주택을 임차하여 주택임대차보호법상의 대항요건을 갖춘 임차인이, 매매계약의 해제에도 불구하고 자신의 임차권으로 매도인의 명도청구에 대항할 수 있는지 여부(적극)

[2] 아파트 수분양자가 입주 잔금을 지급할 무렵 분양계약에 따라 분양자로부터 아파트를 인도받고 나아가 그 임대권한을 묵시적으로 부여받았다고 보아, 수분양자로부터 아파트를 임차하여 주택임대차보호법 제3조 제1항에 정한 대항요건을 갖춘 임차인이 분양계약의 해제에도 불구하고 자신의 임차권으로 분양자의 명도청구에 대항할 수 있다고 한 사례

 ### 매매계약의 해제에도 불구하고, 임차인의 대항력을 인정한 사례

대법원 2008. 4. 10. 선고 2007다38908,38915 판결

판시사항

[2] 매매계약의 해제 전에 매수인으로부터 매매목적물인 주택을 임차하여 주택임대차보호법상의 대항요건을 갖춘 임차인이 매매계약의 해제에도 불구하고 자신의 임차권을 새로운 소유자에게 대항할 수 있는지 여부(적극)

[3] 아파트 수분양자가 분양자로부터 열쇠를 교부받아 임차인을 입주케 하고 임차인이 주택임대차보호법상 대항력을 갖춘 후 다른 사정으로 분양계약이 해제되어 임대인인 수분양자가 주택의 소유권을 취득하지 못한 사안에서, 임차인은 아파트 소유자인 분양자에 대하여 임차권으로 대항할 수 있다고 한 사례

판결요지

[2] 매매계약의 이행으로 매매목적물을 인도받은 매수인은 그 물건을 사용·수익할 수 있는 지위에서 그 물건을 타인에게 적법하게 임대할 수 있으며, 이러한 지위에 있는 매수인으로부터 매매계약이 해제되기 전에 매매목적물인 주택을 임차하여 주택의 인도와 주민등록을 마침으로써 주택임대차보호법 제3조 제1항에 의한 대항요건을 갖춘 임차인은 민법 제548조 제1항 단서에 따라 계약해제로 인하여 권리를 침해받지 않는 제3자에 해당하므로 임대인의 임대권원의 바탕이 되는 계약의 해제에도 불구하고 자신의 임차권을 새로운 소유자에게 대항할 수 있다.

[3] 아파트 수분양자가 분양자로부터 열쇠를 교부받아 임차인을 입주케 하고 임차인이 주택임대차보호법상 대항력을 갖춘 후, 수분양자가 분양계약상 아파트 입주를 위하여 요구되는 의무를 다하지 못하여 분양계약이 해제되어 수분양자가 주택의 소유권을 취득하지 못한 사안에서, 임차인은 아파트 소유자인 분양자에 대하여 임차권으로 대항할 수 있다고 한 사례

3-12 매매계약이 해제됨으로서 대항요건을 갖춘 임차인이 대항력을 상실한 사례

대법원 1995. 12. 12. 선고 95다32037 판결

판시사항

[1] 주택 매매계약에 부수하여 매매대금 수령 이전에 매수인에게 임대권한을 부여한 경우, 이는 매매계약의 해제를 해제조건으로 한 것이라고 본 사례

[2] [1]항의 매매계약이 해제된 경우, 매수인으로부터 주택을 임차한 임차인이 주택임대차보호법상의 대항요건을 구비하였음을 이유로 매도인에게 대항할 수 있는지 여부

> **판결요지**

[1] 주택 매매계약에 부수하여 매매대금 수령 이전에 매수인에게 임대권한을 부여한 경우, 이는 매매계약의 해제를 해제조건으로 한 것이라고 본 사례

[2] 매도인으로부터 매매계약의 해제를 해제조건부로 전세 권한을 부여받은 매수인이 주택을 임대한 후 매도인과 매수인 사이의 매매계약이 해제됨으로써 해제조건이 성취되어 그 때부터 매수인이 주택을 전세 놓을 권한을 상실하게 되었다면, 임차인은 전세계약을 체결할 권한이 없는 자와 사이에 전세계약을 체결한 임차인과 마찬가지로 매도인에 대한 관계에서 그 주택에 대한 사용수익권을 주장할 수 없게 되어 매도인의 명도 청구에 대항할 수 없게 되는바, 이러한 법리는 임차인이 그 주택에 입주하고 주민등록까지 마쳐 주택임대차보호법상의 대항요건을 구비하였거나 전세계약서에 확정일자를 부여받았다고 하더라도 마찬가지이다.

임차인이 당해 주택을 양수한 경우, 임대인의 보증금반환채무의 소멸 여부

대법원 1996. 11. 22. 선고 96다38216 판결

> **판시사항**

대항력을 갖춘 주택 임차인이 당해 주택을 양수한 경우, 임대인의 보증금반환채무의 소멸 여부(적극)

> **판결요지**

주택의 임차인이 제3자에 대한 대항력을 갖춘 후 임차주택의 소유권이 양도되어 그 양수인이 임대인의 지위를 승계하는 경우에는, 임대차보증금의 반환채무도 부동산의 소유권과 결합하여 일체로서 이전하는 것이므로 양도인의 임대인으로서의 지위나 보증금반환채무는 소멸하는 것이고, 대항력을 갖춘 임차인이 양수인이 된 경우라고 하여 달리 볼 이유가 없으므로 대항력을 갖춘 임차인이 당해 주택을 양수한 때에도 임대인의 보증금반환채무는 소멸하고 양수인인 임차인이 임대인의 자신

에 대한 보증금반환채무를 인수하게 되어, 결국 임차인의 보증금반환채권은 혼동으로 인하여 소멸하게 된다.

선순위 저당권이 있을 때, 임차인의 경락인에 대한 대항력 유무

대법원 1999. 4. 23. 선고 98다32939 판결

판시사항
[3] 후순위 저당권의 실행으로 주택이 경락된 경우, 선순위 저당권과 후순위 저당권 사이에 대항력을 갖춘 임차인이 경락인에 대하여 그 임차권의 효력을 주장할 수 있는지 여부(소극)

판결요지
[3] 민사소송법 제608조 제2항이 존속기간의 정함이 없거나 같은 법 제611조의 등기 후 6월 이내에 그 기간이 만료되는 전세권을 저당권과 함께 소멸하는 것으로 규정하고 있는 것은 전세권의 우선변제적 효력에 근거하여 담보물권처럼 취급한 결과이므로, 이는 선행하는 저당권이 없는 상태에서 존재하는 전세권에 관하여 규정한 것으로 보아야지, 선행하는 저당권이 있고 그것이 경매로 인하여 소멸하는 경우에도 당연히 적용된다고 볼 것은 아니고, 또한 위 조항은 경락으로 인하여 용익물권이나 대항력을 갖춘 임차권이 소멸하는지 여부에 대하여 규정한 것도 아니므로, 경락으로 인한 용익물권이나 대항력을 갖춘 임차권의 소멸 여부는 민사소송법에 명문의 규정이 없다고 할 것이니 이는 결국 해석에 의하여 결정될 수밖에 없는데, 후순위 저당권의 실행으로 목적부동산이 경락된 경우에는 민사소송법 제728조, 제608조 제2항의 규정에 의하여 선순위 저당권까지도 당연히 소멸하는 것이므로, 이 경우 비록 후순위 저당권자에게는 대항할 수 있는 임차권이라 하더라도 소멸된 선순위 저당권보다 뒤에 등기되었거나 대항력을 갖춘 임차권은 함께 소멸하는 것이고, 따라서 그 경락인은 주택임대차보호법 제3조에서 말하는 임차주택의 양수인 중에 포함된다고 할 수 없을 것이므로 경락인에 대하여 그 임차권의 효력을 주장할 수 없다.

3-15 가압류등기 후 부동산을 임차한 자의 경락인에 대한 대항력 유무

대법원 1983. 4. 26. 선고 83다카116 판결

판결요지

임차인이 주민등록전입신고를 마치고 입주사용함으로써 주택임대차보호법 제3조에 의하여 그 임차권이 대항력을 갖는다 하더라도 부동산에 대하여 가압류등기가 마쳐진 후에 그 채무자로부터 그 부동산을 임차한 자는 가압류집행으로 인한 처분금지의 효력에 의하여 가압류사건의 본안판결의 집행으로 그 부동산을 취득한 경락인에게 그 임대차의 효력을 주장할 수 없다.

3-16 보증금반환채권이 가압류된 후 주택양수인이 제3채무자의 지위승계 여부

대법원 2013. 1. 17. 선고 2011다49523 전원합의체 판결

판시사항

주택임대차보호법상 대항력을 갖춘 임차인의 임대차보증금반환채권이 가압류된 상태에서 임대주택이 양도된 경우, 양수인이 채권가압류의 제3채무자 지위를 승계하는지 여부(적극) 및 이 경우 가압류채권자는 양수인에 대하여만 가압류의 효력을 주장할 수 있는지 여부(적극)

판결요지

[다수의견] 주택임대차보호법 제3조 제3항은 같은 조 제1항이 정한 대항요건을 갖춘 임대차의 목적이 된 임대주택(이하 '임대주택'은 주택임대차보호법의 적용대상인 임대주택을 가리킨다)의 양수인은 임대인의 지위를 승계한 것으로 본다고 규정하고 있는바, 이는 법률상의 당연승계 규정으로 보아야 하므로, 임대주택이 양도된 경우에 양수인은 주택의 소유권과 결합하여 임대인의 임대차계약상의 권리·의무 일체를 그대로 승계하며, 그 결과 양수인이 임대차보증금반환채무를 면책적으로 인수하고, 양도인은 임대차관계에서 탈퇴하여 임차인에 대한 임대차보증금반환채무를 면하게 된다. 나아가 임차인에 대하여 임대차보증금반환채

무를 부담하는 임대인임을 당연한 전제로 하여 임대차보증금반환채무의 지급금지를 명령받은 제3채무자의 지위는 임대인의 지위와 분리될 수 있는 것이 아니므로, 임대주택의 양도로 임대인의 지위가 일체로 양수인에게 이전된다면 채권가압류의 제3채무자의 지위도 임대인의 지위와 함께 이전된다고 볼 수밖에 없다. 한편 주택임대차보호법상 임대주택의 양도에 양수인의 임대차보증금반환채무의 면책적 인수를 인정하는 이유는 임대주택에 관한 임대인의 의무 대부분이 그 주택의 소유자이기만 하면 이행가능하고 임차인이 같은 법에서 규정하는 대항요건을 구비하면 임대주택의 매각대금에서 임대차보증금을 우선변제받을 수 있기 때문인데, 임대주택이 양도되었음에도 양수인이 채권가압류의 제3채무자의 지위를 승계하지 않는다면 가압류권자는 장차 본집행절차에서 주택의 매각대금으로부터 우선변제를 받을 수 있는 권리를 상실하는 중대한 불이익을 입게 된다. 이러한 사정들을 고려하면, 임차인의 임대차보증금반환채권이 가압류된 상태에서 임대주택이 양도되면 양수인이 채권가압류의 제3채무자의 지위도 승계하고, 가압류권자 또한 임대주택의 양도인이 아니라 양수인에 대하여만 위 가압류의 효력을 주장할 수 있다고 보아야 한다.

3-17 선순위 양도담보의 경우, 임차인이 경락인에 대하여 대항력 유무

대법원 2001. 1. 5. 선고 2000다47682 판결

판시사항

[2] 주택임대차보호법 소정의 대항요건을 갖춘 주택임차인이 그에 앞서 담보권을 취득한 담보권자 또는 그 담보권에 기한 환가절차에서 당해 주택을 취득하는 취득자에 대하여 자신의 임차권을 주장할 수 있는지 여부(소극) 및 이러한 법리는 양도담보의 경우에도 그대로 적용되는지 여부(적극)

판결요지

[2] 주택의 임대차는 그 등기가 없는 경우에도 임차인이 주택의 인도와 주민등록을 마친 때에는 그 익일부터 제3자에 대하여 효력이 생기

고, 그 경우 임차주택의 양수인은 임대인의 지위를 승계한 것으로 보게 되나, 이와 같은 대항요건을 갖춘 주택임차인이라고 하더라도 그에 앞서 담보권을 취득한 담보권자에게는 대항할 수 없고, 그러한 경우에는 그 주택임차인은 그 담보권에 기한 환가절차에서 당해 주택을 취득하는 취득자에 대하여도 자신의 임차권을 주장할 수 없다고 할 것인바, 이러한 법리는 채무의 담보를 위하여 부동산의 소유권을 이전하는 양도담보의 경우에도 그대로 타당하다.

Chapter 04
주택임차인의 우선변제권

확정일자를 갖춘 경우 우선변제권은 주택의 인도와 주민등록을 마친 다음 날__

　주택임대차는 그 등기가 없는 경우에도 임차인이 주택의 인도와 주민등록을 마친 때에는 그 익일부터 제3자에 대해 효력이 생긴다고 규정하고 있고, 대항요건과 임대차계약증서상의 확정일자를 갖춘 임차인은 경매 등에 의한 환가대금에서 후순위권리자 기타 채권자보다 우선해 보증금을 변제받을 권리가 있다고 규정하고 있는바, 주택의 임차인이 주택의 인도와 주민등록을 마친 당일 또는 그 이전에 임대차계약증서상에 확정일자를 갖춘 경우 우선변제권은 대항력과 마찬가지로 주택의 인도와 주민등록을 마친 다음 날을 기준으로 발생한다.

실제 주거용 주택에 우선변제권 부여__

　주택임대차로서의 우선변제권을 취득한 것처럼 외관을 만들었을 뿐 실제 주택을 주거용으로 사용·수익할 목적을 갖지 않은 계약이나, 대항력 있는 임차인으로 보호받아 기존 채권을 회수하려는 것에 있는 경우에는 주택임대차보호법이 정하고 있는 우선변제권을 부여할 수 없다.

우선변제권은 미등기 주택에도 적용

대항요건 및 확정일자를 갖춘 임차인과 소액임차인의 임차주택에 대한 우선변제권에 관한 법리는 임차주택이 미등기인 경우에도 그대로 적용된다. 대항요건 및 확정일자를 갖춘 임차인과 소액임차인에게 우선변제권을 인정한 주택임대차보호법 제3조의2 및 제8조가 미등기 주택을 달리 취급하는 특별한 규정을 두고 있지 아니하므로, 임차주택의 등기 여부에 따라 그 우선변제권의 인정 여부를 달리 해석하는 것은 합리적 이유나 근거 없이 그 적용대상을 축소하거나 제한하는 것이 되어 부당하고, 민법과 달리 임차권의 등기 없이도 대항력과 우선변제권을 인정하는 같은 법의 취지에 비춰 타당하지 않다.

대지만 경매될 경우에도 우선변제권 행사 가능

대항요건 및 확정일자를 갖춘 임차인과 소액임차인은 임차주택과 대지가 함께 경매될 경우뿐만 아니라 임차주택과 별도로 대지만이 경매될 경우에도 대지의 환가대금에 대해 우선변제권을 행사할 수 있다. 이와 같은 우선변제권은 이른바 법정담보물권의 성격을 갖는 것으로서 임대차성립 시의 임차목적물인 임차주택 및 대지의 가액을 기초로 임차인을 보호하고자 인정되는 것이므로, 임대차성립 당시 임대인의 소유였던 대지가 타인에게 양도되어 임차주택과 대지의 소유자가 서로 달라진 경우에도 임차인은 대지의 경매대금에 대해 우선변제권을 행사할 수 있다.

계약서에 동·호수의 기재를 누락했어도 우선변제권 행사 가능__

주택임차인은 대항요건과 임대차계약서상에 확정일자를 갖춘 경우에는 경매절차 등에서 보증금을 우선해서 변제받을 수 있고, 여기서 확정일자의 요건을 규정한 것은 임대인과 임차인 사이의 담합으로 임차보증금의 액수를 사후에 변경하는 것을 방지하고자 하는 취지일 뿐, 대항요건으로 규정된 주민등록과 같이 당해 임대차의 존재 사실을 제3자에게 공시하고자 하는 것은 아니다.

확정일자를 받은 임대차계약서가 당사자 사이에 체결된 당해 임대차계약에 관한 것으로서 진정하게 작성된 이상, 위와 같이 임대차계약서에 임대차목적물을 표시하면서 아파트의 명칭과 그 전유 부분의 동·호수의 기재를 누락하였다는 사유만으로 주택임대차보호법 제3조의2 제2항에 규정된 확정일자의 요건을 갖추지 못하였다고 볼 수는 없다.

주택임차인의 우선변제권의 발생 시기

대법원 1999. 3. 23. 선고 98다46938 판결

판시사항

[1] 구 주택임대차보호법상 주택의 임차인이 주택의 인도와 주민등록을 마친 당일 또는 그 이전에 임대차계약증서상에 확정일자를 갖춘 경우, 같은 법 제3조의2 제1항에 의한 우선변제권의 발생 시기(= 주택의 인도와 주민등록을 마친 다음 날)

판결요지

[1] 구 주택임대차보호법(1999. 1. 21. 법률 제5614호로 개정되기 전의 것) 제3조 제1항은 임대차는 그 등기가 없는 경우에도 임차인이 주택의 인도와 주민등록을 마친 때에는 그 익일부터 제3자에 대하여 효력이 생긴다고 규정하고 있고, 같은 법 제3조의2 제1항은 같은 법 제3조 제1항의 대항요건과 임대차계약증서상의 확정일자를 갖춘 임차인은 경매 등에 의한 환가대금에서 후순위권리자 기타 채권자보다 우선하여 보증금을 변제받을 권리가 있다고 규정하고 있는바, 주택의 임차인이 주택의 인도와 주민등록을 마친 당일 또는 그 이전에 임대차계약증서상에 확정일자를 갖춘 경우 같은 법 제3조의2 제1항에 의한 우선변제권은 같은 법 제3조 제1항에 의한 대항력과 마찬가지로 주택의 인도와 주민등록을 마친 다음 날을 기준으로 발생한다.

 미등기 주택의 임차인이 우선변제권을 행사할 수 있는지 여부

대법원 2007. 6. 21. 선고 2004다26133 전원합의체 판결

판시사항

[1] 주택임대차 성립 당시 임대인의 소유였던 대지가 타인에게 양도되어 임차주택과 대지의 소유자가 서로 달라지게 된 경우, 임차인이 대지의 환가대금에 대하여 우선변제권을 행사할 수 있는지 여부(적극)

[3] 미등기 주택의 임차인이 임차주택 대지의 환가대금에 대하여 주택임대차보호법상 우선변제권을 행사할 수 있는지 여부(적극)

> **판결요지**

[1] 대항요건 및 확정일자를 갖춘 임차인과 소액임차인은 임차주택과 그 대지가 함께 경매될 경우뿐만 아니라 임차주택과 별도로 그 대지만이 경매될 경우에도 그 대지의 환가대금에 대하여 우선변제권을 행사할 수 있고, 이와 같은 우선변제권은 이른바 법정담보물권의 성격을 갖는 것으로서 임대차성립 시의 임차목적물인 임차주택 및 대지의 가액을 기초로 임차인을 보호하고자 인정되는 것이므로, 임대차 성립 당시 임대인의 소유였던 대지가 타인에게 양도되어 임차주택과 대지의 소유자가 서로 달라지게 된 경우에도 마찬가지이다.

[3] 대항요건 및 확정일자를 갖춘 임차인과 소액임차인에게 우선변제권을 인정한 주택임대차보호법 제3조의2 및 제8조가 미등기 주택을 달리 취급하는 특별한 규정을 두고 있지 아니하므로, 대항요건 및 확정일자를 갖춘 임차인과 소액임차인의 임차주택 대지에 대한 우선변제권에 관한 법리는 임차주택이 미등기인 경우에도 그대로 적용된다. 이와 달리 임차주택의 등기 여부에 따라 그 우선변제권의 인정 여부를 달리 해석하는 것은 합리적 이유나 근거 없이 그 적용대상을 축소하거나 제한하는 것이 되어 부당하고, 민법과 달리 임차권의 등기 없이도 대항력과 우선변제권을 인정하는 같은 법의 취지에 비추어 타당하지 아니하다. 다만, 소액임차인의 우선변제권에 관한 같은 법 제8조 제1항이 그 후문에서 '이 경우 임차인은 주택에 대한 경매신청의 등기 전에' 대항요건을 갖추어야 한다고 규정하고 있으나, 이는 소액보증금을 배당받을 목적으로 배당절차에 임박하여 가장 임차인을 급조하는 등의 폐단을 방지하기 위하여 소액임차인의 대항요건의 구비시기를 제한하는 취지이지, 반드시 임차주택과 대지를 함께 경매하여 임차주택 자체에 경매신청의 등기가 되어야 한다거나 임차주택에 경매신청의 등기가 가능한 경우로 제한하는 취지는 아니라 할 것이다. 대지에 대한 경매신청의 등기 전에 위 대항요건을 갖추도록 하면 입법 취지를 충분히 달성할 수 있으므로, 위 규정이 미등기 주택의 경우에 소액임차인의 대지에 관한 우선변제권을 배제하는 규정에 해당한다고 볼 수 없다.

법인이 주택을 임차할 때, 우선변제권 인정 여부

대법원 1997. 7. 11. 선고 96다7236 판결

판시사항

법인이 주택을 임차하면서 그 소속 직원 명의로 주민등록을 하고 확정일자를 구비한 경우, 주택임대차보호법상 우선변제권의 인정 여부(소극)

판결요지

주택 임차인이 주택임대차보호법 제3조의2 제1항 소정의 우선변제권을 주장하기 위하여는 같은 법 제3조 제1항 소정의 대항요건과 임대차계약증서상의 확정일자를 갖추어야 하고, 그 대항요건은 주택의 인도와 주민등록을 마친 때에 구비된다 할 것인바, 같은 법 제1조는 "이 법은 주거용 건물의 임대차에 관하여 민법에 대한 특례를 규정함으로써 국민의 주거생활의 안정을 보장함을 목적으로 한다"라고 규정하고 있어 위 법이 자연인인 서민들의 주거생활의 안정을 보호하려는 취지에서 제정된 것이지 법인을 그 보호 대상으로 삼고 있다고는 할 수 없는 점, 법인은 애당초 같은 법 제3조 제1항 소정의 대항요건의 하나인 주민등록을 구비할 수 없는 점 등에 비추어 보면, 법인의 직원이 주민등록을 마쳤다 하여 이를 법인의 주민등록으로 볼 수는 없으므로, 법인이 임차 주택을 인도받고 임대차계약서상의 확정일자를 구비하였다 하더라도 우선변제권을 주장할 수는 없다.

 ### 동·호수를 누락한 계약서에 확정일자를 갖춘 경우의 우선변제권 유무

대법원 1999. 6. 11. 선고 99다7992 판결

판시사항

확정일자를 받은 임대차계약서에 임대차목적물을 표시하면서 지번, 구조, 용도만 기재하고 아파트의 명칭과 그 전유 부분의 동·호수의 기재를 누락한 경우, 주택임대차보호법 제3조의2 제2항 소정의 확정일자의 요건을 갖추었다고 볼 수 있는지 여부(적극)

> **판결요지**

주택임대차보호법 제3조의2 제2항에 의하면, 주택임차인은 같은 법 제3조 제1항에 규정된 대항요건과 임대차계약서상에 확정일자를 갖춘 경우에는 경매절차 등에서 보증금을 우선하여 변제받을 수 있고, 여기서 확정일자의 요건을 규정한 것은 임대인과 임차인 사이의 담합으로 임차보증금의 액수를 사후에 변경하는 것을 방지하고자 하는 취지일 뿐, 대항요건으로 규정된 주민등록과 같이 당해 임대차의 존재 사실을 제3자에게 공시하고자 하는 것은 아니므로, 확정일자를 받은 임대차계약서가 당사자 사이에 체결된 당해 임대차계약에 관한 것으로서 진정하게 작성된 이상, 위와 같이 임대차계약서에 임대차목적물을 표시하면서 아파트의 명칭과 그 전유 부분의 동·호수의 기재를 누락하였다는 사유만으로 주택임대차보호법 제3조의2 제2항에 규정된 확정일자의 요건을 갖추지 못하였다고 볼 수는 없다.

임차인의 대항력과 우선변제권의 상호관계

대법원 1993. 12. 24. 선고 93다39676 판결

> **판시사항**

가. 주택임대차보호법상 임차인의 대항력과 우선변제권의 상호관계

나. 주택임대차보호법상 대항력을 갖춘 임차인이 전세권자로서 배당절차에 참가하여 전세금의 일부에 대하여 우선변제를 받은 경우 나머지 보증금에 기한 대항력 행사 가부

> **판결요지**

가. 임차인의 보호를 위한 주택임대차보호법 제3조 제1항, 제2항, 제3조의2 제1항, 제2항, 제4조 제2항, 제8조 제1항, 제2항 규정들의 취지에 비추어, 위 규정의 요건을 갖춘 임차인은 임차주택의 양수인에게 대항하여 보증금의 반환을 받을 때까지 임대차관계의 존속을 주장할 수 있는 권리와 보증금에 관하여 임차주택의 가액으로부터 우선변제를 받을 수 있는 권리를 겸유하고 있다고 해석되고, 이 두 가지 권리 중 하나를 선택하여 행사할 수 있다.

나. 주택임차인으로서의 우선변제를 받을 수 있는 권리와 전세권자로서 우선변제를 받을 수 있는 권리는 근거규정 및 성립요건을 달리하는 별개의 것이므로, 주택임대차보호법상 대항력을 갖춘 임차인이 임차주택에 관하여 전세권설정등기를 경료하였다거나 전세권자로서 배당절차에 참가하여 전세금의 일부에 대하여 우선변제를 받은 사유만으로는 변제받지 못한 나머지 보증금에 기한 대항력 행사에 어떤 장애가 있다고 볼 수 없다.

적법하게 임차권을 양도 후, 양수인이 우선변제권을 행사할 수 있는지 여부

대법원 2010. 6. 10. 선고 2009다101275 판결

판시사항

[2] 주택임대차보호법 제3조 제1항에 의한 대항력을 갖춘 주택임차인이 임대인의 동의를 얻어 적법하게 임차권을 양도하거나 전대한 경우, 임차권 양수인 내지 전차인은 원래 임차인이 주택임대차보호법 제3조의2 제2항 및 같은 법 제8조 제1항에 의하여 가지는 우선변제권을 행사 또는 대위 행사할 수 있는지 여부(한정 적극)

판결요지

[2] 주택임대차보호법 제3조 제1항에 의한 대항력을 갖춘 주택임차인이 임대인의 동의를 얻어 적법하게 임차권을 양도하거나 전대한 경우, 양수인이나 전차인에게 점유가 승계되고 주민등록이 단절된 것으로 볼 수 없을 정도의 기간 내에 전입신고가 이루어졌다면 비록 위 임차권의 양도나 전대에 의하여 임차권의 공시방법인 점유와 주민등록이 변경되었다 하더라도 원래의 임차인이 갖는 임차권의 대항력은 소멸되지 아니하고 동일성을 유지한 채로 존속한다고 보아야 한다. 이러한 경우 임차권 양도에 의하여 임차권은 동일성을 유지하면서 양수인에게 이전되고 원래의 임차인은 임대차관계에서 탈퇴하므로 임차권 양수인은 원래의 임차인이 주택임대차보호법 제3조의2 제2항 및 같은 법 제8조 제1항에 의하여 가지는 우선변제권

을 행사할 수 있고, 전차인은 원래의 임차인이 주택임대차보호법 제3조의2 제2항 및 같은 법 제8조 제1항에 의하여 가지는 우선변제권을 대위 행사할 수 있다.

대항력 있는 임차인이 경락인에게 동시이행의 항변을 할 수 있는지 여부

대법원 1997. 8. 22. 선고 96다53628 판결

판시사항

[2] 대항력과 우선변제권을 겸유하고 있는 임차인이 배당요구를 하였으나 순위에 따른 배당이 실시되더라도 배당받을 수 없는 보증금 잔액이 있는 경우, 그 잔액에 대하여 경락인에게 동시이행의 항변을 할 수 있는지 여부(적극)

판결요지

[2] 주택임대차보호법상의 대항력과 우선변제권의 두 가지 권리를 인정하고 있는 취지가 보증금을 반환받을 수 있도록 보장하기 위한 데에 있는 점, 경매절차의 안정성, 경매 이해관계인들의 예측가능성 등을 아울러 고려하여 볼 때, 두 가지 권리를 겸유하고 있는 임차인이 먼저 우선변제권을 선택하여 임차주택에 대하여 진행되고 있는 경매절차에서 보증금 전액에 대하여 배당요구를 하였다고 하더라도, 그 순위에 따른 배당이 실시될 경우 보증금 전액을 배당받을 수 없었던 때에는 보증금 중 경매절차에서 배당받을 수 있었던 금액을 공제한 잔액에 관하여 경락인에게 대항하여 이를 반환받을 때까지 임대차관계의 존속을 주장할 수 있다고 봄이 상당하며, 이 경우 임차인의 배당요구에 의하여 임대차는 해지되어 종료되고, 다만 같은 법 제4조 제2항에 의하여 임차인이 보증금의 잔액을 반환받을 때까지 임대차관계가 존속하는 것으로 의제될 뿐이므로, 경락인은 같은 법 제3조 제2항에 의하여 임대차가 종료된 상태에서의 임대인의 지위를 승계한다.

4-8 임차인이 후행 경매절차에서 우선변제권을 행사할 수 있는지 여부

대법원 2001. 3. 27. 선고 98다4552 판결

판시사항

대항력과 우선변제권을 겸유하고 있는 임차인이 배당요구를 하였으나 보증금 전액을 배당받지 못한 경우, 후행 경매절차에서 우선변제권에 의한 배당을 받을 수 있는지 여부(소극)

판결요지

주택임대차보호법상의 대항력과 우선변제권의 두 가지 권리를 겸유하고 있는 임차인이 우선변제권을 선택하여 제1경매절차에서 보증금 전액에 대하여 배당요구를 하였으나 보증금 전액을 배당받을 수 없었던 때에는 경락인에게 대항하여 이를 반환받을 때까지 임대차관계의 존속을 주장할 수 있을 뿐이고, 임차인의 우선변제권은 경락으로 인하여 소멸하는 것이므로 제2경매절차에서 우선변제권에 의한 배당을 받을 수 없다.

임차인 재전입 이후의 담보권자보다 우선변제권이 있는지 여부

대법원 1998. 12. 11. 선고 98다34584 판결

판시사항

주택의 임차인이 임차권의 대항력을 취득하고 임대차계약서상에 확정일자를 갖춘 후 다른 곳으로 주민등록을 이전하였다가 재전입한 경우, 임차인이 재전입 이후에 그 주택에 관하여 담보물권을 취득한 자보다 우선하여 보증금을 변제받을 수 있는지 여부(적극)

판결요지

주택의 임차인이 그 주택의 소재지로 전입신고를 마치고 입주함으로써 임차권의 대항력을 취득한 후 일시적이나마 다른 곳으로 주민등록을 이전하였다면 그 전출 당시 대항요건을 상실함으로써 대항력은 소멸하고, 그 후 임차인이 다시 그 주택의 소재지로 주민등록을 이전하였다면 대항력은 당초에 소급하여 회복되는 것이 아니라 재전입한 때로부터

새로운 대항력이 다시 발생하며, 이 경우 전출 이전에 이미 임대차계약서상에 확정일자를 갖추었고 임대차계약도 재전입 전후를 통하여 그 동일성을 유지한다면, 임차인은 재전입시 임대차계약서상에 다시 확정일자를 받을 필요 없이 재전입 이후에 그 주택에 관하여 담보물권을 취득한 자보다 우선하여 보증금을 변제받을 수 있다.

저당권설정등기 이후 증액한 보증금을 경락인에게 대항할 수 있는지 여부

대법원 1990. 8. 14. 선고 90다카11377 판결

판시사항

대항력을 갖춘 임차인이 저당권설정등기 이후에 임차인과의 합의에 의하여 보증금을 증액한 경우 보증금중 증액부분에 관하여도 저당권에 기하여 건물을 경락받은 소유자에게 대항할 수 있는지 여부(소극)

판결요지

대항력을 갖춘 임차인이 저당권설정등기 이후에 임대인과 보증금을 증액하기로 합의하고 초과부분을 지급한 경우 임차인이 저당권설정등기 이전에 취득하고 있던 임차권으로 선순위로서 저당권자에게 대항할 수 있음은 물론이나 저당권설정등기 후에 건물주와의 사이에 임차보증금을 증액하기로 한 합의는 건물주가 저당권자를 해치는 법률행위를 할 수 없게 된 결과 그 합의 당사자 사이에서만 효력이 있는 것이고 저당권자에게는 대항할 수 없다고 할 수 밖에 없으므로 임차인은 위 저당권에 기하여 건물을 경락받은 소유자의 건물명도 청구에 대하여 증액전 임차보증금을 상환받을 때까지 그 건물을 명도할 수 없다고 주장할 수 있을 뿐이고 저당권설정등기 이후에 증액한 임차보증금으로써는 소유자에게 대항할 수 없는 것이다.

4-11 실제 주거용 목적이 아닌 주택임대차에 우선변제권이 있는지 여부

대법원 2003. 7. 22. 선고 2003다21445 판결

판시사항

[1] 주택임대차로서의 우선변제권을 취득한 것처럼 외관을 만들었을 뿐 실제 주택을 주거용으로 사용·수익할 목적을 갖지 아니한 계약에 주택임대차보호법이 정하고 있는 우선변제권이 있는지 여부(소극)

[2] 주택과 그 대지에 관한 자기의 공유지분을 다른 공유자에게 명의신탁한 공동소유자로서 그 주택의 일부분을 사용·수익해 오던 자가 그 주택 등이 경매되는 경우 자기의 지분을 제3자에게 대항할 수 없게 되는 것에 대비하여 다른 공유자와 사이에 임대차계약서를 작성하고 확정일자를 받아두었을 뿐인 경우에는 주택임대차보호법이 정하고 있는 우선변제권이 인정되지 않는다고 한 사례

판결요지

[1] 주택임대차로서의 우선변제권을 취득한 것처럼 외관을 만들었을 뿐 실제 주택을 주거용으로 사용·수익할 목적을 갖지 아니한 계약에는 주택임대차보호법이 정하고 있는 우선변제권을 부여할 수 없다.

[2] 주택과 그 대지에 관한 자기의 공유지분을 다른 공유자에게 명의신탁한 공동소유자로서 그 주택의 일부분을 사용·수익해 오던 자가 그 주택 등이 경매되는 경우 자기의 지분을 제3자에게 대항할 수 없게 되는 것에 대비하여 다른 공유자와 사이에 임대차계약서를 작성하고 확정일자를 받아두었을 뿐인 경우에는 주택임대차보호법이 정하고 있는 우선변제권이 인정되지 않는다고 한 사례

기존 채권을 회수하려는 주택임대차에서 우선변제권이 있는지 여부

대법원 2007. 12. 13. 선고 2007다55088 판결

판시사항

[1] 임대차계약의 주된 목적이 주택을 사용·수익하려는 것이 아니고 대항력 있는 임차인으로 보호받아 기존 채권을 회수하려는 것에 있는 경우, 주택임대차보호법상의 대항력이 있는지 여부(소극)

[2] 부모가 삼촌에 대하여 가지는 대여금채권을 임대차보증금으로 대체하기로 하고 삼촌이 건축한 빌라에 관하여 임대차계약을 체결한 사안에서, 그 주된 목적이 대항력 있는 임차인으로 보호받아 부모의 대여금채권을 우선변제받으려는 것인지에 관하여 더 심리해야 한다는 이유로 원심판결을 파기한 사례

 일부 대지만 경매되는 경우 임차인이 우선변제권을 행사할 수 있는지 여부

대법원 2012. 7. 26. 선고 2012다45689 판결

판시사항

[2] 여러 필지의 임차주택 대지 중 일부가 타인에게 양도되어 일부 대지만 경매되는 경우 임차인이 대지 경매대금에 대하여 우선변제권을 행사할 수 있는지 여부(적극) 및 임차인이 대항력과 확정일자를 갖춘 후에 임대차계약이 갱신된 경우 종전 임대차내용에 따른 우선변제권을 행사할 수 있는 기준 시점(=대항력과 확정일자를 갖춘 때)

판결요지

[2] 대항요건 및 확정일자를 갖춘 임차인과 소액임차인은 임차주택과 대지가 함께 경매될 경우뿐만 아니라 임차주택과 별도로 대지만이 경매될 경우에도 대지의 환가대금에 대하여 우선변제권을 행사할 수 있다. 이와 같은 우선변제권은 이른바 법정담보물권의 성격을 갖는 것으로서 임대차성립 시의 임차목적물인 임차주택 및 대지의 가액을 기초로 임차인을 보호하고자 인정되는 것이므로, 임대차성립

당시 임대인의 소유였던 대지가 타인에게 양도되어 임차주택과 대지의 소유자가 서로 달라진 경우에도 임차인은 대지의 경매대금에 대하여 우선변제권을 행사할 수 있다. 이러한 법리는 여러 필지의 임차주택 대지 중 일부가 타인에게 양도되어 일부 대지만이 경매되는 경우도 마찬가지라 할 것이다. 한편 임차인이 대항력과 확정일자를 갖춘 후에 임대차계약이 갱신되더라도 대항력과 확정일자를 갖춘 때를 기준으로 종전 임대차내용에 따른 우선변제권을 행사할 수 있다.

05 Chapter
주택 소액임차인의 우선변제권

주택의 인도와 주민등록은 경락기일까지 존속해야__

　주택임대차보호법에 의하여 우선변제청구권이 인정되는 소액임차인의 소액보증금반환채권은 현행법상 민사소송법 제605조 제1항에서 규정하는 배당요구가 필요한 배당요구채권에 해당하며, 공시방법이 없는 주택임대차에 있어서 주택의 인도와 주민등록이라는 우선변제의 요건은 그 우선변제권 취득 시에만 구비하면 족한 것이 아니고, 배당요구의 종기인 경락기일까지 계속 존속하고 있어야 한다.

주택 소액임차인 보호는 사회보장적 고려에서 나온 예외 규정__

　주택임대차보호법의 입법목적은 주거용건물에 관하여 민법에 대한 특례를 규정함으로써 국민의 주거생활의 안정을 보장하려는 것이고(제1조), 주택임대차보호법 제8조 제1항에서 임차인이 보증금 중 일정액을 다른 담보물권자보다 우선하여 변제받을 수 있도록 한 것은, 소액임차인의 경우 그 임차보증금이 비록 소액이라고 하더라도 그에게는 큰 재산이므로 적어도 소액임차인의 경우에는 다른 담보권자의 지위를 해하게 되더라도 그 보증금의 회수를 보장하는 것이 타당하다는 사회보장적 고려에서 나온 것으로서 민법의 일반규정에 대한 예외규정이다.

실제 주택을 사용·수익해야 주택 소액임차인으로 보호

채권자가 채무자 소유의 주택에 관하여 채무자와 임대차계약을 체결하고 전입신고를 마친 다음 그곳에 거주했다고 하더라도 실제 임대차계약의 주된 목적이 주택을 사용수익하려는 것에 있는 것이 아니고, 실제적으로는 소액임차인으로 보호받아 선순위 담보권자에 우선해 채권을 회수하려는 것에 주된 목적이 있었던 경우에는 그러한 임차인을 주택임대차보호법상 소액임차인으로 보호할 수 없다.

채무초과상태에서 임차권설정행위는 사해행위취소의 대상

주택임대차보호법 제8조의 소액보증금 최우선변제권은 임차목적 주택에 대하여 저당권에 의하여 담보된 채권, 조세 등에 우선해 변제받을 수 있는 일종의 법정담보물권을 부여한 것이므로, 채무자가 채무초과상태에서 채무자 소유의 유일한 주택에 대하여 위 법조 소정의 임차권을 설정해 준 행위는 채무초과상태에서의 담보제공행위로서 채무자의 총재산의 감소를 초래하는 행위가 되는 것이고, 따라서 그 임차권설정행위는 사해행위취소의 대상이 된다고 할 것이다.

근저당권 설정된 후 주거용으로 변경해도 최우선변제권 적용

점포 및 사무실로 사용되던 건물에 근저당권이 설정된 후 그 건물이 주거용 건물로 용도 변경된 경우, 이를 임차한 소액임차인이 보증금 중 일정액을 근저당권자보다 우선해 변제받을 권리가 있다.

5-1 주택임차인의 최우선변제권 요건인 인도 및 주민등록의 존속기간의 종기

대법원 1997. 10. 10. 선고 95다44597 판결

판시사항

주택임대차보호법상 소액임차인의 우선변제권의 요건인 주택의 인도 및 주민등록의 존속기간의 종기(= 경락기일)

판결요지

주택임대차보호법 제8조에서 임차인에게 같은 법 제3조 제1항 소정의 주택의 인도와 주민등록을 요건으로 명시하여 그 보증금 중 일정액의 한도 내에서는 등기된 담보물권자에게도 우선하여 변제받을 권리를 부여하고 있는 점, 위 임차인은 배당요구의 방법으로 우선변제권을 행사하는 점, 배당요구시까지만 위 요건을 구비하면 족하다고 한다면 동일한 임차주택에 대하여 주택임대차보호법 제8조 소정의 임차인 이외에 같은 법 제3조의2 소정의 임차인이 출현하여 배당요구를 하는 등 경매절차상의 다른 이해관계인들에게 피해를 입힐 수도 있는 점 등에 비추어 볼 때, 공시방법이 없는 주택임대차에 있어서 주택의 인도와 주민등록이라는 우선변제의 요건은 그 우선변제권 취득시에만 구비하면 족한 것이 아니고, 배당요구의 종기인 경락기일까지 계속 존속하고 있어야 한다.

5-2 대지만 낙찰된 경우 최우선변제받을 수 있다고 한 사례

대법원 1996. 6. 14. 선고 96다7595 판결

판시사항

[2] 대지 및 건물이 경매개시되었다가 대지 부분만 낙찰된 경우에도, 그 주택의 소액임차인은 대지 낙찰대금 중에서 보증금을 우선변제받을 수 있다고 한 사례

판결요지

[2] 다가구용 단독주택의 대지 및 건물에 관한 근저당권자가 그 대지 및 건물에 관한 경매를 신청하였다가 그 중 건물에 대한 경매신청만을 취하함으로써 이를 제외한 대지 부분만이 낙찰되었다고 하더라도, 그 주택의 소액임차인은 그 대지에 관한 낙찰대금 중에서 소액보증금을 담보물권자보다 우선하여 변제받을 수 있다고 한 사례

5-3 주택임차인의 소액보증금반환채권이 배당요구가 필요한지 여부

대법원 2002. 1. 22. 선고 2001다70702 판결

판시사항

[1] 민사소송법 제605조 제1항 소정의 배당요구가 필요한 배당요구채권자가 실체법상 우선변제청구권이 있다 하더라도 적법한 배당요구를 하지 아니하여 배당에서 제외된 경우, 배당받은 후순위채권자를 상대로 부당이득의 반환을 청구할 수 있는지 여부(소극)

[2] 주택임대차보호법상의 소액보증금반환채권이 민사소송법 제605조 제1항 소정의 배당요구가 필요한 배당요구채권에 해당하는지 여부(적극)

판결요지

[1] 민사소송법 제605조 제1항에서 규정하는 배당요구가 필요한 배당요구채권자는, 압류의 효력발생 전에 등기한 가압류채권자, 경락으로 인하여 소멸하는 저당권자 및 전세권자로서 압류의 효력발생 전에 등기한 자 등 당연히 배당을 받을 수 있는 채권자의 경우와는 달

리, 경락기일까지 배당요구를 한 경우에 한하여 비로소 배당을 받을 수 있고, 적법한 배당요구를 하지 아니한 경우에는 비록 실체법상 우선변제청구권이 있다 하더라도 경락대금으로부터 배당을 받을 수는 없을 것이므로, 이러한 배당요구채권자가 적법한 배당요구를 하지 아니하여 그를 배당에서 제외하는 것으로 배당표가 작성·확정되고 그 확정된 배당표에 따라 배당이 실시되었다면 그가 적법한 배당요구를 한 경우에 배당받을 수 있었던 금액 상당의 금원이 후순위채권자에게 배당되었다고 하여 이를 법률상 원인이 없는 것이라고 할 수 없다.

[2] 주택임대차보호법에 의하여 우선변제청구권이 인정되는 소액임차인의 소액보증금반환채권은 현행법상 민사소송법 제605조 제1항에서 규정하는 배당요구가 필요한 배당요구채권에 해당한다.

5-4 실제 주거용 목적이 아닌 주택임대차에 최우선변제권이 있는지 여부

대법원 2001. 5. 8. 선고 2001다14733 판결

판시사항

임대차계약의 주된 목적이 주택을 사용 수익하려는 데 있는 것이 아니고 소액임차인으로 보호받아 기존채권을 회수하려는 데에 있는 경우, 주택임대차보호법상의 소액임차인으로 보호받을 수 있는지 여부(소극)

판결요지

주택임대차보호법의 입법목적은 주거용건물에 관하여 민법에 대한 특례를 규정함으로써 국민의 주거생활의 안정을 보장하려는 것이고(제1조), 주택임대차보호법 제8조 제1항에서 임차인이 보증금 중 일정액을 다른 담보물권자보다 우선하여 변제받을 수 있도록 한 것은, 소액임차인의 경우 그 임차보증금이 비록 소액이라고 하더라도 그에게는 큰 재산이므로 적어도 소액임차인의 경우에는 다른 담보권자의 지위를 해하게 되더라도 그 보증금의 회수를 보장하는 것이 타당하다는 사회보장적 고려에서 나온 것으로서 민법의 일반규정에 대한 예외규정인 바, 그러한 입법목적과 제도의 취지 등을 고려할 때, 채권자가 채무자 소유의

주택에 관하여 채무자와 임대차계약을 체결하고 전입신고를 마친 다음 그곳에 거주하였다고 하더라도 실제 임대차계약의 주된 목적이 주택을 사용수익하려는 것에 있는 것이 아니고, 실제적으로는 소액임차인으로 보호받아 선순위 담보권자에 우선하여 채권을 회수하려는 것에 주된 목적이 있었던 경우에는 그러한 임차인을 주택임대차보호법상 소액임차인으로 보호할 수 없다.

5-5 채무초과 상태 주택에서 임차인이 최우선변제권이 있는지 여부

대법원 2005. 5. 13. 선고 2003다50771 판결

판시사항

[1] 채무자가 채무초과 상태에서 채무자 소유의 유일한 주택에 대하여 주택임대차보호법 제8조의 소액보증금 최우선변제권 보호대상인 임차권을 설정해 준 행위가 사해행위취소의 대상이 되는지 여부(적극)

[2] 주택임대차보호법 제8조의 소액보증금 최우선변제권 보호대상인 임차권을 설정해 준 행위가 사해행위인 경우, 수익자인 임차권자의 선의의 판단 기준

판결요지

[1] 주택임대차보호법 제8조의 소액보증금 최우선변제권은 임차목적 주택에 대하여 저당권에 의하여 담보된 채권, 조세 등에 우선하여 변제받을 수 있는 일종의 법정담보물권을 부여한 것이므로, 채무자가 채무초과상태에서 채무자 소유의 유일한 주택에 대하여 위 법조 소정의 임차권을 설정해 준 행위는 채무초과상태에서의 담보제공행위로서 채무자의 총재산의 감소를 초래하는 행위가 되는 것이고, 따라서 그 임차권설정행위는 사해행위취소의 대상이 된다고 할 것이다.

[2] 주택임대차보호법 제8조의 소액보증금 최우선변제권 보호대상인 임차권을 설정해 준 행위가 사해행위인 경우, 채무자의 악의는 추정되는 것이고, 수익자인 임차인의 악의 또한 추정된다고 할 것이나, 다만 위 법조 소정의 요건을 갖춘 임차인에 대하여 선행의 담보권자 등에 우선하여 소액보증금을 회수할 수 있도록 한 입법 취지

에 비추어 보면, 위 법조 소정의 임차권을 취득하는 자는 자신의 보증금회수에 대하여 상당한 신뢰를 갖게 되고, 따라서 임대인의 채무초과상태 여부를 비롯하여 자신의 임대차계약이 사해행위가 되는지에 대하여 통상적인 거래행위 때보다는 주의를 덜 기울이게 될 것이므로, 수익자인 임차인의 선의를 판단함에 있어서는 실제로 보증금이 지급되었는지, 그 보증금의 액수는 적정한지, 등기부상 다수의 권리제한관계가 있어서 임대인의 채무초과상태를 의심할 만한 사정이 있었는데도 굳이 임대차계약을 체결할 사정이 있었는지, 임대인과 친인척관계 등 특별한 관계는 없는지 등을 종합적으로 고려하여 논리와 경험칙을 통하여 합리적으로 판단하여야 한다.

5-6 일부 배당받지 못한 소액주택임차인이 경락인에게 우선변제를 요구 할 수 있는지 여부

대법원 1988. 4. 12. 선고 87다카844 판결

판시사항

나. 임차주택의 경매절차에서 소액임차보증금의 지급을 받지 못한 임차인이 경락인에 대하여 보증금의 우선변제를 요구할 수 있는지 여부

판결요지

나. 주택임대차보호법 소정의 소액임차보증금의 임차인이라 할지라도 당해 목적물의 경매절차에서 위 보증금의 지급을 받지 못한 이상 그 임차주택의 경락인에 대하여 그의 위 보증금의 우선변제를 요구할 수는 없다.

저당권 설정된 대지의 신축 건물 소액임차인에게 우선변제권이 있는지 여부

대법원 1999. 7. 23. 선고 99다25532 판결

판시사항

대지에 관한 저당권 설정 후 지상에 건물이 신축된 경우, 건물의 소액임차인에게 그 저당권 실행에 따른 환가대금에 대한 우선변제권이 있는지 여부(소극)

판결요지

임차주택의 환가대금 및 주택가액에 건물뿐만 아니라 대지의 환가대금 및 가액도 포함된다고 규정하고 있는 주택임대차보호법(1999. 1. 21. 법률 제5641호로 개정되기 전의 것) 제3조의2 제1항 및 제8조 제3항의 각 규정과 같은 법의 입법 취지 및 통상적으로 건물의 임대차에는 당연히 그 부지 부분의 이용을 수반하는 것인 점 등을 종합하여 보면, 대지에 관한 저당권의 실행으로 경매가 진행된 경우에도 그 지상 건물의 소액임차인은 대지의 환가대금 중에서 소액보증금을 우선변제받을 수 있다고 할 것이나, 이와 같은 법리는 대지에 관한 저당권 설정 당시에 이미 그 지상 건물이 존재하는 경우에만 적용될 수 있는 것이고, 저당권 설정 후에 비로소 건물이 신축된 경우에까지 공시방법이 불완전한 소액임차인에게 우선변제권을 인정한다면 저당권자가 예측할 수 없는 손해를 입게 되는 범위가 지나치게 확대되어 부당하므로, 이러한 경우에는 소액임차인은 대지의 환가대금에 대하여 우선변제를 받을 수 없다고 보아야 한다.

근저당권이 설정된 후 주거용 건물로 용도 변경된 경우, 최우선변제권 유무

대법원 2009. 8. 20. 선고 2009다26879 판결

판시사항

점포 및 사무실로 사용되던 건물에 근저당권이 설정된 후 그 건물이 주거용 건물로 용도 변경된 경우, 이를 임차한 소액임차인이 근저당권자에 대하여 우선변제권이 있는지 여부(적극)

판결요지

주택임대차보호법은 주거용 건물의 임대차에 관하여 민법에 대한 특례를 규정함으로써 국민 주거생활의 안정을 보장함을 목적으로 하고 있으므로(제1조), 합리적 이유나 근거 없이 그 적용대상을 축소하거나 제한하는 것은 허용되지 않는다고 할 것인바, 주택임대차보호법 제2조가 주거용 건물의 전부 또는 일부의 임대차에 관하여 적용된다고 규정하고 있을 뿐 임차주택이 관할관청의 허가를 받은 건물인지, 등기를 마친 건물인지 아닌지를 구별하고 있지 아니하며, 건물 등기부상 '건물내역'을 제한하고 있지도 않으므로, 점포 및 사무실로 사용되던 건물에 근저당권이 설정된 후 그 건물이 주거용 건물로 용도 변경되어 이를 임차한 소액임차인도 특별한 사정이 없는 한 주택임대차보호법 제8조에 의하여 보증금 중 일정액을 근저당권자보다 우선하여 변제받을 권리가 있다.

PART 04 상가임대차

01 상가건물임대차보호법 적용
02 임차권양도와 전대차
03 권리금
04 업종제한

 Chapter

상가건물임대차보호법 적용

상가건물임대차보호법은 실질적인 영업용 임대차건물에 적용

상가건물 임대차보호법이 적용되는 상가건물 임대차는 사업자등록 대상이 되는 건물로서 임대차목적물인 건물을 영리를 목적으로 하는 영업용으로 사용하는 임대차를 가리킨다. 그리고 상가건물 임대차보호법이 적용되는 상가건물에 해당하는지는 공부상 표시가 아닌 건물의 현황·용도 등에 비추어 영업용으로 사용하느냐에 따라 실질적으로 판단해야 하고, 단순히 상품의 보관·제조·가공 등 사실행위만이 이루어지는 공장·창고 등은 영업용으로 사용하는 경우라고 할 수 없으나 그곳에서 그러한 사실행위와 더불어 영리를 목적으로 하는 활동이 함께 이루어진다면 상가건물 임대차보호법 적용대상인 상가건물에 해당한다.

사업자등록으로 임차한 사업자에게 상가임대차법 적용

상가건물임대차보호법에서 건물의 인도와 더불어 대항력의 요건으로 규정하고 있는 사업자등록은 거래의 안전을 인해 임차권의 존재를 제3자가 명백히 인식할 수 있게 하는 공시방법으로서 마련된 것이므로, 사업자등록이 어떤 임대차를 공시하는 효력이 있는지 여부는 일반 사회통념상 그 사업자등록으로 당해 임대차건물에 사업장을 임차한 사업자가 존재하고 있다고 인식할 수 있는지 여부에 따라 판단해야 한다.

상가의 일부분을 임차할 때는 사업자등록신청서에 도면을 첨부

사업자가 상가건물의 일부분을 임차하는 경우에는 사업자등록신청서에 해당 부분의 도면을 첨부해야 하고, 이해관계인은 임대차의 목적이 건물의 일부분인 경우 그 부분 도면의 열람 또는 제공을 요청할 수 있도록 하고 있으므로, 건물의 일부분을 임차한 경우 그 사업자등록이 제3자에 대한 관계에서 유효한 임대차의 공시방법이 되기 위해서는 사업자등록신청시 그 임차 부분을 표시한 도면을 첨부해야 한다.

상가의 부분임차가 명백히 구분될 때는 도면 없이도 유효

상가건물의 특정 층 전부 또는 명확하게 구분되어 있는 특정 호실 전부를 임차한 후 이를 제3자가 명백히 인식할 수 있을 정도로 사업자등록사항에 표시한 경우, 또는 그 현황이나 위치, 용도 등의 기재로 말미암아 도면이 첨부된 경우에 준할 정도로 임차 부분이 명백히 구분됨으로써 당해 사업자의 임차 부분이 어디인지를 객관적으로 명백히 인식할 수 있을 정도로 표시한 경우와 같이 일반 사회통념상 그 사업자등록이 도면 없이도 제3자가 해당 임차인이 임차한 부분을 구분해서 인식할 수 있을 정도로 특정이 되어 있다고 볼 수 있는 경우에는 그 사업자등록을 제3자에 대한 관계에서 유효한 임대차의 공시방법으로 볼 수 있다.

상가의 사업자등록은 배당요구의 종기까지 존속해야 우선변제권 부여

상가건물의 임차인이 임대차보증금 반환채권에 대해 상가건물 임대차보호법의 대항력 또는 우선변제권을 가지려면 임대차의 목적인 상가건물의 인도 및 부가가치세법 등에 의한 사업자등록을 구비하고, 관할세무서장으로부터 확정일자를 받아야 하며, 그중 사업자등록은 대항력 또는 우선변제권의 취득요건일 뿐만 아니라 존속요건이기도 하므로, 배당요구의 종기까지 존속하고 있어야 한다.

수 개의 점포가 단일한 임대차일 때 우선변제 범위는 환산보증금 합산액을 기준__

임차인이 수 개의 구분점포를 동일한 임대인에게서 임차해 하나의 사업장으로 사용하면서 단일한 영업을 하는 경우 등과 같이, 임차인과 임대인 사이에 구분점포 각각에 대해 별도의 임대차관계가 성립한 것이 아니라 일괄해 단일한 임대차관계가 성립한 것으로 볼 수 있는 때에는, 비록 구분점포 각각에 대해 별개의 임대차계약서가 작성되어 있더라도 구분점포 전부에 관해 상가건물 임대차보호법 제2조 제2항의 규정에 따라 환산한 보증금액의 합산액을 기준으로 상가건물 임대차보호법 제14조에 의해 우선변제를 받을 임차인의 범위를 판단해야 한다.

부가가치세액은 월차임에 포함시킬 이유가 없어__

임차인이 부담하기로 한 부가가치세액이 상가건물 임대차보호법 제2조 제2항에 정한 '차임'에 포함되는지 여부에 관해 보건대, 부가가치세법 제2조, 제13조, 제15조에 의하면 임차인에게 상가건물을 임대함으로써 임대용역을 공급하고 차임을 지급받는 임대사업자는 과세관청을 대신해 임차인으로부터 부가가치세를 징수해 이를 국가에 납부할 의무가 있는바, 임대차계약의 당사자들이 차임을 정하면서 '부가세 별도'라는 약정을 했다면 특별한 사정이 없는 한 임대용역에 관한 부가가치세의 납부의무자가 임차인이라는 점, 약정한 차임에 위 부가가치세액이 포함된 것은 아니라는 점, 나아가 임대인이 임차인으로부터 위 부가가치세액을 별도로 거래징수할 것이라는 점 등을 확인하는 의미로 해석함이 상당하고, 임대인과 임차인이 이러한 약정을 했다고 해서 정해진 차임 외에 위 부가가치세액을 상가건물 임대차보호법 제2조 제2항에 정한 '차임'에 포함시킬 이유는 없다.

상가건물임대차보호법의 '상가건물 임대차'의 의미

대법원 2011. 7. 28. 선고 2009다40967 판결

판시사항

[1] 상가건물 임대차보호법 적용대상인 '상가건물 임대차'의 의미 및 이러한 '상가건물'에 해당하는지에 관한 판단 기준

[2] 임차인이 상가건물의 일부를 임차하여 도금작업을 하면서 임차부분에 인접한 컨테이너 박스에서 도금작업의 주문을 받고 제품을 인도하여 수수료를 받는 등 영업활동을 해온 사안에서, 위 임차부분은 상가건물 임대차보호법이 적용되는 상가건물에 해당한다고 한 사례

판결요지

[1] 상가건물 임대차보호법의 목적과 같은 법 제2조 제1항 본문, 제3조 제1항에 비추어 보면, 상가건물 임대차보호법이 적용되는 상가건물 임대차는 사업자등록 대상이 되는 건물로서 임대차목적물인 건물을 영리를 목적으로 하는 영업용으로 사용하는 임대차를 가리킨다. 그리고 상가건물 임대차보호법이 적용되는 상가건물에 해당하는지는 공부상 표시가 아닌 건물의 현황·용도 등에 비추어 영업용으로 사용하느냐에 따라 실질적으로 판단하여야 하고, 단순히 상품의 보관·제조·가공 등 사실행위만이 이루어지는 공장·창고 등은 영업용으로 사용하는 경우라고 할 수 없으나 그곳에서 그러한 사실행위와 더불어 영리를 목적으로 하는 활동이 함께 이루어진다면 상가건물 임대차보호법 적용대상인 상가건물에 해당한다.

[2] 임차인이 상가건물의 일부를 임차하여 도금작업을 하면서 임차부분에 인접한 컨테이너 박스에서 도금작업의 주문을 받고 완성된 도금

제품을 고객에 인도하여 수수료를 받는 등 영업활동을 해온 사안에서, 임차부분과 이에 인접한 컨테이너 박스는 일체로서 도금작업과 더불어 영업활동을 하는 하나의 사업장이므로 위 임차부분은 상가건물 임대차보호법이 적용되는 상가건물에 해당한다고 보아야 하는데도, 그와 같은 사정은 고려하지 않고 임차의 주된 부분이 영업용이 아닌 사실행위가 이루어지는 공장으로서 상가건물 임대차보호법의 적용대상이 아니라고 본 원심판단에는 법리오해의 위법이 있다고 한 사례

 '사업자등록'이 임대차를 공시하는 효력이 있는지 여부의 판단 기준

대법원 2008. 9. 25. 선고 2008다44238 판결

판시사항
[1] 상가건물임대차보호법 제3조 제1항에서의 '사업자등록'이 임대차를 공시하는 효력이 있는지 여부의 판단 기준
[2] 상가건물임대차보호법상 대항력을 인정받기 위하여 사업자등록이 갖추어야 할 요건

판결요지
[1] 상가건물임대차보호법 제3조 제1항에서 건물의 인도와 더불어 대항력의 요건으로 규정하고 있는 사업자등록은 거래의 안전을 위하여 임차권의 존재를 제3자가 명백히 인식할 수 있게 하는 공시방법으로서 마련된 것이므로, 사업자등록이 어떤 임대차를 공시하는 효력이 있는지 여부는 일반 사회통념상 그 사업자등록으로 당해 임대차건물에 사업장을 임차한 사업자가 존재하고 있다고 인식할 수 있는지 여부에 따라 판단하여야 한다.

[2] 상가건물임대차보호법 제4조와 그 시행령 제3조 및 부가가치세법 제5조와 그 시행령 제7조(소득세법 및 법인세법상의 사업자등록에 준용)에 의하면, 건물의 임대차에 이해관계가 있는 자는 건물의 소재지 관할 세무서장에게 임대차와 사업자등록에 관한 사항의 열람 또는 제공을 요청할 수 있고, 사업자가 사업장을 임차한 경우에는 사

업자등록신청서에 임대차계약서 사본을 첨부하도록 하여 임대차에 관한 사항의 열람 또는 제공은 첨부한 임대차계약서의 기재에 의하도록 하고 있으므로, 사업자등록신청서에 첨부한 임대차계약서상의 임대차목적물 소재지가 당해 상가건물에 대한 등기부상의 표시와 불일치하는 경우에는 특별한 사정이 없는 한 그 사업자등록은 제3자에 대한 관계에서 유효한 임대차의 공시방법이 될 수 없다. 또한 위 각 법령의 위 각 규정에 의하면, 사업자가 상가건물의 일부분을 임차하는 경우에는 사업자등록신청서에 해당 부분의 도면을 첨부하여야 하고, 이해관계인은 임대차의 목적이 건물의 일부분인 경우 그 부분 도면의 열람 또는 제공을 요청할 수 있도록 하고 있으므로, 건물의 일부분을 임차한 경우 그 사업자등록이 제3자에 대한 관계에서 유효한 임대차의 공시방법이 되기 위해서는 사업자등록신청시 그 임차 부분을 표시한 도면을 첨부하여야 한다.

1-3 임대차내용의 사업자등록신청과 실제가 다를 때, 대항력의 요건 기준

대법원 2016. 6. 9. 선고 2013다215676 판결

판시사항

[1] 구 상가건물 임대차보호법 제3조 제1항에서 대항력의 요건으로 '사업자등록'을 규정한 취지 및 사업자등록이 임대차를 공시하는 효력이 있는지 판단하는 기준

[2] 사업자등록신청서에 첨부한 임대차계약서와 등록사항현황서에 기재되어 공시된 임대차보증금 및 차임에 따라 환산된 보증금액이 구 상가건물 임대차보호법의 적용대상이 되기 위한 보증금액 한도를 초과하는 경우, 실제 임대차계약의 내용에 따라 환산된 보증금액이 기준을 충족하더라도 임차인이 대항력을 주장할 수 없는지 여부(적극) / 이러한 법리는 임대차계약이 변경되거나 갱신되었는데 임차인이 사업자등록정정신고를 하지 아니하여 등록사항현황서 등에 기재되어 공시된 내용과 실제 임대차계약의 내용이 불일치하게 된 경우에도 마찬가지로 적용되는지 여부

> **판결요지**

[1] 구 상가건물 임대차보호법(2013. 6. 7. 법률 제11873호로 개정되기 전의 것) 제3조 제1항에서 건물의 인도와 더불어 대항력의 요건으로 규정하고 있는 사업자등록은 거래의 안전을 위하여 임대차의 존재와 내용을 제3자가 명백히 인식할 수 있게 하는 공시방법으로서 마련된 것이므로, 사업자등록이 어떤 임대차를 공시하는 효력이 있는지는 일반 사회통념상 사업자등록을 통해 건물에 관한 임대차의 존재와 내용을 인식할 수 있는가에 따라 판단하여야 한다.

[2] 사업자등록신청서에 첨부한 임대차계약서와 등록사항현황서(이하 '등록사항현황서 등'이라 한다)에 기재되어 공시된 임대차보증금 및 차임에 따라 환산된 보증금액이 구 상가건물 임대차보호법(2013. 6. 7. 법률 제11873호로 개정되기 전의 것, 이하 '구 상가임대차법'이라 한다)의 적용대상이 되기 위한 보증금액 한도를 초과하는 경우에는, 실제 임대차계약의 내용에 따라 환산된 보증금액이 기준을 충족하더라도, 임차인은 구 상가임대차법에 따른 대항력을 주장할 수 없다. 이러한 법리는 임대차계약이 변경되거나 갱신되었는데 임차인이 사업자등록정정신고를 하지 아니하여 등록사항현황서 등에 기재되어 공시된 내용과 실제 임대차계약의 내용이 불일치하게 된 경우에도 마찬가지로 적용된다.

상가 일부 임대차에서 사업자등록신청 시 도면을 첨부해야 하는지 여부

대법원 2011. 11. 24. 선고 2010다56678 판결

> **판시사항**

[1] 상가건물 일부 임대차의 경우, 사업자등록이 상가건물 임대차보호법상 대항력 요건으로서 제3자에 대한 관계에서 유효한 임대차 공시방법이 되기 위해서는 사업자등록신청 시 임차 부분을 표시한 도면을 첨부하여야 하는지 여부(원칙적 적극)

[2] 상가건물 일부를 임차한 사업자가 사업자등록 시 임차 부분을 표시한 도면을 첨부하지 않았더라도 사업자등록을 제3자에 대한 관계에서 유효한 임대차 공시방법으로 볼 수 있는 경우

[3] 상가건물 일부를 임차한 사업자가 사업자등록신청을 하면서 임차 부분을 기재한 임대차계약서 사본만 첨부하였을 뿐 해당 부분의 도면을 첨부하지 않은 사안에서, 사업자등록의 내용으로 볼 때 도면이 없더라도 일반 사회통념상 등록사항 기재만으로 사업자가 임차한 부분이 다른 부분과 명확히 구분될 수 있을 정도로 특정되었다고 볼 수 없어 위 사업자등록은 제3자에 대한 관계에서 유효한 임대차 공시방법이 될 수 없다고 한 사례

이유

1. 상가건물 임대차의 공시방법

「상가건물 임대차보호법」 제3조 제1항에서 건물의 인도와 더불어 대항력의 요건으로 규정하고 있는 사업자등록은 거래의 안전을 위하여 임차권의 존재를 제3자가 명백히 인식할 수 있게 하는 공시방법으로 마련된 것이다. 따라서 사업자등록이 어떤 임대차를 공시하는 효력이 있는지 여부는 일반 사회통념상 그 사업자등록으로 당해 임대차건물에 사업장을 임차한 사업자가 존재하고 있다고 인식할 수 있는지 여부에 따라 판단하여야 한다.

한편 「상가건물 임대차보호법」 제4조와 그 시행령 제3조 및 「부가가치세법」 제5조와 그 시행령 제7조(소득세법 및 법인세법상의 사업자등록에 준용)에 의하면, 사업자가 상가건물의 일부분을 임차하는 경우에는 사업자등록신청서에 해당 부분의 도면을 첨부하여야 하고, 이해관계인은 임대차의 목적이 건물의 일부분인 경우 그 부분 도면의 열람 또는 제공을 요청할 수 있도록 하고 있으므로, 건물의 일부분을 임차한 경우 그 사업자등록이 제3자에 대한 관계에서 유효한 임대차의 공시방법이 되기 위해서는 특별한 사정이 없는 한 사업자등록신청시 그 임차 부분을 표시한 도면을 첨부하여야 할 것이다(대법원 2008. 9. 25. 선고 2008다44238 판결 참조).

다만 앞서 본 사업자등록이 상가건물 임대차에 있어서 공시방법으

로 마련된 취지에 비추어 볼 때, 상가건물의 일부분을 임차한 사업자가 사업자등록시 임차 부분을 표시한 도면을 첨부하지는 않았지만, 예컨대 상가건물의 특정 층 전부 또는 명확하게 구분되어 있는 특정 호실 전부를 임차한 후 이를 제3자가 명백히 인식할 수 있을 정도로 사업자등록사항에 표시한 경우, 또는 그 현황이나 위치, 용도 등의 기재로 말미암아 도면이 첨부된 경우에 준할 정도로 임차 부분이 명백히 구분됨으로써 당해 사업자의 임차 부분이 어디인지를 객관적으로 명백히 인식할 수 있을 정도로 표시한 경우와 같이 일반 사회통념상 그 사업자등록이 도면 없이도 제3자가 해당 임차인이 임차한 부분을 구분하여 인식할 수 있을 정도로 특정이 되어 있다고 볼 수 있는 경우에는 그 사업자등록을 제3자에 대한 관계에서 유효한 임대차의 공시방법으로 볼 수 있다고 할 것이다.

2. 피고 1, 2의 상고이유에 대한 판단

가. 원심판결 이유 및 기록에 의하면, 피고 1은 상가건물인 이 사건 건물의 일부로서 등기부상 '지1층 368.20㎡'로 등재된 지하 1층 중 일부만을 임차한 다음, 그 사업자등록신청을 하면서 임차 부분이 '지하 101호 내 설계도면에 표시된 공간, 115㎡'라고 기재된 임대차계약서 사본만을 첨부하였을 뿐 해당 부분의 도면을 첨부하지는 않았고, 사업자등록사항에는 임차 부분이 위 임대차계약서와도 달리 이 사건 건물 중 '지하 101, 80.00㎡'라고만 기재되어 있는 사실, 피고 2도 이 사건 건물의 일부로서 등기부상 '2층 279.80㎡'로 등재된 지상 2층 중 일부만을 임차한 다음, 그 사업자등록신청시 임차 부분이 '2층 여탕 일부, 8㎡(4평)'라고 기재된 임대차계약서 사본만을 첨부하였을 뿐 해당 부분의 도면을 첨부하지는 않았고, 사업자등록사항에는 임차 부분이 이 사건 건물 중 '2층, 13.22㎡'라고만 기재되어 있는 사실을 알 수 있다.

나. 이와 같이 위 피고들은 각자 이 사건 건물 중 지하 1층의 일부와 지상 2층의 일부만을 임차하였으면서도 사업자등록신청을 함에 있어 각 임차 부분의 해당 도면을 첨부하지 않았고, 또한 위 사업자등록의 내용으로 볼 때 도면이 없더라도 일반 사회통념상 그 등록사항의 기재만으로 이 사건 건물 중 위 피고들이 각 임차한 부분이 다른

부분과 명백히 구분될 수 있을 정도로 특정되어 있다고 보기도 어렵다고 할 것이다.

따라서 앞서 본 법리에 비추어 볼 때 위 피고들이 한 사업자등록은 모두 이 사건 건물에 관한 근저당권부 채권을 양수한 원고에 대한 관계에서 유효한 임대차의 공시방법이 될 수 없다.

다. 결국 원심이 이 사건 건물 등의 매각대금을 배당함에 있어 위 피고들을 원고보다 선순위로 보아 위 피고들에게 배당을 한 조치가 위법하다고 판단한 것은 위와 같은 취지에 따른 것이므로 그 결론에 있어 정당하고, 거기에 상고이유로 주장하는 바와 같은 법리오해 등의 위법이 있다고 할 수 없다.

또한 위 피고들로서는 사업자등록신청시 임차 부분의 도면을 첨부하여야 한다는 것을 알지 못하였을 뿐만 아니라 이를 알기도 어려웠고 나아가 이를 알지 못한 데 과실이 없었으므로 위 각 사업자등록만으로도 유효한 임대차의 공시방법으로 보아야 한다는 상고이유 주장은 독자적인 주장에 불과하여 받아들이지 않는다.

1-5 도면을 첨부하지 않아 상가임대차법 적용 배제한 사례

수원지방법원 안산지원 2007. 6. 14. 선고 2006가합2978 판결

이유

이 사건에 관하여 보건대, 안산세무서장에 대한 각 사실조회결과에 의하면, 이 사건 각 부동산의 근저당권자인 피고가 이해관계인으로서 상가건물임대차보호법 제4조의 열람신청을 하였더라면 안산세무서장으로부터 원고의 사업자등록 및 임대차에 관한 자료를 제공받을 수 있었던 점은 인정되나, 이 사건 기록에 의하여 인정되는 다음과 같은 사정 즉, ① 이 사건 각 부동산은 부동산등기부상 304호 내지 310호, 401호 내지 410호, 501호 내지 510호로의 구분등기가 경료되어 있음에도 불구하고, 원고가 사업장소재지를 '안산시 단원구 고잔동(지번, 상가이름 생략)(△△△) 3-5층'이라고만 표시한 사업자등록을 하여 그 등록이 부동산등기부와 불일치하는 면이 있을 뿐 아니라, 사업자등록 신청시 첨부서류인 임대차계약서상에도 임대차목적물의 소재지 및 면적에 관하

여 '안산시 단원구 고잔동(지번, 상가이름 생략)(○ ○ ○ 사우나) 3-5층 8.3평'라고만 기재되어 있는 점, ② 원고는 이 사건 경매법원에 권리신고 및 배당요구를 하면서 그 임차부분에 관해 '5층 8.3평'이라고만 주장하다가, 이 사건 소송에서는 '4층 매점 8.3평과 각 층의 자판기 설치부분'을 임차하였다는 취지로 주장하고 있어 그 일관성이 없는데다가, 원고가 사업자등록 신청시 첨부한 임대차계약서에는 위와 같이 '3-5층 8.3평'이라고만 기재되어 있어 사업자등록과 임대차계약서만으로는 원고가 임차하였다고 주장하는 부분이 특정되어 있다고 보기 어려운 점, ③ 부가가치세법 제5조 및 그 시행령 제7조에 의하면, 사업자등록 신청시 사업자는 사업자등록신청서를 제출하되, 상가건물임대차보호법 제2조 제1항의 규정에 의한 상가건물의 일부분을 임차한 경우에는 해당부분을 표시한 도면을 첨부하도록 되어 있는데, 원고가 사업자등록 신청시 원고의 임차부분을 표시한 도면을 첨부하였다는 자료를 제출하지 못하고 있는 점 등에 비추어 보면, 피고가 상가건물임대차보호법상 열람신청을 통하여 원고의 사업자등록 및 임대차에 관한 자료를 제공받아 보았다고 하더라도, 피고로서는 원고가 이 사건 각 부동산 중 어느 부분에 사업장을 가진 사업자라는 점을 명백히 알 수 있었다고 단정하기 어렵다고 할 것이어서, 원고의 사업자등록은 상가건물임대차보호법상 공시방법으로서 유효하다고 볼 수 없다.

1-6 상가건물의 임차인이 대항력 또는 우선변제권을 가지기 위한 요건

대법원 2006. 1. 13. 선고 2005다64002 판결

판시사항

[1] 상가건물의 임차인이 임대차보증금 반환채권에 대하여 상가건물 임대차보호법상 대항력 또는 우선변제권을 가지기 위한 요건

[2] 상가건물을 임차하고 사업자등록을 마친 사업자가 임차 건물의 전대차 등으로 당해 사업을 개시하지 않거나 사실상 폐업한 경우, 임차인이 상가건물 임대차보호법상의 대항력 및 우선변제권을 유지하기 위한 방법

판결요지

[1] 상가건물의 임차인이 임대차보증금 반환채권에 대하여 상가건물 임대차보호법 제3조 제1항 소정의 대항력 또는 같은 법 제5조 제2항 소정의 우선변제권을 가지려면 임대차의 목적인 상가건물의 인도 및 부가가치세법 등에 의한 사업자등록을 구비하고, 관할세무서장으로부터 확정일자를 받아야 하며, 그 중 사업자등록은 대항력 또는 우선변제권의 취득요건일 뿐만 아니라 존속요건이기도 하므로, 배당요구의 종기까지 존속하고 있어야 한다.

[2] 부가가치세법 제5조 제4항, 제5항의 규정 취지에 비추어 보면, 상가건물을 임차하고 사업자등록을 마친 사업자가 임차 건물의 전대차 등으로 당해 사업을 개시하지 않거나 사실상 폐업한 경우에는 그 사업자등록은 부가가치세법 및 상가건물 임대차보호법이 상가임대차의 공시방법으로 요구하는 적법한 사업자등록이라고 볼 수 없고, 이 경우 임차인이 상가건물 임대차보호법상의 대항력 및 우선변제권을 유지하기 위해서는 건물을 직접 점유하면서 사업을 운영하는 전차인이 그 명의로 사업자등록을 하여야 한다.

1-7 폐업 후 다시 같은 상호·등록번호로 등록을 한 경우의 대항력 및 우선변제권

대법원 2006. 10. 13. 선고 2006다56299 판결

판시사항

상가건물의 임차인이 임대차보증금 반환채권에 대하여 상가건물 임대차보호법상 대항력 또는 우선변제권을 가지기 위한 요건 및 사업자등록을 마친 사업자가 폐업신고를 한 후에 다시 같은 상호 및 등록번호로 사업자등록을 한 경우, 상가건물 임대차보호법상의 대항력 및 우선변제권이 존속하는지 여부(소극)

이유

상가건물의 임차인이 임대차보증금 반환채권에 대하여 상가건물 임대차보호법 제3조 제1항 소정의 대항력 또는 같은 법 제5조 제2항 소정

의 우선변제권을 가지려면 임대차의 목적인 상가건물의 인도 및 부가가치세법 등에 의한 사업자등록을 구비하고, 관할세무서장으로부터 확정일자를 받아야 하며, 그 중 사업자등록은 대항력 또는 우선변제권의 취득요건일 뿐만 아니라 존속요건이기도 하므로, 배당요구의 종기까지 존속하고 있어야 하는 것이며, 상가건물을 임차하고 사업자등록을 마친 사업자가 폐업한 경우에는 그 사업자등록은 상가건물 임대차보호법이 상가임대차의 공시방법으로 요구하는 적법한 사업자등록이라고 볼 수 없으므로(대법원 2006. 1. 13. 선고 2005다64002 판결 참조), 그 사업자가 폐업신고를 하였다가 다시 같은 상호 및 등록번호로 사업자등록을 하였다고 하더라도 상가건물 임대차보호법상의 대항력 및 우선변제권이 그대로 존속한다고 할 수 없다.

1-8 신소유자와 임차인이 종전 계약의 효력을 소멸하기로 합의했을 때의 대항력

대법원 2013. 12. 12. 선고 2013다211919 판결

판시사항
임차인이 상가건물임대차보호법상의 대항력 또는 우선변제권 등을 취득한 후에 목적물의 소유권이 제3자에게 양도된 다음 새로운 소유자와 임차인이 종전 임대차계약의 효력을 소멸시키려는 의사로 별개의 임대차계약을 새로이 체결한 경우, 임차인이 종전 임대차계약을 기초로 발생하였던 대항력 또는 우선변제권 등을 새로운 소유자 등에게 주장할 수 있는지 여부(원칙적 소극)

판결요지
어떠한 목적물에 관하여 임차인이 상가건물임대차보호법상의 대항력 또는 우선변제권 등을 취득한 후에 그 목적물의 소유권이 제3자에게 양도되면 임차인은 그 새로운 소유자에 대하여 자신의 임차권으로 대항할 수 있고, 새로운 소유자는 종전 소유자의 임대인으로서의 지위를 승계한다(상가건물임대차보호법 제3조 제1항, 제2항, 제5조 제2항 등 참조). 그러나 임차권의 대항 등을 받는 새로운 소유자라고 할지라도 임차인

과의 계약에 기하여 그들 사이의 법률관계를 그들의 의사에 좇아 자유롭게 형성할 수 있는 것이다. 따라서 새로운 소유자와 임차인이 동일한 목적물에 관하여 종전 임대차계약의 효력을 소멸시키려는 의사로 그와는 별개의 임대차계약을 새로이 체결하여 그들 사이의 법률관계가 이 새로운 계약에 의하여 규율되는 것으로 정할 수 있다. 그리고 그 경우에는 종전의 임대차계약은 그와 같은 합의의 결과로 그 효력을 상실하게 되므로, 다른 특별한 사정이 없는 한 이제 종전의 임대차계약을 기초로 발생하였던 대항력 또는 우선변제권 등도 종전 임대차계약과 함께 소멸하여 이를 새로운 소유자 등에게 주장할 수 없다고 할 것이다.

사업장을 변경하는 사업자등록정정을 한 경우, 대항력을 상실하는지 여부

대구지법 2008. 5. 20. 선고 2007나20356 판결

판시사항

임차한 상가건물을 사업장으로 하여 사업자등록을 한 사람이 사업장을 다른 장소로 변경하는 사업자등록정정을 한 경우, 상가건물임대차보호법상 대항력을 상실하는지 여부(적극)

판결요지

상가건물 임차권의 대항력의 요건인 사업자등록은 거래의 안전을 위하여 사업자등록증에 기재된 사업장에 대하여 임차권이 존재함을 제3자가 명백히 인식할 수 있게 하는 공시방법으로서 마련한 것이고, 임대차를 공시하는 효력은 사업자등록증에 기재된 사업장에 한하여 미치므로, 임차한 상가건물을 사업장으로 하여 사업자등록을 한 사업자가 사업장을 다른 장소로 변경하는 사업자등록정정을 한 경우에는 정정된 사업자등록은 종전의 사업장에 대한 임대차를 공시하는 효력이 없고, 사업자는 종전의 사업장에 대하여 취득한 상가건물임대차보호법상 대항력을 상실한다.

여러 개의 구분점포를 임차했을 때의 환산보증금 계산 기준

대법원 2015. 10. 29. 선고 2013다27152 판결

판시사항

구분점포 각각에 대하여 일괄하여 단일한 임대차관계가 성립한 것으로 볼 수 있는 경우, 상가건물 임대차보호법 제14조에 의하여 우선변제를 받을 임차인의 범위를 판단하는 기준

판결요지

임차인이 수 개의 구분점포를 동일한 임대인에게서 임차하여 하나의 사업장으로 사용하면서 단일한 영업을 하는 경우 등과 같이, 임차인과 임대인 사이에 구분점포 각각에 대하여 별도의 임대차관계가 성립한 것이 아니라 일괄하여 단일한 임대차관계가 성립한 것으로 볼 수 있는 때에는, 비록 구분점포 각각에 대하여 별개의 임대차계약서가 작성되어 있더라도 구분점포 전부에 관하여 상가건물 임대차보호법 제2조 제2항의 규정에 따라 환산한 보증금액의 합산액을 기준으로 상가건물 임대차보호법 제14조에 의하여 우선변제를 받을 임차인의 범위를 판단하여야 한다.

 2개의 상가를 하나의 사업장으로 사용한 경우, 단일한 임대차관계로 본 사례

대법원 2013. 10. 17. 선고 2013다207644 판결

판시사항

갑이 집합건물 중 2개의 구분건물을 임차하여 벽체 등에 의한 구분 없이 하나의 사업장으로 사용한 사안에서, 각 구분건물에 관하여 각각 별도의 임대차관계가 성립한 것이 아니라 일괄하여 단일한 임대차관계가 성립한 것으로 본 원심판단을 정당하다고 한 사례

이유

원심은, 원고가 2009. 10. 30. 소외인과 사이에 임대할 부분을 '이 사건 집합건물 중 2층 201호, 202호', 보증금을 '1억 원', 차임을 '200만 원'

으로 기재한 단일한 계약서를 작성하여 이 사건 임대차계약을 체결하고, 그 무렵 위 201호 및 202호(이하 '이 사건 각 구분건물'이라 한다)를 인도받아 벽체 등에 의한 구분 없이 하나의 사업장으로 사용하면서 'ㅇㅇㅇ'이라는 상호로 음식점을 운영하다가 2010. 4. 19. 청주세무서장으로부터 위 계약서에 확정일자를 받은 점 등에 비추어 보면, 이 사건 각 구분건물인 201호와 202호에 관하여 각각 별도의 임대차관계가 성립한 것이 아니라 일괄하여 보증금 1억 원, 차임 월 200만 원인 단일한 임대차관계가 성립한 것으로 봄이 상당하다고 전제한 다음, 상가건물 임대차보호법 제2조 제2항, 같은 법 시행령 제2조 제3항에 따라 환산한 금액을 포함하면 이 사건 임대차계약의 보증금액은 3억 원이 되어 상가건물 임대차보호법의 적용대상인 보증금액 한도를 초과하므로 원고를 그 법에서 정한 우선변제권 있는 임차인이라고 할 수 없다고 판단하였다.

상품의 제조 등이 이루어지는 공장이 상가건물에 해당하지 않다고 본 사례

광주지방법원 2009. 5. 13. 선고 2008나3080 판결

이유

2. 당사자의 주장 및 판단

가. 당사자의 주장

원고는 이 사건 청구원인으로서, 원고는 이 사건 임차부분을 인도받아 사업자등록을 마침으로써 상가건물임대차보호법에 따라 대항력을 취득하였으므로, 이 사건 건물을 양수하여 임대차계약상 임대인의 지위를 승계한 피고는 원고에게 임대차보증금을 반환할 의무가 있다고 주장하고, 이에 대하여 피고는, 이 사건 임차부분은 상가건물이 아닌 공장시설이어서 상가건물임대차보호법의 적용대상에 해당하지 아니하고, 가사 이 사건 임차부분이 상가건물임대차보호법의 적용을 받는다고 하더라도, 피고의 원고에 대한 미지급 폐수처리비용, 전기요금 등의 채권으로 원고의 위 보증금반환채권과 상계한다고 주장하며 원고의 청구에 응할 수 없다고 다툰다.

나. 판단

상가건물임대차보호법은 그 적용대상이 되는 상가건물을 부가가치세법 제5조, 소득세법 제168조 또는 법인세법 제111조의 규정에 의한 사업자등록의 대상이 되는 건물로 규정하고 있는바(제2조 제1항, 제3조 제1항), 동법에서의 상가건물이라 함은 영리활동을 위하여 제공되는 건물, 즉 사업용 내지 영업용 건물을 의미한다 할 것이고, 상가건물인지의 여부는 공부상의 표시가 아닌 건물의 현황·용도 등에 비추어 영업에 사용하느냐의 여부에 따라 실질적으로 판단하여야 할 것인데, 상가건물은 영업을 위한 장소라 할 것이므로 단순히 상품의 보관·제조·가공 등 사실행위만이 이루어지는 공장·창고 등은 이에 해당한다고 할 수 없고, 다만 이와 함께 영업활동이 이루어지는 장소라면 이 법의 적용대상인 상가건물에 해당한다고 보아야 할 것이다.

이러한 법리에 비추어 이 사건 임차부분이 상가건물임대차보호법 소정의 '상가건물'에 해당하는지 여부에 관하여 보건대, 을 제13, 14호증의 각 기재 및 을 제2호증, 을 제5호증의 1 내지 5의 각 영상에 변론 전체의 취지를 종합하면, 이 사건 임차부분의 대부분이 도금작업을 위한 생산시설로 사용되고 있는 사실을 인정할 수 있는바, 위 인정사실에 의하면, 이 사건 임차부분의 주된 부분은 영업용이 아닌 상품의 제조·가공 등의 사실행위가 이루어지는 공장으로 봄이 상당하다 할 것이고, 원고가 이 사건 임차부분에 관하여 사업자등록을 마쳤다는 점 및 갑 제5, 9, 15호증의 각 기재와 제1심 증인 소외인의 증언만으로는 이 사건 임차부분을 상가건물임대차보호법의 적용대상인 상가건물에 해당한다고 단정하기에 부족하고, 달리 이를 인정할 증거가 없는바, 이 사건 임차부분이 상가건물임을 전제로 한 원고의 주장은 더 나아가 살펴 볼 필요 없이 이유 없다.

1-13 부가가치세액이 '차임'에 포함되는지 여부

수원지법 2009. 4. 29. 선고 2008나27056 판결

판시사항

임차인이 부담하기로 한 부가가치세액이 상가건물 임대차보호법 제2조 제2항에 정한 '차임'에 포함되는지 여부(소극)

판결요지

임차인이 부담하기로 한 부가가치세액이 상가건물 임대차보호법 제2조 제2항에 정한 '차임'에 포함되는지 여부에 관하여 보건대, 부가가치세법 제2조, 제13조, 제15조에 의하면 임차인에게 상가건물을 임대함으로써 임대용역을 공급하고 차임을 지급받는 임대사업자는 과세관청을 대신하여 임차인으로부터 부가가치세를 징수하여 이를 국가에 납부할 의무가 있는바, 임대차계약의 당사자들이 차임을 정하면서 '부가세 별도'라는 약정을 하였다면 특별한 사정이 없는 한 임대용역에 관한 부가가치세의 납부의무자가 임차인이라는 점, 약정한 차임에 위 부가가치세액이 포함된 것은 아니라는 점, 나아가 임대인이 임차인으로부터 위 부가가치세액을 별도로 거래징수할 것이라는 점 등을 확인하는 의미로 해석함이 상당하고, 임대인과 임차인이 이러한 약정을 하였다고 하여 정해진 차임 외에 위 부가가치세액을 상가건물 임대차보호법 제2조 제2항에 정한 '차임'에 포함시킬 이유는 없다.

02 Chapter
임차권양도와 전대차

임차권을 양도하면 종래의 임대차관계에서 벗어나게 돼__

임차권의 양도란 임차인이 임차권을 양수인에게 이전하고 자신은 종래의 임대차관계에서 벗어나는 것을 말하며, 임차권의 전대란 임차인이 자신의 임차권을 그대로 유지하면서 자신이 임대인의 지위에서 다시 임대차하는 것이다.

영업양도는 유기적으로 조직화된 기능적 재산을 이전하는 것__

영업이란 일정한 영업 목적에 의해 조직화된 유기적 일체로서의 기능적 재산을 뜻하는바, 여기서 말하는 유기적 일체로서의 기능적 재산이란 영업을 구성하는 유형·무형의 재산과 경제적 가치를 갖는 사실관계가 서로 유기적으로 결합해 수익의 원천으로 기능한다는 것과 이와 같이 유기적으로 결합한 수익의 원천으로서의 기능적 재산이 마치 하나의 재화와 같이 거래의 객체가 된다는 것을 뜻한다 할 것이므로, 영업양도가 있다고 볼 수 있는지의 여부는 양수인이 당해 분야의 영업을 경영함에 있어서 무(無)로부터 출발하지 않고 유기적으로 조직화된 수익의 원천으로서의 기능적 재산을 이전받아 양도인이 하던 것과 같은 영업적 활동을 계속하고 있다고 볼 수 있는지의 여부에 따라 판단되어야 한다.

임차권양도금지 특약과 임대차보증금반환채권 양도는 별개

임대차계약의 당사자 사이에 '임차인은 임대인의 동의 없이는 임차권을 양도 또는 담보제공 하지 못한다'는 약정을 했다면, 그 약정의 취지는 임차권의 양도를 금지한 것으로 볼 것이지 임대차계약에 기한 임대보증금반환채권의 양도를 금지하는 것으로 볼 수는 없다.

특별한 사정이 있는 경우, 임차인은 임대인 동의 없이 임차권 양도 가능

임차인은 임대인의 동의 없이 그 권리를 양도하거나 임차물을 전대하지 못하고 임차인이 이에 위반한 때는 임대인은 계약을 해지할 수 있으나, 이는 임대차계약이 원래 당사자의 개인적 신뢰를 기초로 하는 계속적 법률관계임을 고려해 임대인의 인적 신뢰나 경제적 이익을 보호해 이를 해치지 않게 하고자 함에 있고, 임차인이 임대인의 동의 없이 제3자에게 임차물을 사용·수익시키는 것은 임대인에게 임대차관계를 계속시키기 어려운 배신적 행위가 될 수 있는 것이기 때문에 임대인에게 일방적으로 임대차관계를 종료시킬 수 있도록 하고자 함에 있다. 따라서 임차인이 비록 임대인으로부터 별도의 승낙을 얻지 아니하고 제3자에게 임차물을 사용·수익하도록 한 경우에 있어서도, 임차인의 당해 행위가 임대인에 대한 배신적 행위라고 할 수 없는 특별한 사정이 인정되는 경우에는, 임대인은 자신의 동의 없이 전대차가 이루어졌다는 것만을 이유로 임대차계약을 해지할 수 없으며, 임차권 양수인이나 전차인은 임차권의 양수나 전대차 및 그에 따른 사용·수익을 임대인에게 주장할 수 있다.

동종 영업이란 양도된 영업과 경쟁관계가 발생할 수 있는 영업을 의미

상법 제41조 제1항은 다른 약정이 없으면 영업양도인이 10년간 동일한 특별시·광역시·시·군과 인접 특별시·광역시·시·군에서 양도한 영업과 동종인 영업을 하지 못한다고 규정하고 있다. 위 조문에서 양도 대상으로 규정한 영업은 일정한 영업 목적에 의해 조직화되어 유기적 일체로서 기능하는 재산의 총체를 말하는데, 여기에는 유형·무형의 재산 일체가 포함된다. 영업양도인이 영업을 양도하고도 동종 영업을 하면 영업양수인의 이익이 침해되므로 상법은 영업양수인을 보호하기 위해 영업양도인의 경업금지의무를 규정하고 있다. 위와 같은 상법의 취지를 고려해보면, 경업이 금지되는 대상으로서의 동종 영업은 영업의 내용, 규모, 방식, 범위 등 여러 사정을 종합적으로 고려해볼 때 양도된 영업과 경쟁관계가 발생할 수 있는 영업을 의미한다.

2-1 영업양도의 판단 기준

대법원 1997. 11. 25. 선고 97다35085 판결

판결요지

상법 제42조가 말하는 영업이란 일정한 영업 목적에 의하여 조직화된 유기적 일체로서의 기능적 재산을 뜻하는바, 여기서 말하는 유기적 일체로서의 기능적 재산이란 영업을 구성하는 유형·무형의 재산과 경제적 가치를 갖는 사실관계가 서로 유기적으로 결합하여 수익의 원천으로 기능한다는 것과 이와 같이 유기적으로 결합한 수익의 원천으로서의 기능적 재산이 마치 하나의 재화와 같이 거래의 객체가 된다는 것을 뜻한다 할 것이므로, 영업양도가 있다고 볼 수 있는지의 여부는 양수인이 당해 분야의 영업을 경영함에 있어서 무(無)로부터 출발하지 않고 유기적으로 조직화된 수익의 원천으로서의 기능적 재산을 이전받아 양도인이 하던 것과 같은 영업적 활동을 계속하고 있다고 볼 수 있는지의 여부에 따라 판단되어야 한다(슈퍼마켓의 매장 시설과 비품 및 재고 상품 일체를 매수한 것이 영업양도에 해당한다고 한 사례).

2-2 임대인의 동의를 받지 아니한 임차권양도의 효력

대법원 1986. 2. 25. 선고 85다카1812 판결

판결요지

임대인의 동의를 받지 아니하고 임차권을 양도한 계약도 이로써 임대인에게 대항할 수 없을 뿐 임차인과 양수인 사이에는 유효한 것이고 이 경우 임차인은 양수인을 위하여 임대인의 동의를 받아줄 의무가 있다.

임대인의 동의가 없었지만, 적법한 임차권 양수도라고 본 사례

대법원 2010. 6. 10. 선고 2009다101275 판결

판시사항

[3] 임대인의 동의 없이 제3자에게 임차물을 사용·수익하도록 한 임차인의 행위가 임대인에 대한 배신적 행위라고 할 수 없는 특별한 사정이 있는 경우, 임대인이 민법 제629조에 의해 임대차계약을 해지할 수 있는지 여부(소극) 및 그 경우 제3자는 임차권의 양수 또는 전대차에 따른 사용·수익을 임대인에게 주장할 수 있는지 여부(적극)

판결요지

[3] 민법상 임차인은 임대인의 동의 없이 그 권리를 양도하거나 임차물을 전대하지 못하고 임차인이 이에 위반한 때에는 임대인은 계약을 해지할 수 있으나(민법 제629조), 이는 임대차계약이 원래 당사자의 개인적 신뢰를 기초로 하는 계속적 법률관계임을 고려하여 임대인의 인적 신뢰나 경제적 이익을 보호하여 이를 해치지 않게 하고자 함에 있고, 임차인이 임대인의 동의 없이 제3자에게 임차물을 사용·수익시키는 것은 임대인에게 임대차관계를 계속시키기 어려운 배신적 행위가 될 수 있는 것이기 때문에 임대인에게 일방적으로 임대차관계를 종료시킬 수 있도록 하고자 함에 있다. 따라서 임차인이 비록 임대인으로부터 별도의 승낙을 얻지 아니하고 제3자에게 임차물을 사용·수익하도록 한 경우에 있어서도, 임차인의 당해 행위가 임대인에 대한 배신적 행위라고 할 수 없는 특별한 사정이 인정되는 경우에는, 임대인은 자신의 동의 없이 전대차가 이루어졌다는 것만을 이유로 임대차계약을 해지할 수 없으며, 임차권 양수인이나 전차인은 임차권의 양수나 전대차 및 그에 따른 사용·수익을 임대인에게 주장할 수 있다.

2-4 지상물 경락인이 토지임대인에 대하여 대항할 수 있는 요건

대법원 1993. 4. 13. 선고 92다24950 판결

판시사항

가. 건물에 대한 저당권이 실행되어 경락인이 건물의 소유권을 취득한 경우 건물의 소유를 목적으로 한 토지의 임차권도 건물의 소유권과 함께 경락인에게 이전되는지 여부(적극)

나. 위 "가"항의 경우 토지 임대인의 동의가 없어도 경락인은 임대인에 대하여 임차권의 취득을 대항할 수 있는지 여부(소극)

다. 임대인이 자신의 동의 없이 임차권이 이전되었다는 것만을 이유로 임대차계약을 해지할 수 없는 특별한 사정이 있는 경우 및 그에 대한 주장·입증책임의 소재

판결요지

가. 건물의 소유를 목적으로 하여 토지를 임차한 사람이 그 토지 위에 소유하는 건물에 저당권을 설정한 때에는 민법 제358조 본문에 따라서 저당권의 효력이 건물뿐만 아니라 건물의 소유를 목적으로 한 토지의 임차권에도 미친다고 보아야 할 것이므로, 건물에 대한 저당권이 실행되어 경락인이 건물의 소유권을 취득한 때에는 특별한 다른 사정이 없는 한 건물의 소유를 목적으로 한 토지의 임차권도 건물의 소유권과 함께 경락인에게 이전된다.

나. 위 "가"항의 경우에도 민법 제629조가 적용되기 때문에 토지의 임대인에 대한 관계에서는 그의 동의가 없는 한 경락인은 그 임차권의 취득을 대항할 수 없다고 할 것인바, 민법 제622조 제1항은 건물의 소유를 목적으로 한 토지임대차는 이를 등기하지 아니한 경우에도 임차인이 그 지상건물을 등기한 때에는 토지에 관하여 권리를 취득한 제3자에 대하여 임대차의 효력을 주장할 수 있음을 규정한 취지임에 불과할 뿐, 건물의 소유권과 함께 건물의 소유를 목적으로 한 토지의 임차권을 취득한 사람이 토지의 임대인에 대한 관계에서 그의 동의가 없이도 임차권의 취득을 대항할 수 있는 것까지 규정한 것이라고는 볼 수 없다.

다. 임차인의 변경이 당사자의 개인적인 신뢰를 기초로 하는 계속적 법률관계인 임대차를 더 이상 지속시키기 어려울 정도로 당사자간의 신뢰관계를 파괴하는 임대인에 대한 배신행위가 아니라고 인정되는 특별한 사정이 있는 때에는 임대인은 자신의 동의 없이 임차권이 이전되었다는 것만을 이유로 민법 제629조 제2항에 따라서 임대차계약을 해지할 수 없고, 그와 같은 특별한 사정이 있는 때에 한하여 경락인은 임대인의 동의가 없더라도 임차권의 이전을 임대인에게 대항할 수 있다고 봄이 상당한바, 위와 같은 특별한 사정이 있는 점은 경락인이 주장·입증하여야 한다.

2-5 임차권의 무단양도시 임대인의 해지권을 제한한 사례

대법원 1993. 4. 27. 선고 92다45308 판결

판시사항

가. 임차권의 무단양도 또는 전대시 임대인의 계약해지권을 규정한 민법 제629조의 규정취지

나. 임차인이 임대인의 승낙 없이 제3자에게 임차물을 사용·수익하도록 한 행위가 임대인에 대한 배신적 행위라고 인정할 수 없는 특별한 사정이 있는 경우 임대인에게 임대차계약해지권이 있는지 여부 (소극)

다. 임차권의 양수인이 임차인과 부부로서 임차건물에 동거하면서 함께 가구점을 경영하고 있는 등의 사정이 위 "나"항의 "특별한 사정"에 해당한다고 한 사례

판결요지

가. 민법 제629조는 임차인은 임대인의 동의 없이 그 권리를 양도하거나 전대하지 못하고, 임차인이 이에 위반한 때에는 임대인은 계약을 해지할 수 있다고 규정하고 있는바 이는 민법상의 임대차계약은 원래 당사자의 개인적 신뢰를 기초로 하는 계속적 법률관계임을 고려하여 임대인의 인적 신뢰나 경제적 이익을 보호하여 이를 해치지 않게 하고자 함에 있으며, 임차인이 임대인의 승낙 없이 제3자에게

임차물을 사용·수익시키는 것은 임대인에게 임대차관계를 계속시키기 어려운 배신적 행위가 될 수 있는 것이기 때문에 임대인에게 일방적으로 임대차관계를 종지시킬 수 있도록 하고자 함에 있다.

나. 임차인이 임대인으로부터 별도의 승낙을 얻은 바 없이 제3자에게 임차물을 사용·수익하도록 한 경우에 있어서도 임차인의 당해 행위가 임대인에 대한 배신적 행위라고 인정할 수 없는 특별한 사정이 있는 경우에는 위 법조항에 의한 해지권은 발생하지 않는다.

다. 임차권의 양수인이 임차인과 부부로서 임차건물에 동거하면서 함께 가구점을 경영하고 있는 등의 사정이 위 "나"항의 "특별한 사정"에 해당한다고 한 사례

2-6 임대인의 의사를 설명하지 않아 임차권 양도계약을 취소할 수 있다는 사례

대법원 1996. 6. 14. 선고 94다41003 판결

판시사항

임차권 양도에 관한 임대인의 동의 여부 및 임대차재계약 여부에 대한 설명 없이 임차권을 양도한 것은 기망행위에 해당한다고 보아, 원심판결을 파기한 사례

판결요지

임차권의 양도에 있어서 그 임차권의 존속기간, 임대기간 종료 후의 재계약 여부, 임대인의 동의 여부는 그 계약의 중요한 요소를 이루는 것이므로 양도인으로서는 이에 관계되는 모든 사정을 양수인에게 알려주어야 할 신의칙상의 의무가 있는데, 임차권양도계약이 체결될 당시에 임차건물에 대한 임대차기간의 연장이나 임차권 양도에 대한 임대인의 동의 여부가 확실하지 않은 상태에서 몇 차례에 걸쳐 명도요구를 받고 있었던 임차권 양도인이 그 여부를 확인하여 양수인에게 설명하지 아니한 채 임차권을 양도한 행위는 기망행위에 해당한다고 보아, 이를 기망행위가 아니라고 한 원심판결을 파기한 사례

2-7 임차권 양도 시 임대차보증금반환채권의 이전 여부

대법원 1998. 7. 14. 선고 96다17202 판결

판시사항

[1] 임대차보증금반환채권이 가압류 또는 압류된 후 임차인이 임대인의 승낙하에 임차권을 양도한 경우, 임대차보증금반환채권의 이행기 도래 여부(적극)

[2] 임대차보증금반환채권이 가압류 또는 압류된 후 임차인이 임대인의 승낙하에 임차권을 양도한 경우, 신 임차인이 부담할 연체차임 등의 새로운 채무를 구 임차인에게 반환할 임대차보증금에서 공제할 수 있는지 여부(소극)

[3] 임차인이 임대인의 승낙하에 임차권을 양도하고 신 임차인에게 임차목적물을 명도한 경우, 구 임차인의 임대인에 대한 명도의무의 이행완료 여부(적극)

판결요지

[1] 임대차보증금반환채권이 가압류 또는 압류된 후 임차권이 양도된 경우에 임대인이 위 임차권의 양도를 승낙하였다면 임대인과 구 임차인과의 임대차관계는 종료되어 구 임차인은 임대차관계로부터 이탈하게 되고, 구 임차인의 임대차보증금반환채권은 구 임차인과 임대인과의 임대차관계의 종료로 인하여 임대인의 임차권 양도 승낙 시에 이행기에 도달하게 된다고 보아야 한다.

[2] 위 [1]항의 경우, 임대차보증금에 관한 구 임차인의 권리의무관계는 구 임차인이 임대인과 사이에 임대차보증금을 신 임차인의 채무불이행의 담보로 하기로 약정하거나 신 임차인에 대하여 임대차보증금반환채권을 양도하기로 하는 등의 특별한 사정이 없는 한 신 임차인에게 승계되지 아니하며, 구 임차인이 임대인과 사이에 임대차보증금을 신 임차인의 채무의 담보로 하기로 약정하거나 신 임차인에 대하여 임대차보증금반환채권을 양도하기로 한 때에도 그 이전에 임대차보증금반환채권이 제3자에 의하여 가압류 또는 압류되어 있는 경우에는 위와 같은 합의나 양도의 효력은 압류권자 등에

게 대항할 수 없으므로, 신 임차인이 차임지급을 연체하는 등 새로운 채무를 부담하게 되었다고 하여 그 연체차임 등을 구 임차인에게 반환할 임대차보증금에서 공제할 수는 없다.

[3] 임대인이 임차권의 양도를 승낙하여 신 임차인이 구 임차인으로부터 임차목적물을 명도받았다면 구 임차인이 임대인에게 명도하여 임대인이 다시 신 임차인에게 명도하는 대신 구 임차인이 임대인의 승낙하에 직접 신 임차인에게 명도하는 것으로서 명도의무의 이행을 다한 것으로 보아야 한다.

2-8 임차권 양도한 경우 임차보증금반환채무의 소멸 여부

대법원 1989. 10. 24. 선고 88다카13172 판결

판시사항

대항력있는 임차권의 목적인 주택을 양도한 경우 양도인의 임차보증금 반환채무의 소멸 여부(적극)

판결요지

주택의 임차인이 제3자에 대하여 대항력을 구비한 후에 그 주택의 소유권이 양도된 경우에는 그 양수인이 임대인의 지위를 승계하게 되는 것으로 임대차보증금반환채무도 주택의 소유권과 결합하여 일체로서 이전하는 것이며 이에 따라 양도인의 임차보증금반환채무는 소멸하는 것이다.

2-9 임차권 양도금지의 약정이 임대보증금반환채권의 양도금지를 포함하는지 여부

대법원 2013. 2. 28. 선고 2012다104366,104373 판결

판시사항

임대차계약의 당사자들이 '임차인은 임대인의 동의 없이는 임차권을 양도 또는 담보제공하지 못한다'고 약정한 경우, 그 약정의 취지를 임대보증금반환채권의 양도를 금지하는 것으로 볼 수 있는지 여부(소극)

> **이유**

임대차계약의 당사자 사이에 '임차인은 임대인의 동의 없이는 임차권을 양도 또는 담보제공 하지 못한다'는 약정을 하였다면, 그 약정의 취지는 임차권의 양도를 금지한 것으로 볼 것이지 임대차계약에 기한 임대보증금반환채권의 양도를 금지하는 것으로 볼 수는 없다(대법원 1993. 6. 25. 선고 93다13131 판결, 대법원 2011. 4. 28. 선고 2011다1200 판결 등 참조).

원심판결 이유와 원심의 채택 증거들에 의하면, 피고는 2003. 10.경 독립당사자참가인(이하 '참가인'이라고 한다)과 사이에, 피고 소유의 이 사건 아파트에 관하여 임대차보증금 8,000만 원, 차임 월 35만 원, 기간 2003. 11. 20.부터 2년간으로 정하여 이 사건 임대차계약을 체결하면서, '임차인(참가인)은 임대인(피고)의 동의 없이는 이 사건 아파트의 용도나 구조 등을 변경하거나 전대, 임차권 양도 또는 담보제공을 하지 못하며 임대차목적 이외의 용도에 사용할 수 없다'고 약정한 사실, 참가인은 2005. 1. 31. 원고로부터 금원을 차용하면서 그 채무 담보를 위하여 이 사건 임대차계약에 기한 임대차보증금반환채권을 양도(이하 '이 사건 채권양도'라고 한다)하고, 2005. 2. 2. 피고에게 그 양도사실을 통지한 사실, 참가인은 임대차기간 만료 후인 2006. 12. 20. 피고에게 이 사건 아파트를 인도하였는데, 당시 임대차보증금은 연체차임 등을 공제하고 69,607,917원이 잔존하고 있던 사실 등을 알 수 있다.

앞에서 본 법리를 위 사실관계에 비추어 살펴보면, 이 사건 임대차계약의 약정 취지가 임대보증금반환채권의 양도를 금지하는 것으로 볼 수 없으므로, 피고의 동의 여부와 관계없이 이 사건 채권양도는 유효하고, 그에 따라 피고는 원고에게 잔존 임대차보증금과 이에 대한 지연손해금을 지급할 의무가 있다고 할 것이다.

그런데도 원심은 이와 달리, 이 사건 임대차계약의 약정 취지가 임대차보증금반환채권의 양도까지 금지하는 것이라는 전제에서, 이 사건 채권양도가 무효이고, 따라서 이 사건 채권양도에도 불구하고 이 사건 임대차계약에 기한 임대차보증금반환채권이 여전히 임차인인 참가인에게 귀속한다고 보아, 원고의 피고에 대한 청구를 기각하는 한편, 참가인의 피고에 대한 청구를 인용하고 말았으니, 이러한 원심판결에는 임대차보증금반환채권의 양도에 관한 법리를 오해한 위법이 있다. 이 점을 지적하는 취지의 상고이유의 주장은 이유 있다.

임차권양도금지 특약과 임차보증금반환채권 양도는 별개라고 본 사례

대법원 2001. 6. 12. 선고 2001다2624 판결

판결요지

임차인과 임대인간의 약정에 의하여 임차권의 양도가 금지되어 있다 하더라도 그러한 사정만으로 임대차계약에 따른 임차보증금반환채권의 양도까지 금지되는 것은 아니므로, 소외 회사가 원고에게 병원 영안실에 대한 임차권뿐만 아니라 이 사건 임차보증금반환채권을 양도하고, 피고에게 이 사건 임차보증금반환채권이 원고에게 양도되었다는 통지를 한 이상 그 후 소외 회사와 피고간의 임대차계약이 종료되는 경우 원고로서는 이 사건 임차보증금반환채권의 양수인으로서의 피고가 소외 회사와 원고간의 임차권 양도에 동의하였는지 여부에 상관없이 피고에 대하여 이 사건 임차보증금의 반환을 구할 수 있다.

임차권 매수인이 잔금지급 대신 이자 상당액을 지급한 경우의 법적 성질

대법원 1996. 7. 26. 선고 96다14616 판결

판시사항

[1] 영업허가권 및 시설 일체를 매매하면서 매수인이 잔금지급 이전에 목적물을 인도받아 사용·수익하는 대신 잔금에 대한 이자 상당액 등을 매월 지급하기로 한 경우, 그 계약의 법적 성질(혼합계약) 및 그 계약해제시의 법률관계

판결요지

[1] 영업허가권 및 시설물 일체를 매매함에 있어 매수인이 계약금을 지급하고 그 잔금지급 이전에 그 목적물을 인도받아 이를 사용·수익

하면서 잔금에 대한 이자 상당액으로서 매월 일정 금액 및 그 인도받은 날로부터 그 업소와 관련하여 아직 영업허가 등의 명의가 매도인에게 남아 있는 관계로 매도인 앞으로 부과되는 제세공과금, 임대료 및 관리비 등 건물주가 청구하는 일체의 금원을 지급하기로 한 경우, 그 계약의 법적 성격은 단순한 매매가 아니라 매매계약과 매매계약금을 임차보증금으로 하고 월 차임을 잔금에 대한 이자 상당액으로 하는 임대차계약이 혼합된 계약으로 봄이 상당하므로, 그 계약이 매도인의 귀책사유로 이행불능되어 매수인이 이를 해제하였다 하더라도 그 계약으로 생겼던 법률효과가 모두 소급적으로 소멸한다고는 할 수 없고, 그 계약 중 임대차계약의 성질을 가진 부분은 그 이행불능시까지 이미 완전히 목적을 달성하고 있었으므로 그 이행불능으로 해지된 것으로서 장래에 향해서만 계약관계가 종료되었다고 보아야 한다.

이유

원·피고 간에 1991. 9. 11. 체결된 이 사건 계약의 내용은, 원고가 피고로부터 서울 영등포구 영등포동 143의 3 삼보빌딩(이하 이 사건 건물이라 한다) 내에 있는 삼보디스코클럽(이하 이 사건 클럽이라 한다)에 대한 영업허가권 및 시설물 일체를 금 350,000,000원에 매수하고 같은 날 계약금으로 금 140,000,000원을 지급하며, 잔금지급 이전에 이 사건 클럽을 인도받아 이를 사용·수익하면서 잔금 210,000,000원에 대한 이자 상당액으로서 매월 금 4,200,000원 및 위 인도받은 날로부터 이 사건 클럽과 관련하여 아직 영업허가 등의 명의가 피고에게 남아 있는 관계로 피고 앞으로 부과되는 제세공과금, 임대료 및 관리비 등 건물주가 청구하는 일체의 금원을 지급하기로 한 것이므로, 이 사건 계약의 법적 성격은 단순한 매매가 아니라 매매대금을 금 350,000,000원으로 하는 매매계약과 매매계약금을 임차보증금으로 하고 월 차임을 금 4,200,000원으로 하는 임대차계약이 혼합된 계약으로 봄이 상당하다 할 것인바, 이 사건 계약이 피고의 귀책사유로 이행불능되어 원고가 이를 해제하였다 하더라도 이 사건 계약으로 생겼던 법률효과가 모두 소급적으로 소멸한다고는 할 수 없고, 이 사건 계약 중 위 임대차계약의 성질을 가진 부분은 위 이행불능시까지 이미 완전히 목적을 달성하고 있었으므로 위 이행불능으로 해지된 것으로서 장래에 향해서만 계약관계가 종료되었다고 보아야 할 것이다.

따라서 피고는 위 해지 이전에 원고로부터 수령한 위 차임에 해당하는 매매잔대금에 대한 이자 상당액을 위 해지로 인하여 원고에게 반환할 의무가 없고, 위 해지 이전에 이미 발생하였던 원고의 피고에 대한 위 차임에 해당하는 매매잔대금에 대한 이자 상당액의 지급채무 및 원고의 이 사건 클럽에 대한 점유, 사용기간 중에 피고 앞으로 부과된 제세공과금, 임대료 및 관리비 지급채무 등 일체의 금원에 대한 원고의 채무는 위 계약해지 이후에도 여전히 존속하는 것인데, 원심이 적법히 인정한 바와 같이 위 제세공과금, 임대료 및 관리비 중 일부 금원을 피고가 원고를 대신하여 변제한 이상 피고는 이를 원고에게 구상할 권리가 있다 할 것이므로, 피고의 원고에 대한 이 사건 계약해제로 인한 원상회복의무로서의 위 계약금반환채무와 원고의 피고에 대한 위 차임에 해당하는 매매잔대금에 대한 이자 상당액 지급채무 및 위 구상금채무의 합계액을 대등액에서 상계한 원심은 정당하고, 거기에 소론과 같은 계약해제로 인한 원상회복의무 및 구상금채권에 관한 법리오해, 석명권 불행사, 심리미진, 이유모순 등의 위법이 있다 할 수 없다.

영업 및 점포 양도 계약이 임차권 양도계약이라고 한 사례

대법원 2001. 9. 28. 선고 2001다10960 판결

판시사항

의류판매대리점 영업을 하던 점포 임차인이 그 영업을 양도하면서 점포도 넘겨주기로 한 계약이 점포에 대한 전대차계약이 아니라 임차권 양도계약이라고 한 사례

판결요지

의류판매대리점 영업을 하던 점포 임차인이 그 영업을 양도하면서 점포도 넘겨주기로 한 계약이 영업양도 계약에 부수하여 이루어졌고, 임대차계약서 양식이 아니라 매매계약서 양식을 이용하여 위 계약을 체결하였으며, 양수인과 임차인이 함께 임대인을 찾아가 영업양수인과 새

로운 임대차계약을 체결하여 줄 것을 요구하였고, 영업을 양도한 이후 위 점포에 관한 임차권의 권리관계에서 임차인의 지위를 유지시켜야 할 이익을 인정할 수 없다면 양수인과 임차인 사이에서 위 점포를 넘겨주기로 한 계약은 전대차계약이 아니라 임차권의 양도계약이라고 한 사례

2-13 영업양도의 경우, 근로관계의 승계 여부

대법원 2001. 7. 27. 선고 99두2680 판결

판시사항

[1] 영업양도의 의미와 영업양도의 경우, 근로관계의 승계 여부(적극) 및 영업의 동일성 여부의 판단 기준

판결요지

[1] 영업의 양도라 함은 일정한 영업목적에 의하여 조직화된 업체, 즉 인적·물적 조직을 그 동일성은 유지하면서 일체로서 이전하는 것으로서 영업의 일부만의 양도도 가능하고, 이러한 영업양도가 이루어진 경우에는 원칙적으로 해당 근로자들의 근로관계가 양수하는 기업에 포괄적으로 승계되는바, 여기서 영업의 동일성 여부는 일반 사회관념에 의하여 결정되어져야 할 사실인정의 문제이기는 하지만, 문제의 행위(양도계약관계)가 영업의 양도로 인정되느냐 안되느냐는 단지 어떠한 영업재산이 어느 정도로 이전되어 있는가에 의하여 결정되어져야 하는 것이 아니고 거기에 종래의 영업조직이 유지되어 그 조직이 전부 또는 중요한 일부로서 기능할 수 있는가에 의하여 결정되어져야 하는 것이므로, 예컨대 영업재산의 전부를 양도했어도 그 조직을 해체하여 양도했다면 영업의 양도는 되지 않는 반면에 그 일부를 유보한 채 영업시설을 양도했어도 그 양도한 부분만으로도 종래의 조직이 유지되어 있다고 사회관념상 인정되면 그것을 영업의 양도라 볼 것이다.

적법하지 않은 임차권 양수인이 임대인의 권한을 대위행사할 수 있는지 여부

대법원 1985. 2. 8. 선고 84다카188 판결

판시사항

임대인의 동의없는 임차권 양수인이 임대인의 권한을 대위행사할 수 있는지 여부(소극)

판결요지

임대인의 동의없는 임차권의 양도는 당사자 사이에서는 유효하다 하더라도 다른 특약이 없는 한 임대인에게는 대항할 수 없는 것이고 임대인에 대항할 수 없는 임차권의 양수인으로서는 임대인의 권한을 대위행사할 수 없다.

 ## 신고의무가 이행되지 않은 음식점 양수인이 그 신고의무를 부담하는지 여부

대법원 2010. 7. 15. 선고 2010도4869 판결

판시사항

[1] 영업장 면적 변경에 관한 신고의무가 이행되지 않은 일반음식점의 영업을 양수한 자가, 그 신고의무를 이행하지 않은 채 영업을 계속하는 행위가 구 식품위생법상 신고의무 불이행으로 인한 처벌대상이 되는지 여부(적극)

[2] 영업장 면적이 대폭 변경되었음에도 그에 관한 신고의무가 이행되지 않은 일반음식점을 양수한 피고인이 이를 알면서도 역시 그와 같은 신고의무를 이행하지 않은 채 위 영업을 계속한 사안에서, 미신고 영업으로 인한 구 식품위생법 위반죄가 성립한다고 본 원심판단을 수긍한 사례

판결요지

[1] 구 식품위생법(2009. 2. 6. 법률 제9432호로 전부 개정되기 전의 것) 제22조 제5항, 구 식품위생법 시행령(2008. 12. 31. 대통령령 제

21214호로 개정되기 전의 것) 제13조 제1항 제7호, 제13조의2 제3의 2호에 의하면, 신고대상인 일반음식점 영업을 하고자 하는 때와 해당 영업의 영업장 면적 등 중요한 사항을 변경하고자 하는 때에는 이를 구청장 등에게 신고하도록 규정하고, 같은 법 제77조 제1호에서는 위와 같은 신고의무를 위반한 자를 3년 이하의 징역 또는 3천만 원 이하의 벌금에 처하도록 규정하며, 같은 법 제25조 제1항은 영업의 신고를 한 자가 그 영업을 양도한 때에는 양수인이 영업자의 지위를 승계하도록 규정하는바, 위 신고의무 조항 및 처벌조항의 취지는 신고대상인 영업을 신고 없이 하거나 해당 영업의 영업장 면적 등 중요한 사항을 변경하였음에도 그에 관한 신고 없이 영업을 계속하는 경우 이를 처벌함으로써 그 신고를 강제하고 궁극적으로는 미신고 영업을 금지하려는 데 있는 것으로 보이는 점도 고려하면, 영업장 면적이 변경되었음에도 그에 관한 신고의무가 이행되지 않은 영업을 양수한 자도 역시 그와 같은 신고의무를 이행하지 않은 채 영업을 계속한다면 처벌대상이 된다고 보아야 한다.

[2] 당초 관할구청장에게 신고한 영업장 면적 37.29㎡가 약 132㎡로 대폭 변경되었음에도 그에 관한 신고의무를 이행하지 않은 영업자의 일반음식점을 양수한 피고인이 이를 알면서도 역시 그와 같은 신고의무를 이행하지 않은 채 약 1년간 위 영업을 계속한 사안에서, 피고인이 전 영업자의 영업장 면적 변경신고의무를 승계한 것은 아니지만 위 영업기간 동안 미신고 영업으로 인한 구 식품위생법(2009. 2. 6. 법률 제9432호로 전부 개정되기 전의 것) 위반죄가 성립한다고 본 원심판단을 수긍한 사례

2-16 영업자의 지위를 승계한 경우, 영업자지위승계신고를 할 의무가 있는지 여부

대법원 2001. 2. 9. 선고 2000도2050 판결

판시사항

[1] 구 식품위생법상 영업자로부터 영업을 양수하여 영업자의 지위를 승계한 경우, 그 대가의 지급 여부 또는 양도인의 인감증명서 교부 여부와 무관하게 영업자지위승계신고를 할 의무가 있는지 여부(적극)

[2] 전 영업허가자로부터 영업을 완전히 양수하여 영업을 계속하면서도 양수대금을 지급하지 아니하여 양도인의 인감증명서를 교부받을 수 없다는 이유로 구 식품위생법상의 영업자지위승계신고를 하지 않은 경우, 양도인이 영업승계에 필요한 서류를 교부해주지 않는다고 하여 영업자의 지위승계를 신고하는 것이 불가능하다든가 또는 그 미신고행위가 정당화된다든가 할 수 없다고 본 사례

판결요지

[1] 구 식품위생법(1997. 12. 13. 법률 제5453호로 개정되기 전의 것) 제25조 제1항, 제3항에 의하여 영업양도에 따른 지위승계신고를 수리하는 허가관청의 행위는, 단순히 양도·양수인 사이에 이미 발생한 사법상의 사업양도의 법률효과에 의하여 양수인이 그 영업을 승계하였다는 사실의 신고를 접수하는 행위에 그치는 것이 아니라, 실질에 있어서 양도자의 사업허가를 취소함과 아울러 양수자에게 적법히 사업을 할 수 있는 권리를 설정하여 주는 행위로서 사업허가자의 변경이라는 법률효과를 발생시키는 행위라고 할 것이고, 한편 구 식품위생법시행규칙(1998. 10. 19. 보건복지부령 제83호로 개정되기 전의 것) 제33조에 의하면, 위 법 제25조 제3항에 따라 영업자의 지위승계신고를 하고자 하는 자는 [별지 제33호 서식]에 의한 영업자지위승계신고서에 권리의 이전을 증빙하는 서류 및 양도인의 인감증명서 등을 첨부하여 허가 또는 신고관청에 제출하여야 한다고 하면서, 행방불명(주민등록법상 무단전출을 포함한다) 등으로 양도인의 인감증명서를 첨부하지 못하는 경우에는 허가 또는 신고관청이 사실확인 등을 통하여 양도·양수가 이루어졌다고 인정할 수 있는

때에는 이를 제출하지 아니할 수 있다고 규정되어 있음을 알 수 있는바, 이러한 법리와 관계 법령의 취지에 비추어 보면 구 식품위생법(1997. 12. 13. 법률 제5453호로 개정되기 전의 것)상 영업자로부터 영업을 양수하여 영업자의 지위를 승계한 자는, 그 대가의 지급여부 또는 양도인의 인감증명서 교부 여부와는 무관하게, 영업을 실제로 양수한 날부터 1월 이내에 소정의 절차에 따른 지위승계신고를 하여야 하고, 그러한 신고를 하지 아니한 채 양수받은 영업을 계속하였다면 위 식품위생법 소정의 신고의무를 다하지 아니한 것으로 해석하여야 한다.

[2] 전 영업허가자로부터 영업을 완전히 양수하여 영업을 계속하면서도 양수대금을 지급하지 아니하여 양도인의 인감증명서를 교부받을 수 없다는 이유로 구 식품위생법(1997. 12. 13. 법률 제5453호로 개정되기 전의 것)상의 영업자지위승계신고를 하지 않은 경우, 양도인이 영업승계에 필요한 서류를 교부해 주지 않는다고 하여 영업자의 지위승계를 신고하는 것이 불가능하다든가 또는 그 미신고행위가 정당화된다든가 할 수 없다고 본 사례

2-17 영업양도에 따른 지위승계를 수리하는 행위의 성질

대법원 1995. 2. 24. 선고 94누9146 판결

판시사항

가. 식품위생법 제25조 제3항에 의한 영업양도에 따른 지위승계신고를 수리하는 행위의 성질

나. 사실상 영업이 양도·양수되었지만 아직 승계신고 및 수리처분이 있기 이전의 경우, 행정제재처분사유 유무의 판단기준이 되는 대상자 및 위반행위에 대한 행정책임이 귀속되는 자

다. "나"항의 경우, 식품위생법 제61조의 적용가능성 여부

> **판결요지**

가. 식품위생법 제25조 제3항에 의한 영업양도에 따른 지위승계신고를 수리하는 허가관청의 행위는 단순히 양도·양수인 사이에 이미 발생한 사법상의 사업양도의 법률효과에 의하여 양수인이 그 영업을 승계하였다는 사실의 신고를 접수하는 행위에 그치는 것이 아니라, 영업허가자의 변경이라는 법률효과를 발생시키는 행위라고 할 것이다.

나. 사실상 영업이 양도·양수되었지만 아직 승계신고 및 그 수리처분이 있기 이전에는 여전히 종전의 영업자인 양도인이 영업허가자이고, 양수인은 영업허가자가 되지 못한다 할 것이어서 행정제재처분의 사유가 있는지 여부 및 그 사유가 있다고 하여 행하는 행정제재처분은 영업허가자인 양도인을 기준으로 판단하여 그 양도인에 대하여 행하여야 할 것이고, 한편 양도인이 그의 의사에 따라 양수인에게 영업을 양도하면서 양수인으로 하여금 영업을 하도록 허락하였다면 그 양수인의 영업 중 발생한 위반행위에 대한 행정적인 책임은 영업허가자인 양도인에게 귀속된다고 보아야 할 것이다.

다. 양수인이 양도인으로부터 그 지분을 양수하고도 영업허가 명의를 양도인 앞으로 남겨 둔 채 단독으로 영업을 하던 중 일어난 위반행위 이외에 그이전에 양도인이 주점에서 지정된 영업시간을 준수하지 아니하고 영업을 하던중 적발된 적이 있었다면 위 위반행위로써 양도인은 2차로 위반한 셈이 된다할 것이고, 여기에 영업양도가 있은 경우 종전의 영업자에 대하여 행한 행정제재처분의 효과가 양수인에게 승계되는지 여부에 관한 규정인 식품위생법 제61조의 적용 여부가 문제될 여지는 없다.

2-18 체육시설의 '영업양도'의 의미

대법원 2006. 11. 23. 선고 2005다5379 판결

판시사항

[1] 구 체육시설의 설치·이용에 관한 법률 제30조 제1항, 제3항에 의하여 사업계획승인에 따른 권리·의무가 승계되는 요건인 '영업양도'의 의미

[2] 체육시설의 설치공사를 완성하여 체육시설업을 등록할 것을 목적으로 행하여지고 있는 영업을 종전 영업자로부터 승계받아 계속하려는 단일한 의도 아래, 영업용 자산의 일부는 임의경매절차에서 낙찰받는 방법으로 취득하고, 나머지 영업용 자산, 영업권 등은 종전 영업자와 체결한 양도·양수계약에 의하여 취득한 경우, 구 체육시설의 설치·이용에 관한 법률 제30조 제3항에 정한 사업계획승인의 승계요건인 '영업양도'에 해당하는지 여부(적극)

판결요지

[1] 구 체육시설의 설치·이용에 관한 법률(2003. 5. 29. 법률 제6907호로 개정되기 전의 것) 제30조 제1항의 체육시설업자의 영업의 양도는 '영리를 목적으로 체육시설을 설치·경영하는 업을 수행하기 위하여 조직화된 인적·물적 조직을 그 동일성을 유지하면서 일체로서 이전하는 것'을 의미하고, 같은 법 제30조 제3항에 의하여 제1항이 준용됨으로써 체육시설업에 관한 사업계획승인을 얻었으나 아직 체육시설의 설치공사를 완성하기 전의 단계에서 사업계획승인에 따른 권리·의무가 승계되는 요건으로서의 영업양도는 '장차 체육시설의 설치공사를 완성하여 체육시설업을 등록할 것을 목적으로 하여 조직화된 인적·물적 조직을 그 동일성을 유지하면서 일체로서 이전하는 것'을 의미한다.

[2] 체육시설의 설치 및 이용을 장려하려는 구 체육시설의 설치·이용에 관한 법률(2003. 5. 29. 법률 제6907호로 개정되기 전의 것)의 전체적인 목적, 그 입법목적을 달성하기 위하여 체육시설업자와 이용약정을 체결한 회원을 일반 채권자보다 좀더 두텁게 보호하려고 법

제30조 제1항과 같은 특별규정을 두고, 같은 이유로 체육시설 완성 전 사업계획승인의 승계의 경우에도 위 제1항을 준용하고 있는 점 등을 고려하여 보면, 체육시설의 설치공사를 완성하여 체육시설업을 등록할 것을 목적으로 행하여지고 있는 영업을 종전 영업자로부터 승계받아 계속하려는 단일한 의도 아래, 영업용 자산의 일부는 임의경매절차에서 낙찰받는 방법으로 취득하는 한편, 나머지 영업용 자산, 영업권 등은 종전 영업자와 체결한 양도·양수계약에 의하여 잇달아 취득함으로써, 사회통념상 전체적으로 보아 종전의 영업이 그 동일성을 유지한 채 일체로서 이전된 것과 마찬가지로 볼 수 있는 특별한 사정이 인정되는 경우에는, 같은 법 제30조 제3항에 의하여 준용되는 같은 조 제1항에 규정된 '영업양도'에 해당한다.

2-19 교육시설의 '영업양도'

대법원 2010. 9. 30. 선고 2010다35138 판결

판시사항

[1] 영업양도가 있다고 볼 수 있는지 여부의 판단 기준

[2] 교육시설의 양도계약이 체결된 시점이 아닌 교육시설의 설치자 변경신고가 수리된 시점에 영업양도가 있었다고 봄이 상당하다고 한 사례

[3] 상법 제42조 제1항에 의하여 상호를 속용하는 영업양수인이 변제책임을 지는 양도인의 제3자에 대한 채무는 영업양도 당시의 상호를 사용하는 동안 발생한 채무에 한하는지 여부(소극)

[4] 상호를 속용하는 영업양수인의 책임을 정하고 있는 상법 제42조 제1항의 규정 취지 및 영업양수인이 상호 자체가 아닌 옥호(屋號) 또는 영업표지를 속용하는 경우에도 상법 제42조 제1항이 유추적용되는지 여부

[5] 교육시설인 '서울종합예술원'의 영업을 양도받아 그 명칭을 사용하여 같은 영업을 계속한 양수인에 대하여 상법 제42조 제1항의 유추적용에 의한 책임을 인정한 원심의 판단을 수긍한 사례

판결요지

[1] 영업양도가 있다고 볼 수 있는지의 여부는 양수인이 유기적으로 조직화된 수익의 원천으로서의 기능적 재산을 이전받아 양도인이 하던 것과 같은 영업적 활동을 계속하고 있다고 볼 수 있는지의 여부에 따라 판단되어야 한다.

[2] 교육시설의 양도계약이 체결된 시점에 영업양도가 있었던 것이 아니라 양수인이 관할 교육청에 위 교육시설의 설치자 지위를 승계하였음을 이유로 한 설치자 변경신고를 하여 그 변경신고가 수리된 시점에 위 교육시설을 양도받아 양도인이 하던 것과 같은 영업적 활동을 개시하였다고 봄이 상당하다고 한 사례

[3] 상법 제42조 제1항에 의하여 상호를 속용하는 영업양수인이 변제책임을 지는 양도인의 제3자에 대한 채무는 양도인의 영업으로 인한 채무로서 영업양도 전에 발생한 것이면 족하고, 반드시 영업양도 당시의 상호를 사용하는 동안 발생한 채무에 한하는 것은 아니다.

[4] 상호를 속용하는 영업양수인의 책임을 정하고 있는 상법 제42조 제1항은, 일반적으로 영업상의 채권자의 채무자에 대한 신용은 채무자의 영업재산에 의하여 실질적으로 담보되어 있는 것이 대부분인데도 실제 영업의 양도가 이루어지면서 채무의 승계가 제외된 경우에는 영업상의 채권자의 채권이 영업재산과 분리되게 되어 채권자를 해치게 되는 일이 일어나므로 영업상의 채권자에게 채권추구의 기회를 상실시키는 것과 같은 영업양도의 방법, 즉 채무를 승계하지 않았음에도 불구하고 상호를 속용함으로써 영업양도의 사실이 대외적으로 판명되기 어려운 방법 또는 영업양도에도 불구하고 채무의 승계가 이루어지지 않은 사실이 대외적으로 판명되기 어려운 방법 등이 채용된 경우에 양수인에게도 변제의 책임을 지우기 위하여 마련된 규정이라고 해석된다. 따라서 양수인에 의하여 속용되는 명칭이 상호 자체가 아닌 옥호(옥호) 또는 영업표지인 때에도 그것이 영업주체를 나타내는 것으로 사용되는 경우에는 영업상의 채권자가 영업주체의 교체나 채무승계 여부 등을 용이하게 알 수 없다는 점에서 일반적인 상호속용의 경우와 다를 바 없으므로, 양수인은 특별

한 사정이 없는 한 상법 제42조 제1항의 유추적용에 의하여 그 채무를 부담한다.

[5] 교육시설인 '서울종합예술원'의 영업을 양도받아 그 명칭을 사용하여 같은 영업을 계속한 양수인에 대하여 상법 제42조 제1항의 유추적용에 의한 책임을 인정한 원심의 판단을 수긍한 사례

임대인이 임대인의 동의없는 전차인에게 손해배상청구할 수 있는지 여부

대법원 2008. 2. 28. 선고 2006다10323 판결

판시사항

임차인이 임대인의 동의 없이 임차물을 제3자에게 전대한 경우, 임대인이 제3자에게 손해배상청구나 부당이득반환청구를 할 수 있는지 여부(원칙적 소극)

판결요지

임차인이 임대인의 동의를 받지 않고 제3자에게 임차권을 양도하거나 전대하는 등의 방법으로 임차물을 사용·수익하게 하더라도, 임대인이 이를 이유로 임대차계약을 해지하거나 그 밖의 다른 사유로 임대차계약이 적법하게 종료되지 않는 한 임대인은 임차인에 대하여 여전히 차임청구권을 가지므로, 임대차계약이 존속하는 한도 내에서는 제3자에게 불법점유를 이유로 한 차임상당 손해배상청구나 부당이득반환청구를 할 수 없다.

2-21 '영업'의 의미 및 경업이 금지되는 대상으로서의 '동종 영업'

대법원 2015. 9. 10. 선고 2014다80440 판결

판시사항

[1] 상법 제41조 제1항에서 양도 대상으로 규정한 '영업'의 의미 및 경업이 금지되는 대상으로서의 '동종 영업'의 의미

[2] 상법 제41조 제1항에서 정한 경업금지지역으로서의 동일 지역 또는 인접 지역은 영업양도인의 통상적인 영업활동이 이루어지던 지역을 기준으로 정하여야 하는지 여부(적극) 및 이때 통상적인 영업활동인지 판단하는 기준

판결요지

[1] 상법 제41조 제1항은 다른 약정이 없으면 영업양도인이 10년간 동일한 특별시·광역시·시·군과 인접 특별시·광역시·시·군에서 양도한 영업과 동종인 영업을 하지 못한다고 규정하고 있다. 위 조문에서 양도 대상으로 규정한 영업은 일정한 영업 목적에 의하여 조직화되어 유기적 일체로서 기능하는 재산의 총체를 말하는데, 여기에는 유형·무형의 재산 일체가 포함된다. 영업양도인이 영업을 양도하고도 동종 영업을 하면 영업양수인의 이익이 침해되므로 상법은 영업양수인을 보호하기 위하여 영업양도인의 경업금지의무를 규정하고 있다. 위와 같은 상법의 취지를 고려하여 보면, 경업이 금지되는 대상으로서의 동종 영업은 영업의 내용, 규모, 방식, 범위 등 여러 사정을 종합적으로 고려하여 볼 때 양도된 영업과 경쟁관계가 발생할 수 있는 영업을 의미한다고 보아야 한다.

[2] 상법 제41조 제1항은 영업양도인의 경업금지의무를 규정하면서 경업금지지역을 동일한 특별시·광역시·시·군과 인접 특별시·광역시·시·군으로 규정하고 있다. 위 조문에서 양도 대상으로 규정한 영업은 일정한 영업 목적에 의하여 조직화되어 유기적 일체로서 기능하는 재산의 총체를 가리킨다는 점과 상법이 경업금지의무를 규정하고 있는 취지는 영업양수인을 보호하기 위한 것인 점을 고려하여 보면, 경업금지지역으로서의 동일 지역 또는 인접 지역은 양도된

물적 설비가 있던 지역을 기준으로 정할 것이 아니라 영업양도인의 통상적인 영업활동이 이루어지던 지역을 기준으로 정하여야 한다. 이때 통상적인 영업활동인지 여부는 해당 영업의 내용, 규모, 방식, 범위 등 여러 사정을 종합적으로 고려하여 판단하여야 한다.

미용실의 양도를 영업양도로 보아 양도인에게 경업금지의무가 있다고 본 사례

대법원 2009. 9. 14. 자 2009마1136 결정

판시사항

특별히 인계·인수할 종업원이나 노하우, 거래처 등이 존재하지 않는 소규모 미용실의 양도를 영업양도로 보아 양도인에게 경업금지의무가 있다고 본 사례

결정요지

소규모 미용실의 상호와 시설 일체를 양도한 자가 그 미용실에서 70m 가량 떨어진 곳에 새로운 미용실을 개업하여 운영하자 양수인이 경업금지가처분을 신청한 사안에서, 양수인이 미용실을 인수하면서 임차인의 지위를 승계하고 추가로 금원을 지급하여 양도인이 사용하던 상호, 간판, 전화번호, 비품 등 일체를 인수받은 다음 이를 변경하지 아니한 채 그대로 사용하면서 미용실을 운영하고 있는 점에 비추어, 비록 그 미용실이 특별히 인계·인수할 종업원이나 노하우, 거래처 등이 존재하지 아니하여 이를 인수받지 못하였다 할지라도, 양수인은 양도인으로부터 유기적으로 조직화된 수익의 원천으로서의 기능적 재산을 이전받아 양도인이 하던 것과 같은 영업적 활동을 계속하고 있으므로 위 미용실의 영업을 양수하였다고 판단하여, 위 가처분 신청을 배척한 원심결정을 파기한 사례

2-23 노래방에 대한 매매계약이 영업양도에 해당한다고 본 사례

서울지법 동부지원 1999. 10. 22. 선고 99가합4427 판결 : 항소기각 · 확정

판시사항

[1] 상법 제41조 소정의 영업양도에 해당하는지 여부에 관한 판단 기준

[2] 노래방에 대한 매매계약이 단순한 시설물 일체의 양도라기보다는 상법 제41조 소정의 영업양도에 해당한다고 본 사례

[3] 부수적 채무의 불이행을 이유로 계약 전부를 해제할 수 있는지 여부(소극) 및 계약상의 주된 채무와 부수적 채무의 구별 기준

[4] 노래방 영업의 양도계약에 따른 경업금지의무를 부수적 채무라고 보아 그 불이행을 이유로 양도계약을 해제할 수 없다고 한 사례

판결요지

[1] 상법 제41조의 영업양도라 함은 일정한 영업목적에 의하여 조직화된 총체 즉 물적·인적 조직을 그 동일성을 유지하면서 일체로서 이전하는 것이고, 영업양도가 있다고 볼 수 있는지의 여부는 양수인이 유기적으로 조직화된 수익의 원천으로서의 기능적 재산을 이전받아 양도인이 하던 것과 같은 영업적 활동을 계속하고 있다고 볼 수 있는지의 여부에 따라 판단되어야 한다.

[2] 노래방에 대한 매매계약이 단순한 시설물 일체의 양도라기보다는 상법 제41조 소정의 영업양도에 해당한다고 본 사례

[3] 무릇 채무불이행을 이유로 계약 전부를 해제하려면, 당해 채무가 계약의 목적달성에 있어 필요불가결하고 이를 이행하지 아니하면 계약의 목적이 달성되지 아니하여 채권자가 계약을 체결하지 아니하였을 것이라고 여겨질 정도의 주된 채무이어야 하고 그렇지 아니한 부수적 채무를 불이행한 데에 지나지 아니한 경우에는 계약 전부를 해제할 수 없고, 계약상의 의무 가운데 주된 채무와 부수적 채무를 구별함에 있어서는 계약을 체결할 때 표명되었거나 그 당시 상황으로 보아 분명하게 객관적으로 나타난 당사자의 합리적 의사에 의하여 결정하되, 계약의 내용·목적·불이행의 결과 등의 여러 사정을 고려하여야 할 것이다.

[4] 노래방 영업의 양도계약에 따른 경업금지의무를 부수적 채무라고 보아 그 불이행을 이유로 양도계약을 해제할 수 없다고 한 사례

> 이유

이 사건 노래방의 양도인인 피고들이 영업양도인으로서 상법 제41조에 의해 경업금지의무를 부담하는 것은 당연하나, 앞서 본 바와 같이 특별히 이 사건 매매계약 당시에 원·피고들 사이에 경업금지에 관하여 구체적인 언급 내지 명시적인 약정이 있었다고 보여지지 아니한 점, 이 사건 노래방의 주위에는 수십 개의 노래방 및 단란주점이 영업을 하고 있는 상황이고, 피고들이 새로 노래방을 차린 것이 아니라 기존의 노래방을 인수하여 영업을 하는 점 등에 비추어 볼 때 이 사건 경업금지의무가 이 사건 영업양도계약의 목적 달성에 필요불가결하다든지, 위 의무의 위반으로 원고가 이 사건 노래방영업을 양수하여 영업수익을 올리려는 당초의 계약 목적을 달성할 수 없게 되었다고 보기는 어렵고, 따라서 위 경업금지의무는 이 사건 영업양도계약의 부수적 채무에 불과하다 할 것이어서 그 위반을 이유로 계약의 해제권이 발생한다 할 수 없으므로 계약해제를 전제로 하는 원고의 위 주장은 이유 없다.

경업금지의무의 이행강제 방법으로 처분행위의 금지를 명할 수 있는지 여부

대법원 1996. 12. 23. 선고 96다37985 판결

> 판시사항

[1] 경업금지의무의 이행강제 방법으로 본인의 영업금지 외에 제3자에 대한 임대, 양도 등의 처분행위의 금지를 명할 수 있는지 여부(적극)
[2] 위 [1]항의 가처분명령에 위반된 처분행위의 사법상 효력(유효)

> 판결요지

[1] 영업양도계약의 약정 또는 상법 제41조에 따라 영업양도인이 부담하는 경업금지의무는 스스로 동종 영업을 하거나 제3자를 내세워 동종 영업을 하는 것을 금하는 것을 내용으로 하는 의무이므로, 영업양도인이 그 부작위의무에 위반하여 영업을 창출한 경우 그 의무

위반 상태를 해소하기 위하여는 영업을 폐지할 것이 요구되고 그 영업을 타에 임대한다거나 양도한다고 하더라도 그 영업의 실체가 남아있는 이상 의무위반 상태가 해소되는 것은 아니므로, 그 이행강제의 방법으로 영업양도인 본인의 영업 금지 외에 제3자에 대한 영업의 임대, 양도 기타 처분을 금지하는 것도 가능하다.

[2] 위 [1]항의 가처분명령에 의하여 영업양도인의 제3자에 대한 임대, 양도 등 처분행위의 사법상 효력이 부인되는 것은 아니고, 영업양도인이 그 의무위반에 대한 제재를 받는 것에 불과하다.

영어학원 권리 양도인에 대하여 인근에서 영업을 제한한 사례

대구지법 2008. 11. 19. 자 2008카합481 결정

판시사항

[1] 상법 제41조에 정한 '동종의 영업'의 의미

[2] 영어학원 영업을 양도한 양도인이 인근에서 영어교습소를 개설한 사안에서, 양도인은 동종 영업인 영어교습소 영업을 하여서는 아니 되고, 제3자에게 위 영어교습소의 영업권을 임대, 양도하여서도 아니 된다고 한 사례

결정요지

[1] 상법 제41조에서 정한 동종의 영업이라 함은 반드시 동일한 영업뿐만 아니라 경쟁관계를 유발하는 영업 또는 대체관계 있는 영업까지 포함하는 넓은 의미에서의 동종 영업을 의미한다.

[2] 기존에 운영하던 영어학원에 대하여 권리양도계약을 체결한 양도인이 인근에서 영어교습소를 개설한 사안에서, 제반 사정상 위 권리양도계약은 상법 제41조의 영업양도 계약에 해당하고, 양도인이 운영하는 영어교습소는 교습 과목이나 강의 내용 등에 있어 양수인의 학원 영업과 동일 또는 유사하므로 양도인은 동종 영업인 영어교습소 영업을 하여서는 아니 되고, 제3자에게 위 영어교습소의 영업권을 임대, 양도하여서도 아니 된다고 한 사례

2-26 경업금지의무를 위반한 양도인에게 손해배상책임을 인정한 사례

수원지법 2011. 2. 10. 선고 2010가합14646 판결

판시사항

[1] 영업양도를 인정하기 위한 판단 기준

[2] 갑이 을에게 미용실을 양도한 후 다시 800m 가량 떨어진 곳에서 새로운 미용실을 개업·운영한 사안에서, 갑은 영업양도인으로서 부담하는 경업금지의무를 위반하였으므로 영업을 폐지하고 을이 입은 손해를 배상할 책임이 있다고 한 사례

판결요지

[1] 상법 제41조 제1항의 '영업'이란 일정한 영업 목적에 의하여 조직화된 유기적 일체로서의 기능적 재산을 말하고, 여기서 말하는 유기적 일체로서의 기능적 재산이란 영업을 구성하는 유형·무형의 재산과 경제적 가치를 갖는 사실관계가 서로 유기적으로 결합하여 수익의 원천으로 기능한다는 것과, 이와 같이 유기적으로 결합한 수익의 원천으로서의 기능적 재산이 마치 하나의 재화와 같이 거래의 객체가 된다는 것을 뜻하는 것이므로, 영업양도를 하였다고 볼 수 있는지의 여부는 양수인이 유기적으로 조직화된 수익의 원천으로서의 기능적 재산을 이전받아 양도인이 하던 것과 같은 영업적 활동을 계속하고 있다고 볼 수 있는지 여부에 따라 판단하여야 하고, 이러한 영업양도의 판단 기준은 인계·인수할 종업원이나 노하우, 거래처 등이 존재하지 아니하는 소규모 자영업의 경우에도 동일하게 적용된다.

[2] 갑이 을에게 미용실을 양도한 후 다시 800m 가량 떨어진 곳에서 새로운 미용실을 개업·운영한 사안에서, 갑은 영업양도인으로서 양수인 을에 대하여 상법 제41조 제1항에 의하여 일정한 지역 내에서 경업금지의무를 부담함에도 이를 위반하였으므로, 갑은 영업을 폐지하고 을이 입은 손해를 배상할 책임이 있다고 한 사례

전대인이 임대인의 승낙을 받아주겠다고 약속한 경우 이행해야 할 정도

서울고법 1980. 5. 29. 선고 80나404 제9민사부판결 : 확정

판시사항

건물의 전대인이 전차인에게 건물소유자로부터 전대차 승낙을 받아주겠다고 약속한 경우 이행하여야 할 정도

판결요지

건물의 전대인이 전차인에게 건물소유자로부터 전대차 승낙을 받아주겠다고 약속한 후 건물소유자와 교섭하여 건물소유자가 위 전대차를 승인하고 위 전대차내용과 같은 조건으로 전차인에게 직접 임대하겠다는 의사표시를 하였으면 이로써 전대인의 위 의무는 이행된 것이고 그 후 전차인이 건물소유자에게 전세권설정등기를 요구함으로써 위 임대차계약이 체결되지 못한 것에 대하여는 전대인에게 책임이 없다.

 전차인이 직접 임대인에게 임대보증금 반환을 청구할 수 있는지 여부

서울고법 1986. 9. 28. 선고 85나4299(본소),85나4300(반소) 제12민사부판결 : 상고

판시사항

임대인의 승낙이 있는 전대차의 경우 임대인과 전차인의 법률관계

판결요지

임대인이 전대를 승낙하였다고 하더라도 전차인은 직접 임대인에게 임대보증금이나 필요비·유익비의 반환을 청구할 수 없다.

임·전대차 기간이 만료된 경우, 임대인과 전차인 사이의 목적물 반환 의무

대법원 1995. 12. 12. 선고 95다23996 판결

판시사항

임차물이 전대된 후 그 임대차 및 전대차 기간이 모두 만료된 경우, 임대인과 전차인 사이에 직접 목적물 반환에 관한 권리·의무가 존재하는지 여부

판결요지

임차인이 임차물을 전대하여 그 임대차기간 및 전대차 기간이 모두 만료된 경우에는, 그 전대차가 임대인의 동의를 얻은 여부와 상관없이 임대인으로서는 전차인에 대하여 소유권에 기한 반환청구권에 터잡아 목적물을 자신에게 직접 반환해 줄 것을 요구할 수 있고, 전차인으로서도 목적물을 임대인에게 직접 명도함으로써 임차인(전대인)에 대한 목적물 명도의무를 면한다.

 소유자가 전차인에게 손해배상을 청구한 경우, 전차인 부당이득반환 여부

대법원 2005. 5. 26. 선고 2005다4048,4055 판결

판시사항

[1] 소유자의 임대차계약 해지의 의사표시에 의하여 소유자와 임차인 사이의 임대차계약이 종료되고 소유자가 전차인에 대하여 목적물의 반환과 차임 상당의 손해배상을 청구한 경우, 위와 같은 청구를 한 날 이후에도 전차인에게 임차인에 대한 관계에서 차임 상당 부당이득을 반환할 의무가 있는지 여부(소극)

이유

소유자들이 전차인이던 피고에 대하여 목적물의 반환과 차임 상당 손해배상을 청구하였다면, 소유자들이 피고(전차인)에 대하여 위와 같은 청구를 한 2004. 5. 4. 이후에는 피고(전차인)는 원고(임차인)에 대한 관계에서 더 이상 차임 상당 부당이득을 반환할 의무가 있다고 할 수는 없다.

전차인의 전대인에 대한 차임 지급의 임대인에게 대항할 수 있는 범위

대법원 2008. 3. 27. 선고 2006다45459 판결

판시사항

[1] 민법 제630조 제1항에 따라 임대인의 동의를 얻은 전대차의 전차인이 전대인에 대한 차임의 지급으로 임대인에게 대항할 수 없게 되는 차임의 범위

[2] 전대차계약 종료와 전대차목적물의 반환 당시 전차인의 연체차임은 전대차보증금에서 당연히 공제되어 소멸하며, 이는 전대차계약상의 차임지급시기 이후 발생한 채무소멸사유이므로 전차인은 이로써 임대인에게 대항할 수 있다고 본 사례

판결요지

[1] 민법 제630조 제1항은 임차인이 임대인의 동의를 얻어 임차물을 전대한 때에는 전차인은 직접 임대인에 대하여 의무를 부담하고, 이 경우에 전차인은 전대인에 대한 차임의 지급으로써 임대인에게 대항할 수 없다고 규정하고 있는바, 위 규정에 의하여 전차인이 임대인에게 대항할 수 없는 차임의 범위는 전대차계약상의 차임지급시기를 기준으로 하여 그 전에 전대인에게 지급한 차임에 한정되고, 그 이후에 지급한 차임으로는 임대인에게 대항할 수 있다.

[2] 전대차계약 종료와 전대차목적물의 반환 당시 전차인의 연체차임은 전대차보증금에서 당연히 공제되어 소멸하며, 이는 전대차계약상의 차임지급시기 이후 발생한 채무소멸사유이므로 전차인은 이로써 임대인에게 대항할 수 있다고 본 사례

03 Chapter
권리금

권리금이란__

권리금이란 임대차목적물인 상가건물에서 영업을 하는 자 또는 영업을 하려는 자가 영업시설·비품, 거래처, 신용, 영업상의 노하우, 상가건물의 위치에 따른 영업상의 이점 등 유형·무형의 재산적 가치의 양도 또는 이용대가로서 임대인, 임차인에게 보증금과 차임 이외에 지급하는 금전 등의 대가를 말한다.

임차인은 신규임차인으로부터 권리금을 회수__

권리금이 임차인으로부터 임대인에게 지급된 경우에, 그 유형·무형의 재산적 가치의 양수 또는 약정기간 동안의 이용이 유효하게 이루어진 이상 임대인은 그 권리금의 반환의무를 지지 아니하며, 다만 임차인은 당초의 임대차에서 반대되는 약정이 없는 한 임차권의 양도 또는 전대차의 기회에 부수해 자신도 그 재산적 가치를 다른 사람에게 양도 또는 이용케 함으로써 권리금 상당액을 회수할 수 있다.

임대인의 사정으로 중도 해지될 때, 임대인은 권리금의 일부 반환의무__

임대인의 사정으로 임대차계약이 중도 해지됨으로써 당초 보장된 기간 동안의 이용이 불가능했다는 등의 특별한 사정이 있을 때에는 임대인은 임차인에 대해 그 권리금의 반환의무를 진다고 할 것이고, 그 경우 임대인이 반환의무를 부담하는 권리금의 범위는, 지급된 권리금을 경과기간과 잔존기간에 대응하는 것으로 나누어, 임대인은 임차인으로부터 수령한 권리금 중 임대차계약이 종료될 때까지의 기간에 대응하는 부분을 공제한 잔존기간에 대응하는 부분만을 반환할 의무를 부담한다고 봄이 공평의 원칙에 합치된다.

임차인이 임대인에게 일방적으로 권리금 지급을 구할 권리는 없어__

권리금이라고 하는 것은 점포의 임차인이 다른 사람에게 점포의 임차권을 양도하는 경우에 그때까지 그 점포를 터전으로 해서 쌓아온 고객관계, 신용 등 무형의 재산가치와 장소적 이익 등의 대가를 임차권의 양수인으로부터 지급받는 성질의 것으로서 일반적으로 임차인이 임대인에게 권리금을 지급했다든가 하는 특단의 사정이 없는 한 설사 임대인이, 임차인이 점포를 양수할 때에 권리금을 지급한 사실 및 그 점포의 양도양수 시에 관행적으로 권리금이 지급되는 사실을 알고 있다고 해도 그 사실만으로 바로 임대차계약의 종료 시에 임차인이 임대인에게 그 지급을 구할 권리는 없다고 할 것이다.

「모든 권리금을 인정함」의 약정만으로 임차인이 임대인에게 권리금을 청구할 수는 없어

통상 권리금은 새로운 임차인으로부터만 지급받을 수 있을 뿐이고 임대인에 대해서는 지급을 구할 수 없는 것이므로 임대인이 임대차계약서의 단서 조항에 권리금액의 기재 없이 단지 '모든 권리금을 인정함'이라는 기재를 했다고 해서 임대차종료 시 임차인에게 권리금을 반환하겠다고 약정했다고는 볼 수는 없다.

단지 임차인이 나중에 임차권을 승계한 자로부터 권리금을 수수하는 것을 임대인이 용인하고, 나아가 임대인이 정당한 사유 없이 명도를 요구하거나 점포에 대한 임대차계약의 갱신을 거절하고 타에 처분하면서 권리금을 지급받지 못하도록 하는 등으로 임차인의 권리금 회수 기회를 박탈하거나 권리금 회수를 방해하는 경우에 임대인이 임차인에게 직접 권리금 지급을 책임지겠다는 취지로 해석해야 할 것이다.

3-1 영업용 건물의 임대차에 있어 권리금의 성질

대법원 2001. 4. 10. 선고 2000다59050 판결

판시사항

영업용 건물의 임대차에 있어 권리금의 성질 및 임대인이 권리금 반환 의무를 부담하는지 여부(한정 소극)

판결요지

영업용 건물의 임대차에 수반되어 행하여지는 권리금의 지급은 임대차계약의 내용을 이루는 것은 아니고 권리금 자체는 거기의 영업시

설·비품 등 유형물이나 거래처, 신용, 영업상의 노하우(know-how) 또는 점포 위치에 따른 영업상의 이점 등 무형의 재산적 가치의 양도 또는 일정 기간 동안의 이용대가라고 볼 것인바, 권리금이 임차인으로부터 임대인에게 지급된 경우에, 그 유형·무형의 재산적 가치의 양수 또는 약정기간 동안의 이용이 유효하게 이루어진 이상 임대인은 그 권리금의 반환의무를 지지 아니하며, 다만 임차인은 당초의 임대차에서 반대되는 약정이 없는 한 임차권의 양도 또는 전대차의 기회에 부수하여 자신도 그 재산적 가치를 다른 사람에게 양도 또는 이용케 함으로써 권리금 상당액을 회수할 수 있을 것이고, 따라서 임대인이 그 임대차의 종료에 즈음하여 그 재산적 가치를 도로 양수한다든지 권리금 수수 후 일정한 기간 이상으로 그 임대차를 존속시켜 그 가치를 이용케 하기로 약정하였음에도 임대인의 사정으로 중도 해지됨으로써 약정기간 동안의 그 재산적 가치를 이용케 해주지 못하였다는 등의 특별한 사정이 있을 때에만 임대인은 그 권리금 전부 또는 일부의 반환의무를 진다고 할 것이다.

3-2 권리금 거래를 알고 있는 임대인의 임대차종료 시 권리금 책임 여부

서울민사지법 1987. 5. 29. 선고 86가합6621(본소) 제11민사부판결: 항소

판결요지

이른바 권리금이라고 하는 것은 점포의 임차인이 다른 사람에게 점포의 임차권을 양도하는 경우에 그때까지 그 점포를 터전으로 하여 쌓아온 고객관계, 신용 등 무형의 재산가치와 장소적 이익 등의 대가를 임차권의 양수인으로부터 지급받는 성질의 것으로서 일반적으로 임차인이 임대인에게 권리금을 지급하였다든가 하는 특단의 사정이 없는 한 설사 임대인이, 임차인이 점포를 양수할 때에 권리금을 지급한 사실 및 그 점포의 양도양수시에 관행적으로 권리금이 지급되는 사실을 알고 있다고 하여도 그 사실만으로 바로 임대차계약의 종료 시에 임차인이 임대인에게 그 지급을 구할 권리는 없다고 할 것이다.

3-3 임대차종료 시 시설권리금 반환청구의 가부

춘천지법 1992. 4. 22. 선고 91가단3362 판결 : 확정

판시사항

임차인이 임대인에게 임대차계약 시 지급하는 시설비 명목 권리금의 성질 및 임대차종료 시 그 반환청구 가부

판결요지

일반적으로 권리금 중 특정영업을 위한 내부설비 및 집기 등 시설에 대한 대가로서 수수되는 성격의 권리금이라 함은 임차인이 특정영업을 위해 직접 내부설비 등을 구입 또는 시설하는 데 비용을 들이기 보다는 이에 대한 사용대가를 지급함이 보다 경제적이라고 보여지는 영업부문에서 통상 수수되는 것으로 그 대상이 되는 시설이라는 것이 사용에 의하여 쉽게 훼손 또는 소모되는 동산이거나 특정한 영업에만 필요한 특수시설이 대부분인 점과 임차인이 나중에 임대인의 동의를 얻어 이를 전대하는 경우에는 전차인으로부터 원래의 권리금 이상의 대가를 직접 받는 점에 비추어 임차인이 임대인에게 지급하는 시설비 명목의 권리금은 임차기간동안 이러한 설비를 사용함에 대한 '사용대가'를 일시에 보상하는 성질 또는 훼손 등으로 인한 해제권의 소멸을 예정한 설비 '매매'의 성질을 가지는 것으로 보아야 하고, 따라서 위 임대차가 약정기간의 도래 전에 종료되었다든가 또는 임대인이 임대차종료 시에 위 권리금을 반환하기로 특약하였다든가 하는 등의 특별한 사정이 없는 한 임차인은 임대인에게 그 반환을 구할 수 없다.

3-4 임대인의 사정으로 임대차가 해지된 경우, 임대인의 권리금 반환 의무

대법원 2008. 4. 10. 선고 2007다76986,76993 판결

판시사항

[2] 영업용 건물의 임대차에 수반되어 임대인에게 지급된 권리금의 법적 성질 및 그 경우 일정기간 임차권 보장의 약정하에 권리금이 수수되었으나 임대인의 사정으로 임대차계약이 중도해지된 경우 임대인이 권리금반환의무를 지는지 여부(적극)

> 이유

영업용 건물의 임대차에 수반되어 행하여지는 권리금의 지급은 임대차계약의 내용을 이루는 것은 아니고 권리금 자체는 영업시설·비품 등 유형물이나 거래처, 신용, 영업상의 노하우(know-how) 혹은 점포 위치에 따른 영업상의 이점 등 무형의 재산적 가치의 양도 또는 일정기간 동안의 이용대가라고 볼 것인바, 권리금이 그 수수 후 일정한 기간 이상으로 그 임대차를 존속시키기로 하는 임차권 보장의 약정 아래 임차인으로부터 임대인에게 지급된 경우에는, 보장기간 동안의 이용이 유효하게 이루어진 이상 임대인은 그 권리금의 반환의무를 지지 아니하며, 다만 임차인은 당초의 임대차에서 반대되는 약정이 없는 한 임차권의 양도 또는 전대차 기회에 부수하여 자신도 일정기간 이용할 수 있는 권리를 다른 사람에게 양도하거나 또는 다른 사람으로 하여금 일정기간 이용케 함으로써 권리금 상당액을 회수할 수 있을 것이지만, 반면 임대인의 사정으로 임대차계약이 중도 해지됨으로써 당초 보장된 기간 동안의 이용이 불가능하였다는 등의 특별한 사정이 있을 때에는 임대인은 임차인에 대하여 그 권리금의 반환의무를 진다고 할 것이다(대법원 2002. 7. 26. 선고 2002다25013 판결 등 참조).

원심은 그 채택 증거들에 의하여, 이 사건 임대차계약 체결 시 원고가 원고의 언니이자 대리인인 소외인을 통하여 피고로부터 권리금 1억 8,000만 원을 교부받은 사실, 피고가 위 권리금 1억 8,000만 원을 회수할 수 있는 기간을 보장받기 위하여 임대차기간을 5년으로 할 것을 요구하자 원고측은 임료 조정 문제로 이를 거절하면서 임대차기간을 일단 2년으로 정하되, 원래의 임대차기간이 만료되더라도 임료를 조정하여 이 사건 임대차계약을 갱신하자는 취지로 제의함에 따라 이 사건 임대차기간이 2년으로 정해진 사실, 이 사건 점포에 관하여 원고가 관할 구청으로부터 주차장법위반으로 고발을 당하는 등 원고의 사정으로 당초의 약정과 달리 이 사건 임대차계약 갱신을 거절함으로써 피고의 권리금 회수 기회를 박탈하게 된 사실 등을 인정한 다음, 원고는 피고에게 회수 기회를 박탈한 기간에 비례한 권리금을 반환할 의무가 있다고 판단하였는바, 위 법리와 기록에 비추어 검토하여 보면 원심의 사실인정과 판단은 정당하여 이를 수긍할 수 있고, 거기에 상고이유로 주장하는 바와 같은 채증법칙 위배, 권리금에 관한 법리오해 등의 위법이 있다고 할 수 없다.

3-5 임대인의 사정으로 영업권리금 중 일부를 반환할 의무가 있다고 본 사례

대법원 2011. 1. 27. 선고 2010다85164 판결

판시사항

[1] 영업용 건물의 임대차에 수반하여 지급되는 권리금의 법적 성질 및 일정 기간 이상 임대차를 존속시키기로 하는 임차권 보장 약정에 따라 권리금이 수수되었으나 임대인의 사정으로 임대차계약이 중도 해지되어 그 보장 기간 동안의 이용이 불가능하게 된 경우, 임대인이 반환하여야 할 권리금의 범위(= 잔존기간에 대응하는 부분)

[2] 백화점 내 매장에 관하여 특정매입 거래계약을 체결한 갑이 그 매장에 관한 영업권을 을에게 매도한 후 경영을 위탁받아 5년간 수익금을 정산하기로 하는 위탁영업 가맹계약 등을 체결하면서 2년 이상 영업을 보장한다는 약정하에 을에게서 영업권리금을 지급받았으나 백화점과의 계약이 갱신되지 않아 을에게 당초 보장된 기간 동안의 재산적 가치를 이용하게 해주지 못한 사안에서, 갑은 을에게 영업권리금 중 일부를 반환할 의무가 있다고 한 원심의 판단을 정당하다고 한 사례

이유

1. 영업용 건물의 임대차에 수반되어 행하여지는 권리금의 지급은 임대차계약의 내용을 이루는 것은 아니고, 권리금은 거기의 영업시설·비품 등 유형물이나 거래처, 신용, 영업상의 노하우(know-how) 혹은 점포 위치에 따른 영업상의 이점 등 무형의 재산적 가치의 양도 또는 일정 기간 동안의 이용대가라고 볼 것인바, 권리금이 그 수수 후 일정한 기간 이상으로 그 임대차를 존속시키기로 하는 임차권 보장의 약정하에 임차인으로부터 임대인에게 지급된 경우에는 보장기간 동안의 이용이 유효하게 이루어진 이상 임대인은 그 권리금의 반환

의무를 지지 아니한다.

다만 임차인은 당초의 임대차에서 반대되는 약정이 없는 한 임차권의 양도 또는 전대차 기회에 부수하여 자신도 일정 기간 이용할 수 있는 권리를 다른 사람에게 양도하거나 또는 다른 사람으로 하여금 일정 기간 이용하게 함으로써 권리금 상당액을 회수할 수 있을 것이지만, 반면 임대인의 사정으로 임대차계약이 중도 해지됨으로써 당초 보장된 기간 동안의 이용이 불가능하였다는 등의 특별한 사정이 있을 때에는 임대인은 임차인에 대하여 그 권리금의 반환의무를 진다. 그 경우 임대인이 반환의무를 부담하는 권리금의 범위는, 지급된 권리금을 경과기간과 잔존기간에 대응하는 것으로 나누어, 임대인은 임차인으로부터 수령한 권리금 중 임대차계약이 종료될 때까지의 기간에 대응하는 부분을 공제한 잔존기간에 대응하는 부분만을 반환할 의무를 부담한다고 봄이 공평의 원칙에 합치된다(대법원 2002. 7. 26. 선고 2002다25013 판결, 대법원 2008. 4. 10. 선고 2007다76986, 76993 판결 등 참조).

2. 원심판결 이유에 의하면, 원심은 그 채택 증거를 종합하여 판시와 같은 사실을 인정한 다음, 이 사건 위탁영업 가맹계약의 계약기간이 2008. 12. 16.부터 2013. 12. 15.까지 5년으로 정해진 점, 원고가 영업권을 매수한 이후 피고에게 경영을 위탁하고 5년간 수익금을 정산받기로 하면서 이 사건 매장과 같은 업종의 영업이나 관리방식에 관하여 배우고자 하였던 점, 피고와 주식회사 현대백화점(이하 '현대백화점'이라고 한다) 측과의 계약에 의하면 피고가 특정매입 거래계약상 권리를 제3자에게 양도·위탁하는 경우에는 현대백화점 측에서 즉시 계약을 해지할 수 있었고, 이에 따라 원고와 피고 모두 계약 내용을 현대백화점 측에 비밀로 하기로 약속하였던 점, 원고가 현대백화점 측의 사정에 의해 이 사건 매장이 폐쇄될 수 있음을 알고 있어 2년간 영업보장을 한다는 내용이 계약에 포함된 점, 피고는 이 사건 위탁영업 가맹계약이 백화점의 임대사업부와 관계없는 계약임을 명확히 하면서, 이 사건 위탁영업 가맹계약의 기간과 달리 피고가 원고에 대하여 이 사건 매장에서 2년간의 영업을 보장하였던 점, 원고는 피고의 사전 서면승인 없이는 이 사건 매장 운영권을 타인에게 전대

나 양도할 수 없는 점, 피고는 2006년 하반기부터 이 사건 매장을 운영하여 왔고, 현대백화점 측과 체결한 특정매입 거래계약에도 계약만료 1개월 전까지 별도의 통지가 없는 한 동일한 조건 및 기간으로 연장하는 것으로 보는 규정이 존재하며, 원고와 피고 모두 특별한 사정이 없는 한 피고와 현대백화점 측과의 계약기간이 계속적으로 갱신될 것으로 예상하였던 점과 같은 여러 사정을 종합하면, 이 사건 영업권리금은 그 수수 이후 일정 기간인 2년 이상으로 영업권을 존속시키기로 하는 보장 약정하에 원고로부터 피고에게 지급된 경우에 해당한다 할 것인데, 피고와 현대백화점 측의 계약이 갱신되지 아니함으로써 피고는 원고에게 당초 보장된 기간 동안의 재산적 가치를 이용하게 해 주지 못하였으므로, 피고는 그 권리금 일부의 반환의무를 부담한다고 판단하였다.

나아가 원심은, 원고와 피고가 이 사건 위탁영업 양수도 이행계약과 위탁영업 가맹계약 체결 당시 예정한 권리금 회수 기간, 원고의 이 사건 매장에서의 영업기간, 피고가 원고로 하여금 이 사건 매장을 이용·수익하게 해주지 못한 사유 내지 경위, 원고에게 피고의 직영매장 운영의 선택권이 부여되어 있었던 점 등에 비추어, 피고는 원고에게 순수한 영업권리금 1억 8,000만 원 중 8,000만 원을 반환할 의무가 있다고 판단하였다.

위 법리 및 기록에 비추어 보면, 원심의 이러한 사실인정과 판단은 정당하다. 거기에 상고이유와 같이 권리금에 관한 법리를 오해함으로써 필요한 심리를 다하지 아니하거나, 논리와 경험의 법칙에 위배하고 자유심증주의의 한계를 벗어나 사실을 인정한 위법 등이 없다.

 3-6 '모든 권리금을 인정함'이라는 약정의 의미

대법원 2000. 4. 11. 선고 2000다4517,4524 판결

판시사항

[2] 임대차계약서에 권리금액의 기재 없이 단지 '모든 권리금을 인정함'이라고 기재되어 있는 경우, 임대인이 임대차종료 시 임차인에게 권리금을 반환하겠다고 약정한 것으로 볼 수 없다고 한 사례

> 판결요지

[2] 통상 권리금은 새로운 임차인으로부터만 지급받을 수 있을 뿐이고 임대인에 대하여는 지급을 구할 수 없는 것이므로 임대인이 임대차계약서의 단서 조항에 권리금액의 기재 없이 단지 '모든 권리금을 인정함'이라는 기재를 하였다고 하여 임대차종료 시 임차인에게 권리금을 반환하겠다고 약정하였다고 볼 수는 없고, 단지 임차인이 나중에 임차권을 승계한 자로부터 권리금을 수수하는 것을 임대인이 용인하고, 나아가 임대인이 정당한 사유 없이 명도를 요구하거나 점포에 대한 임대차계약의 갱신을 거절하고 타에 처분하면서 권리금을 지급받지 못하도록 하는 등으로 임차인의 권리금 회수 기회를 박탈하거나 권리금 회수를 방해하는 경우에 임대인이 임차인에게 직접 권리금 지급을 책임지겠다는 취지로 해석해야 할 것이라고 한 사례

"권리금은 임대인이 인정하되"라는 약정의 의미

대법원 1994. 9. 9. 선고 94다28598 판결

> 판시사항

임대차계약서상 "권리금은 임대인이 인정하되, 임대인이 점포를 요구 시는 권리금을 임차인에게 변제한다"라고 기재한 경우, 임대차기간 만료 시 임대인이 당연히 임차인에게 권리금을 지급하겠다고 약정한 것으로 볼 수 없다고 한 사례

> 판결요지

임대차계약서상의 "권리금은 임대인이 인정하되, 임대인이 점포를 요구시는 권리금을 임차인에게 변제한다"라는 기재에 관하여, 임대인이 임차인에게 점포의 명도를 요구하거나 특별한 사유도 없이 점포에 대한 임대차계약의 갱신을 거절하고 타에 처분하면서 권리금을 지급받지 못하도록 하는 등 점포에 대한 임차인의 권리금회수를 방해하는 경우에는 임대인이 임차인에게 직접 권리금을 지급하겠다는 취지로 보일 뿐이고, 점포의 임대차기간이 만료된다고 하여 당연히 임차인에게 권리

금을 지급하겠다고 약정한 것으로는 볼 수 없다고 하여, 임대차기간 만료를 이유로 한 임차인의 권리금 청구를 배척한 사례

3-8 "시설투자비를 인정한다"라는 특약의 의미

수원지법 1999. 9. 1. 선고 99가단6483(본소) 판결 : 확정

판시사항

임대차계약서상 "시설투자비를 인정한다"라는 특약을 제반 사정에 비추어 임대인이 계약종료 시 시설비를 임차인에게 반환하기로 하는 취지의 약정이 아니라 임차인이 새로운 임차인으로부터 시설투자비를 회수해 가는 것을 임대인이 허용해 준다는 취지라고 본 사례

판결요지

임대차계약서상 "시설투자비를 인정한다"라는 특약을 제반 사정에 비추어 임대인이 계약종료 시 시설비를 임차인에게 반환하기로 하는 취지의 약정이 아니라 임차인이 새로운 임차인으로부터 시설투자비를 회수해 가는 것을 임대인이 허용해 준다는 취지라고 본 사례

3-9 상가개설업자가 수수한 권리금을 소유주에게 반환의무가 없다고 본 사례

대법원 1989. 2. 28. 선고 87다카823,87다카824 판결

판시사항

나. 상가건물의 소유주가 상가개설업자에게 점포의 임대분양권을 수여한 경우 상가개설업자가 임차인으로부터 받은 권리금에 대하여 소유주에게 반환의무가 없다고 본 사례

판결요지

나. 상가개발업자인 갑이 상가건물소유주인 을과 상가개설계약을 맺음에 있어 갑이 점포분양희망자들로부터 받을 임대보증금(순수한 임대보증금과 권리금을 포함한 것)에 대하여는 정하지 아니한 채 을은 0.7평 점포를 기준하여 금 250만원의 임대보증금으로 모든 점포를 임

대하여 줄 것과 상가개조공사를 시행하기로 약정하고 그 개조로 인하여 증설되는 점포에 대한 임대분양권을 갑에게 수여하기로 하였다면 갑은 을을 대리하여 점포분양희망자들과 임대차계약을 체결하고 그들로부터 임대보증금을 수령할 수 있는 지위와 다른 한편으로는 상가개발업자의 지위에서 상가개발비용과 수익 등을 고려하여 권리금 액수를 책정하고 분양희망자들과 절충하여 합의된 권리금을 수수하는 양면의 지위를 가진다고 볼 수 있고 따라서 임대 보증금수령의 효과가 소유주에게 미치는 것과는 달리 개발업자와 임차인 사이에 수수된 권리금은 당연히 소유주에게 그 효력을 미치는 것이 아니므로 임대차해지 시에 소유주가 이를 반환키로 하였다는 등 특별한 사정이 없으면 소유주에게 그 권리금을 반환할 의무가 없다.

임대인이 임대차종료 시 임차인에게 개발비를 반환하여야 한다고 본 사례

서울지법 1997. 12. 11. 선고 96가합16204 판결 : 상고

판시사항

상가건물의 소유주인 임대인이 임차인으로부터 개발비 명목으로 지급받은 금원을 임대차계약 종료 시 임차인에게 반환하여야 한다고 본 사례

판결요지

상가건물의 소유주인 임대인이 임차인으로부터 상가시설의 조성과 분양, 홍보 등을 위하여 개발비 명목으로 금원을 지급받은 경우, 이는 원래 건물주인 임대인이 부담하여야 할 상가조성비용을 임차인이 부담한 것으로서 임대인이 자신의 비용으로 상가를 조성한 후 임차인으로부터 개발비 상당의 권리금을 지급받은 경우와 같다는 이유로, 임대차계약 종료 시 임차인에게 개발비 상당의 금원을 반환하여야 한다고 본 사례

3-11 임대분양 대행자가 수수한 권리금은 임대인의 것이 아니라고 본 사례

서울지법 1999. 2. 19. 선고 98고합951,1080,1122 판결 : 상고

판시사항

회사 소유인 상가점포의 임대분양을 대행하는 자가 임차인으로부터 임대보증금 이외에 권리금을 취득한 경우, 그 권리금은 임대분양 대행자에게 귀속되어야 할 것이고 임대인에게 귀속될 것이 아니라는 이유로 업무상배임죄의 성립을 부정한 사례

판결요지

회사 소유인 상가점포의 임대분양을 대행하는 자가 점포를 임대하면서 임차인으로부터 권리금을 취득한 경우, 그 권리금은 점포의 사용·수익 자체의 대가와는 별도로 점포가 갖는 특수한 장소적 이익 또는 영업상의 요소에 대한 대가로서의 성질을 지닌 것이라고 할 것이므로, 본래 임대인에게 지급되어야 할 임대보증금과는 별개의 것으로서 임대분양 대행자에게 귀속되어야 할 것이지 임대인에게 귀속되어야 할 것은 아니라고 할 것이고, 따라서 분양대행자가 위와 같은 권리금을 받았다고 하여 임대인에게 그 권리금 상당액의 재산상 손해를 가하였다고 할 수는 없다는 이유로 업무상배임죄의 성립을 부정한 사례

3-12 '권리금'의 중개가 공인중개사법의 중개행위에 해당하는지 여부

부산지법 2006. 5. 18. 선고 2006노238 판결

판시사항

[1] 영업용 건물의 유·무형의 재산적 가치의 양도에 대하여 '권리금'을 수수하도록 중개한 경우, 구 부동산 중개업법이 규율하고 있는 중개행위에 해당하는지 여부(소극)

[2] 중개보조원이 상가 임차권 매매에 수반한 '권리금'의 양도·양수계약을 중개한 대가로 받은 수수료가 구 부동산 중개업법에 정한 중개수수료에 해당하지 않는다는 이유로, 중개수수료 법정한도 초과 수령의 공소사실에 대하여 무죄를 선고한 사례

> 판결요지

[1] 구 부동산 중개업법(2005. 7. 29. 법률 제7638호 '공인중개사의 업무 및 부동산 거래신고에 관한 법률'로 전문 개정되기 전의 것) 제2조는 "중개라 함은 제3조의 규정에 의한 중개대상물에 대하여 거래당사자 간의 매매·교환·임대차 기타 권리의 득실·변경에 관한 행위를 알선하는 것을 말한다"고 규정하고 있고, 같은 법 제3조, 같은 법 시행령 제2조는 '중개대상물'을 "토지, 건물 기타 토지의 정착물, 입목에 관한 법률에 의한 입목, 광업재단저당법에 의한 광업재단, 공장저당법에 의한 공장재단"이라고 규정하고 있는바, 위 각 규정을 종합하여 보면, 영업용 건물의 영업시설·비품 등 유형물이나 거래처, 신용, 영업상의 노하우 또는 점포위치에 따른 영업상의 이점 등 무형의 재산적 가치의 양도는 위 법령에서 정한 중개대상물이라 할 수 없으므로, 그러한 유·무형의 재산적 가치의 양도에 대하여 '권리금'을 수수하도록 중개한 것은 위 법률이 규율하고 있는 중개행위에 해당하지 아니한다 할 것이고, 따라서 위 법률이 규정하고 있는 중개수수료 한도 역시 이러한 거래대상의 중개행위에는 적용되지 아니한다.

[2] 중개보조원이 상가 임차권 매매에 수반한 '권리금'의 양도·양수계약을 중개한 대가로 받은 수수료가 구 부동산 중개업법(2005. 7. 29. 법률 제7638호 '공인중개사의 업무 및 부동산 거래신고에 관한 법률'로 전문 개정되기 전의 것)에 정한 중개수수료에 해당하지 않는다는 이유로, 중개수수료 법정한도 초과 수령의 공소사실에 대하여 무죄를 선고한 사례

3-13 철거 예정을 고지하지 않은 임대인에게 권리금 책임을 인정한 사례

서울지법 1997. 6. 10. 선고 96가합70734 판결 : 항소

판시사항

임차인의 전 임차인에 대한 권리금 지불 사실을 알면서 건물이 곧 철거될 사실을 고지하지 않은 채 건물을 임대한 건물주에게 그 권리금 상당의 손해배상책임을 인정한 사례

판결요지

건물 소유자가 건물 부지의 소유자에게 건물을 철거하기로 약속한 기한이 6개월 이내임에도 건물 임대차계약을 체결할 당시 임차인이 임차기간을 갱신하여 계속하여 그 건물에서 영업을 할 수 있을 것이라고 기대한 사정 및 전 임차인에 대한 권리금 지불 사실을 알고 있는 건물 소유주가 그 건물이 곧 철거될 사실을 고지하지 않은 채 그 임대차계약을 체결함으로써 임차기간 만료 전에 임차인이 그 건물에서 퇴거하게 된 데 대하여, 건물주에게 그 권리금 상당의 손해배상책임을 인정한 사례

3-14 임차권양도계약과 분리하여 권리금계약만을 취소할 수 없다고 본 사례

대법원 2013. 5. 9. 선고 2012다115120 판결

판시사항

[1] 영업용 건물의 임대차에 수반하여 지급되는 권리금의 법적 성질 및 권리금계약이 임대차계약 등과는 별개의 계약인지 여부(적극)

[2] 여러 개의 계약이 체결된 경우, 그 계약 전부가 불가분의 관계에 있는지 판단하는 기준 및 하나의 계약에 대한 기망 취소의 의사표시가 전체 계약에 대한 취소의 효력이 있는 경우

[3] 임차권의 양수인 갑이 양도인 을의 기망행위를 이유로 을과 체결한 임차권양도계약 및 권리금계약을 각 취소 또는 해제한다고 주장한 사안에서, 임차권양도계약과 분리하여 권리금계약만이 취소되었다고 본 원심판결에 법리오해 등 위법이 있다고 한 사례

> **판결요지**

[1] 영업용 건물의 임대차에 수반되어 행하여지는 권리금의 지급은 임대차계약의 내용을 이루는 것은 아니고 권리금 자체는 거기의 영업시설·비품 등 유형물이나 거래처, 신용, 영업상의 노하우(know-how) 혹은 점포 위치에 따른 영업상 이점 등 무형의 재산적 가치의 양도 또는 일정 기간 동안의 이용대가라고 볼 것인바, 권리금계약은 임대차계약이나 임차권양도계약 등에 수반되어 체결되지만 임대차계약 등과는 별개의 계약이다.

[2] 여러 개의 계약이 체결된 경우에 그 계약 전부가 하나의 계약인 것과 같은 불가분의 관계에 있는 것인지는 계약체결의 경위와 목적 및 당사자의 의사 등을 종합적으로 고려하여 판단하여야 하고, 각 계약이 전체적으로 경제적, 사실적으로 일체로서 행하여진 것으로 그 하나가 다른 하나의 조건이 되어 어느 하나의 존재 없이는 당사자가 다른 하나를 의욕하지 않았을 것으로 보이는 경우 등에는, 하나의 계약에 대한 기망 취소의 의사표시는 법률행위의 일부무효이론과 궤를 같이하는 법률행위 일부취소의 법리에 따라 전체 계약에 대한 취소의 효력이 있다.

[3] 임차권의 양수인 갑이 양도인 을의 기망행위를 이유로 을과 체결한 임차권양도계약 및 권리금계약을 각 취소 또는 해제한다고 주장한 사안에서, 임차권양도계약과 권리금계약의 체결 경위와 계약 내용 등에 비추어 볼 때, 위 권리금계약은 임차권양도계약과 결합하여 전체가 경제적·사실적으로 일체로 행하여진 것으로서, 어느 하나의 존재 없이는 당사자가 다른 하나를 의욕하지 않았을 것으로 보이므로 권리금계약 부분만을 따로 떼어 취소할 수 없는데도, 임차권양도계약과 분리하여 권리금계약만이 취소되었다고 본 원심판결에 임차권양도계약에 관한 판단누락 또는 계약의 취소 범위에 관한 법리오해 등 위법이 있다고 한 사례

3-15 전대차계약이 계약기간 도중에 해지된 경우 권리금의 반환관계

대법원 2001. 11. 13. 선고 2001다20394,20400 판결

판결요지

[3] 기간의 정함이 있는 전대차계약에 있어 권리금이 지급되고 그 권리금이 영업시설·비품 등의 유형물이나 거래처, 신용 또는 점포 위치에 따른 장소적 이익 등의 무형적 이익을 이용하는 대가로서의 성질을 가지는 경우에는, 계약기간 중에 전대차계약이 해지되어 종료되면 특별한 사정이 없는 한 지급된 권리금을 경과기간과 잔존기간에 대응하는 것으로 나누어, 전대인은 전차인으로부터 수령한 권리금 중 전대차계약이 종료될 때까지의 기간에 대응하는 부분을 공제한 잔존기간에 대응하는 부분만을 반환할 의무를 부담한다고 봄이 공평의 원칙에 합치된다고 할 것이다.

3-16 권리금회수기회를 방해한 임대인에게 손해배상책임을 인정한 사례

대구지법 2016. 9. 1. 선고 2015가합3796, 2016가합114 판결

판시사항

상가건물을 임차하여 약국을 운영하는 갑이 임대차계약이 종료되기 전 신규임차인이 되려는 을이 약국을 임차할 수 있도록 주선하고 권리금을 받기로 하는 권리금계약을 체결하였으나, 건물의 소유자인 병이 임대차계약에 관한 협의 과정에서 을에게 약사자격증명서, 가족관계증명서, 예금잔고증명서, 약국운영 계획서 등의 제출을 요구하는 한편 기존의 월 차임보다 40% 넘게 인상된 액수를 계약 조건으로 제시하여 협의가 결렬되자, 갑이 임대차계약 종료 후 상가건물 임대차보호법 제10조의4에 따라 병을 상대로 손해배상을 구한 사안에서, 병의 손해배상책임을 인정한 사례

판결요지

상가건물을 임차하여 약국을 운영하는 갑이 임대차계약이 종료되기 전 신규임차인이 되려는 을이 약국을 임차할 수 있도록 주선하고 권리금

을 받기로 하는 권리금계약을 체결하였으나, 건물의 소유자인 병이 임대차계약에 관한 협의 과정에서 을에게 약사자격증명서, 가족관계증명서, 예금잔고증명서, 약국운영 계획서 등의 제출을 요구하는 한편 기존의 월 차임보다 40% 넘게 인상된 액수를 계약 조건으로 제시하여 협의가 결렬되자, 갑이 임대차계약 종료 후 상가건물 임대차보호법 제10조의4에 따라 병을 상대로 손해배상을 구한 사안에서, 제반 사정에 비추어 병은 직접 약국을 운영할 의사로 신규임차인이 되려는 을에게 통상적인 임대차계약의 체결 과정에서 요구되는 것보다 무리한 조건을 제시함으로써 갑이 을에게서 권리금을 회수하는 것을 방해하였으므로, 병은 상가건물 임대차보호법 제10조의4 제1항 제4호에서 정한 '정당한 사유 없이 임대인이 임차인이 주선한 신규임차인이 되려는 자와 임대차계약의 체결을 거절하는 행위'를 함으로써 갑이 권리금을 지급받는 것을 방해하고 갑에게 손해를 가하였다는 이유로, 병의 손해배상책임을 인정한 사례

3-17 임대인에게 권리금회수 방해금지 의무를 부담한다고 본 사례

대전지법 2017. 5. 19. 선고 2016나108951, 108968 판결

판결요지

상가건물의 일부를 임차하여 10년 이상 점포를 운영하던 갑이 임대차기간 종료 전 을과 위 점포에 관한 유·무형의 시설과 재산적 가치를 권리금을 받고 양도하기로 하는 계약을 체결하고 임대인 병 등에게 을과 새로운 임대차계약을 체결할 것을 주선하였다가 거절당하자, 병 등을 상대로 상가건물 임대차보호법 제10조의4 제1항에서 정한 권리금회수 방해금지 의무 위반을 이유로 같은 조 제3항에 따른 손해배상금의 지급을 구하였는데, 병 등이 전체 임대차기간이 5년을 초과하는 위 임대차계약의 경우는 상가건물 임대차보호법 제10조 제2항에 따라 계약갱신요구권이 없으므로 임대인인 병 등은 같은 법 제10조의4에서 정한 권리금회수 방해금지 의무를 부담하지 않는다고 주장한 사안에서, 상가건물 임대차보호법 제10조의4는 같은 법 제10조 제1항 각호를 준용하고 있을 뿐 임차인의 계약갱신요구권 행사의 시적 한계를 규정한 같

은 조 제2항을 명시적으로 준용하고 있지 않은데, 상가건물 임대차보호법 제10조의4 자체에 내재된 법원의 법률해석 권한의 폭, 상가건물 임대차보호법 제10조 제1항에서 정한 계약갱신요구권과의 관계, 상가건물 임대차보호법 제10조의4의 입법 취지 등에 비추어 보면, 상가건물 임대차보호법 제10조의4를 해석·적용함에 있어 같은 법 제10조 제2항을 유추적용하는 것은 법원의 법률해석 권한의 한계를 일탈한 것이므로, 병 등은 상가건물 임대차보호법 제10조의4에서 정한 권리금회수 방해금지 의무를 부담한다고 한 사례

04 Chapter
업종제한

상가 분양 시 업종 제한 조항은 유효__

분양계약서에서 업종 제한 조항을 두는 경우에 어떠한 범위의 업종변경을 제한할 것인가, 업종변경을 절대적으로 금지할 것인가 아니면 일정한 범위에서 변경을 허용할 것인가는 사적 자치의 원칙에 따라 당사자가 자유로이 정할 수 있는 것이고, 업종변경의 허부, 범위 및 절차 등은 분양계약서의 합리적 해석을 통해 판단해야 할 것이나 이 경우에도 분양회사가 수분양자에게 특정 영업을 정해 분양하는 것은 기본적으로 수분양자에게 그 업종을 독점적으로 운영하도록 보장하는 의미가 내포되어 있는 것이다.

상가별 업종을 지정해 분야 후에는 임차인 등도 약정 준수 의무 부담__

건축주가 상가를 건축해 각 점포별로 업종을 정해 분양한 후에 점포에 관한 수분양자의 지위를 양수한 자 또는 그 점포를 임차한 자는 특별한 사정이 없는 한 상가의 점포 입점자들에 대한 관계에서 상호 묵시적으로 분양계약에서 약정한 업종 제한 등의 의무를 수인하기로 동의했다고는 봄이 상당하므로, 상호간의 업종 제한에 관한 약정을 준수할 의무가 있다고 보아야 한다. 따라서 점포 수분양자의 지위를 양수한 자, 임차인 등이 분양계약 등에 정해진 업종 제한 약정을 위반할 경우, 이로 인해 영업상의 이익을 침해당할 처지에 있는 자는 침해배제를 위해 동종업종의 영업금지를 청구할 권리가 있다.

소유권자들은 업종제한조항을 변경 가능, 임차인은 불가능

분양계약서 또는 '집합건물의 소유 및 관리에 관한 법률' 제28조의 관리단규약 등에서 업종제한조항을 두는 경우에 어떠한 범위의 업종변경을 제한할 것인가, 업종변경을 절대적으로 금지할 것인가 아니면 일정한 범위에서 변경을 허용할 것인가는 사적 자치의 원칙에 따라 소유권을 분양받은 수분양자들이나 구분소유자들이 자유로이 정할 수 있다. 하지만 임차인 등의 제3자 사이의 합의에 기해 업종제한조항을 변경할 수는 없다.

슈퍼마켓 운영 약정은 업종을 독점적 보장 취지

분양자가 아파트 상가를 분양하면서 수분양자에게 그 상가에서는 그 수분양자만이 슈퍼마켓을 운영할 수 있도록 하겠다고 약정하고, 나머지 상가를 다른 수분양자에게 분양하면서는 타인과 중복되는 업종으로 영업하지 않고 이를 위반할 경우 분양자가 계약을 해제할 수 있다는 약정을 받은 경우, 분양자가 한 슈퍼마켓 영업보장 약정은 그 상가의 다른 점포에서 그 수분양자의 슈퍼마켓에서 판매하는 물품과 중복되는 물품을 판매하는 경우가 없도록 해주겠다는 의미가 아니라, 나머지 점포를 제3자에게 분양함에 있어 중복되는 업종 즉 슈퍼마켓 업종으로 분양하지 않겠고 다른 수분양자가 임의로 슈퍼마켓으로 변경할 경우에는 그 분양계약을 해제함으로써 그 수분양자만이 그 상가에서 슈퍼마켓 업종을 독점적으로 운영하도록 보장한 취지이다.

아파트 상가 점포 분양계약상의 업종제한약정의 효력

대법원 1996. 8. 23. 선고 95다40557 판결

판시사항

[1] 아파트 상가 점포 분양계약상의 업종제한약정의 효력(유효)

[2] 분양시 지정된 아파트 상가 점포의 업종 무단변경을 이유로 한 분양계약상의 약정해제권의 행사를 인정한 사례

판결요지

[1] 아파트 단지 내 상가 점포 분양시 업종을 지정하면서 업종을 변경하고자 할 경우 입점 전에는 분양회사의 사전 서면승인을, 입점 후에는 상가자치관리위원회 및 입주자대표회의의 사전 승인을 받기로 하되 이를 위반한 때에는 입점 후에도 매매계약을 해제할 수 있다고 약정한 경우, 그와 같은 약정은 아파트 단지 거주민들의 편의 도모와 상인들의 공동이익의 증진 및 상가의 원활한 기능 유지라는 합리적인 목적을 달성하기 위하여 필요한 수단을 정한 것인 만큼 헌법상 보장된 직업선택의 자유나 재산권을 침해하는 것이라거나 공서양속에 반하는 것이라고 할 수 없고, 또 그와 같은 약정이 단순히 훈시적이거나 권고적 성격을 가진 것이라고 할 수도 없다.

[2] 위 [1]항과 같은 내용의 약정하에 상가 점포를 분양받은 수분양자가

입점 후 분양시 지정된 업종을 무단변경한 사안에서, 무단업종변경 금지의무 불이행을 이유로 한 분양회사의 약정해제권의 행사를 유효하다고 인정한 사례

특정 영업을 분양받은 자는 그 업종을 독점적으로 운영할 수 있는지 여부

대법원 2009. 12. 24. 선고 2009다61179 판결

판시사항

[1] 분양회사가 수분양자에게 특정 영업을 분양하는 것이 수분양자들에게 그 업종을 독점적으로 운영하도록 보장하는 의미가 내포되어 있는지 여부(적극)

[2] 점포별로 업종을 지정하여 분양한 상가 내 점포에 관한 수분양자의 지위를 양수한 자 등이 분양계약에서 정한 업종제한약정을 위반할 경우, 영업상의 이익을 침해당할 처지에 있는 자가 동종업종의 영업금지를 청구할 수 있는지 여부(적극)

이유

분양계약서에서 업종 제한 조항을 두는 경우에 어떠한 범위의 업종변경을 제한할 것인가, 업종변경을 절대적으로 금지할 것인가 아니면 일정한 범위에서 변경을 허용할 것인가는 사적 자치의 원칙에 따라 당사자가 자유로이 정할 수 있는 것이고, 업종변경의 허부, 범위 및 절차 등은 분양계약서의 합리적 해석을 통하여 판단하여야 할 것이나 이 경우에도 분양회사가 수분양자에게 특정 영업을 정하여 분양하는 것은 기본적으로 수분양자에게 그 업종을 독점적으로 운영하도록 보장하는 의미가 내포되어 있는 것이다(대법원 2005. 11. 10. 선고 2003다45496 판결 등 참조).

한편, 건축주가 상가를 건축하여 각 점포별로 업종을 정하여 분양한 후에 점포에 관한 수분양자의 지위를 양수한 자 또는 그 점포를 임차한 자는 특별한 사정이 없는 한 상가의 점포 입점자들에 대한 관계에서 상호 묵시적으로 분양계약에서 약정한 업종 제한 등의 의무를 수인하기

로 동의하였다고 봄이 상당하므로, 상호간의 업종 제한에 관한 약정을 준수할 의무가 있다고 보아야 하고, 따라서 점포 수분양자의 지위를 양수한 자, 임차인 등이 분양계약 등에 정하여진 업종 제한 약정을 위반할 경우, 이로 인하여 영업상의 이익을 침해당할 처지에 있는 자는 침해배제를 위하여 동종업종의 영업금지를 청구할 권리가 있는 것이다(대법원 2004. 9. 24. 선고 2004다20081 판결, 대법원 2006. 7. 4.자 2006마164, 165 결정 등 참조).

4-3 상가에서 특정인만이 슈퍼마켓을 운영할 수 있도록 한 약정의 의미

대법원 2000. 10. 6. 선고 2000다22515,22522 판결

판시사항

[1] 분양자가 아파트 상가를 분양하면서 수분양자에게 그 상가에서는 그 수분양자만이 슈퍼마켓을 운영할 수 있도록 하겠다고 약정하고, 나머지 상가를 다른 수분양자에게 분양하면서는 타인과 중복되는 업종으로 영업하지 않고 이를 위반할 경우 분양자가 계약을 해제할 수 있다는 약정을 받은 경우, 분양자가 한 슈퍼마켓 영업보장 약정은 그 상가의 다른 점포에서 그 수분양자의 슈퍼마켓에서 판매하는 물품과 중복되는 물품을 판매하는 경우가 없도록 하여 주겠다는 의미가 아니라, 나머지 점포를 제3자에게 분양함에 있어 중복되는 업종 즉 슈퍼마켓 업종으로 분양하지 않겠고 다른 수분양자가 임의로 슈퍼마켓으로 변경할 경우에는 그 분양계약을 해제함으로써 그 수분양자만이 그 상가에서 슈퍼마켓 업종을 독점적으로 운영하도록 보장한 취지라고 한 사례

[2] 아파트 상가분양계약상 수분양자가 분양자로부터 독점운영을 약속받은 업종인 이른바 '슈퍼마켓'의 의의 및 타인의 영업이 이에 해당하는지 여부의 판단 기준과 방법

[3] 분양자가 아파트 상가를 분양하면서 수분양자에게 그 상가에서는 그 수분양자만이 슈퍼마켓을 운영할 수 있도록 하겠다고 약정하고, 나머지 상가를 다른 수분양자에게 분양하면서는 타인과 중복되는

업종으로 영업하지 않고 이를 위반할 경우 분양자가 계약을 해제할 수 있다는 약정을 받은 경우, 분양자가 임의로 슈퍼마켓으로 업종을 변경한 다른 수분양자에게 그 분양계약을 해제한다는 통지만을 하고 그 점포의 명도나 소유권이전등기말소청구 등의 후속조치를 취하지 아니한 채 다른 수분양자의 슈퍼마켓 영업을 방치한 것은 실제로는 그 분양계약을 해제하지 아니한 것과 동일하다는 이유로, 당초 분양자가 특정 수분양자에게 그 상가에서 슈퍼마켓 업종을 독점적으로 운영하도록 보장한 약정을 이행한 것으로는 볼 수 없다고 한 사례

판결요지

[1] 분양자가 아파트 상가를 분양하면서 수분양자에게 그 상가에서는 그 수분양자만이 슈퍼마켓을 운영할 수 있도록 하겠다고 약정하고, 나머지 상가를 다른 수분양자에게 분양하면서는 타인과 중복되는 업종으로 영업하지 않고 이를 위반할 경우 분양자가 계약을 해제할 수 있다는 약정을 받은 경우, 분양자가 한 슈퍼마켓 영업보장 약정은 그 상가의 다른 점포에서 그 수분양자의 슈퍼마켓에서 판매하는 물품과 중복되는 물품을 판매하는 경우가 없도록 하여 주겠다는 의미가 아니라, 나머지 점포를 제3자에게 분양함에 있어 중복되는 업종 즉 슈퍼마켓 업종으로 분양하지 않겠고 다른 수분양자가 임의로 슈퍼마켓으로 변경할 경우에는 그 분양계약을 해제함으로써 그 수분양자만이 그 상가에서 슈퍼마켓 업종을 독점적으로 운영하도록 보장한 취지라고 한 사례

[2] 아파트 상가분양계약상 수분양자가 분양자로부터 독점운영을 약속받은 업종인 '슈퍼마켓'이라 함은 특별한 약정이 없으면 그 원래의 의미에 따라 '식료품을 중심으로 일용잡화류를 판매하되, 고객이 매장에서 상품을 고르고 대금은 계산대에서 치르게 되어 있는 대규모 소매점'이라 할 것이므로, 타인의 영업이 이에 해당하는지 여부를 판단함에 있어서는 식료품이나 일용잡화를 중심으로 한 취급품목의 다양성, 매장의 크기가 대규모 소매점에 걸 맞는 규모인지의 여부, 판매방식이 이른바 셀프서비스 방식을 채택하고 있는지 여부 등

을 기준으로 하되, 이를 획일적, 절대적으로 결정할 것이 아니라 상가가 위치한 도시와 아파트 단지의 규모, 그 상가의 크기와 상권형성 정도, 인근 동종업종의 상황 등을 고려하여 상대적으로 판단하여야 한다.

[3] 분양자가 아파트 상가를 분양하면서 수분양자에게 그 상가에서는 그 수분양자만이 슈퍼마켓을 운영할 수 있도록 하겠다고 약정하고, 나머지 상가를 다른 수분양자에게 분양하면서는 타인과 중복되는 업종으로 영업하지 않고 이를 위반할 경우 분양자가 계약을 해제할 수 있다는 약정을 받은 경우, 분양자가 임의로 슈퍼마켓으로 업종을 변경한 다른 수분양자에게 그 분양계약을 해제한다는 통지만을 하고 그 점포의 명도나 소유권이전등기말소청구 등의 후속조치를 취하지 아니한 채 다른 수분양자의 슈퍼마켓 영업을 방치한 것은 실제로는 그 분양계약을 해제하지 아니한 것과 동일하다는 이유로, 당초 분양자가 특정 수분양자에게 그 상가에서 슈퍼마켓 업종을 독점적으로 운영하도록 보장한 약정을 이행한 것으로는 볼 수 없다고 한 사례

4-4 상가분양계약에 있어서 지정업종에 대한 경업금지의무의 적용

대법원 2005. 7. 14. 선고 2004다67011 판결

판시사항

[1] 상가분양계약에 있어서 지정업종에 대한 경업금지의무는 수분양자들에게만 적용되는 것이 아니라 분양회사에게도 적용된다고 한 사례

[2] 주된 채무와 부수적 채무의 구별 기준

[3] 상가분양계약상의 업종제한약정의 규정 취지 등에 비추어 볼 때, 위 약정에 의한 분양회사의 경업금지의무는 분양계약의 주된 채무라고 봄이 상당하다고 한 사례

[4] 지정업종 및 품목을 위반하여 영업하는 수분양자가 없도록 하여 기존의 수분양자의 기득권을 보호해 주어야 할 분양회사의 경업금지

의무는 수분양자들이 관리단을 구성하여 스스로 집합건물의 관리를 행하게 될 때까지 지속되고, 소유권이전등기의무를 이행함으로써 경업금지의무가 소멸되는 것은 아니라고 한 원심의 판단을 수긍한 사례

판결요지

[1] 상가 분양회사가 수분양자에게 특정영업을 정하여 분양한 이유는 수분양자에게 그 업종을 독점적으로 운영하도록 보장함으로써 이를 통하여 분양을 활성화하기 위한 것이고, 수분양자들 역시 지정품목이 보장된다는 전제 아래 분양회사와 계약을 체결한 것이므로, 지정업종에 대한 경업금지의무는 수분양자들에게만 적용되는 것이 아니라 분양회사에게도 적용되어 분양회사 역시 상가활성화를 저해하지 않는 범위 내에서만 다른 수분양자들의 업종변경을 승인할 의무가 있을 뿐 그 개점을 자유롭게 승인할 수 있는 것으로 해석할 수는 없다고 한 원심의 판단을 수긍한 사례

[2] 계약상의 많은 의무 가운데 주된 채무와 부수적 채무를 구별함에 있어서는 급부의 독립된 가치와는 관계없이 계약을 체결할 때 표명되었거나 그 당시 상황으로 보아 분명하게 객관적으로 나타난 당사자의 합리적 의사에 의하여 결정하되, 계약의 내용·목적·불이행의 결과 등의 여러 사정을 고려하여야 한다.

[3] 분양회사가 상가 분양 당시 층별 지정업종 및 품목을 중복되지 않게 정해놓고 수분양자들에게 분양을 원하는 층의 층별 지정업종의 범위 내에서 세부적인 취급품목을 지정하여 분양계약을 체결하고, 그 분양계약서에 '협의한 업종과 취급품목으로만 영업하여야 하며, 다른 업종이나 품목으로 변경하고자 할 경우에는 분양회사의 사전 서면승인을 받아야 하고, 수분양자가 위 계약을 위반할 경우에 분양회사는 계약을 해제할 수 있다'고 규정한 취지는, 경업금지를 분양계약의 내용으로 하여 만약 분양계약 체결 이후라도 수분양자가 경업금지의 약정을 위배하는 경우에는 그 분양계약을 해제하는 등의 조치를 취함으로써 기존 점포를 분양받은 상인들의 영업권이 실질적으로 보호되도록 최선을 다하여야 할 의무를 부담하겠다는 것이

므로, 분양회사의 이러한 경업금지의무는 상가 분양계약의 목적달성에 있어 필요불가결하고 이를 이행하지 아니하면 분양계약의 목적이 달성되지 아니하여 수분양자들이 분양계약을 체결하지 아니하였을 것이라고 여겨질 정도의 주된 채무라고 봄이 상당하다고 한 원심의 판단을 수긍한 사례

[4] 지정업종 및 품목을 위반하여 영업하는 수분양자가 없도록 하여 기존의 수분양자의 기득권을 보호해 주어야 할 분양회사의 경업금지의무는 수분양자들이 관리단을 구성하여 스스로 집합건물의 관리를 행하게 될 때까지 지속되고, 소유권이전등기의무를 이행함으로써 경업금지의무가 소멸되는 것은 아니라고 한 원심의 판단을 수긍한 사례

4-5 양수인도 '업종제한약정'을 준수할 의무가 있는지 여부

대법원 2010. 5. 27. 선고 2007다8044 판결

판시사항

[1] 건축회사가 상가를 건축하여 점포별로 업종을 지정하여 분양한 경우 수분양자나 그 지위를 양수한 자가 '업종제한약정'을 준수할 의무가 있는지 여부(적극) 및 이는 전체 점포 중 '일부 점포'에 관해서만 업종제한약정이 있는 경우에도 마찬가지인지 여부(적극)

판결요지

[1] 건축회사가 상가를 건축하여 각 점포별로 업종을 지정하여 분양한 경우 그 수분양자나 수분양자의 지위를 양수한 자는 특별한 사정이 없는 한 그 상가의 점포 입주자들에 대한 관계에서 상호간에 명시적이거나 또는 묵시적으로 분양계약에서 약정한 업종제한 등의 의무를 수인하기로 동의하였다고 봄이 상당하므로, 상호간의 업종제한에 관한 약정을 준수할 의무가 있다. 그리고 이때 전체 점포 중 일부 점포에 대해서만 업종이 지정된 경우라고 하더라도, 특별한 사정이 없는 한 적어도 업종이 지정된 점포의 수분양자나 그 지위를 양수한 자들 사이에서는 여전히 같은 법리가 적용된다고 보아야 한다.

4-6 관리단의 규약의 업종제한규정이 특별승계인 등에 대하여 유효라고 본 사례

대법원 2006. 10. 12. 선고 2006다36004 판결

판시사항

[1] 집합건물의 소유 및 관리에 관한 법률상의 관리단이 정한 규약의 위임규정에 근거하여 작성된 층별 회칙의 업종제한규정이 같은 법 제42조에 정한 '규약'으로서 해당 층의 구분소유자의 특별승계인 및 임차인 등에 대하여 효력을 미친다고 본 사례

[2] 업종제한에 관한 관리단 규약을 새로 설정하는 경우, 집합건물의 소유 및 관리에 관한 법률 제29조 제1항 후문의 '일부의 구분소유자의 권리에 특별한 영향을 미칠 때'에 해당하는지 여부(소극)

판결요지

[1] 집합건물의 소유 및 관리에 관한 법률상의 관리단이 정한 규약의 위임규정에 근거하여 작성된 층별 번영회의 회칙이 같은 법 제29조 제1항 전문에 따라 해당 층 구분소유자 및 의결권의 4분의 3 이상의 찬성을 얻은 점, 관리단 규약에서 업종제한에 관한 자세한 사항을 층별 번영회에서 정하도록 위임한 것은 해당 층 구분소유자들의 이해관계 조정을 위한 층별 번영회의 회칙에 대하여 다른 층의 구분소유자들이 동의하여 이를 관리단 규약의 내용으로 받아들이겠다는 취지인 점 등에 비추어 볼 때, 층별 번영회의 회칙의 업종제한 규정이 같은 법 제42조에 정한 '규약'의 일부로서 효력을 가지므로 해당 층의 구분소유자의 특별승계인 및 임차인 등에 대하여 효력을 미친다고 본 사례

[2] 업종제한에 관한 관리단 규약을 새로 설정하는 경우, 그로 인하여 구분소유자들이 소유권 행사에 다소 제약을 받는 등 그 권리에 영향을 미친다고 하더라도 이는 모든 구분소유자들에게 동일하게 영향을 미치는 것이고, 특별한 사정이 없는 한 집합건물의 소유 및 관리에 관한 법률 제29조 제1항 후문의 '일부의 구분소유자의 권리에 특별한 영향을 미칠 때'에 해당하지 않는다.

4-7 임차인 등이 관리단규약의 업종제한규정을 변경할 수 있는지 여부

대법원 2005. 11. 10. 선고 2003다45496 판결

판시사항

[1] 분양계약서 또는 '집합건물의 소유 및 관리에 관한 법률' 제28조의 관리단규약 등에서 업종제한조항을 두는 경우, 수분양자들이나 구분소유자들 스스로의 합의가 아닌 임차인 등의 제3자 사이의 합의에 기하여 제한업종의 변경이 가능한지 여부(소극)

[2] '집합건물의 소유 및 관리에 관한 법률' 제23조 제1항에 정한 관리단은 구분소유관계가 성립하는 건물이 있는 경우 당연히 구분소유자 전원을 구성원으로 하여 성립되는지 여부(적극) 및 미분양된 전유부분의 구분소유자도 그 관리단의 구성원이 되는지 여부(적극)

[3] 분양 당시 지정된 제한업종의 변경에 있어서 구분소유자들로 구성된 관리단에 해당하는 단체의 동의나 기존의 경쟁업종을 영업할 수 있는 점포소유자의 동의를 얻지 못한 경우, 당초 분양계약상 정해진 제한업종에 대한 적법한 변경절차를 거쳤다고 볼 수 없다고 한 사례

판결요지

[1] 분양계약서 또는 '집합건물의 소유 및 관리에 관한 법률' 제28조의 관리단규약 등에서 업종제한조항을 두는 경우에 어떠한 범위의 업종변경을 제한할 것인가, 업종변경을 절대적으로 금지할 것인가 아니면 일정한 범위에서 변경을 허용할 것인가는 사적 자치의 원칙에 따라 당사자가 자유로이 정할 수 있는 것이고, 업종변경의 허부, 범위 및 절차 등은 분양계약서 또는 관리단규약 등의 합리적 해석을 통하여 판단하여야 할 것이나 이 경우에도 분양회사가 수분양자에게 특정 영업을 정하여 분양하거나 구분소유자들 사이에서 각 구분소유의 대상인 점포에서 영위할 영업의 종류를 정하는 것은 기본적으로 수분양자 또는 구분소유자에게 그 업종을 독점적으로 운영하도록 보장하는 의미가 내포되어 있다고 할 것이므로, 이 경우 소유권을 분양받은 수분양자들이나 구분소유자들의 독점적 지위는 수분양자들이나 구분소유자들 스스로의 합의가 아닌 임차인 등의 제3자 사이의 합의에 기하여 변경될 수는 없다.

[2] '집합건물의 소유 및 관리에 관한 법률' 제23조 제1항의 관리단은 어떠한 조직행위를 거쳐야 비로소 성립되는 단체가 아니라 구분소유관계가 성립하는 건물이 있는 경우 당연히 그 구분소유자 전원을 구성원으로 하여 성립되는 단체라 할 것이므로, 집합건물의 분양이 개시되고 입주가 이루어져서 공동관리의 필요가 생긴 때에는 그 당시의 미분양된 전유부분의 구분소유자를 포함한 구분소유자 전원을 구성원으로 하는 관리단이 설립된다.

[3] 분양 당시 지정된 제한업종의 변경에 있어서 구분소유자들로 구성된 관리단에 해당하는 단체의 동의나 기존의 경쟁업종을 영업할 수 있는 점포소유자의 동의를 얻지 못한 경우, 당초 분양계약상 정해진 제한업종에 대한 적법한 변경절차를 거쳤다고 볼 수 없다고 한 사례

4-8 업종준수의무를 위반할 경우, 단전 등 조치할 수 있다고 본 사례

대법원 2004. 5. 13. 선고 2004다2243 판결

판결요지

[2] 구분소유자가 집합건물의 규약에서 정한 업종준수의무를 위반할 경우, 단전·단수 등 제재조치를 할 수 있다고 규정한 집합건물 규약의 내용이 무효라고 판단한 원심판결을 파기한 사례

이유

집합건물법 제28조는 "건물과 대지 또는 부속시설의 관리 또는 사용에 관한 구분소유자 상호간의 사항 중 이 법에서 규정하지 아니한 사항은 규약으로써 정할 수 있다"라고 규정하고, 같은 법 제29조는 "규약의 설정은 관리단집회에서 구분소유자 및 의결권의 각 4분의 3 이상의 찬성을 얻어 행한다"고 규정하여 단체자치의 원칙에 따라 자율적으로 규약을 제정할 수 있음을 명시하고 있는데, 이러한 절차에 따라 제정된 집합건물의 규약은 그 내용이 강행법규에 위반된다거나 구분소유자의 소유권을 필요하고 합리적인 범위를 벗어나 과도하게 침해 내지 제한함으로써 선량한 풍속 기타 사회질서에 위반된다고 볼 정도로 사회관념

상 현저히 타당성을 잃었다고 여겨지는 등의 특별한 사정이 있는 경우를 제외하고는 이를 유효한 것으로 시인하여야 할 것이다. 기록에 의하여 알 수 있는 다음과 같은 사정, 즉 이 사건 규약은 적법한 절차에 의하여 제정되었고, 공동주택과는 달리 상가에 대한 단전 등의 조치는 구분소유자의 생활에 미치는 영향은 적고 단지 영업을 하지 못함으로 인한 금전적 손해만을 가져오는 것이며, 집합건물에 관한 단체법적 법률관계를 규율함에 있어서 단전 등의 조치 이외에는 달리 위반메뉴의 조리·판매만을 선별하여 중지시킬 다른 효과적인 제재수단을 상정하기 어렵고, 나아가 의무위반행위에 대하여 바로 단전 등의 제재조치가 가하여지는 것이 아니라 1차적으로 시정을 구하고 그에 불응할 때 비로소 제재조치로 나아가도록 되어 있고, 제재조치의 정도를 채무자 관리인이 임의로 정하는 것이 아니라 대표위원회의 결의에 의하여 미리 정하여진 양정기준에 따라 정하도록 되어 있으며, 위 규약이 위반행위의 정지시까지만 단전 등 조치를 취할 수 있도록 규정하고 있어 구분소유자로서는 일단 위반행위를 중지하면 바로 단전조치를 중단하도록 되어 있는 점 등에 비추어 보면, 이 사건 조항의 내용이 구분소유자의 소유권을 필요하고 합리적인 범위를 벗어나 과도하게 침해 내지 제한함으로써 사회관념상 현저히 타당성을 잃은 경우에 해당한다고는 보이지 아니하고, 또한 집합건물 구분소유자들이 상호간의 과다경쟁을 방지하고 공동의 이익을 도모하기 위하여 각자의 자유의사에 따른 협의로 업종을 제한하고, 이에 위반할 경우 구분소유권의 본질적 내용을 침해하지 아니하는 범위 내에서 자율적인 제재조치를 취하는 것은 단체자치의 원칙상 허용된다 할 것이고, 집합건물법 제43조 내지 제45조가 이를 완전히 금지하는 규정이라고 볼 수는 없으므로 이 사건 조항이 집합건물법의 강행규정에 위반된다고 할 수도 없다.

따라서 구분소유자의 규약위반행위에 대하여 단전 등의 제재조치를 할 수 있다고 규정한 이 사건 조항은 특별한 사정이 없는 한 유효하다.

서울시 공정경제과 주무관이 알려주는
부동산 거래와 판례

초판 1쇄 발행 2018년 1월 5일

지은이 황규현
펴낸이 전호림
기획제작 ㈜두드림미디어
마케팅 박종욱 황기철 김혜원

펴낸곳 매경출판㈜
등　록 2003년 4월 24일(No. 2-3759)
주　소 (04557) 서울특별시 중구 충무로 2(필동 1가) 매일경제 별관 2층 매경출판㈜
홈페이지 www.mkbook.co.kr　**페이스북** facebook.com/maekyung1
전　화 02)333-3577(내용 문의 및 상담) 02)200-2636(마케팅)
팩　스 02)2000-2609　**이메일** dodreamedia@naver.com
인쇄·제본 ㈜M-print 031)8071-0961
ISBN 979-11-5542-786-6 (03320)

책값은 뒤표지에 있습니다.
파본은 구입하신 서점에서 교환해드립니다.

이 도서의 국립중앙도서관 출판예정도서목록(CIP)은 서지정보유통지원시스템 홈페이지
(http://seoji.nl.go.kr)와 국가자료공동목록시스템(http://www.nl.go.kr/kolisnet)에서
이용하실 수 있습니다.
(CIP제어번호 : CIP2017032408)